Geschichte und Geschehen

Asmut Brückmann
Rolf Brütting
Peter Gautschi
Edith Hambach
Uwe Horst
Georg Langen
Peter Offergeld
Volker Pfeifer
Volker Scherer
Claudia Stuhrmann
Franz-Josef Wallmeier
Hans Woidt
Cajus Wypior

Ernst Klett Schulbuchverlag Leipzig
Leipzig Stuttgart Düsseldorf

1. Auflage 1 10 9 8 7 | 2016 2015 2014

Alle Drucke dieser Auflage sind unverändert und können im Unterricht nebeneinander verwendet werden. Die letzten Zahlen bezeichnen jeweils die Auflage und das Jahr des Druckes.

Internetadresse: www.klett.de

Autoren: Asmut Brückmann: S.156-167, 170-183; Dr. Rolf Brütting: S.40–69, 149–154; Prof. Peter Gautschi: S.199; Dr. Edith Hambach: S.84–88; Dr. Uwe Horst: S.90–95, 106–111, 116–126, 184–198; Georg Langen: S.96–105, 112–115, 127, 234–251, 257; Dr. Peter Offergeld: S.12–17, 128–148, 155; Volker Scherer: S. 200–215,218–233; Franz-Josef Wallmeier: S. 10–11, 13, 16, 18, 20–21, 24–33, 36–37, 39, 70–83, 89

Autoren der Regionalausgabe: Dr. Volker Pfeifer: S. 106–107, 168–169, 182, 214–223, 262, 264, 269, 272–273; Claudia Stuhrmann: S. 10–35, 38, 43–44, 49, 51, 67–68, 70, 72, 75–77, 80–88, 132, 135, 141, 144, 148, 154, 260–261, 266–267; Prof. Hans Woidt: S. 252–256; Cajus Wypior: S. 234–251, 265, 274–275;

Berater: Ludwig Bernlochner, Prof. Peter Gautschi, Prof. Dr. Bea Lundt, Prof. Dr. Ulrich Mayer, Prof. Hans Woidt

Layoutkonzeption: Krause Büro, Leipzig
Zeichnungen/Illustrationen: Rudolf Hungreder, Leinfelden-Echterdingen;
Lutz-Erich Müller, Leipzig
Kartenbearbeitung: Kartografisches Büro Borleis & Weis, Leipzig

Redaktion: Elke Fleiter, Maren Tribukait
Herstellung: Kerstin Heisch

Reproduktion: Meyle + Müller, Medien-Management, Pforzheim
Druck: Firmengruppe APPL, aprinta druck, Wemding

Printed in Germany

ISBN 978-3-12-411260-6

9 783124 112606

Liebe Schülerin, lieber Schüler,

nun hast du dein neues Geschichtsbuch aufgeschlagen. Jetzt beginnt für dich eine Entdeckungsreise in die Vergangenheit. Beim Durchblättern fallen dir gleich die vielen Bilder, Karten, Tipps und Texte auf. Es sind ganz schön viele; sie sollen dir helfen, deine Fragen zur Vergangenheit zu beantworten.

Wohin geht deine Entdeckungsreise mit *Geschichte und Geschehen* im kommenden Jahr genau? Du kannst gemeinsam mit deiner Klasse

- Bauern, Nonnen, Adlige und Bürger bei ihrem Leben im Dorf, im Kloster, auf der Burg und in der Stadt begleiten,
- herausfinden, warum der Kaiser Karl auch „der Große“ genannt wurde und wie er es schaffte, sein großes Reich zu regieren,
- entdecken, was Leonardo da Vinci, Kolumbus und Martin Luther gemeinsam haben
- und überprüfen, ob das Mittelalter wirklich so finster war, wie oft behauptet wird.

Ist das alles? Natürlich bietet das Buch noch mehr. Denn dich interessiert sicherlich auch, wie die Menschen ohne die Technik von heute arbeiteten, wie sie ihre Konflikte lösten, Kriege führten oder wie Mädchen und Jungen, Frauen und Männer ihren Alltag verbrachten.

Auf der Entdeckungsreise durch die Geschichte ist das Buch dein wichtigster und ständiger Begleiter. Wir, die Autorinnen und Autoren deines Buches, bieten darin sehr unterschiedliche und abwechslungsreiche Möglichkeiten an, Vergangenes zu entdecken.
Heute ist für dich der Umgang mit dem Internet und CD-ROMs genauso selbstverständlich wie das Lesen eines Buches. Daher gibt es zu *Geschichte und Geschehen* zusätzliche Materialien, die die Beschäftigung mit der Vergangenheit bereichern und erleichtern.

- Im Internet unter der Adresse „www.klett.de/online“ findest du u. a. Angebote, die z. B. zum Bauen historischer Gegenstände, zum Kochen wie im Mittelalter oder zum Surfen im Internet anregen.
- Die CD-ROMs „Geschichte und Geschehen multimedial“ – Mittelalter/Frühe Neuzeit sind eng auf die Kapitel des Buches abgestimmt. Historische Computerspiele, anschauliche Videos, Spaziergänge durch 3-D-Räume und vieles mehr ermöglichen dir faszinierende Einblicke in die Vergangenheit.

Bei deiner Reise durch die Zeit wünschen wir dir viel Spaß!

Die Autorinnen und Autoren

Inhaltsverzeichnis

So arbeitest du mit diesem Buch **8**

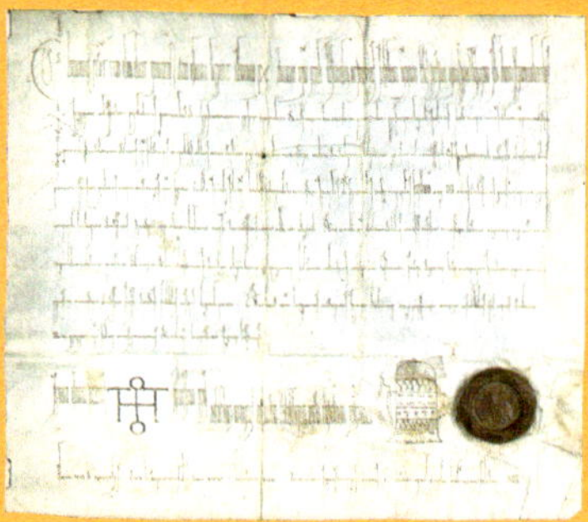

Wer herrscht in Europa? **10**

1. Der Papst – die neue Macht in Rom 12
2. Das Frankenreich – die stärkste Macht im Westreich 15
3. Pippin wird König der Franken 18
4. Karl der Große wird römischer Kaiser 20

Gewusst wie: Textquellen vergleichen 22

5. Der König reist und regiert 24
6. Der König vergibt Lehen 28
7. Otto der Große begründet das deutsche Kaisertum 31

Werkstatt: Die Reichsinsignien 34

Gewusst wie: Eine Urkunde entschlüsseln 36

Lernen lernen: Ein Kurzreferat halten 39

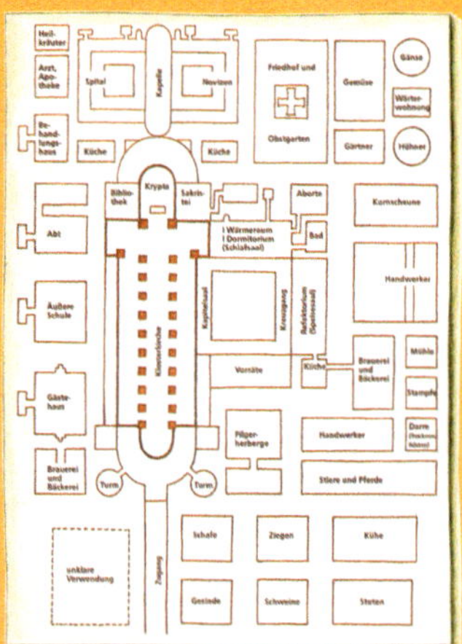

Orte des Lebens im mittelalterlichen Europa **40**

1. Bauern und ihre Herren – Leben in der Grundherrschaft 42
2. Alltag im mittelalterlichen Dorf 45
3. Das Leben auf dem Land ändert sich 50
4. Im Dienste Gottes und der Menschen – das Kloster 52

Gewusst wie: Einen Grundriss auswerten 56

5. Klöster entstehen und breiten sich aus 58

Werkstatt: Alltag im Kloster 60

6. Ritter und Burgen* 62
7. Die Ständegesellschaft 68

Lernen lernen: Themen erarbeiten im Gruppenpuzzle 69

Konflikte im mittelalterlichen Europa **70**

1. Die Kirche und die Gläubigen: Wer vertritt den richtigen Glauben?* 72
2. Kaiser und Papst: Wer steht höher in der Rangordnung? 75

Gewusst wie: Ein Bild betrachten 78

3. Der König und die Fürsten: Wer gewinnt den Kampf um die Macht? 80
4. König und Adel in England und Frankreich:
Wer eint die Länder zu starken Staaten?* 84

Lernen lernen: Strukturbilder – Zusammenhänge herstellen 89

Städte verändern das Leben 90

1. Warum die Städte entstanden 92
2. Macht „Stadtluft“ frei und gleich? 96
3. Zünfte regeln das Leben der Handwerker 101
   Werkstatt: Auf Spurensuche in Städten 106
4. Fernhandel – ein schwieriges Geschäft 108
5. Juden im Mittelalter: willkommen, geduldet, verfolgt 112
6. Feuer – Wasser – Seuchen: Umwelt und Überleben in der Stadt 116
7. Kirche in der Stadt – von gegenseitigem Nutzen 120
   Gewusst wie: Ein Bauwerk untersuchen 124
   Lernen lernen: Lernen durch Lehren 127

Kulturen treffen aufeinander* 128

1. Mohammed, der Prophet Allahs* 130
2. Der Islam breitet sich aus* 133
3. Ob Gott es wirklich wollte? – der erste Kreuzzug* 136
   Gewusst wie: Textquellen hinterfragen 138
4. „Verständnis füreinander war die Ausnahme“ – Kreuzfahrer im Heiligen Land* 142
5. Spanien und Sizilien – wo Europa der islamischen Kultur begegnete* 145
6. Neues Land im Osten: Frieden oder Krieg?* 149
   Lernen lernen: Selber geschichtliche Landkarten zeichnen 155

Aufbruch in eine neue Zeit? 156

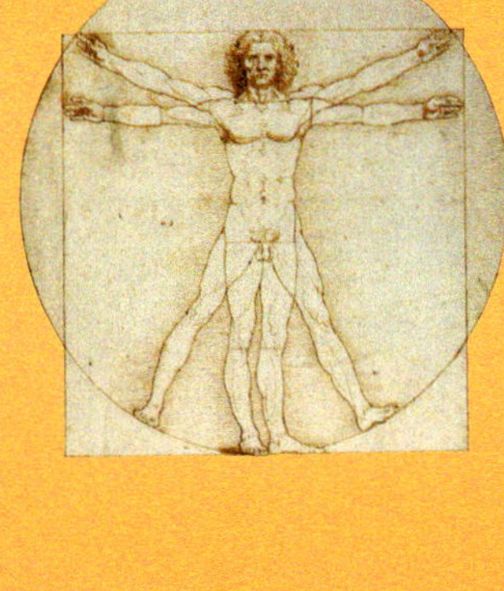

1. Der Mensch im Mittelpunkt 158
2. Ein neues Bild der Natur und des Kosmos 161
3. Auf der Suche nach Harmonie und Schönheit 165
   Werkstatt: Kunst und Macht – die Medici 168
4. Regiert Geld die Welt? 170
   Werkstatt: Wie das Verlagssystem funktioniert 174
5. Eine „schöne Kunst“ – der Buchdruck 176
6. „Die Folter macht die Hexen“* 179
   Lernen lernen: Ein Schaubild zeichnen 183

Europa erobert die Welt – von den Entdeckungen zur Kolonialherrschaft 184

1. Der Aufbruch in die neue Welt 186
   Gewusst wie: Historische Karten untersuchen 190
2. Zwei Welten prallen aufeinander – die Spanier zerstören das Aztekenreich 192
3. Die Europäer erobern die Welt 196
   Lernen lernen: Informationen im Internet finden 199

Reformation – Glaubensspaltung – Glaubenskämpfe 200

1. Martin Luther fordert die Kirche heraus 202
   Gewusst wie: Ein Spottbild interpretieren 206
2. Der Bauernaufstand – Freiheit für den „gemeinen Mann“? 208
   Werkstatt: Endzeitvorstellungen 212
3. Eine neue Konfession entsteht – … und stärkt die Macht der Obrigkeit 214
4. Die Reformation macht europäische Geschichte 221
5. Wie reagiert die „alte Kirche“? 224
6. Glaube und Macht – die Verwüstung Deutschlands im Dreißigjährigen Krieg 227
   Lernen lernen: Ein Bild gestalten 233

Der Absolutismus in Europa 234

1. Wie mächtig soll ein König sein? – Ludwig XIV. von Frankreich 236
Gewusst wie: Herrscherbilder interpretieren 238
2. Frankreich im Absolutismus – ein moderner Staat? 242
3. Der Merkantilismus – die Entdeckung der Wirtschaftspolitik 246
4. „Wir von Gottes Gnaden …“ – der Absolutismus im deutschen Südwesten* 252
Lernen lernen: Ein Quiz zum Absolutismus erstellen 257

Zeittafel 258

Zusammenfassung: Herrschaft und Gesellschaft im Mittelalter 260
Zusammenfassung: Städte im Mittelalter 262
Zusammenfassung: Vom Mittelalter zur Neuzeit 263
Zusammenfassung: Reformation und Glaubensspaltung 264
Zusammenfassung: Der Absolutismus 265

Wende dein Wissen an: Herrschaft im Mittelalter 266
Wende dein Wissen an: Städte im Mittelalter 268
Wende dein Wissen an: Vom Mittelalter zur Neuzeit 270
Wende dein Wissen an: Reformation und Glaubensspaltung 272
Wende dein Wissen an: Der Absolutismus 274

Methodenglossar 276
Verzeichnis der Namen, Sachen und Begriffe 282
Bildnachweis 288

Fakultative Inhalte sind im Inhaltsverzeichnis mit einem * gekennzeichnet.

Liebe Schülerin, lieber Schüler,

dein Schulbuch wird dich von nun an im Geschichtsunterricht begleiten. Auf dieser Doppelseite möchten wir dir kurz die unterschiedlichen Seiten und Elemente in „Geschichte und Geschehen" vorstellen. Weil die Vergangenheit so vielschichtig und spannend ist, begegnen dir im Buch verschiedene Medien: Die Bilder, Grafiken und unterschiedlichen Texte stehen beispielhaft für die vielen Wege, auf denen man etwas über die Geschichte erfahren kann, sowie für die Möglichkeit sich mit ihr zu beschäftigen und das Wissen über sie weiterzugeben.

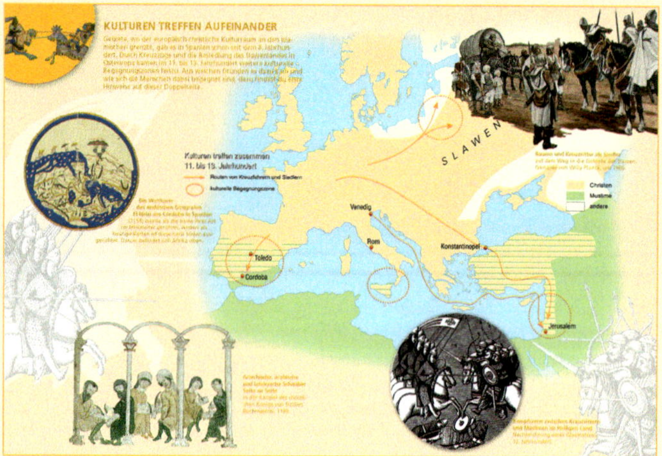

Dieses Buch umfasst neun Themeneinheiten. Jede beginnt mit zwei besonders gestalteten Seiten, den Auftaktdoppelseiten (ADS). Bilder, Karten, Texte und Grafiken sollen den Spannungsbogen eines Themas aufzeigen und nicht zuletzt Interesse wecken. Die Auswahl der Materialien gibt dir auch schon einen Hinweis, was in den nachfolgenden Kapiteln behandelt wird.

Die Autoren haben für dich unterschiedliche Materialien zusammengestellt. Mit einem Q sind Quellen (z. B. Texte, Bauwerke, Bilder) gekennzeichnet, die uns unmittelbar über die Vergangenheit Auskunft geben oder bei denen die Menschen aus längst vergangenen Zeiten selbst zu Wort kommen; ein D steht bei Darstellungen (z. B. Schaubilder, Karten), die von heutigen Geschichtsforschern oder von den Autoren dieses Buches geschaffen wurden und die die Verfassertexte ergänzen. Zur besseren Orientierung sind in jedem Kapitel die Quellen und Darstellungen durchnummeriert.

Einige Kapitel beginnen mit einer Zeittafel. Hier findest du die wichtigsten Daten zum Kapitelthema auf einen Blick. Geschichte hat ja etwas mit Zeit zu tun, deshalb braucht man auch Daten, um zu wissen, wie geschichtliche Ereignisse miteinander zusammenhängen, was vorher und was nachher war.

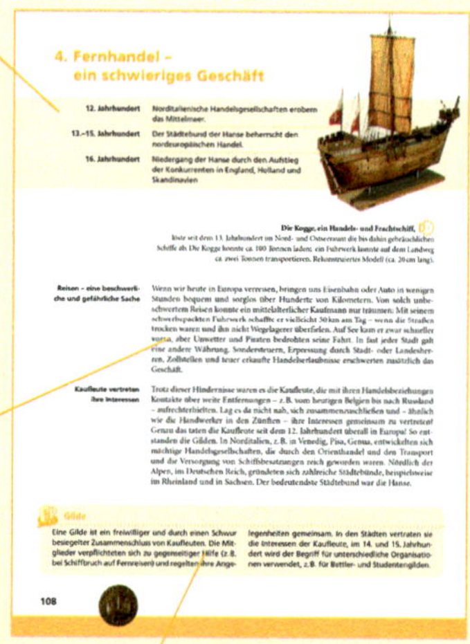

Alle Verfassertexte (VT) haben Schulbuchautoren (meist Lehrerinnen und Lehrer) geschrieben. Die Verfassertexte informieren dich zusammenhängend über geschichtliche Sachverhalte und werden am Rand durch Marginalien gegliedert. Am unterschiedlichen Stil kannst du auch erkennen, wie verschieden Geschichte dargestellt werden kann.

Historische Grundbegriffe sind in einem Kasten extra erklärt.

Wenn eine Seite „Gewusst wie“ heißt und oben einen breiten farbigen Balken hat, weißt du sofort, hier wird eine Methode vorgestellt. Auf diesen Seiten wird gezeigt, wie du an ein bestimmtes Material (Texte, Schaubilder, Karten) herangehst, um ihm Informationen zu entlocken. Natürlich kannst du diese Methode gleich anwenden und selbst probieren.

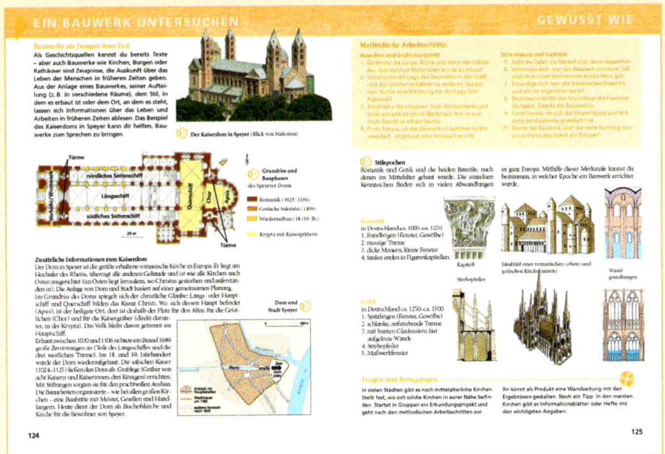

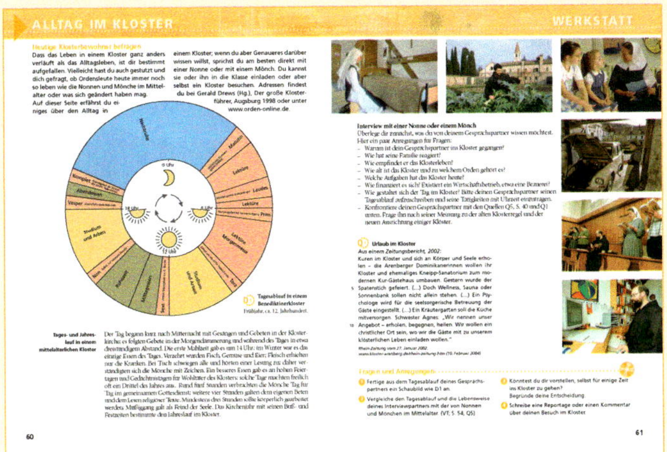

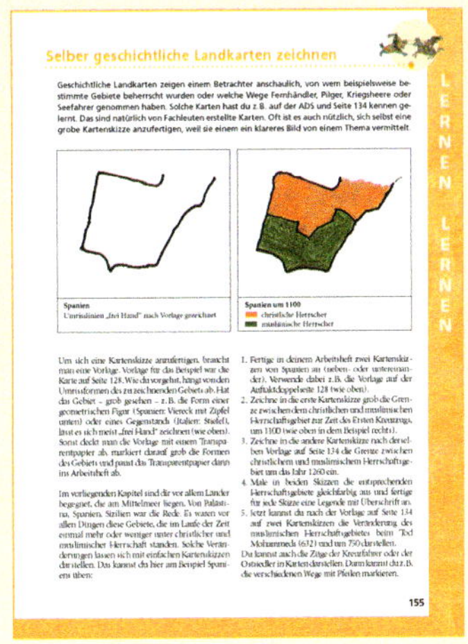

Ebenfalls einen breiten Farbbalken am oberen Seitenrand haben die Werkstattseiten. Dort kannst du, von den Autoren angeleitet, interessante Themen zur Vergangenheit selbst erkunden und erklären. Es bietet sich stets an, dass du die Fragen in kleinen Gruppen bearbeitest und löst.

Lernen lernen ist mit diesen Seiten einfach. Konkrete Tipps helfen dir, wie du erfolgreich lernst und dein historisches Wissen behältst.

Kleine Symbole sollen dir helfen, dich in dem Buch leichter zurechtzufinden:

Bis heute streiten sich Menschen über die Geschichte. Mit „kontrovers“ sind Texte gekennzeichnet, die sich widersprechen.

Besondere historische Grundbegriffe sind in einem Kasten erklärt. Du findest sie auch, indem du am Ende des Buches im Verzeichnis der Personen, Sachen und Begriffe nachschlägst. Dort sind sie durch fette Buchstaben besonders hervorgehoben.

Das Buch bietet dir Literaturtipps sowie Ideen und Anleitungen für kleine Projekte an.

Zusätzlich gibt es Empfehlungen für die Nutzung des Internets. Auf der Website www.klett.de/online haben wir weitere Angebote für dich aufbereitet.
Gib dazu im Feld „Online-Link“ die Nummer 411050-0000 ein.

Zu welchen Themen es Module auf der Software „Geschichte und Geschehen multimedial“ gibt, erkennst du an der kleinen CD-ROM bei den „Fragen und Anregungen“.

WER HERRSCHT IN EUROPA?

Für die ersten Christen gab es nur einen wahren König: Jesus Christus. Aber als die römischen Kaiser christlich wurden, wollten sie die Christenheit anführen. Sie sahen sich nicht nur als die Erben von Caesar und Augustus, sondern auch als die Nachfolger des biblischen Königs David. Dann eroberten Germanenkönige den Westen des Reiches und der Kaiser in Rom wurde abgesetzt. Das Weströmische Reich war untergegangen. Wie aber kam es, dass der römische Kaisertitel auf jene kriegerischen Könige übertragen wurde, die nun Europa beherrschten? Wie sicherten diese mittelalterlichen Könige und Kaiser ihre Macht? Welche Aufgaben nahmen sie wahr? Wer half ihnen und gegen wen mussten sie sich zur Wehr setzen? Erste Antworten kannst du auf dieser Doppelseite finden.

Der König vergibt Lehen an einen Bischof und einen weltlichen Fürsten. Weil der Herrscher symbolisch ein Zepter bzw. eine Fahne überreicht, spricht man auch von Zepter- und Fahnenlehen. Malerei im Wolfenbütteler Sachsenspiegel, 14. Jahrhundert.

Kaiser Otto I. gründet das Erzbistum Magdeburg, 968
Malerei in der Sächsischen Weltchronik, um 1270.

Otto I. siegt über die Ungarn in der Schlacht auf dem Lechfeld bei Augsburg 955. Malerei in der Sächsischen Weltchronik, um 1270.

Der König sitzt auf dem Thron
Die Krone, das Zepter und der Reichsapfel sind Kennzeichen der Macht und Würde des Herrschers, darum nennt man sie auch Herrschaftsinsignien (von lat. „insigne", d.h. Abzeichen).

Das Karolingerreich mit Aufenthaltsorten Karls des Großen

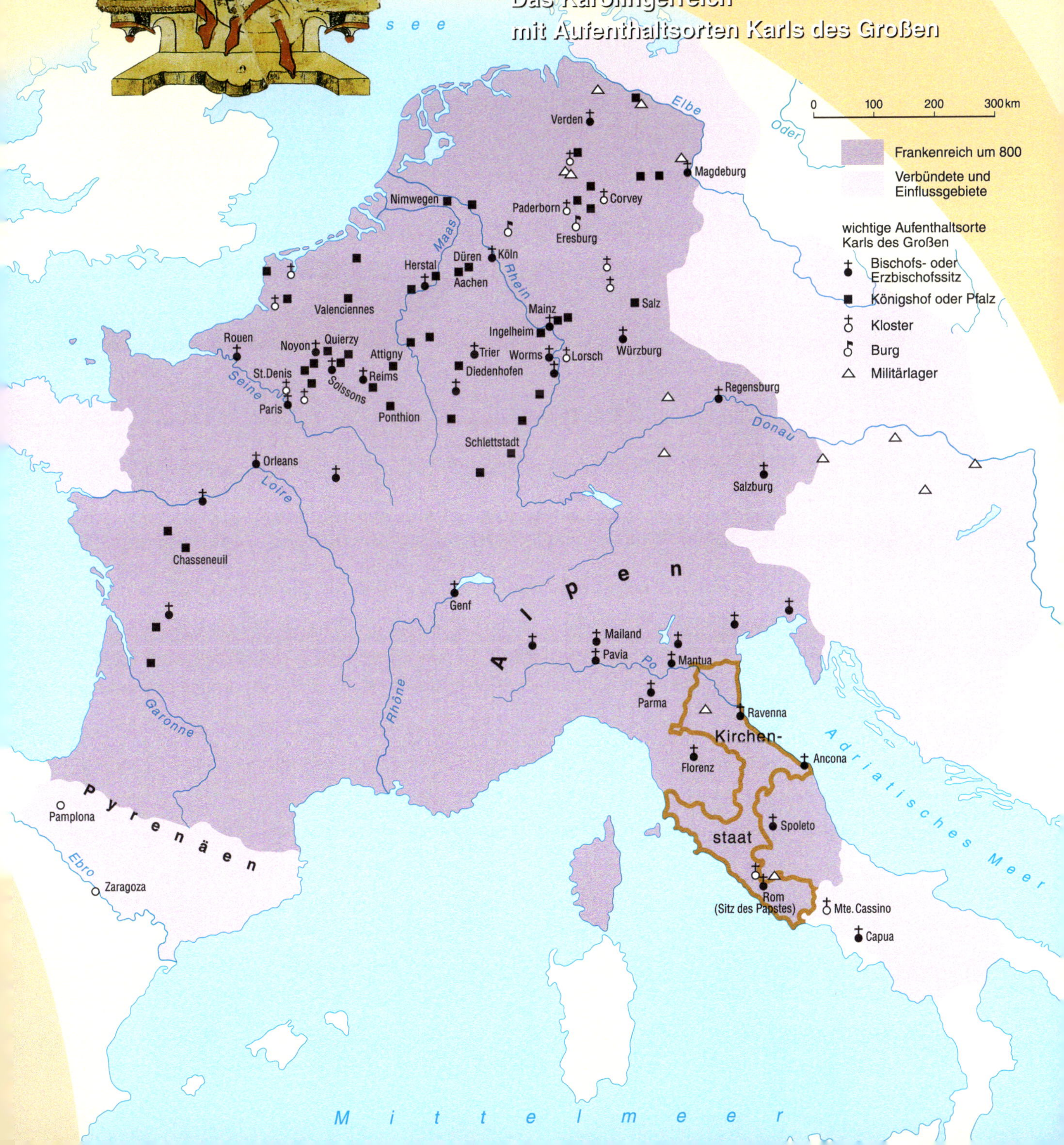

1. Der Papst – die neue Macht in Rom

um 400 Der römische Bischof erhält den Amtstitel „Papst".

476 Der letzte weströmische Kaiser wird abgesetzt.

Statue des Apostels Petrus im Petersdom in Rom Q1
Bronzeguss von Arnolfo di Cambio, 13. Jahrhundert.

Der Aufstieg

Anfangs war der Bischof von Rom einfach das Oberhaupt der Christengemeinde, die es dort seit 50 n. Chr. gab. Im Römischen Reich gab es viele Bischöfe. Wie kam es, dass einer von ihnen, der Bischof von Rom, zum Papst aufstieg, zum Oberhaupt der ganzen Kirche?

Oberhaupt einer angesehenen Gemeinde

Ein erster Grund war das hohe Ansehen der römischen Gemeinde in der Christenheit. Sie war die Gemeinde der Reichshauptstadt und sie zählte zu den großen Gemeinden. Um das Jahr 250 sollen von den 900 000 Einwohnern Roms etwa 40 000 Christen gewesen sein. Außerdem wurde die römische Gemeinde gerühmt, weil in den ersten Christenverfolgungen besonders viele ihrer Mitglieder als Märtyrer gestorben waren. Schließlich verdankte sie ihr Ansehen den Aposteln Petrus und Paulus, die die Gemeinde gegründet hatten und in Rom als Märtyrer gestorben waren.

Stellvertreter des Apostels Petrus

Entscheidend für den Aufstieg der römischen Bischöfe war, dass sie überzeugt waren, Nachfolger und Stellvertreter des Apostels Petrus zu sein. Denn Petrus sei nicht nur Gründer, sondern auch erster Bischof der römischen Gemeinde gewesen. Jesus habe Petrus zum Ersten der Apostel gemacht; darum käme auch dem römischen Bischof der Vorrang unter allen Bischöfen zu. Das stieß vor allem bei den Bischöfen der großen Städte im Osten des Reiches, Antiochia und Alexandria, auf Widerstand. Sie wollten von einem Vorrang des Petrus nichts wissen. Die Bischöfe von Rom aber betonten ihren Anspruch in einem Titel und nannten sich seit etwa 400 n. Chr. „Papst".

Papsttum

(lat.: „papa", griech.: „pappas", d. h. Vater) „Papst" war im römischen Ostreich ein Ehrentitel für hohe geistliche Würdenträger wie z. B. Bischöfe. Im Westreich wurde „Papst" seit ca. 400 zum Amtstitel des Bischofs von Rom. Er verband damit den Anspruch, Oberhaupt der gesamten katholischen Christenheit und Inhaber der höchsten Kirchengewalt zu sein. Durchsetzen konnten die Päpste ihren Anspruch erst im Laufe der Zeit und nur im Gebiet des früheren römischen Westreiches. 1870 erhob die katholische Kirche die Ansicht, der Papst könne in Glaubensfragen nicht irren, zum Glaubenssatz (Dogma). Die Oberhoheit des Papstes gilt heute für alle Katholiken auf der Erde.

Q2 Rom im Mittelalter, um 1490
Was weißt du noch über das Leben in der antiken Weltstadt Rom? Ziehe Vergleiche zum Leben im mittelalterlichen Rom: Welche Veränderungen lassen sich anhand des Stadtbildes ablesen? Mehr über mittelalterliche Städte erfährst du auf den Seiten 90–127.

Der Kaiser in Byzanz, nicht mehr in Rom

Zur gleichen Zeit war das Römische Reich in ein Ostreich und in ein Westreich geteilt worden. Im 5. Jahrhundert wanderten immer mehr Germanenstämme in das Westreich ein. Im Jahre 476 wurde der letzte weströmische Kaiser abgesetzt; die Macht übernahmen die Könige der West- und Ostgoten, der Vandalen, der Burgunder und Franken. Das Weströmische Reich war untergegangen. Das Oströmische Reich bestand hingegen weiter; es wurde nach dem alten Namen der Hauptstadt Konstantinopel auch Byzantinisches Reich genannt. Der Kaiser in Byzanz hielt sich für den rechtmäßigen Nachfolger der römischen Kaiser, deshalb beanspruchte er die Herrschaft über das ganze Reich, auch über die westlichen Reichsteile. Und da seit 391 das Christentum zur römischen Staatsreligion erhoben war, sah sich der Kaiser in Byzanz als das Oberhaupt der Christen in seinem Reich.
Dass der oströmische Kaiser die Christenheit führte, erkannte auch der Papst in Rom an. Er selbst ließ seine Wahl ausdrücklich vom Kaiser bestätigen. Doch Byzanz und der Kaiser waren weit von Rom entfernt und die Zeiten waren unruhig. Immer mehr übernahmen daher die Päpste anstelle der Kaiser die politische Führung Roms – und bewährten sich darin.

Dem Kaiser gleich?

Jesus hatte den Aposteln die Gewalt verliehen, „zu binden und zu lösen". Und was sie auf Erden banden oder lösten, sollte auch im Himmel gebunden oder gelöst sein. In der Sprache des römischen Rechts bedeutete „etwas für verbindlich oder aufgelöst erklären" so viel wie „regieren". Die Nachfolger der Apostel, also die Bischöfe und besonders der Papst, übten deshalb Regierungsgewalt aus wie der Kaiser und seine Beamten. Das war auch allgemein anerkannt. Damit aber stellte sich die Frage, ob ihre geistliche oder priesterliche Gewalt nicht höher wäre als die weltliche Gewalt des Kaisers. Denn diese bezog sich doch nur auf die Erde, die geistliche aber reichte bis in den Himmel. So sahen das die Päpste seit dem 5. Jahrhundert auch. Sie waren davon überzeugt, mit dem Kaiser auf einer Stufe zu stehen.

Q3 Papst Gregor der Große in seiner Schreibstube
Papst Gregor (590–604) gilt als der vom Heiligen Geist (Symbol Taube) erleuchtete Gelehrte unter den Päpsten. Er leitete wirtschaftliche und kirchliche Reformen ein und förderte die katholische Missionierung der Heiden. Buchdeckel aus Elfenbein, 10. Jahrhundert.

Q4 Über den Vorrang des römischen Bischofs

Beschluss der 382 in Rom versammelten Bischöfe Italiens, gerichtet an die Bischöfe des Ostreiches:

Die römische Kirche hat ihren Vorrang durch das Wort unseres Herrn Jesus: „Du bist Petrus der Fels und auf diesen Felsen will ich meine Kirche bauen. (...) Dir will ich die Schlüssel des Himmelreichs geben. Und was du auf Erden binden wirst, wird auch im Himmel gebunden sein. Und was du auf Erden lösen wirst, wird auch im Himmel gelöst sein." Dazu kommt noch die Anwesenheit des heiligsten Apostels Paulus in Rom, der hier an ein und demselben Tage mit Petrus unter Kaiser Nero einen ruhmvollen Märtyrertod gefunden hat. Sie beide haben die heilige römische Kirche durch ihre Anwesenheit und ihren verehrungswürdigen Märtyrertod allen Städten der ganzen Welt vorgezogen. Also ist der oberste Sitz des Apostels Petrus die römische Kirche.

Zit. nach: Peter von Sivers (Hg.), Respublika christiana. München 1969, S. 26f. Bearb. d. Verf.

D1 Papst Leo der Große (440–461)

Der Historiker Johannes Haller schreibt:

Im Jahr 440 wurde Leo zum Bischof von Rom gewählt, bald nannten die Römer ihn Papst (papa, Vater). Schon vor seiner Wahl hatte sich Leo als Diakon (Betreuer der Armenfürsorge und Gehilfe des Bischofs) in schwierigen diplomatischen Aufträgen bewährt. Als im Jahre 452 die Hunnen unter ihrem König Attila in Italien einfielen, übernahm Bischof Leo die Verantwortung für das bedrohte Rom. Er zog mit einer Gesandtschaft zum Hunnenkönig und konnte ihn dazu bewegen Rom zu verschonen. Als drei Jahre später die Vandalen von Afrika kommend Italien überfielen und ihre Flotte in der Tibermündung ankerte, führte Bischof Leo erneut eine Bittgesandtschaft, dieses Mal zum Vandalenkönig. Er erreichte, dass Rom nicht zerstört wurde, eine Plünderung der Stadt konnte er allerdings nicht verhindern. Bald räumten die übrigen Bischöfe im westlichen Reichsteil dem Bischof von Rom den Vorrang ein. Als Leo 461 starb, ehrte ihn die Nachwelt mit dem Beinamen „der Große".

Zit. nach: Johannes Haller, Das Papsttum. Idee und Wirklichkeit, Bd. 1, Urach 1962, S. 117–128. Bearb. d. Verf.

Fragen und Anregungen

1. Zeige auf, wie die Bischöfe Italiens den Vorrang des Bischofs von Rom begründen (Q4). Erläutere dann die Botschaft, die die Figur des Petrus dem Betrachter vermitteln soll, und überlege, warum sie im Petersdom, der Hauptkirche des Papstes, steht (Q1).
2. Beschreibe die Elfenbeinschnitzerei, die Papst Gregor den Großen zeigt, und lies die Lebensbeschreibung Papst Leos des Großen (Q3, D1). Erkläre, worauf das hohe Ansehen der beiden Bischöfe von Rom jeweils beruhte.
3. Ihr seid Diakone des Bischofs von Rom. Soeben trifft ein Brief aus Byzanz ein, in dem behauptet wird, der Bischof von Rom und der Bischof von Byzanz seien gleichrangig. Im Auftrag des Papstes müsst ihr ein Protestschreiben formulieren (VT, Q1, Q3, Q4, D1).
4. Sammelt Bilder vom Papst in unserer Zeit. Diskutiert, welche Rolle der Papst heute spielt, und vergleicht mit Q3 und D1.
5. Betrachte die Stadtansicht Roms im Mittelalter (Q2). Versuche einige der Bauwerke wieder zu erkennen und zu benennen. Erkläre jetzt, warum das mittelalterliche Stadtbild den Aufstieg des Papstes zur neuen Macht in Rom spiegelt.

2. Das Frankenreich – die stärkste Macht im Westreich

482–511	Der Merowingerkönig Chlodwig regiert Gallien.
498	König Chlodwig wird katholischer Christ.
732	Karl Martell kämpft erfolgreich gegen die Araber.

Der Merowingerkönig Childerich I. (gestorben 482) D 1
Vater Chlodwigs, Rekonstruktionszeichnung.

Der Aufstieg

Alle Reiche, die die Germanen in den westlichen Gebieten des Römischen Reiches gegründet hatten, gingen unter. Nur ein einziges dieser Germanenreiche hatte Bestand und stieg zur stärksten Macht in Europa auf – das Frankenreich.

Die Eroberung Galliens

Die Franken siedelten ursprünglich östlich des Rheins und drangen von dort seit dem 3. Jahrhundert ins nördliche Gallien vor. Sie waren in verschiedene Stämme gegliedert, die jeweils von einem König angeführt wurden. In den Augen der Franken verfügte ein Stammeskönig über besondere, von den germanischen Göttern verliehene Kräfte. Als Ausdruck dieses „Königsheils" galten Vollbart und lange Haare, zusätzlich wurde der König mit Zepter und Herrscherschwert ausgerüstet. Doch sein „Königsheil" musste der König auch in seinen Taten beweisen: Er musste im Krieg siegen und den Frieden und gute Ernten sichern. Alle diese Erwartungen erfüllte der Frankenkönig Chlodwig (481–511): Er stammte aus einer Sippe, den Merowingern, die der Sage nach göttlichen Ursprungs war, er war kriegerisch erfolgreich und als Heerführer anerkannt. Deswegen bezeichnet man seine Herrschaft als Heerkönigtum. Chlodwig unterwarf nicht nur die anderen fränkischen Stämme. Er besiegte auch den letzten römischen Statthalter in Gallien, dann die Alemannen und schließlich die Westgoten. Damit hatte er weite Teile des früheren weströmischen Reiches erobert und ein großes fränkisches Reich gegründet.

Die Taufe König Chlodwigs

Wahrscheinlich im Jahre 498 ließ König Chlodwig sich und sein Gefolge in Reims taufen. Mit seinem Bekenntnis zum katholischen Christentum hatte sich der Merowingerkönig zwei politische Vorteile verschafft. Bisher hatte es einen Gegensatz zwischen den heidnischen Franken und der unterworfenen christlichen Bevölkerung in der ehemaligen römischen Provinz Gallien gegeben. Der war jetzt beseitigt. Außerdem konnte der König die alte christliche Führungsschicht und die katholische Kirche in die Verwaltung des eroberten Gebietes einbeziehen. Beides sicherte die Herrschaft der Frankenkönige und so konnte das Reich der Franken zum Nachfolgestaat des weströmischen Reichs werden.
Die Taufe des Frankenkönigs Chlodwig und seiner Gefolgsleute bedeutete jedoch nicht, dass damit alle Franken auch Christen geworden wären. Auch das Verbot aller heidnischen Kulte durch Chlodwigs Sohn Childebert (511–558) änderte nicht viel daran, dass die Franken weiterhin die germanischen Götter anbeteten. In den ländlichen Gegenden des Frankenreichs selbst, vor allem aber in Hessen, Thüringen, Sachsen und Friesland, den Gebieten jenseits des Rheins, über die die Frankenkönige die Herrschaft beanspruchten, lebte das Heidentum weiter.

Die Taufe König Chlodwigs Q1
Relief auf einem Buchdeckel aus Elfenbein, Frankreich, 10. Jahrhundert.

Die Missionierung des Frankenreichs

Dies änderte sich allmählich, als ab dem Jahr 600 irische und angelsächsische Mönche im Auftrag des Papstes und der fränkischen Machthaber im Frankenreich das Christentum verbreiteten. Wenig später taten sie dasselbe jenseits des Rheins. Besonders erfolgreich war der Engländer Winfried (um 670–754), der – zuerst Mönch, dann Bischof von Mainz – 719 vom Papst den Namen Bonifatius („Gutestuer") und den Missionsauftrag für das Frankenreich erhielt. Militärisch unterstützt von den Franken, verkündete Bonifatius den christlichen Glauben in Hessen, Thüringen und Friesland. Um dem Christentum dauerhaften Halt zu geben, gründete er zahlreiche Klöster und Bistümer.

Politische Absichten der Missionierung

Päpste und fränkische Herrscher unterstützten die Mission des Bonifatius nicht ohne Hintergedanken: Beide profitierten davon. Denn Bonifatius und seine Helfer lehrten die Hessen, Thüringer und Friesen nicht nur Gehorsam gegenüber Gott, sondern auch Gehorsam gegenüber den christlichen fränkischen Machthabern. Und dass sich Bonifatius bei der Errichtung der fränkischen Kirche an die päpstlichen Vorschriften hielt, sicherte dauerhaft den Einfluss des Papstes im Frankenreich.

Der Aufstieg der Hausmeier

Doch Ruhm und Macht der Merowingerkönige waren im Lauf des 7. Jahrhunderts längst verschwunden. Die Politik bestimmten nun ihre obersten Hofverwalter, die Hausmeier. Dieses Amt besetzte die Fürstenfamilie der Karolinger. Die karolingischen Hausmeier waren nicht nur in Kriegen gegen germanische Stämme erfolgreich. Als die muslimischen Araber die iberische Halbinsel besetzten und von dort aus das Frankenreich erobern wollten, wurden sie im Jahre 732 vom Hausmeier Karl Martell mit einem Heer von Panzerreitern (s. Seite 30) bei Tours und Poitiers zurückgeschlagen. Karl Martell hatte das Frankenreich und das Christentum verteidigt, aber er war kein König. Ohne Land, Macht und Gefolgschaft saß immer noch ein Merowinger auf dem Thron – ein Schattenkönig.

Szenen aus dem Leben des Bonifatius Q2
Links tauft er Heiden, rechts wird er von heidnischen Friesen erschlagen. Buchmalerei, ca. 875 n. Chr.

Fest zu Ehren der germanischen Götter Q3
Helmplättchen aus Skandinavien, 7. Jahrhundert. Der Tänzer rechts ist ein in ein Wolfsfell vermummter Krieger. Die Germanen glaubten, dass sich Menschen in einen Bären oder Wolf verwandeln und sich so der Kräfte des Tieres bemächtigen könnten. Der Tänzer links spielt die Rolle des obersten Kriegsgottes Wodan. Wodan wurde auch als Todes- und Siegesgott verehrt. In stürmischen Nächten erklärten sich die Germanen das Heulen und Toben in der Natur damit, dass Wodan an der Spitze eines Zuges gefallener Krieger über den Himmel reite. Die Germanen glaubten an viele Götter – männliche und weibliche – mit guten und schlechten Eigenschaften: tapfer und hinterlistig, ehrlich und betrügerisch, friedensstiftend und kriegerisch. Mit Tier- und Menschenopfern versuchten die Germanen, ihre gewaltigen Götter zu besänftigen. Geopfert wurde auch der König, der für Wohl und Wehe des Volkes verantwortlich war.

Q4 Ein Wunder für den Frankenkönig Chlodwig

Über die Bekehrung Chlodwigs in der Schlacht gegen die Alemannen (498) berichtet Bischof Gregor von Tours:
Die beiden Heere gerieten heftig aneinander, und Chlodwigs Heer drohte zu unterliegen. Als Chlodwig das sah, blickte er zum Himmel und rief tränenüberströmt: „Jesus Christus, den man Sohn des lebendigen Gottes nennt! Man sagt, dass du den Bedrängten Hilfe und Sieg schenkst. Dich flehe ich an. Wenn du mir den Sieg über diese Feinde schenkst und wenn ich sehe, dass du so stark bist, wie deine Anhänger es behaupten, dann glaube ich an dich und lasse mich taufen. Ich habe nämlich meine Götter angerufen, aber ich sehe, sie helfen mir nicht. (...) Deshalb rufe ich nun dich an. Ich werde an dich glauben, nur müsstest du mich vor meinen Feinden erretten." Kaum hatte er das gesagt, als die Alemannen zu fliehen begannen.

Zit. nach: B. Krusch/W. Levison (Hg.), Scriptores Rerum Merovingicarum, Bd. 1, Hannover 1951, S. 75 ff. Übers. d. Verf.

Fragen und Anregungen

1. Beschreibe den germanischen Gott Wodan und benenne seine Eigenschaften (Q3). Erkläre, warum sich diese Darstellung auf dem Helm eines Kriegers findet.
2. Überlege, warum sich der mächtige König Chlodwig ausgerechnet auf dem Schlachtfeld zum Gott der Christen bekehrte (Q4, VT, auch Q3 und D1). Erinnert dich dieses „Wunder" an die Bekehrung eines römischen Kaisers? Was könnte mit dieser Parallele beabsichtigt werden?
Finde anhand der Darstellung von Chlodwigs Taufe heraus, wer noch maßgeblich an der Bekehrung des Königs beteiligt war (Q1).
3. Nenne Mittel und Methoden, die Bonifatius bei der Missionierung der Germanenstämme einsetzte (Q2, VT). Betrachtest du die Verbindung dieser Methoden als nützlich oder als gefährlich für den Erfolg der Mission?
4. Stellt euch vor, ihr seid Mönche aus England und vom Papst beauftragt, den heidnischen Friesen das Christentum zu bringen. Sammelt mithilfe einer historischen Karte gemeinsam alle Gefahren und Probleme, die euch in Friesland drohen könnten, und überlegt, wie ihr diese meistern wollt und welche Erfolge ihr haben könntet.
Wenn jeder von euch einen kurzen Tagebucheintrag eines Missionars zu den aufgellsteten Herausforderungen und Chancen über die Jahreszeiten hinweg schreibt und ihr dann eure einzelnen Tagebucheinträge in der richtigen zeitlichen Reihenfolge lest, könnt ihr das Schicksal eurer Mönchsgemeinschaft über ein oder zwei Jahre verfolgen. Ihr habt eine Chronik verfasst.
5. Trotz Missionaren, Äbten und Bischöfen überlebte bei den Franken im Königtum eine uralte germanische Vorstellung aus heidnischer Zeit. Welche ist es? Finde die Antwort anhand D1, VT und Q3.

3. Pippin wird König der Franken

751 Der karolingische Hausmeier Pippin wird König der Franken.

754 Der Frankenkönig wird Schutzherr der Kirche.

König Pippin Q1
Relief in der Kirche auf dem Petersberg bei Fulda, 12. Jahrhundert.

Der Papst als Königsmacher

Wie sein Vater Karl Martell war der karolingische Hausmeier Pippin mächtig und konnte kriegerische Erfolge vorweisen. Doch floss in seinen Adern kein königliches Blut. Um endlich die fränkische Königswürde für das Geschlecht der Karolinger zu erwerben, suchte er die Bestätigung durch die höchste Macht der Kirche: den Papst. Im Jahre 751 schickte der Hausmeier eine Gesandtschaft nach Rom und der Papst bestätigte, wie erwartet, den geplanten Machtwechsel im Frankenreich. Nun konnte Pippin den entscheidenden Schritt wagen; er setzte den schwachen Merowingerkönig ab, indem er ihn kahl scheren und als Gefangenen in ein Kloster stecken ließ. So raubte er ihm die Symbole des „Königsheils". Daraufhin wählten die Adligen Pippin zum König, und Bonifatius salbte ihn, wie einst in der Bibel König David zum König gesalbt worden war. Mit der Salbung ging die Kraft unmittelbar von Gott auf den König über, er wurde also „von Gott gekrönt". Wer sich gegen den Herrscher erhob, zweifelte Gottes Entscheidung an. Diese Begründung von Herrschaft nennt man Gottesgnadentum.

Der Frankenkönig als Schutzherr der Kirche

Der Papst sah in dem neuen und mächtigen Frankenkönig einen künftigen Schutzherrn der Kirche anstelle des oströmischen Kaisers. Immer stärker war Rom nämlich im 8. Jahrhundert von den Langobarden, einem germanischen Stamm in Italien, bedrängt worden. Vergeblich hatte der Papst Bittgesuche an den Kaiser gesandt, aus Byzanz kam keine Hilfe. Im Jahre 754 reiste daher Stephan II. als erster Papst in der Geschichte über die Alpen ins Frankenreich und erflehte die Hilfe König Pippins gegen die Langobarden. Der Frankenkönig versprach, Kirche und Papst vor ihren Feinden zu schützen. Papst Stephan wiederum salbte Pippin erneut zum König und er salbte auch die beiden Söhne König Pippins. Dabei bestimmt er, dass nur noch Pippins Nachfahren Könige der Franken werden durften.

So war im Frankenreich ein neues Königsgeschlecht entstanden und die Kirche hatte einen neuen Schutzherrn gewonnen. Aus der Zusammenarbeit von Papst und Frankenkönig war ein förmliches Bündnis geworden. Mehrmals zogen König Pippin und sein Sohn und Nachfolger Karl mit ihren Heeren gegen die Langobarden und unterwarfen sie schließlich.

Q2 **Aufbruch Karls des Großen in die Schlacht**
Dachrelief des Karlsschreins in Aachen, 1215.

Q3 Die Königserhebung Pippins 751

Die Jahrbücher des fränkischen Reichs berichten über wichtige Ereignisse, die im Auftrag der Frankenkönige niedergeschrieben wurden. In ihnen findet sich folgende Eintragung:

Bischof Burkhard von Würzburg und der Kaplan Fulrad wurden zu Papst Zacharias gesandt, um wegen der Könige in Franken zu fragen, die damals keine Macht als Könige hatten, ob das gut sei oder nicht. Und Papst Zacharias gab Pippin den Bescheid, es sei besser, den als König zu bezeichnen, der die Macht habe, als den, der ohne königliche Macht blieb. Um die Ordnung nicht zu stören, ließ er kraft seiner apostolischen Autorität Pippin zum König machen. Pippin wurde nach der Sitte der Franken von den Großen zum König gewählt und gesalbt von der Hand des Erzbischofs Bonifatius und von den Franken in Soissons zum König erhoben. Childerich aber, der nur dem Schein nach König war, wurde geschoren und ins Kloster geschickt.

Annales Regni Francorum 749 und 750, zit. nach: R. Rau, Quellen zur karolingischen Reichsgeschichte, Darmstadt 1955, S. 15. Bearb. d. Verf.

Q5 **Die Krönung eines Frankenkönigs.** Buchmalerei, 9. Jh.

Q4 Der Italienzug König Pippins im Jahre 756

Die fränkischen Jahrbücher (s. Q3) berichten weiter:

Als König Pippin auf die Einladung des Papstes hin nach Italien zog, um dem seligen Apostel Petrus Recht zu verschaffen, da zog der Langobardenkönig Aistulf, der dieses Recht verweigerte, dem König und den Franken entgegen. Und sie begannen Krieg, doch durch Gottes Hilfe und das Eingreifen des seeligen Apostels Petrus blieb Pippin mit den Franken Sieger. Pippin bestätigte ganz ausdrücklich die Rechte des Heiligen Petrus und dass sie für alle Zeit gelten sollten, dazu eroberte er Ravenna und den ganzen Exarchat[1] und übergab sie dem Heiligen Petrus.

[1] *byzantinische Gebiete in Italien mit Ravenna als Hauptstadt*

Annales Regni Francorum 756, zit. nach: R. Rau, Quellen zur karolingischen Reichsgeschichte, Darmstadt 1955, S. 15. Bearb. d. Verf.

Fragen und Anregungen

1. Gliedere die fünf Stufen der Königserhebung Pippins aus und nenne die daran Beteiligten (Q3, VT). Überlege, welche der Vorgänge einmalig sind und welche ab 751 zu jeder Königserhebung gehören. In Kapitel 7 kannst du überprüfen, ob deine Antwort richtig ist.

2. Beschreibe die Darstellung der Krönung eines Frankenkönigs (Q5). Erkläre, warum hier das Gottesgnadentum versinnbildlicht ist. Jetzt kannst du erkennen, welche der Stufen als wichtigster Akt im Mittelpunkt einer mittelalterlichen Königserhebung steht. Umkreise diese Stufe rot.

3. König Pippin und sein Sohn Karl der Große besiegten die Langobarden, die damals Norditalien erobert hatten und Rom bedrohten. Begründe, warum es für die ersten Karolingerkönige so wichtig war, im Krieg siegreich zu bleiben (Q2, VT).

4. Finde heraus, was mit den Gebieten um Rom geschah, die Pippin von den Langobarden eroberte (Q4, Karte ADS). Wer nahm sie in Besitz und mit wessen Zustimmung? Wem gehörten sie eigentlich? Diskutiert, ob dieser Vorgang gerechtfertigt war.

5. Du führst als Historiker eine Besuchergruppe in der Kirche auf dem Petersberg bei Fulda. Beschreibe deinen Zuhörern das Steinrelief König Pippins und erläutere ihnen die Abzeichen der Herrschaft eines Karolingerkönigs im Unterschied zu denen eines Merowingerkönigs (Q1; S. 15, D1). Fasse kurz zusammen, wie und warum es zur Königserhebung Pippins gekommen war und welche Folgen sie für Papst und Frankenkönig hatte (Kap. 3). Zeige dann auf, warum die Missionierung des Frankenreichs unter Bonifatius hierfür wichtige Vorarbeit geleistet hatte (Kap. 2).

4. Karl der Große wird römischer Kaiser

768–814 Karl der Große regiert das Frankenreich.

800 Karl wird zum Kaiser gekrönt.

Denar (Münze) Karls des Großen, um 800 Q1

Die Umschrift lautet: „KAROLUS IMP(erator) AUG(ustus)“.

Die Kaiserkrönung Karls

Als in Rom 799 ein Adelsaufstand gegen Papst Leo III. ausbrach, floh dieser schwer verletzt ins sächsische Paderborn, wo Karl sich gerade mit seinem Hof aufhielt, und bat ihn um Hilfe. Karl war dazu bereit. Im August 800 brach er nach Italien auf. Dort begegnete ihm Papst Leo so, wie es früher bei römischen Kaisern Sitte gewesen war: Zwölf Meilen vor der Stadt empfing er Karl. Tags darauf erwartete Leo ihn vor der Peterskirche in Rom unter dem Jubel römischer Bürger. Dies geschah am 24. November 800. Karl blieb die Wintermonate über in Rom. Als Karl am Weihnachtstag die Messe besuchte, setzte ihm der Papst die Kaiserkrone auf und die anwesenden Römer huldigten ihm. Dann fiel der Papst vor ihm auf die Knie. Karl erhielt den Titel Kaiser und Augustus.

Warum wurde ein Frankenkönig „römischer Kaiser“? Aus Sicht der Franken gab es gute Gründe für eine Krönung Karls: Karl hatte sein Reich beträchtlich vergrößert und war nun neben dem oströmischen Kaiser der mächtigste Herrscher Europas. Zudem tat man sich damit schwer, dass in Byzanz eine Frau, Kaiserin Irene, auf dem Thron saß. Karl herrschte außerdem über das einst römische Gallien und ehemals kaiserliche Städte wie Rom, Mailand, Ravenna, Trier und Arles. Schließlich hatte er schon als König kaiserliche Aufgaben übernommen: die Kirche zu beschützen, das Christentum zu verbreiten und die aus christlicher Sicht ungläubigen Heiden im Norden und Osten seines Reiches zu bekämpfen.

Q2 **Petrus übergibt Papst Leo III. und Karl dem Großen die Insignien der Macht**

Petrus überreicht dem Papst das Pallium, das Amtszeichen eines Erzbischofs, und Karl dem Großen das Banner der Stadt Rom. Vermutlich hatte Papst Leo III. das Mosaik kurz vor oder nach seiner Reise nach Paderborn für seinen Thronsaal anfertigen lassen. Die lateinische Unterschrift lautet übersetzt: „Heiliger Petrus, gib Papst Leo Leben und König Karl Sieg“. Mosaik aus dem Thronsaal im Lateran, dem päpstlichen Palast in Rom, um 800.

Q3 Schwert und Kreuz in Sachsen
Buchmalereien, Frankreich, 14. Jahrhundert.

Q4 Brief Karls des Großen an Papst Leo III., 796

Eure apostolische Heiligkeit soll durch ihre Gebete die göttliche Gnade herbeirufen, die römische Kirche soll durch uns beschützt werden. Unsere Aufgabe ist es, die heilige Kirche Christi gegen den Einfall der Heiden von außen zu verteidigen und sie im Innern durch die Förderung des katholischen Glaubens zu befestigen. Eure Aufgabe ist es, heiliger Vater, zu beten, damit durch Eure Vermittlung um Gottes Hilfe das Christenvolk über die Glaubensfeinde den Sieg erringe.

Alkuin, Briefe Nr. 93, MG Epp. 4, S. 137ff. Zit. nach: H.-D. Schmid (Hg.), Fragen an die Geschichte, Bd. 1, Frankfurt 1974, S. 197. Bearb. d. Verf.

D1 Was passierte während der Sachsenkriege?

772 König Karl erobert die sächsische Eresburg und zerstört die Irminsul, ein sächsisches Heiligtum. Die Sachsen werden zur Taufe gezwungen, indem man sie mit dem Tod bedroht.

778 Der Sachsenherzog Widukind stößt bis zum Rhein vor.

782 Widukind schlägt ein fränkisches Heer. Karl lässt 4500 Sachsen bei Verden an der Aller enthaupten.

785 Widukind lässt sich taufen.

804 Nach erneuten Aufständen der Sachsen bricht Karl den Widerstand mit Massenumsiedlungen und Zwangstaufen endgültig.

Fragen und Anregungen

1. Beschreibe, wie Karl auf der Münze dargestellt wird. Auf welchen Herrscher wird Bezug genommen (Q1)? Wer könnte sich durch diese Darstellung herausgefordert fühlen? Liste die Gründe auf, warum aus Sicht der Franken Karl zu Recht römischer Kaiser wurde (VT). Teilst du diese Sichtweise?
2. Wie sehen Papst Leo und Karl der Große ihre jeweilige Aufgabe? Interpretiere das Mosaik und den Papstbrief Karls und vergleiche (Q2, Q4).
3. Finde heraus, wo Paderborn liegt (Karte ADS), warum sich Karl dort aufhielt (D1) und warum die Situation Leos in Paderborn im Widerspruch zur Aussage des Lateranmosaiks stand (VT, Q2). Entwirf ein Gegenbild von Papst und König: Zeichne, wie im Mittelalter üblich, den Mächtigen groß und den Machtlosen klein.
4. Rechne aus, wie lange es dauerte, die Sachsen zu unterwerfen, und beschreibe, wie dies geschah (Q3, D4). Kannst du dir erklären, warum die Sachsen so erbitterten Widerstand leisteten? Wie beurteilst du die Vorgehensweise Karls des Großen? Wie würde Karl sich rechtfertigen (Q4)?
5. Geh auf historische Spurensuche: Finde Orte mit Namen wie Sachsenheim, Sachsenhausen, Sachsenberg in der Gegend deines Heimatortes. Erkläre deiner Familie, wann und warum diese Siedlungen entstanden sind (D1).
6. Blicke zurück: Der Kaiser in Byzanz, der Papst, der Frankenkönig – wie hatte sich das Verhältnis der drei Mächte zueinander verändert? Wer hatte an Macht gewonnen und auf wessen Kosten (Kap.1 bis 4)? Zeichne zu den drei Mächten an den drei Zeitstationen 500, 755 und 800 Machtsäulen. Wessen Machtsäule gewinnt an Höhe und warum? Beachte auch, dass sich der Abstand zwischen den Säulen an den drei Zeitstationen verändert: Welche Mächte rücken zueinander, welche entfernen sich voneinander?
7. „Karl der Große“: Diskutiert, warum der Kaiser bis heute unter diesem Titel bekannt ist.

Verschiedene Perspektiven

Was genau geschah am Weihnachtstag 800 in Rom? Um diese Frage zu beantworten, bietet sich ein Vergleich unterschiedlicher Quellen an. Denn nur so kannst du die verschiedenen Blickwinkel oder Sichtweisen (Perspektiven) auf ein historisches Ereignis kennen lernen, vergleichen und dir am Ende eine eigene Meinung bilden. Die Voraussetzung ist selbstverständlich, dass die verschiedenen Quellen zu demselben Thema Stellung nehmen. Im Folgenden findest du zwei Quellentexte, die auf unsere Frage ganz unterschiedliche Antworten geben.

Q5 **Karl wird zum Kaiser geweiht**
Malerei in der Gothaer Weltchronik, um 1270.

Karl wird zum Kaiser erhoben Q6
Malerei in der Gothaer Weltchronik, um 1270.

Q7 Bericht des Papstes über die Krönung

Die Vorgänge der Kaiserkrönung Karls werden im Auftrag des Papstes im Liber Pontificalis, dem offiziellen Buch der Päpste, so geschildert:

Am Tage der Geburt unseres Herrn Jesu Christi waren alle in der schon genannten Basilika des heiligen Apostels Petrus wiederum versammelt. Und da krönte ihn (Karl) der ehrwürdige und segenspendende Vorsteher eigenhändig mit der kostbarsten Krone. Darauf riefen alle gläubigen und getreuen Römer, die den Schutz und die Liebe sahen, die er (Karl) der römischen Kirche und ihrem Vertreter gewährte, einmütig mit lauter Stimme auf Gottes Geheiß und des heiligen Petrus, des Himmelreiches Schlüsselträger, Eingebung aus: Karl, dem frömmsten Erhabenen, von Gott gekrönten großen und den Frieden schützenden Kaiser, langes Leben und Sieg. (...) Vor der heiligen Grabstätte des seligen Petrus ist das, unter Anrufung vieler Heiliger, dreimal ausgerufen worden, und von allen ist er als Kaiser der Römer eingesetzt worden.

Liber Pontificalis, Vita Leos III. Zit. nach: Geschichte in Quellen, Bd. 2, München 1996, S. 70.

Q8 Bericht des Franken Einhard über die Krönung

Einhard war Lehrer und Vertrauter Karls des Großen. In seiner Biografie des Herrschers schreibt er:

So hoch er (Karl) sie (die Stadt Rom) auch ehrte, so kam er (...) doch nur viermal dorthin, um sein Gelübde zu erfüllen und zu beten. Seine letzte Reise hatte nicht darin allein ihren Grund, sondern sie wurde auch dadurch veranlasst, dass Papst Leo durch die vielen Misshandlungen, die er von Seiten der Römer erlitten hatte, indem sie ihm nämlich die Augen ausrissen und die Zunge abschnitten, sich genötigt sah, den König um Schutz anzuflehen. Er kam also nach Rom und brauchte daselbst den ganzen Winter, um die Kirche aus der überaus großen Zerrüttung, in die sie verfallen war, zu reißen. Damals war es, dass er die Ernennung zum Kaiser und Augustus empfing; das war ihm zuerst so zuwider, dass er versicherte, er würde an jenem Tage, obgleich es ein hohes Fest war, die Kirche nicht betreten haben, wenn er des Papstes Absicht hätte vorherwissen können.

Einhard, Vita Karoli Magni, cap. 27, 28, 30. Zit. nach: Geschichte in Quellen, Bd. 2, München 1996, S. 71.

Methodische Arbeitsschritte:

Bevor du die Quellen miteinander vergleichen kannst, musst du jede Quelle für sich untersuchen. Wie, das hast du bereits gelernt. Dann erst kommt der eigentliche Vergleich:

1. Finde Aspekte des Vergleichs. Liste alle Fragen auf, die du an die Quellen stellen kannst.
2. Lege eine Tabelle an. Trage in die mittlere Spalte deine Fragen des Quellenvergleichs ein.
3. Sammle Informationen. Finde heraus, welche Antworten die Quellen auf die Fragen geben und trage sie in die entsprechenden Spalten ein.
4. Ordne die Informationen. Halte fest, welche Gemeinsamkeiten, vor allem aber welche Unterschiede du zwischen den Informationen zu ein und demselben Gesichtspunkt erkennst. Markiere mit einem Fragezeichen, wenn eine Quelle einen Aspekt einer historischen Erscheinung übergeht.
5. Lies die Quellen gegeneinander. Berücksichtige die verschiedenen Positionen und Sichtweisen der Quellen bei deiner „Rekonstruktion von Geschichte". Zu einer solchen „Multiperspektivität" sind Geschichtswissenschaftler verpflichtet.

1. Für den Quellenvergleich ist es sinnvoll, mit einer Tabelle zu arbeiten. Bei unserem Beispiel sind die Aspekte (Gesichtspunkte) des Vergleichs bereits als Fragen in der mittleren Spalte der Tabelle eingetragen.
2. Übertrage die Tabelle in dein Heft. Gestalte sie großzügig, damit du genügend Platz für deine Einträge hast.
3. Sammele Informationen aus beiden Quellen (Q7, Q8) und trage diese in die Tabelle ein. Trage ein Fragezeichen ein, wenn eine Quelle die Antwort schuldig bleibt.
4. Ordne die gefundenen Informationen, indem du die Gemeinsamkeiten grün, die Unterschiede rot unterstreichst und dann vergleichst.
5. Lies die Quellen gegeneinander. Finde eine Erklärung dafür, warum die päpstliche und die kaiserliche Partei jeweils einige Gesichtspunkte der Kaiserkrönung übergeht und andere dafür ausführlich berichtet.
6. Bilde dir eine eigene Meinung darüber, was in Rom im Zusammenhang mit der Kaiserkrönung Karls tatsächlich vor sich gegangen sein könnte. War Karl verärgert und wenn ja, worüber? Diskutiere deine Sicht der Ereignisse mit deinen Klassenkameraden.
7. Überlege, warum fast 500 Jahre später in einer Handschrift das Ereignis der Kaiserkrönung mit kostbaren Buchmalereien immer noch erinnert wird (Q5, Q6, Q9).

Aussagen des Papstes	Aspekte des Vergleichs	Aussagen Einhards
	Warum kam der Frankenkönig Karl nach Rom?	
	Wie ging die Kaiserkrönung vor sich? 1. Wer krönte Karl? 2. Wer rief ihn zum Kaiser aus? 3. Wie lautete der neue Titel Karls?	
	Wie reagierte Karl auf die Vorgänge in der Peterskirche?	

Karl und Leo sitzen über die Papstattentäter zu Gericht Q9
Malerei in der Gothaer Weltchronik, um 1270.

5. Der König reist und regiert

Die Bronzestatuette eines reitenden Königs Q1
gilt als Abbild Karls des Großen, (24 cm hoch), 9. Jahrhundert.

Ein riesiges Reich – aber kein Staat

Das Frankenreich reichte um das Jahr 800 von der Nordsee bis zum Mittelmeer, vom Atlantik bis an die Elbe. 1150 km mussten Reisende zwischen Aachen und Rom überwinden, 1500 km hatten reitende Boten zwischen den spanischen und den sächsischen Grenzprovinzen zurückzulegen. Keine schriftliche Verfassung bestimmte wie heute, wer welche Rechte und Pflichten hatte, wer Macht ausüben und wer ein Amt bekleiden durfte. Es gab keine zuverlässige Rechtsprechung, kaum Städte und nur unbefestigte Wege. Auch klar festgelegte Grenzen fehlten.

Der König braucht Helfer

Ein solches Reich konnte niemand alleine regieren. Der König vergab daher Ämter an Grafen, Bischöfe und Äbte, die ihm als Heerführer, Berater oder Gesandte zur Seite standen. Sie stammten meist aus den grundbesitzenden Adelsfamilien und sollten in ihren Bezirken, den Grafschaften oder Bistümern, für den König Steuern einziehen, Recht sprechen und Männer zum Wehrdienst verpflichten. Der Einfluss der örtlichen Machthaber wurde aber für den König bisweilen gefährlich. Manchmal zettelten sie sogar Aufstände gegen ihn an. Deswegen ließ Karl der Große in den bedrohten Grenzgebieten Marken anlegen, die von besonders treuen Markgrafen verteidigt wurden. Außerdem setzte er Königsboten (lat. „missi") ein, die die Grafen in regelmäßigen Abständen besuchten und überwachten. Es wurden immer zwei Boten zusammen losgeschickt, die sich gegenseitig kontrollierten.

Der Königshof unterwegs – das Reisekönigtum

Trotzdem war es besser, wenn der König selbst sich möglichst häufig zeigte. Er war sowieso viel unterwegs, weil er fast jährlich mit seinem Heer in den Krieg zog. Auf seinen Reisen schlichtete er Streit zwischen den Adligen, hielt Gericht und stellte seine königliche Macht zur Schau. Außerdem verhandelte er vor Ort, wenn er Hilfe benötigte oder die Grafen auf seiner Seite wissen wollte. Weil der König so viele Grafen, Bischöfe und Äbte besuchen musste, gab es im Mittelalter keine Hauptstädte im heutigen Sinne. Das Machtzentrum bildete der „Reisekönig", der mit seinem Gefolge von bis zu tausend Personen durch das Land ritt. Übernachtet wurde bei Bischöfen, in Abteien oder in den Pfalzen. Dies waren leicht befestigte Königshöfe, die auf Königsland (der Königsfamilie gehörendes Land) gebaut waren. Aus der Umgebung wurden Lebensmittel und Pferdefutter von den Königsgütern oder bischöflichen Grundherrschaften beschafft. Das Reisen war auch deswegen nötig, weil man auf Dauer die Hofgesellschaft nicht aus einer Region versorgen konnte.

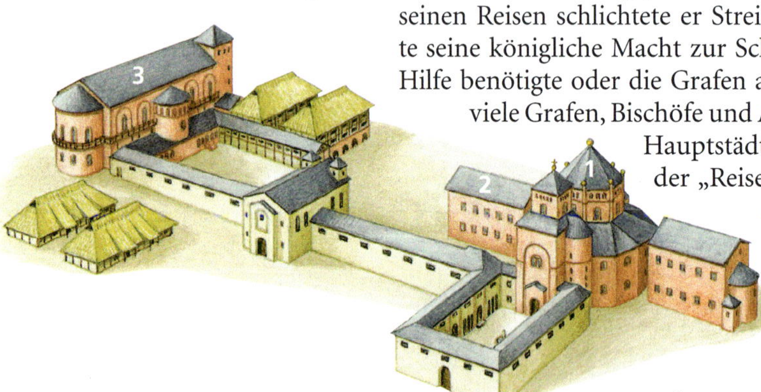

D1 Modell der Aachener Pfalz, nach Ausgrabungen rekonstruiert
Heute steht nur noch die Kapelle (1). Das angrenzende Gebaude (2) erhielt den Namen „Lateran" wie der päpstliche Palast in Rom. Dort konnte der Papst bei Besuchen wohnen. In der großen Königshalle (3) hielt der Kaiser Gericht und empfing Gesandte.

Q2 Blick in die Aachener Pfalzkapelle
Im Hintergrund steht der Thron des Kaisers.

Ämter und Aufgaben am Hof

Der Hof umfasste neben der königlichen Familie viele weltliche und geistliche Gefolgsleute des Königs, denen er wichtige Ämter gab: Als ranghöchster Amtsträger war der Marschall für den Stall, die Rüstkammer und die Reiseplanung zuständig, der Truchsess sorgte für die Verpflegung, der Mundschenk für die Getränke, und der Kämmerer kümmerte sich um die gesamte Hofhaltung und den königlichen Schatz. Neben diesen praktischen Tätigkeiten wurden die königlichen Vertrauten auch als Heerführer, Königsboten oder Beisitzer im Hofgericht eingesetzt.
Unter Oberaufsicht des Erzkanzlers, meist ein schreibkundiger Geistlicher, verwaltete die Kanzlei die Einnahmen der Königsgüter und schrieb die Königsurkunden. Die Geistlichen der Hofkapelle, mit dem Erzkaplan als Vorsteher, waren für den Gottesdienst verantwortlich und galten als wichtigste Ratgeber des Herrschers. Aus diesem Kreis ernannte er häufig Bischöfe und Äbte. In den Annalen (lat. „annus", d.h. Jahr), einem Jahrbuch, hielten sie alle politisch und militärisch wichtigen Ereignisse schriftlich fest.

Aachen – ein zweites Rom?

Nach seiner Erhebung zum Kaiser reiste Karl weniger. Das Bild Roms im Kopf, ließ Karl seine Aachener Pfalz zum ständigen Regierungssitz ausbauen und hielt sich dort in seinen letzten Lebensjahren häufig auf. Da er rheumakrank war, hatte er schon immer gerne in den heißen Quellen in Aachen gebadet. Dichter bezeichneten den neuen Palast als „zweites Rom", weil er steinerne Kuppeln besaß. Die früheren Königshöfe bestanden nur aus schlichten Holzhäusern. Karl ließ mit den kunstvollen Marmor- und Schiefersäulen für die Pfalzkapelle auch die Handwerker aus Oberitalien kommen. Die Kapelle wurde als doppelstöckiges Achteck, dem Zeichen für kaiserliche Vollkommenheit, gebaut. Mit 36 Metern war sie das damals höchste Gebäude nördlich der Alpen.

Q3 Karl als Gesetzgeber

Buchmalerei, Ende 10. Jahrhundert. Oben links ist Karl dargestellt, rechts sein Sohn Pippin. Schwert und Stab sind Zeichen ihrer Tätigkeit als Gesetzgeber. Unter ihnen sitzt ein Schreiber.

D2 Die Aufenthaltsorte Karls des Großen 775

Die Annalen und Urkunden geben Auskunft über die Aufenthaltsorte des Reisekönigs:

Januar	Reichstag in Quierzy
Ostern	in Quierzy
3. Mai	in Diedenhofen
24. Mai–26. Juni	in Quierzy
28. Juli–3. August	Reichsversammlung in Düren
August	Heerfahrt ins Sachsengebiet
25. Oktober	in Düren
Ende Oktober	in Diedenhofen
Dezember	Aufbruch nach Italien
Weihnachten	in Schlettstadt (Elsass)

Zit. nach: Elmar Wagener, Ein Reisender in Sachen Politik. In: Praxis Geschichte 2 (1988), S. 33.

Q4 Erscheinungsbild und Gewohnheiten Karls

Karls Vertrauter Einhard schrieb in seiner Biografie über Karl den Großen, 835:

Karl war kräftig und stark, dabei von hoher Gestalt, die aber das rechte Maß nicht überstieg. Es ist allgemein bekannt, dass er sieben Fuß (d.h. 1,92 Meter) groß war. Er hatte einen runden Kopf, seine Augen waren sehr groß und lebhaft, die Nase etwas lang; er hatte schöne graue Haare und ein heiteres und fröhliches Gesicht. Seine Erscheinung war immer imposant und würdevoll, ganz gleich ob er stand oder saß. Sein Nacken war zwar etwas dick und kurz, und sein Bauch trat ein wenig hervor, doch fielen diese Fehler bei dem Ebenmaß seiner Glieder nicht sehr auf. Sein Gang war selbstbewusst, seine Körperhaltung männlich und seine Stimme klar, obwohl sie nicht so stark war, wie man bei seiner Größe hätte erwarten können. (…)

Er kleidete sich nach der Tracht der Franken: Auf dem Körper trug er ein Leinenhemd, die Oberschenkel bedeckten leinene Hosen; darüber trug er eine Tunika, die mit Seide eingefasst war, die Unterschenkel waren mit Schenkelbändern umhüllt. Sodann umschnürte er seine Waden mit Bändern und seine Füße mit Stiefeln. Im Winter schützte er seine Schultern und Brust durch ein Wams aus Otter- oder Marderfell. Darüber trug er einen blauen Umhang. Auch gürtete er sich stets ein Schwert um, dessen Griff und Gehenk aus Gold und Silber waren. (…) An hohen Festtagen trug er golddurchwirkte Kleider und Schuhe, auf denen Edelsteine glänzten. Sein Umhang wurde dann von einer goldenen Spange zusammengehalten, und er schritt im Schmucke eines Diadems aus Gold und Edelsteinen einher. (…) Karl war maßvoll im Essen und Trinken. (…) Seine täglichen Mahlzeiten bestanden aus vier Gängen und dem Fleisch, das seine Jäger auf dem Spieß brieten und das er lieber als alles andere aß. Während des Essens hört er sich entweder Musik oder einen Vorleser an. (…)

Karl war ein begabter Redner, er sprach fließend und drückte alles, was er sagen wollte, mit äußerster Klarheit aus. Er beherrschte nicht nur seine Muttersprache, sondern erlernte auch fleißig Fremdsprachen. Latein verstand er wie seine eigene Sprache. Griechisch konnte er allerdings besser verstehen als sprechen. (...) Er lernte Rechnen und verfolgte mit großem Wissensdurst die Bewegungen der Himmelskörper. Auch versucht er sich im Schreiben und hatte unter seinem Kopfkissen im Bett immer Tafeln und Blätter bereit, um in schlaflosen Stunden seine Hand im Schreiben zu üben. Da er aber erst verhältnismäßig spät damit begonnen hatte, brachte er es auf diesem Gebiet nicht sehr weit.

Zit. nach: Evelyn Scherabon Firchow (Hg.), Einhard, Vita Karoli Magni, 22–25, Stuttgart 1995. Bearb. d. Verf.

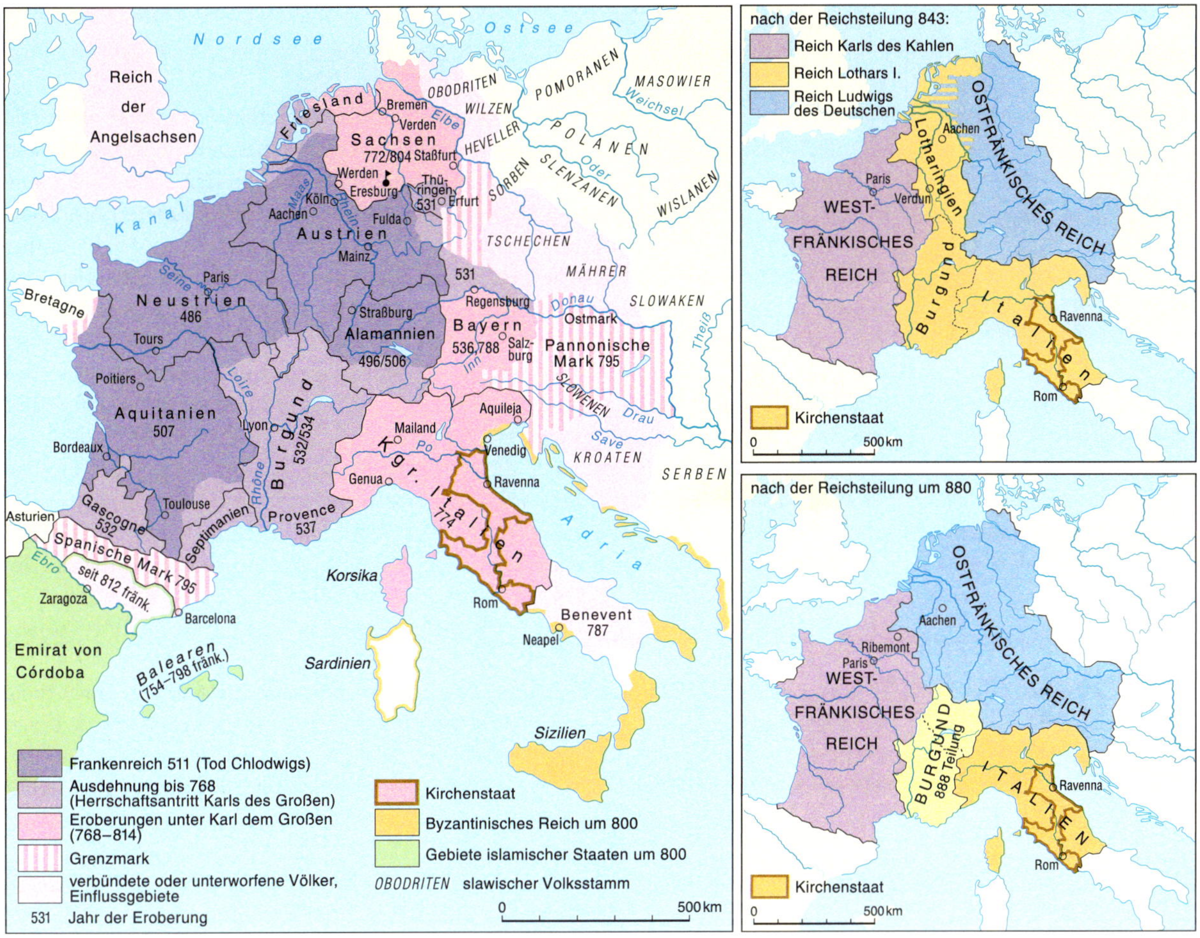

D3 **Das Frankenreich von den Eroberungen Karls des Großen bis zu den Reichsteilungen**

Fragen und Anregungen

1. Beschreibe, wie sich das Frankenreich unter Karls Herrschaft ausdehnte (D3). Überlege, welche Folgen dies für Verwaltung und Hofhaltung hatte.
2. Ihr seid entweder Marschall, Truchsess oder Mundschenk am Hof Karls des Großen. Löst die Aufgabe, für die ihr zuständig seid (VT).
   – Orientiert euch über die Lage der geplanten Aufenthaltsorte Karls im Jahr 775 (D2, Karte ADS). Zieht die Reiseroute nach und berechnet, wie lange der Königshof unterwegs sein wird (ca. 40 km pro Tag). Welche Gefahren und Hindernisse müsst ihr einkalkulieren?
   – Organisiert die Versorgung des Königs und seines Gefolges während des Pfingstaufenthalts in der Pfalz Quierzy (D2, VT). Berechnet die Menge an Nahrungsmitteln, die ihr bereit stellen müsst, wenn ein Mann pro Tag etwa 2 kg Getreide, 1 kg Fleisch, 3 l Wein oder Bier verbraucht. Wo könnt ihr die Lebensmittel beschaffen?
3. Liste auf, was Einhard an Positivem und Negativem über den Kaiser sagt (Q4). Welches Bild von Karl wollte Einhard vermitteln?
4. Vergleiche Einhards Beschreibung von Karls äußerer Erscheinung mit den anderen Darstellungen Karls (Q3, Q4, Q1). Welche Darstellung kommt Einhards Beschreibung (Q4) näher? Erkläre, warum die Reiterstatue und die Buchmalerei kennzeichnend für das Hofleben sind (Q1, Q3).
5. Als Experten für frühmittelalterliche Geschichte stellt ihr auf einer Historikertagung die These auf, dass Karl sich die römische Kaiserzeit und die christliche Spätantike zum Vorbild nahm. Überzeugt eure zweifelnden Kollegen mit Beispielen aus Architektur, Kunst und Bildung (Q1–Q4, D1, VT).

6. Der König vergibt Lehen

Rat und Tat gegen Schutz

Q1 **Handgang**
13. Jahrhundert.

Da ein König nicht überall gleichzeitig Entscheidungen treffen oder Recht sprechen konnte, musste er sich der Treue seiner Gefolgsleute sehr sicher sein. So entstand nach und nach das Lehnswesen, ein System, das die Adligen eng an den Herrscher band. Er versprach ihnen Schutz und gab ihnen ein Lehen, d.h. er lieh ihnen Land und die darauf lebenden Leute. Dafür mussten sie ihren Lehnsherrn, den König, in Friedenszeiten beraten (lat. „consilium“) und in Kriegszeiten militärisch unterstützen (lat. „auxilium“), ihm also mit Rat und Tat zur Seite stehen. Die adligen Lehnsinhaber wurden Vasallen genannt, was ursprünglich „Knecht“ bedeutete. Das persönliche Treueverhältnis zum König verlieh den Königs- oder Kronvasallen aber ein besonderes Ansehen. Auch Frauen konnten ein Lehen annehmen, wenn sie einen männlichen Vertreter einsetzten, der ihre Lehenspflichten erfüllte.

Kronvasallen und Untervasallen

Die Kronvasallen hielten sich oft am Königshof auf, bekleideten dort ein Hofamt oder mussten für ihren Lehnsherrn in den Krieg ziehen. Daher verliehen sie von ihrem Lehen und dem eigenen Besitz Land weiter. Zu Beginn des 9. Jahrhunderts hatte der König etwa 2000–4000 Kronvasallen, die wiederum 30–40000 Untervasallen hatten. Die Untervasallen waren aber nur ihnen, nicht jedoch dem König zur Treue verpflichtet. Das konnte zum Nachteil für den König werden, wenn es zum Streit mit einem Vasallen kam. So entstanden durch „Unterleihe“ ganze Lehensketten von König, Kronvasallen und Untervasallen. Später konnte ein Vasall sogar von verschiedenen Lehnsherren gleichzeitig ein Lehen annehmen. So wurde es für den Vasallen schwierig, sich im Konfliktfall für den König oder für einen anderen Kronvasallen zu entscheiden. Für den König wiederum war es nicht vorhersehbar, ob und an welcher Stelle eine solche Lehnspyramide brechen würde.

Lehen werden erblich

Große Schwierigkeiten bereitete den Herrschern schon seit der Zeit Karls, dass viele Kronvasallen ihr Lehen wie Eigentum weitervererben wollten. Ursprünglich war aber vorgesehen, dass das Lehen beim Tod des Vasallen an den Herrscher und beim Tod des Herrschers an dessen Nachfolger zurückgegeben und dann wieder neu verliehen werden sollte. Brach ein Vasall die Treue, konnte ihm das Lehen wieder abgenommen werden. Mächtige Vasallen waren aber in der Lage, mit ihrem Heer aus Untervasallen ihr Lehen zu verteidigen.

PROJEKT: EINE LEHNSPYRAMIDE BAUEN

1. *Bestimmt einen König und drei Kronvasallen. Der König vergibt an jeden dieser drei Kronvasallen ein Lehen. Jeder der drei Kronvasallen verleiht einen Teil seines Lehens weiter an Untervasallen. Am Schluss ist jeder in der Klasse – außer dem König – ein Lehnsträger. Achtet auf die richtige Durchführung der Lehensvergabe im Handgang und wählt ein passendes Symbol zur Übergabe (Q1, Q2).*
2. *Stellt euch dann im Klassenzimmer zu einem Dreieck, einer „Lehnspyramide“ auf, an deren Spitze der König steht. Sagt „von unten nach oben“, wessen Vasall ihr seid und wem ihr deshalb zur Treue verpflichtet seid.*
3. *Der König ruft jetzt sein Vasallenheer ein und lässt durch einen Herold den Befehl an seine Kronvasallen verlesen (Q4). Der Herold ist der Lehrer.*
4. *Die drei Kronvasallen entscheiden nun, ob sie dem Befehl des Königs gehorchen oder dem König den Gehorsam verweigern. Ein solcher Treuebruch war im Mittelalter nicht selten. Was passiert, wenn nur ein einziger Kronvasall den König im Stich lässt? Welche Entscheidung müssen dessen Untervasallen, welche Entscheidung muss der König in dieser Lage treffen?*

Wie funktioniert das Lehnswesen? Q2

Sachsenspiegel, 13. Jahrhundert.
Die Verbindung zwischen Lehnsherrn und Vasall wurde in einem feierlichen Akt hergestellt. Nach dem Handgang oder der Huldigung, bei der sich der Vasall symbolisch unterwarf, schworen sich beide gegenseitig Treue. Der Lehnsherr übergab einen Gegenstand, häufig eine Fahne oder einen Schlüssel, der für das Lehen stand.
In einem Rechtsbuch ist die Beziehung zwischen Lehensherren und Vasallen anschaulich dargestellt:

a Abt und Äbtissin vergeben ein Lehen.

b Vasallen huldigen dem Lehnsherrn.

c Eine Burg wird als Lehen vergeben.

d Eine Kirche wird als Lehen vergeben.

e Ein Vasall legt den Lehenseid ab.

f Ein Vasall gibt Ratschläge.

g Ein Ritter als Vasall eines Kronvasallen

h Ein Kronvasall vor dem König

Finde heraus, woran man den Lehnsherrn und woran man den Vasallen erkennen kann (a–h). Erkläre dann, mit welchen Gesten und Symbolen die feierliche Übergabe eines Lehens erfolgte (a–d) und welche Rechte der Vasall damit erwarb.

Erläutere schließlich die Pflichten, die ein Vasall mit der Lehensvergabe übernahm und wie der Maler diese im Bild veranschaulicht hat (e–h).

Q3 Fränkischer Panzerreiter

Buchmalerei, 9. Jahrhundert. Wozu brauchte der Vasall ein Stück Land mit den darauf lebenden Leuten? Im Frankenreich hatte sich eine neue Kampfesweise durchgesetzt: Gepanzerte Reiter entschieden nun die Schlachten und nicht mehr Fußsoldaten. Die teure Ausrüstung eines Panzerreiters konnte aber nur durch Gewinne aus dem geliehenen Land mit den dazu gehörenden Bauernfamilien bestritten werden. Der Besitz eines solchen Lehens entschied darüber, ob jemand ein freier Berufskrieger oder ein unfreier Bauer war, der keine Waffen tragen durfte.

Q4 Karl der Große ruft das Vasallenheer ein

Der König schickte im Jahr 804 folgenden Befehl an Abt Fulrad von Altaich (Bayern):

Wir teilen dir mit, dass wir in diesem Jahr die große Heeresversammlung nach Ostsachsen zusammengerufen haben, und zwar nach Staßfurt an der Bode. Deshalb befehlen wir dir, am 17. Juni mit allen deinen wohlbewaffneten und ausgerüsteten Leuten an dem genannten Platze dich einzustellen. (...) Jeder Berittene soll Schild, Lanze, Schwert und Hirschfänger haben, dazu Bogen, Köcher mit Pfeilen, und eure Packwagen sollen Vorräte aller Art mitführen, Spitzhacken, Äxte, Bohrer, Beile, Spaten, eiserne Grabscheite und alle anderen Werkzeuge, die man bei einem Feldzug braucht. Die Lebensmittel müssen von der Heeresversammlung an gerechnet drei Monate reichen, Waffen und Bekleidung ein halbes Jahr.

Zit. nach: Geschichte in Quellen Bd. 2, München 1970, S. 76 f.

D1 Kosten der Rüstung eines Panzerreiters

Bronzehelm	6 Kühe
Lederpanzer, besetzt mit Eisenplättchen	12 Kühe
Langschwert aus Stahl	7 Kühe
Lederne Beinschienen	6 Kühe
Lederbezogener Schild, Lanze mit Eisenspitze	2 Kühe
Streitross	12 Kühe

Nach einer Urkunde zur Zeit Karls des Großen, aus: W. Tarnowski, Ritter, Nürnberg 1990, S. 9

Fragen und Anregungen

1. Beschreibe die Ausrüstung eines fränkischen Panzerreiters (Q3, Q4). Seit wann gibt es diese Elitetruppe im fränkischen Heer – seit Karl dem Großen, seit Pippin, seit Karl Martell? Blättere zurück im Buch!
2. Warum war es einem Bauernkrieger kaum möglich, als Panzerreiter zu kämpfen? Rechne aus, was ein Bauer besitzen musste, um sich als Panzerreiter auszurüsten (D1). Begründe, warum die dargelegte Kostenaufstellung noch unvollständig ist (Q3, Q4).
3. Erkläre, wie die Karolinger dieses Problem lösten (Q4, VT).
Zeige zunächst, in welchem Verhältnis Abt Fulrad zu Karl dem Großen stand, welche Pflichten er gegenüber dem König hatte und welche Gegenleistungen er vom König erhalten hatte. Erläutere dann, wer die „Berittenen" waren, die Abt Fulrad dem Heer Karls des Großen zuführen sollte, welche Pflichten sie gegenüber dem Abt zu erfüllen hatten und welche Gegenleistung sie hierfür vom Abt erhalten hatten.
4. Durch „Unterleihe" entstanden ganze Lehensketten von König, Kronvasallen und Untervasallen. Ordne die im Sachsenspiegel abgebildeten Personen von oben nach unten zu einer solchen Lehnspyramide (Q2).
5. Überlege, welche Auswirkungen „Unterleihe" und Erblichkeit der Lehen im Lauf der Jahrhunderte auf das Herrschaftsverhältnis zwischen König und hohen Adligen hatten. Unter „Konflikte im mittelalterlichen Europa" kannst du überprüfen, ob deine Vermutung richtig war (Kap. 3), und nachlesen, warum die Entwicklung in England und Frankreich ganz anders verlief (Kap. 4).

7. Otto der Große begründet das deutsche Kaisertum

936–973	Otto I. ist König des Ostfränkischen Reiches.
962	Der Papst krönt Otto I. den Großen zum Kaiser.

Kaiser Otto der Große Q1
Dom zu Meißen, nach 1260.

Karl der Große hatte 806 festgelegt, dass die fränkische Königswürde zwar teilbar sei, es aber nur einen fränkisch-römischen Kaiser geben dürfe. Karls Enkel und Urenkel teilten das Großreich bis 880 in immer neue Teilreiche auf, die dann auch andere Adelsfamilien beherrschten. Was sollte aber geschehen, wenn das Königsgeschlecht ausstarb? Dazu kam es im Osten Anfang des 10. Jahrhunderts. Daraufhin wurde 919 der mächtige Herzog Heinrich von Sachsen zum neuen König des Ostfränkischen Reiches gewählt. Seine Kriegserfolge gegen die einfallenden Ungarn festigten seine Stellung. So wählten Vertreter aller Stämme – Sachsen, Friesen, Thüringer, Franken, Schwaben (Alemannen), Bayern und Lothringer – 936 Heinrichs Sohn Otto I. zum König des ungeteilten Ostfränkischen Reiches.

Aufstände gegen den König

Viele Herzöge ließen sich jedoch ungern in ihre Herrschaft hineinreden. Sie wollten so selbstständig wie möglich sein, Otto wollte aber als starker Herrscher regieren. Aufstände und Machtkomplotte gegen den König, sogar von seinem eigenen Bruder Heinrich, waren an der Tagesordnung. Deswegen band Otto die Bischöfe eng an sich. Die Bischofssitze besetzte er mit königstreuen Männern aus wichtigen Familien, die meist hochgebildet und daher für höhere Verwaltungsaufgaben gut geeignet waren. Er brauchte nicht zu befürchten, dass die ehelosen Geistlichen Ämter und verliehene Kirchengüter weitervererbten. Dieses so genannte „ottonische Reichskirchensystem" stabilisierte die Herrschaft.

Otto I. erneuert das Kaisertum

Immer wieder waren im 10. Jahrhundert die Ungarn aus der Donautiefebene zu Raub- und Plünderungszügen in das Reich eingefallen und zum „Schrecken Europas" geworden. Als die Ungarn die Stadt Augsburg belagerten, versammelte Otto ein Heer aus allen Stammesherzogtümern und zog ihnen entgegen. Auf dem Lechfeld bei Augsburg schlug das Reichsheer unter König Otto im Jahre 955 die Ungarn so vernichtend, dass diese nie wieder nach Deutschland zurückkehrten. Ottos Königtum war nach diesem Sieg auch durch die Herzöge nicht mehr gefährdet. Alle deutschen Stämme hatten gemeinsam einen schrecklichen Feind abgewehrt und zu einem neuen Gefühl der Zusammengehörigkeit gefunden. Der christliche König Otto hatte das Heer zum Sieg über die heidnischen Ungarn geführt. Unter allen Fürsten und Königen Europas kam ihm der Vorrang zu, denn er hatte sich als Schutzherr der Christenheit bewährt. Einem solchen König stand die Kaiserkrone zu. Der Chronist Widukind von Corvey berichtete, Otto sei von dem siegreichen Heer noch auf dem Schlachtfeld zum Kaiser ausgerufen worden. Als der Papst vom König von Italien angegriffen wurde und Otto diesen erfolgreich vertrieb, wurde er 962 in Rom zum Kaiser gekrönt – wie einst Karl der Große. Seit der Erneuerung des Kaisertums erhielt immer der jeweilige Herrscher des Ostfränkisch-Deutschen Reiches die Kaiserkrone.

Missionierung der Slawen

Als christlicher König und Kaiser sah sich Otto nicht nur zum Schutz der Christenheit, sondern auch zur Ausbreitung des Christentums unter den Heiden verpflichtet. Für Otto I. waren dies die Slawenstämme an der Ostgrenze des Reichs jenseits von Elbe und Saale. In mehreren Feldzügen wurden die Slawen gewaltsam unterworfen und missioniert. Gleichzeitig wurde so die bedrohte Reichsgrenze gesichert und das Reichsgebiet erweitert. Um die Herrschaft in den eroberten Gebieten zu festigen, richtete Otto weitere Marken ein und gründete neue Reichsbistümer. Als Kaiser konnte Otto dann den organisatorischen Rahmen für seine Ostpolitik erweitern. Der Papst gestattete es, in Magdeburg ein neues Erzbistum zu errichten. Magdeburg und die neuen Bistümer wurden zum Ausgangspunkt der Christianisierung zwischen Elbe und Oder.

Vom Ostfränkischen zum „deutschen" Reich

Als Kaiser hatten die Ottonen eine ähnliche Stellung wie Karl der Große, ihr Machtzentrum aber hatte sich nach Osten verschoben. Im Gegensatz zu den Karolingern teilten die ottonischen Könige ihr Reich nicht mehr unter ihren Söhnen auf, sondern übergaben es dem Thronfolger, in der Regel dem erstgeborenen Sohn. Damit entstand eine politische Einheit, die man im frühen 11. Jahrhundert erstmals als „deutsches" Reich bezeichnete. Das Wort „theodisca" (d.h. deutsch) bezog sich zunächst auf die germanische Volkssprache gegenüber dem Lateinischen. Allerdings fühlten sich viele deutschsprachige Bewohner noch eher als Franken, Bayern oder welchem Stamm sie auch angehörten. Die Herrscher bezeichneten sich auch deshalb nicht als deutsche Könige, weil sie als Kaiser die Oberherrschaft über viele Völker beanspruchten.

Herrscherfrauen oder Herrscherinnen?

Otto I. konnte seinen Herrschaftsanspruch in den Königreichen Italien und Burgund zusätzlich festigen, als er nach dem Tod seiner ersten Frau die 20-jährige Adelheid heiratete. Die burgundische Prinzessin und Witwe des früheren italischen Königs gebar ihm vier Kinder, von denen nur zwei, so auch der männliche Thronfolger Otto II., überlebten. Damit hatte diese Heirat schon zwei wichtige Funktionen erfüllt: Söhne zu gebären und Thronansprüche zu festigen. Adelheid hatte wegen ihrer guten Beziehungen zu vielen wichtigen Adligen, besonders in Italien, eine starke Position. Sie wurde als erste abendländische Herrscherin, von der wir es wissen, in Rom mit zur Kaiserin gekrönt. Otto nannte seine Frau auch „Mitteilhaberin an der Königsherrschaft". Sie konnte mitbestimmen, wer Schenkungen erhielt oder wem ein Amt übertragen werden sollte.
Da für Ottos Sohn nur eine christliche Kaisertochter als Ehefrau in Frage kam, wurde Otto II. 16-jährig mit der vier Jahre jüngeren Theophanu von Byzanz verheiratet. Bei der Trauung 972 in Rom wurde auch sie zur Kaiserin gekrönt und in ihrer Heiratsurkunde als „Mitkaiserin" angesprochen (Otto II. war schon vorher gekrönt worden). Nach dem frühen Tod ihres Mannes 983 übernahm Theophanu die Regentschaft für ihren dreijährigen Sohn Otto III.: Sie stellte Urkunden aus, führte Verhandlungen und Kriege und sorgte für Frieden und Ordnung. So sicherte sie Otto III. die Herrschaft.

D1 **Das Reich zur Zeit Ottos des Großen (936–973)**

Q2 Über Kaiserin Theophanu, Gattin Kaiser Ottos II.

Bischof Thietmar von Merseburg schrieb in seiner Chronik, 1012–1018:

Obwohl vom schwachen Geschlecht, war sie besonnen und vertrauenswürdig und führte, was in Griechenland selten ist, einen vorzüglichen Lebenswandel. Das Königreich ihres Sohnes bewahrte sie mit männlicher Wachsamkeit, die Frommen förderte sie in allen Belangen, die Hochfahrenden schreckte und überwand sie. Von ihrer Leibesfrucht zahlte sie Gott den Zehnten, indem sie ihm zwei Töchter übergab, die eine, Adelheid, [ins Kloster] nach Quedlinburg, die andere, Sophia, [ins Kloster] nach Gandersheim.

MGH SS NS IX, hg. v. R. Holtzmann, 1935, S. 143.

Q3 Weihwassergefäß Ottos III.

Elfenbeinschnitzerei, um 1000. Das achteckige Gefäß stellt in der oberen Reihe vermutlich Kaiser Otto III. dar, links von ihm Petrus, rechts den Erzbischof und Erzkanzler Willigis von Mainz. Auf Petrus‘ anderer Seite sitzt Papst Silvester II. In der unteren Reihe stehen Wächter. Das Gefäß soll die „himmlische Stadt“ Jerusalem symbolisieren. Was sagt es darüber aus, wie sich die Ottonen ihr Reich vorgestellt haben?

Q4 Otto II. und Theophanu

Elfenbeinschnitzerei, Mailand, ca. 983. Untersuche die Darstellung des Herrscherpaares: Wie wird das Verhältnis zwischen Kaiser und Kaiserin dargestellt? Achte auf Kleidung, Haltung und Größe der Ehegatten.

Q5 Über Erzbischof Brun, den Bruder Ottos des Großen

Widukind von Corvey über den Erzbischof von Köln:

Der jüngste der Brüder, Brun, war geistesgewaltig, besaß großes Wissen, alle hervorragenden Eigenschaften und dazu Fleiß. Als der König ihn an die Spitze der kaum zu bändigenden Lothringer gestellt hatte, säuberte er das Land von allen Räubern und setzte die gesetzliche Ordnung so vollständig durch, dass höchste Sicherheit und vollkommener Frieden sich behaupteten.

Widukind II, cap. 36. Zit. nach: Geschichte in Quellen, Bd.2, München 1986, S. 196.

Zeichen der Herrschaft

Die Reichsinsignien sind Zeichen der Herrschaft der deutschen Könige und Kaiser. Doch für die Menschen des Mittelalters bedeuteten sie mehr. Sie waren heilige Gegenstände von höchster Kraft und Sinnbilder eines König- und Kaisertums, das in der göttlichen Ordnung wurzelte. Der Kaiser, gekleidet in dem Purpur des Herrschers, geschmückt mit der Reichskrone und ausgestattet mit den mächtigsten Zeichen der Christenheit, stand für die Ordnung der Welt, für Recht und Gerechtigkeit und als Mensch in der Fülle der Gnade Gottes. Nicht die Vernunft, sondern das Denken in überhöhten Bildern und Symbolen machte für die Menschen im Mittelalter die Dinge überschaubar und setzte die Ordnung. Auf dieser Seite kannst du herausfinden, mit welchen Sinnbildern die mittelalterlichen Könige und Kaiser ihre Herrschaft ausdrückten, aber auch zu welcher Form von Herrschaft und zu welchen Aufgaben diese Insignien ihre Träger verpflichteten.

Die Reichskrone Q6

liegt heute in der Schatzkammer Wien. Wahrscheinlich wurde die deutsche Reichskrone bereits für die Kaiserkrönung Ottos I. im Jahre 962 angefertigt. Sie besteht aus acht goldenen Bogenplatten von unterschiedlicher Größe, die mit Scharnieren verbunden sind. So konnte die Krone für die vielen Reisen des Kaisers leicht auseinander genommen und wieder zusammengesetzt werden. Auf der sichtbaren Bildplatte ist Christus mit zwei Engeln dargestellt. Übersetzt heißt die Inschrift: „Durch mich regieren die Könige." Die anderen, nicht sichtbaren Bildplatten zeigen die alttestamentarischen Könige David und Salomon als weise und gerechte Herrscher. Die Grundordnung der Krone beruht auf der heiligen Zahl acht, der Zahl Christi und der Auferstehung, der Zahl für die Vollendung der Welt. Acht Menschen hatten einst die Sintflut auf der Arche überlebt, acht Tage dauerte die Leidenswoche Christi bis zu seiner Auferstehung. Ein achteckiger Grundriss entsteht, wenn man die vier Bildplatten der Krone, die für die kaiserliche Stadt Rom stehen, und die vier Edelsteinplatten, die die himmlische Stadt Jerusalem darstellen, übereinander legt.

Q7 **Heilige Lanze**

8./9. Jahrhundert.
Nach der Legende ist dies die Lanze Kaiser Konstantins des Großen, in deren Spitze ein Nagel vom Kreuze Christi eingearbeitet ist. Sie galt daher als kostbarstes Herrschaftszeichen und wurde als Sieg bringend verehrt. Als Zeichen der Anwesenheit Gottes führten sie die Könige und Kaiser auf ihren Kriegszügen mit.

Reichsapfel Q8

Der Reichsapfel steht für die Erdkugel, das Kreuz verweist auf die christliche Herrschaft des Königs.
Ende 12. Jahrhundert, Schatzkammer Wien.

Q9 Otto wird zum König erhoben

Widukind, ein Mönch im Kloster Corvey, schildert die Königserhebung Ottos nach Augenzeugenberichten:

Als (…) Heinrich gestorben war, wählte das ganze Volk der Franken und Sachsen seinen Sohn Otto, der schon von seinem Vater zum König bestimmt worden war, sich zum Fürsten. Als Ort der allgemeinen Wahl wurde Aachen festgesetzt. (…) Dort versammelten sich die Herzöge und die hohen Vasallen mit den anderen Vornehmen in der Säulenhalle der Basilika Karls des Großen und führten ihren neuen Herrscher zu einem dort errichteten Thron. Sie reichten ihm die Hände und versprachen ihm Treue und gelobten ihm Beistand gegen alle seine Feinde, und so machten sie ihn nach ihrer Sitte zum König. Währenddessen erwartete der (Erzbischof von Mainz) mit dem gesamten Klerus und dem Volke im Inneren der Basilika den Einzug des neuen Königs. Als dieser eintrat, ging ihm der Erzbischof entgegen, berührte mit seiner Linken die Rechte des Königs, während er in seiner eigenen Rechten den Krummstab trug. (…) Nun wandte er sich dem Volk, das ringsumher stand, (…) zu: „Sehet her!“, rief er, „hier zeige ich euch den von Gott erwählten und von König Heinrich bestimmten, jetzt von allen Fürsten gekürten König Otto; wenn euch die Wahl recht ist, dann hebt die rechte Hand zum Himmel empor!“ Darauf rief die ganze Menge dem neuen Herrscher mit erhobener Hand und gewaltigem Getöse Heil. (…) Dann schritt der Erzbischof mit dem König, der nach fränkischer Art ein eng anliegendes Gewand trug, hinter den Altar, auf dem die königlichen Insignien gelagert waren, das Schwert, der Mantel mit den Spangen, Stab und Zepter und die Krone. Er trat nun zu dem Altar, nahm das Schwert (…), wandte sich zum König und sprach: „Empfange dieses Schwert, mit dem du alle Feinde Christi austreiben sollst, die Barbaren und die schlechten Christen, da dir durch Gottes Willen die ganze Macht im gesamten Reich der Franken gehört, damit allen Christen der Friede gewiss sei.“ Dann bekleidete er ihn mit dem spangengeschmückten Mantel. (…) Dann wurde der König durch die Erzbischöfe mit dem heiligen Öl gesalbt und mit der goldenen Krone gekrönt, und als so alle vorgeschriebenen Weihehandlungen vollzogen waren, wurde er von denselben Erzbischöfen über eine Wendeltreppe zu einem Throne geleitet, der zwischen zwei wunderschönen Marmorsäulen errichtet war.

Widukind von Corvey, II, cap. 1,2, zit. nach: Geschichte in Quellen, Bd. 2, München 1989, S. 146 f.

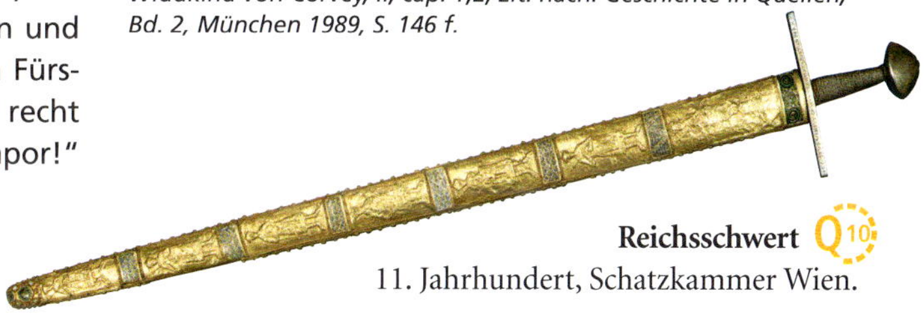

Reichsschwert Q10
11. Jahrhundert, Schatzkammer Wien.

Fragen und Anregungen

1. Widukinds Bericht war für hunderte von Jahren die einzige ausführliche Darstellung einer Königserhebung und wurde zum Vorbild der Königskrönungen im Mittelalter (Q9). Markiere die einzelnen Stufen einer solchen Königserhebung, nenne den Ort der Handlungen und die Beteiligten. Nenne dann die Herrschaftsinsignien des Königs und erläutere ihre Bedeutung. Erkläre, woran deutlich wird, dass sich Otto in der Nachfolge der Karolinger und insbesondere Karls des Großen sieht. Blättere dazu zurück zu Kapitel 3, 4 und 5 und vergleiche. Stellt die einzelnen Stufen der Königserhebung als Szenen eines Rollenspiels dar.
2. In der Schlacht auf dem Lechfeld führte König Otto, die Heilige Lanze in Händen, das Reichsheer zum Sieg über die heidnischen Ungarn (s. ADS). Erkläre, warum die Heilige Lanze für den König hier so wichtig war und warum dieser Sieg für Otto den Weg zur Kaiserkrönung in Rom öffnete (Q7).
3. Entschlüssele die Symbolsprache der Reichskrone (Q6). Lies dazu Offenbarung Johannes 21, 10–21. Wie in der Krone wiederholt sich die Ordnung des Achtecks in den Symbolen des Kaisertums. Erinnere dich: Wo ist dir dieses Motiv schon begegnet (Kapitel 5, Kapitel 7)?
4. Entwirf selbst eine Krone. Verwende dabei die heiligen Zahlen 4, 8 und 12.
5. Mehr als acht Jahrhunderte lang trugen die deutschen Könige die Kaiserkrone. Kannst du dir erklären, warum seit 200 Jahren die berühmte Reichskrone in der Wiener Schatzkammer liegt? Im nächsten Band wirst du erfahren, wie es dazu kam. Merke dir aber schon jetzt die Jahreszahlen 800 und 1806.
6. Was könntest du als Fremdenführer in der Wiener Schatzkammer den Besuchern über die Reichsinsignien erzählen?

Urkunden bezeugen Rechtshandlungen

Sicher hast du mal nach einem Wettkampf eine Urkunde als Beweis für deine Leistungen erhalten. Etwas zu beweisen war auch der Zweck mittelalterlicher Urkunden. Sie geben Auskunft über wichtige Handlungen, Rechte, Beschlüsse oder Besitzveränderungen, die wahrheitsgetreu überliefert werden sollten. Viele Fakten in diesem Geschichtsbuch gibt es nur, weil Historiker viele Urkunden gelesen, miteinander verglichen und daraus ihre Schlüsse gezogen haben. Damit eine Urkunde gültig war, mussten ihre Verfasser bestimmte Formen einhalten und sie beglaubigen. Wenn du diese Formen kennst, kannst du Urkunden viele Informationen entlocken.

Urkunde König Ottos I. für die Abtei Corvey Q11

Sie wird im nordrhein-westfälischen Staatsarchiv in Münster verwahrt. Die mittelalterliche Urkunde wurde in Latein verfasst, rechts eine deutsche Übersetzung (Q2).

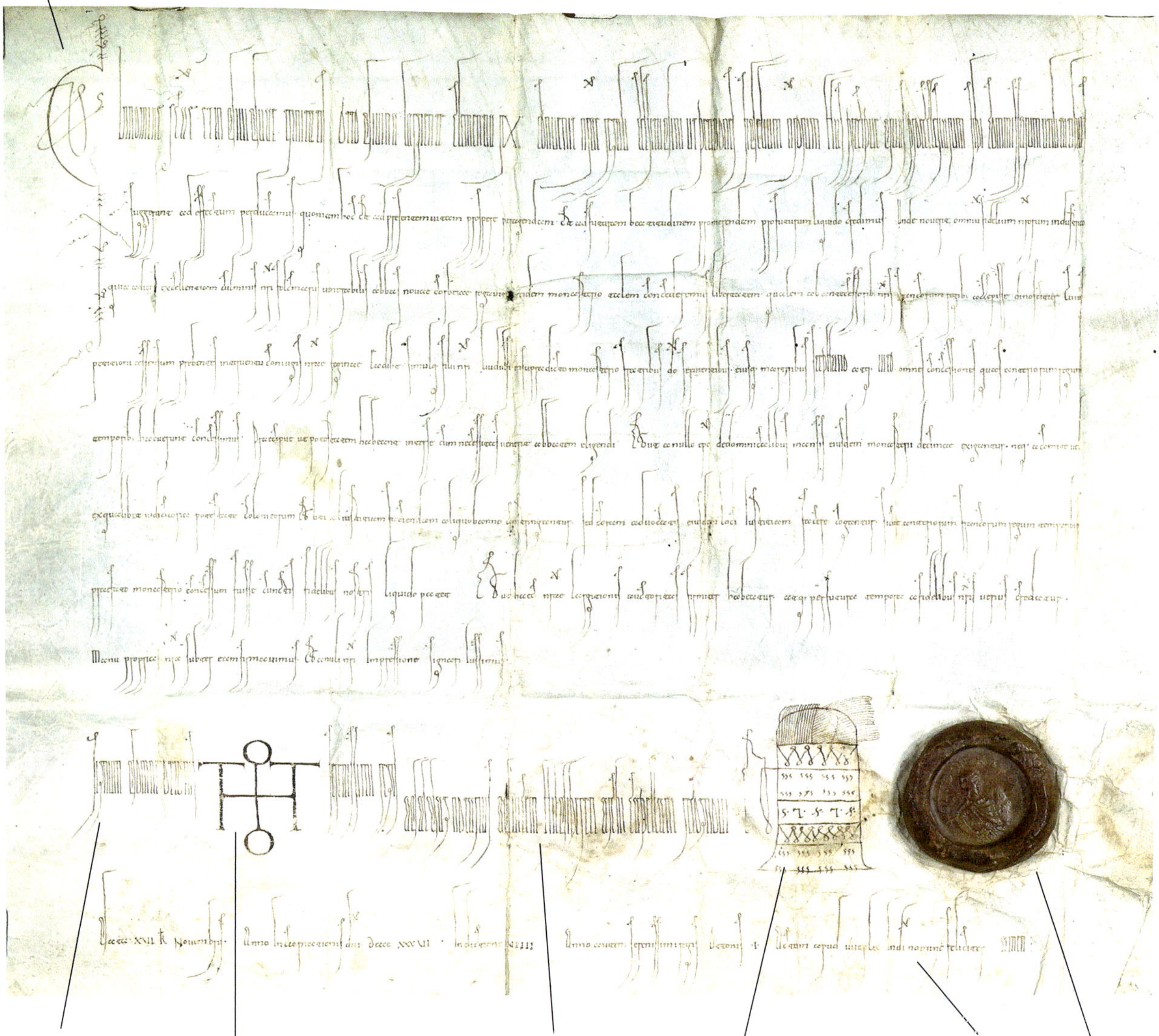

Methodische Arbeitsschritte:

Aufbau einer Urkunde

Eine Urkunde ist in drei Teile gegliedert: In der Einleitung findet man meist die Anrufung Gottes, den Aussteller und den Adressaten. Eine allgemeine Begründung des Rechtsakts leitet über zum Hauptteil, der in der Regel aus der Vorgeschichte, dem Rechtsakt selber und Strafandrohungen bei Zuwiderhandlung besteht. Der Schlussteil umfasst die Ankündigung des Siegels, die Unterschriftszeile mit Monogramm, die Beglaubigung durch den Aussteller oder Zeugen, das Beglaubigungszeichen des Notars, das Datum und den Schlusswunsch.

Text und Schriftbild untersuchen

1. Suche in der deutschen Übersetzung die einzelnen Bestandteile und markiere sie. Gliedere die Urkunde in die drei Hauptteile.
2. Untersuche, wie der Schreiber die Gliederung und die einzelnen Elemente gestaltet hat. Erläutere, warum er das so gemacht hat.
3. Stelle die Informationen zusammen, die du der Quelle entnehmen kannst: über den Aussteller der Urkunde und den Schreiber, über den Adressaten und die ihm verliehenen Rechte und über die praktischen Umstände der Rechtshandlung.

Q12 Urkunde König Ottos I. für die Abtei Corvey

Im Namen der heiligen und unteilbaren Dreieinigkeit. Otto, durch Gottes Gnade König. Es ist die Aufgabe unserer königlichen Hoheit, dass wir die Bitten unserer Getreuen erfüllen, vor allem die, die sie um des Nutzens der ihnen anvertrauten Kirchen willen vorbringen, und wir glauben fest, dass dies nützlich ist wie zur Blüte unseres irdischen Lebens als auch zum Erwerb des ewigen Heiles. Darum möge der Diensteifer aller unserer Getreuen zur Kenntnis nehmen, dass Folkmar, der ehrwürdige Abt von Corvey, sich unserer Erhabenheit genaht hat mit der Bitte, wir möchten seinem Kloster dieselben Freiheiten zugestehen, die es von unseren Vorgängern, den Frankenkönigen, empfangen hat, wie allgemein bekannt ist. Seiner Bitte haben wir entsprochen und haben den Brüdern, die in dem genannten Kloster Gott und seinen Märtyrern *Stephanus* und *Vitus* dienen, alle Vorrechte erneuert, die sie zur Zeit unserer königlichen Vorgänger gehabt haben, und wir waren eines Sinnes dabei mit unserer Gemahlin, der Königin Edith, und unserem Sohne Liudolf. Vor allem sollen sie das Recht haben, eintretendenfalls aus ihren Reihen einen Abt zu wählen, und kein Bischof darf von den Diensthöfen dieses Klosters den Zehnten einziehen, und ihre Hörigen und Liten (Halbfreie) sollen weder vom Grafen noch von irgendeiner anderen rechtsprechenden Gewalt unter irgendeinem Vorwande zur Rechenschaft gezogen werden, sondern sie sollen vor den Vögten des Ortes selbst Recht sprechen, wie es zur Zeit der alten Frankenkönige diesem Kloster nach sicherer Kenntnis aller unserer Getreuen gestattet gewesen ist. Und auf dass die Autorität dieser unserer Konzession (Zugeständnis) unangefochten gelte und auch in Zukunft bei unseren Getreuen Glauben finde, haben wir sie durch unsere eigenhändige Namensunterschrift bekräftigt und haben befohlen, sie durch Beidrücken unseres Siegelringes zu bestätigen. *Zeichen des allergnädigsten Herrn Königs Otto. Ich, Notar Adaldag, habe in Vertretung des Erzkapellans Hildibert gegengezeichnet.* Gegeben am 17. Oktober im Jahre der Fleischwerdung des Herrn 936, in der IX. Indiktion (mittelalterliche Jahreszählung mit 15-jähriger Periode), im ersten Jahre des allergnädigsten Königs Otto. Geschehen zu Werla, in Gottes Namen. *Amen.*

Zit. nach: Geschichte in Quellen, Bd. 2, München 1996, S. 150 f.

Fragen und Anregungen

1. Suche auf einer Karte den Weg, den Abt Folkmar vom Kloster Corvey zur Pfalz Werla (am Nordrand des Harzes) genommen haben könnte.
   Rechne aus, wie lange er gebraucht haben mag (Fußwanderer ca. 25 km pro Tag, Berittene ca. 60 km pro Tag).
2. Untersuche das Schriftbild der Urkunde (Q11, Q12) auf Zeichen, Wörter oder Namen, die größer geschrieben sind als die übrige Schrift. Welche Gründe mag es dafür gegeben haben?
3. Schreibe die Textstellen heraus, in denen auf Gott Bezug genommen wird (Q12). Begründe, warum dies gemacht wurde.
4. Schreibe dir wichtig erscheinende Teile des deutschen Urkundentextes in Schönschrift ab und gestalte das Blatt als Urkunde.

Q13 **Kaiser Otto III.** Evangeliar Ottos III. aus Bamberg, um 1000. Die vier Frauengestalten symbolisieren von links nach rechts: Sclavinia (Land der Slawen), Germania, Gallia (Land links des Rheins) und Roma.

Fragen und Anregungen

1. Vergleiche das Reich der Ottonen mit dem der Karolinger (S. 32, D1; S. 27, D3): Welche Gebiete umfassten die Reiche? Wie haben sich die Bistümer verändert? Wo befinden sich die Marken? Wo liegt jeweils der Schwerpunkt des Reichs? Über die von Otto I. eroberten Gebiete erfährst du mehr auf den Seiten 149–154.

2. Finde heraus, welches Amt Otto I. dem Erzbischof von Köln übertragen hatte, und erkläre, wie der König versuchte, die Herzogtümer zu befrieden und in die Reichsordnung einzubinden (Q5, VT). Überlege, welche neuen Probleme für den König auf Dauer aus dieser Lösung erwachsen konnten. Welche dramatischen Ereignisse die Menschen im Mittelalter hundert Jahre nach Ottos Tod erschütterten, kannst auf den Seiten 75–79 nachlesen.

3. Zeige auf, welche Leistungen der Kaiserin Theophanu von Bischof Thietmar besonders gewürdigt wurden und worin nach Ansicht des Bischofs dieser Erfolg begründet lag (Q2).

4. Erkläre, warum es für die Könige des Mittelalters so schwierig war, Herrschaft durchzusetzen und warum Herrscherinnen dabei besonders benachteiligt waren (Q2, Q5; auch Kapitel 5 und 6).

5. Betrachte Q13 und fasse dein Wissen über das Kaisertum der Ottonen zusammen (Kapitel 7):
   - Der thronende Herrscher umfasst die Weltkugel der römischen Kaiser, in seiner Rechten hält er den Herrscherstab, auf dessen Knauf ein Vogel, der Adler des Zeus, sitzt. An welche Vorbilder knüpft diese Darstellung eines Herrschers an? (s. Kapitel 4 und 5). Suche, wo im Buch du zum ersten Mal den kaiserlichen Adler entdecken kannst.
   - Beschreibe die Blickrichtung und die Gestik der vier männlichen Figuren neben dem Kaiser. In welcher Beziehung stehen sie zum Kaiser und König (s. Kapitel 6)?
   - Vier Frauengestalten huldigen dem Kaiser. Wen stellen sie dar? In welcher Rangfolge treten sie vor den Thron? Was soll durch diese Rangfolge ausgedrückt werden? Hätte wohl auch Karl der Große diese Rangfolge gewählt (s. Kapitel 4)?

6. Schon im Mittelalter sah man Parallelen zwischen dem Kaisertum Karls des Großen und dem Kaisertum Ottos des Großen. Wagst du es, einen historischen Vergleich (s. Glossar) durchzuführen? Gehe alle methodischen Schritte und schäle dann den Kern des Kaisertums des jeweiligen Herrschers heraus.

Ein Kurzreferat halten

Wer ein gutes Referat halten will, muss ein Thema selbstständig erarbeiten und sich überlegen, wie er es den Mitschülerinnen und Mitschülern übersichtlich und anschaulich präsentiert. Zu diesem Zweck gut geeignet sind Folien, die du auf eine Leinwand projizieren kannst.

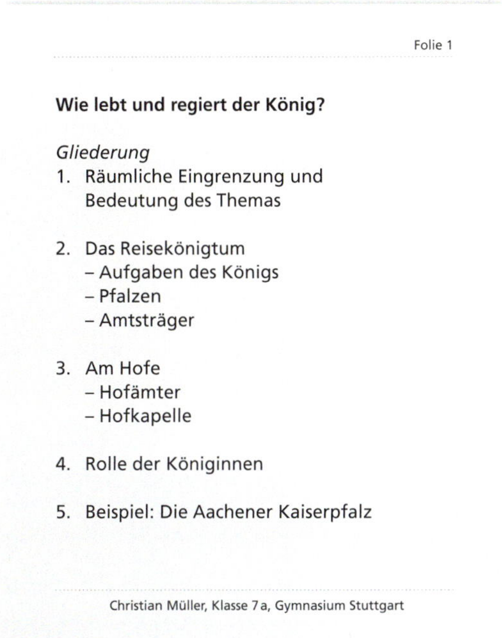

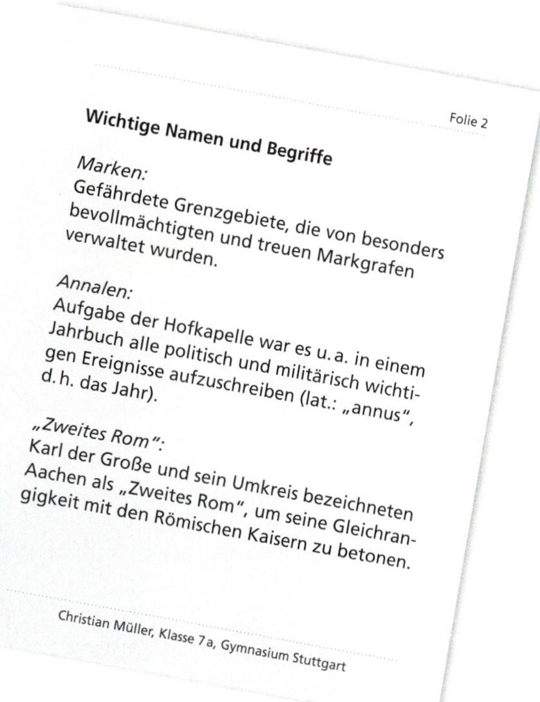

Wenn du ein Referat halten möchtest, musst du zuerst ein Thema auswählen. Dabei sind folgende Fragen hilfreich: Warum ist das Thema wichtig? Welche Bedeutung hat es in der Geschichte? Spielt es heute noch eine Rolle? Anschließend sammelst du Informationen. Dazu benutzt man am besten Fachbücher (aus der Bücherei) oder das Internet. Wenn du sehr viel Material findest, musst du eine Auswahl treffen. Damit dein Referat verständlich wird, solltest du auf vier Aspekte achten: Wähle erstens eine einfache Sprache mit kurzen Sätzen und geläufigen Wörtern. Gliedere zweitens deinen Text folgerichtig, damit der berühmte „rote Faden“ sichtbar wird und alles schön der Reihe nach kommt. Beschränke dich drittens aufs Wesentliche, damit nicht zu viele Nebensächlichkeiten die Zuhörer verwirren. Und zeige viertens Bilder, die deine Präsentation abwechslungsreich machen.

Das Thema „Wie lebt und regiert der König?“ eignet sich gut für ein Referat. Die Form der Herrschaft hat das Zusammenleben der Menschen stark beeinflusst, es gibt viel Material dazu und das Thema lässt sich gut gliedern. Eine mögliche Einteilung des Stoffs findest du auf den Folien. Deine Zuhörer verstehen das Referat besser, wenn sie die Gliederung gleichzeitig auf einer Folie oder einem Plakat sehen können. So behalten sie den Überblick und wissen immer, an welcher Stelle des Vortrags du dich befindest. Weiter ist es sinnvoll, wichtige Begriffe und Namen auf einer Folie zusammenzustellen; sie prägen sich so besser ein.

Wenn du diese Hinweise beherzigst, wird dir ein gutes Referat über den Königshof im Mittelalter gelingen. Etwas musst du aber noch beachten: Unter dem Text deines Referats musst du die benutzten Hilfsmittel aufführen (Bücher mit Namen des Autors, Titel, Erscheinungsort und -jahr, Internetseiten). Wörtlich übernommene Zitate werden durch Anführungsstriche kenntlich gemacht. Und schließlich: Du solltest dein Referat möglichst nicht wortwörtlich vorlesen, sondern es mithilfe eines Stichwortzettels weitgehend frei vortragen. Das erfordert Mut – aber meist geht es besser als du befürchtest!

ORTE DES LEBENS IM MITTELALTERLICHEN EUROPA

Das Mittelalter hat etwa 1000 Jahre gedauert – von ca. 500 bis 1500. Die meisten Menschen lebten in dieser Zeit im Dorf, manche im Kloster oder auf einer Burg. Ab dem 12. Jahrhundert zogen einige in die Städte. Aber die meisten arbeiteten um 1500 immer noch als Bauern auf dem Land. Sie mussten ihren adligen oder geistlichen Herren gehorchen und ernährten sie mit ihrer Arbeit. Wie sah das Leben im Dorf aus? Was taten die Nonnen und Mönche im Kloster und was die Adligen auf den Burgen? Wie war das Zusammenleben jeweils organisiert? Schau dich auf der Seite um und stelle erste Vermutungen dazu an.

Festung von Loarre. Spanien, 11. Jahrhundert.

Ein Minnesänger tanzt mit zwei Damen
Manessische Liederhandschrift, 14. Jahrhundert.

Ritter im Zweikampf
Buchmalerei (Detail) in einer Bibel, Italien, 1260.

Ein Dorf um 1100
Rekonstruktionszeichnung, 1991.

Ein Bauer sät
Buchmalerei, Frankreich, 15. Jahrhundert.

Zwei Bauern pflügen den Acker
14. Jahrhundert.

Betender Mönch
Aus dem Stifterbuch des Barfüßerordens, 1424.

Kreuzgang eines Klosters
in Südfrankreich,
12. Jahrhundert.

Benediktinerabtei in Italien,
10. bis 12. Jahrhundert.

1. Bauern und ihre Herren – Leben in der Grundherrschaft

Bauern früher und heute

Wenn du in deiner Klasse nach den Berufen der Eltern fragst, wirst du feststellen: Niemand oder nur wenige sind in der Landwirtschaft tätig. Das war im Mittelalter anders: 95 von 100 Menschen arbeiteten auf dem Land. Heute sind Landwirte selbstständige Unternehmer, früher dagegen waren die Bauern von einem Grundherrn abhängig, dem das Land gehörte. Das konnte ein Adliger sein, darunter Bischöfe, oder ein Kloster. Der größte Grundherr war der König.

Die Grundherrschaft prägt die Gesellschaft

Bis zum 8. Jahrhundert hatten die Landbewohner als freie Bauern Kriegsdienst geleistet. Doch die Ausrüstung war teuer und die Kriegszüge fanden häufig während der Erntezeit statt; so gaben immer mehr Bauern – freiwillig oder notgedrungen – die Freiheit ihrer Familien auf und unterstellten sich der Abhängigkeit von einem Grundbesitzer. Der Grundherr teilte den Bauern einen voll ausgestatteten Hof zu und überließ ihnen ein Stück Land zur Bearbeitung (Hufe). Als Gegenleistung verlangte er Abgaben und Frondienste (mittelhochdt.: „fro“, d. h. Herr). Dieses System der Grundherrschaft prägte das Zusammenleben in der Gesellschaft während des gesamten Mittelalters und noch bis ins 19. Jahrhundert hinein.

Leben auf dem Herrenhof

Die Grundbesitzer lebten auf Herrenhöfen auf dem Land. Zum Herrenhof gehörten Back- und Brauhäuser, eine Scheune, Küchen, Keltern und Mühlen. Leibeigene Mägde und Knechte bewirtschafteten das dazu gehörende Land (Salland). Schmiede, Schuster, Wagner, Gerber oder Sattler stellten u. a. Werkzeuge und Waffen für den Grundherrn her. Weberinnen und Spinnerinnen sorgten für die Kleidung. Das un-

Ordne zu: Wo leben …?

der adlige Grundherr

der Meier

das Gesinde (Knechte, Mägde, Handwerker)

die unfreien Bauern und ihre Familien

D1 Wie funktioniert die Grundherrschaft?

Große Grundherrschaften verfügten zusätzlich über Fronhöfe. Dort sammelte der Meier, das war der Verwalter des Grundherrn, die Abgaben der Bauern ein. Der Herrenhof selbst war meist nur noch Herrschaftssitz ohne direkt angeschlossenen Landbau.

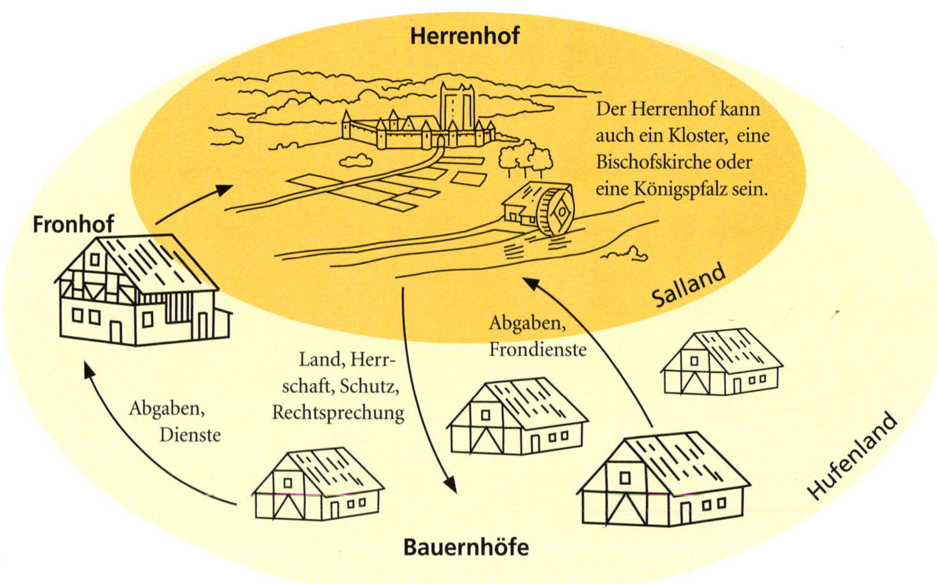

Q1 Fronende Bauern und ein Meier
Buchmalerei, 14. Jahrhundert.

freie Hofgesinde musste arbeiten, wie es ihr Grundherr wollte, Abgaben zahlten sie jedoch nicht. Je nach Größe der Grundherrschaft unterstanden einem Grundherrn ein paar Dutzend Menschen oder – bei einem Herzog oder dem König – einige tausend Personen, die über weite Strecken verstreut lebten.

Bauern dienen ihren Herren

Hinzu kamen die Grundholden, Bauern, die außerhalb des Fronhofes auf eigenen Bauernhöfen lebten. Zu festen Terminen mussten diese hörigen Hufenbauern einen Teil ihrer Erträge, z. B. Getreide oder Jungvieh, an den Grundherrn abliefern. Neben den Abgaben mussten die Bäuerinnen und Bauern zum Frondienst auf den Herrenhof und dort die Felder bestellen, Vieh hüten, Holz zum Bauen und Heizen schlagen, Straßen und Brücken bauen. Der Frondienst dauerte ca. drei bis sechs Wochen jährlich – diese Arbeitszeit fehlte den Bauern auf dem eigenen Land.

Grundherren regeln das Leben

Bei Streitigkeiten zwischen den Grundholden oder bei Verbrechen traf der Grundherr als Richter die Entscheidung. Zu Hochzeiten der Töchter und Söhne der Bauern konnte er seine Zustimmung verweigern. Den Hof zu verkaufen oder wegzuziehen war den Bauern verboten. Sie durften das Land, das dem Grundbesitzer gehörte, ohne dessen Einwilligung nicht verlassen. Die Grundholden gehörten als „Zubehör“ zu ihrer Hufe, und der Grundherr konnte sie zusammen mit der Hufe verkaufen, verschenken oder vererben. Die meisten Kirchen in den Dörfern gehörten ihm, er setzte die Pfarrer ein und konnte in kirchlichen Angelegenheiten entscheiden. Vom Kirchenzehnt, den die Bauern an den Pfarrer bezahlen mussten, behielt der Grundherr einen Teil für sich.

unfrei und frei

„Unfreie“ waren einem Herrn untergeben und hörig (gehorsam). Hörige mussten Frondienste leisten und waren an ihre Hufe gebunden. Dafür standen sie unter dem Schutz des Herrn und wurden nicht zum Heeresdienst eingezogen. Vor dem Gericht ihres Herrn konnten sie zu Körperstrafen verurteilt werden. In noch stärkerer Abhängigkeit lebten die Leibeigenen, die nicht nur an das Land, sondern auch an die Person des Grundherrn gebunden waren.
Ein „Freier“ konnte im frühen Mittelalter hinziehen, wohin er wollte, und über seinen Hof und seine Felder frei verfügen. Dem König musste er Heeresdienst leisten. Freie durften nicht ohne Grund verhaftet und vor Gericht nicht zu Körperstrafen verurteilt werden.

Q2 Abgaben an den Grundherren
Buchmalerei, 14. Jahrhundert.

Q3 Inventar des Fronhofes Staffelsee

Im 9. Jahrhundert wurde es für den Grundherren, den Bischof von Augsburg, aufgeschrieben.

Zu dem Fronhof gehören 740 Tagwerk (altes deutsches Feldmaß, 1 Tagwerk = ca. 3400 m^2) Ackerland und Wiesen mit einem Ertrag von 610 Wagenladungen Heu (...), eine Tuchmacherei, in der 24 Frauen arbeiten. Es gibt auch eine Mühle, die jährlich zwölf Scheffel (Mehl) abgibt (ein Scheffel: etwa 8,7 l). Zu diesem Hof gehören 23 besetzte freie Hufen: Sechs von ihnen geben jährlich jeweils 14 Scheffel Getreide, vier Ferkel, Leinen in bestimmtem Gewicht, zwei Hühner, zehn Eier (...) (Ihre Inhaber) leisten fünf Wochen Frondienst jährlich, pflügen drei Tagwerk, mähen eine Wagenladung Heu auf der Herrenwiese und führen sie (in die Scheune) ein. (...) Es gibt dort 19 besetzte unfreie Hufen. (Jeder ihrer Inhaber) gibt jährlich ein Ferkel, fünf Hühner, zehn Eier, zieht vier Schweine des Grundherren auf, pflügt ein halbes Tagwerk; er leistet drei Tage Frondienst in der Woche, macht Transportdienst und stellt ein Pferd. Seine Ehefrau gibt ein Hemd und ein Wolltuch, braut Malz und bäckt Brot. (...) Insgesamt hat das Bistum Augsburg 1006 (mit Bauern) besetzte und 35 nicht bebaute freie Hufen, 421 besetzte und 45 nicht bebaute unfreie Hufen.

MGH Capitularia 1, Nr. 128.

Q4 Freie treten in eine Grundherrschaft ein

Ein Bericht aus dem Kloster Muri (Schweiz), 12. Jahrhundert:

Im Dorf Wohlen wohnte einst ein mächtiger weltlicher Mann namens Guntran. Er hatte dort und auch anderswo große Besitzungen und war gierig auf das Eigentum seiner Nachbarn. Einige Freie nun, die in dem Dorf wohnten, waren im Glauben, er sei ein gütiger und gnädiger Mensch. Daher übergaben sie ihm ihr Land gegen den üblichen rechtmäßigen Zins unter der Bedingung, dass sie unter seinem Schutz und Schirm immer sicher leben könnten. Jener freute sich darüber und begann sie sofort arglistig zu unterdrücken: Erst richtete er Forderungen an sie, dann machte er willkürlich von seiner Macht Gebrauch und befahl ihnen, ihm zu dienen, als wenn sie seine Knechte wären. In seiner Landwirtschaft mussten sie mähen und Heu machen. (...) Er untersagte den Leuten, seinen Wald zum Holzfällen zu betreten, wenn sie ihm nicht jährlich zwei Hühner gäben. (...) Da sie unfähig waren sich zu wehren, befolgten sie widerwillig seine Befehle. Inzwischen kam der König auf die Burg Solothurn. Da zogen die Bauern hin und beklagten sich laut über ihre ungerechte Bedrückung. Aber in der Menge der Fürsten und wegen ihrer unbeholfenen Rede gelangte ihre Klage gar nicht bis zum König. In übler Lage waren sie dorthin gekommen, in noch üblerer kehrten sie nach Hause zurück. So behandelte sie dieser Adlige bis zu seinem Tod.

Acta Murensia, hg. v. M. Kien, 1883. Quellen zur Schweizer Geschichte 3, S. 68–71.

Fragen und Anregungen

1. Wo lebten Grundherr, Meier, Mägde, Knechte, Handwerker, freie und unfreie Bauern in einer Grundherrschaft? Übertrage das Schaubild D1 in dein Heft und ordne die Personengruppen den Gebäuden zu (VT).
2. Trage die Gründe zusammen, warum freie Bauern in die Grundherrschaft eintraten (Q4, VT). Welche Vorteile, welche Nachteile konnten sich daraus ergeben?
3. Stelle alle Abgaben und Dienste zusammen, die die Grundholden des Fronhofs Staffelsee erbringen mussten (Q3, auch Q2). Zeichne dann den Fronhof Staffelsee, orientiere dich dabei an D1.
4. Historiker bezeichnen die Grundherrschaft auch als „Herrschaft über Land und Leute“. Nenne alle Bereiche, in denen deine Ururgroßeltern von ihrem Grundherrn abhängig gewesen wären, wenn sie Bauern gewesen wären (VT). Forsche in deiner Familiengeschichte nach, was du über deine Ururgroßeltern in Erfahrung bringen kannst.
5. Ein Grundherr sollte dafür Sorge tragen, dass seine Grundholden „unter seinem Schutz und Schirm immer sicher leben konnten“ (Q4). Vor welchen Bedrohungen und in welchen Notlagen müsstest du als Grundherr sie schützen und wie?

2. Alltag im mittelalterlichen Dorf

Bäuerin und Bauer bei der Aussaat Q1
Französische Buchmalerei, 13. Jahrhundert.

Wie wohnten die Bauern?

In einem mittelalterlichen Bauernhaus um das Jahr 1000 gab es fast immer nur einen einzigen Raum zum Wohnen, Arbeiten und Schlafen. Der Rauch der offenen Feuerstelle drückte sich durch die Ritzen des strohgedeckten Daches. Die Wände bestanden aus Flechtwerk, das mit Lehm beworfen war, auf dem Fußboden war der Lehm festgestampft. Als Fenster dienten Luken, die im Winter zum Schutz vor Kälte notdürftig mit Stroh verstopft wurden. Die Möbel beschränkten sich auf Tisch, Bänke und Truhen. Betten waren noch unbekannt, man schlief auf Strohsäcken. Oft lebte auch das Vieh unter demselben Dach – so wärmte man sich im Winter gegenseitig.

Familie und Ehe

Zum „Haus“ des Bauern zählte nicht nur das Gebäude. Dazu gehörten auch Frau und Kinder, häufig unverheiratete Verwandte, Knechte und Mägde – selten auch noch die eigenen Eltern. Der Hausherr hatte alle zu beschützen, die unter seinem Dach wohnten und arbeiteten. Er allein teilte ihnen zu, was sie zum Leben brauchten und vertrat sie vor Gericht. Für seinen Schutz mussten die anderen ihm Gehorsam leisten.
Für ein gemeinsames Leben war entscheidend, dass die männlichen Verwandten von Braut und Bräutigam einverstanden waren. Die dachten jedoch ausschließlich daran, wie man den zum Überleben notwendigen Besitz durch die Heirat erhalten und vermehren konnte. Unfreie brauchten außerdem die Eheerlaubnis ihres Grundherrn.

Q2 **Bäuerliche Familie bei der Arbeit**
Buchmalerei, um 1023.

Holz hacken

Eicheln schlagen

Kornernte

Weintraubenkelter

Q3 **Ländliche Arbeiten.** Französische Buchmalereien, um 1500.
Im Laufe des Jahres fallen verschiedene Arbeiten an. Ordne sie den Jahreszeiten zu.

Mühselige Landarbeit

Schwer war damals die Arbeit des Bauern mit dürftigen Geräten. Vor der Aussaat musste als Erstes der Boden gepflügt werden, oft nur mit einem Hakenpflug, der die Erde kaum aufriss und daher mehrmals kreuzweise über den Acker geführt werden musste. Ochsen zogen Pflug und Wagen, ein Stirnjoch übertrug ihre Kraft auf das Rückgrat des Tieres. Dem Pflügen folgte das Eggen, um die Erde zu zerkrümeln. Gesät wurde aus der Hand; die Getreidesorten glichen eher Gräsern und wuchsen oft mannshoch. Lange noch schnitt man das reife Getreide mit der Sichel, um möglichst wenig Körner zu verlieren. Das war wichtig, denn die Ernte betrug nur etwa das Dreifache der Aussaat. Heute ist es zwanzigmal so viel. Die Erträge der Arbeit schwankten sehr, und die Abgaben wirkten gerade in schlechteren Jahren erdrückend.

Der Alltag der Frauen

Viele Jahre ihres Lebens waren die Frauen entweder schwanger oder sie stillten; allein schon deshalb beschränkte sich ihre Tätigkeit oft auf den Hofbereich. Sie überwachten die Vorräte, damit die Familie bis zur nächsten Ernte genug zu essen hatte. Da gab es viel zu tun: Sie kümmerten sich um die Hühner, Gänse und Enten, um das Melken, Buttern und die Käseherstellung. Zusammen mit den Männern wurde geschlachtet, eingepökelt und gewurstet. Wenn es möglich war, arbeiteten die Frauen auch auf den Feldern mit. Außerdem stellten sie die Kleider der Familie her und waren für die Wäsche verantwortlich.

Eine kurze Kindheit

Die Kinder wurden von früh an mit einfachen und leichten Tätigkeiten an der gemeinsamen Arbeit beteiligt. Sie sammelten Feuerholz, gruben im Garten, halfen beim Kochen und hüteten die Gänse, Ziegen und Schweine. So erlebten Mädchen und Jungen eine Art Lehrzeit und wuchsen Tag für Tag mehr in die Welt der Erwachsenen hinein. Bilder in Handschriften zeigen aber auch spielende Kinder, und Archäologen haben Reste von Spielzeug gefunden.

Q4 **Geburt eines Kindes**
Illustration aus dem Sachsenspiegel, um 1300/1315.

Über Regenstürme und Frost, Trockenheit und Naturkatastrophen berichten die Chroniken sehr genau; denn häufig genug waren Hungersnöte und Mangelkrankheiten die Folge. Wen Hungersnöte und Krankheiten verschonten, der konnte in den Kriegen der Herren ums Leben kommen oder dem Räuberunwesen zum Opfer fallen. Die Menschen wurden im Durchschnitt etwa dreißig Jahre alt; ungefähr die Hälfte aller Kinder starb. Alte Leute waren selten, man achtete sie daher wegen ihrer Lebenserfahrung.

Alltägliche Bedrohung

Die einfachen Menschen kannten keine Jahreszahlen und wussten nicht das Datum ihrer Geburt. Für sie bestand die Zeit aus Tag und Nacht und den verschiedenen Jahreszeiten mit ihren Gegensätzen und Aufgaben. Auf dem Land verlief die Zeit wie ein immer währender Kreislauf zwischen Aussaat und Ernte.

Die Zeit – im Rhythmus mit der Natur

Die meisten Bauern konnten weder lesen noch schreiben. Was wir von ihnen wissen, erfahren wir zum Teil aus schriftlichen Aussagen der Grundherren. Die interessierte z. B., wie viel Abgaben ihre Bauern entrichten mussten. Anderes berichten uns die Strafvorschriften der Volksrechte. Bilder über Aussehen und Leben der Bauern sind selten, denn ihre niedrige Stellung in der Gesellschaft versperrte ihnen jede Möglichkeit, sich selbst darstellen zu lassen.
Über das alltägliche Leben erfahren wir am meisten durch Grabungsfunde der Archäologen. Neben dem Trachtenschmuck der Frauen und der Waffenausrüstung der Männer sind als Grabbeigaben häufig Gegenstände der häuslichen Ausstattung erhalten. An der Größe eines Friedhofs kann man sehen, wie viele Einwohner ein Ort hatte. Die Skelette deuten auf kräftige Frauen und Männer hin, die schwere körperliche Arbeiten verrichteten. Der leichte Skelettbau bei adligen Damen verweist dagegen auf leichte Tätigkeit.
Auch Essensreste, die sich in Abfallgruben oder Plumpsklos unter Luftabschluss erhalten haben, enthalten Informationen: An ihnen können Wissenschaftler Art und Menge der Kulturpflanzen ermitteln; oder sie ordnen die gefundenen Knochen den Haus- oder Wildtieren zu.

Woher wissen wir etwas über die Bauern?

Um das Leben und die Arbeit der Menschen beurteilen zu können, versuchen Wissenschaftler, Fundstücke wie Äxte oder Pflüge in Versuchen praktisch zu erproben. Bäume werden mit mittelalterlichen Äxten gefällt, um die Dauer von Rodungsarbeiten abschätzen zu können; alte Getreidesorten werden ausgesät, geerntet und gemahlen.

Archäologie im Experiment

Q5 **Archäologen experimentieren** mit einem nachgebauten mittelalterlichen Hakenpflug. Foto, 2003.

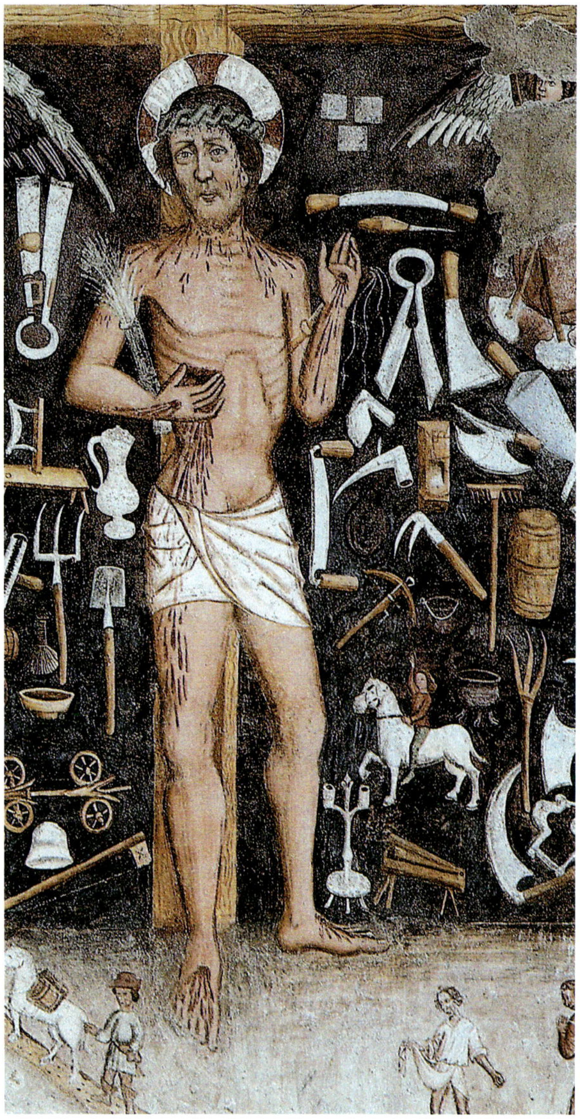

Q6 Feiertagschristus
Teil eines Freskos in der Kirche in Saak/Kärnten, 1465. Woran sollte die Darstellung den Betrachter erinnern?

Q7 Arbeiten am Sonntag

Das Sonntagsgesetz Karls des Großen von 789 verbot folgende Arbeiten an Sonntagen:

(...) dass die Männer weder Feldarbeiten verrichten, noch im Weinberg sich beschäftigen, noch auf den Feldern pflügen, mähen oder Holz schneiden, oder einen Zaun errichten, noch in den Wäldern roden oder Bäume fällen, oder im Felsgestein arbeiten, noch in Gerichtsversammlungen zusammenkommen, noch die Jagd ausüben dürfen. Und nur in drei Fällen darf man am Sonntag Transporte durchführen, nämlich im Kriegsfalle, oder für die Herbeischaffungen von Lebensmitteln, oder, wenn es sehr nötig sein sollte, für die Bestattung eines Toten. Ebenso sollen die Frauen nicht weben, Kleider weder auftrennen noch nähen oder Strickereien anfertigen. Auch haben sie keine Erlaubnis, Wolle zu rupfen, Flachs zu schlagen, Kleidungsstücke öffentlich zu waschen und Hammel zu scheren, damit auf jeder Weide die Ruhe des Sonntags gewahrt werde.

Zit. nach: Karl Brunner/Gerhard Jaritz, Landherr, Bauer, Ackerknecht, Wien u. a. 1985, S. 75 f.

Q8 Bäuerliche Feste

Johannes Agricola schrieb über den bäuerlichen Festkalender, 1529:

Wir Deutschen halten Fastnacht, Sankt Burkhard und Sankt Martin, Pfingsten und Ostern für die Zeit, da man soll für andern Gezeiten im Jahr fröhlich sein und schlemmen. Burkhards Abend (14. Oktober) um des neuen Mostes willen, Sankt Martin vielleicht um des neuen Weins willen; da brät man eine feiste (fette) Gans und freut sich alle Welt. Zu Ostern bäckt man Fladen. Zu Pfingsten macht man Laubhütten, und man trinkt Pfingstbier wohl acht Tage. Zu den Kirchweihen gehen die Deutschen vier, fünf Ortschaften zusammen, es geschieht aber des Jahres nur einmal, darum ist es löblich und ehrlich.

Zit. nach: H. Pleticha, Ritter, Bürger, Bauersmann, Würzburg 1985.

Q9 Bauernhochzeit: Ausgelassenes Feiern
Hochzeiten, Taufen, Besuche hoher Gäste im Dorf und zahlreiche kirchliche Feiertage unterbrachen den Alltag mit seiner festen Ordnung. Wenn die Bauern dem Grundherrn die Abgaben brachten, gab es oft ein fröhliches Festessen, bei dem gleich wieder ein Teil gemeinsam verzehrt wurde.

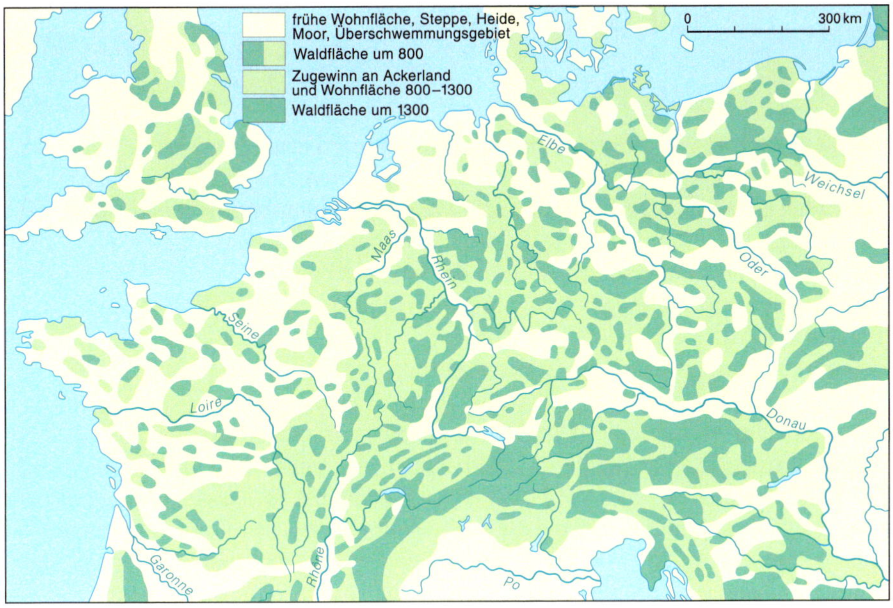

D1 Die Verbreitung des Waldes um 800 und um 1300. Vor 1000 Jahren bewohnten die meisten Menschen die fruchtbaren Böden am Rand der Mittelgebirge und entlang der großen Flüsse. Heute leben in demselben Gebiet mehr als hundert Mal so viele Menschen.

Q10 Viehsterben

Erzbischof Agobard von Lyon schrieb nach 816:

Erst vor wenigen Jahren verbreitete sich eine Welle von Dummheit anlässlich eines Viehsterbens. Da sagte man, Herzog Grimald (IV.) von Benevent habe Leute mit einem Pulver herübergeschickt, das sie über die Felder, Berge, Wiesen und Quellen ausstreuten, und zwar, weil er mit dem allerchristlichsten Kaiser Karl (dem Großen) verfeindet sei, und an diesem ausgestreuten Pulver stürbe das Vieh. Wir haben es gehört und gesehen, wie aus diesem Grund viele verhaftet und einige umgebracht wurden; die meisten wurden auf Bretter gebunden, in den Fluss geworfen und getötet. (…) Das wurde so allgemein geglaubt, dass es nur ziemlich wenigen ganz albern erschien. Man überlegte nicht vernünftig, wie denn ein Pulver herzustellen wäre, an dem nur Vieh stirbt, andere Tiere nicht, oder wie es über so riesige Flächen zu verbreiten wäre, die doch Menschen gar nicht ganz mit Pulver bestreuen können, auch dann nicht, wenn die aus Benevent mit Mann und Weib, mit Alt und Jung, jeder mit drei Karren voll Pulver losgezogen wären. So große Dummheit beherrscht schon die erbärmliche Welt, dass jetzt Christen ein so albernes Zeug glauben, wie man es früher den Heiden, die den Weltschöpfer nicht kannten, niemals glaubhaft hätte machen können.

Zit. nach: A. Borst, Lebensformen im Mittelalter, Berlin 1997 (1979), S. 387.

Fragen und Anregungen

1. Beschreibe, welche Arbeiten auf dem Land anfielen und welche Werkzeuge verwendet wurden (Q1, Q2, Q3).
2. Ordne die auf dem Fresko (Q6) dargestellten Werkzeuge den Arbeiten zu, die im Sonntagsgesetz Karls des Großen (Q7) genannt werden. Welchen Sinn hat das Gebot der Sonntagsruhe? Erkundige dich, ob es dieses Gebot heute noch gibt.
3. Der Verlust des Viehs bedeutete für eine Bauernfamilie oft den wirtschaftlichen Ruin. Zeige, wie sich die Bauern im Erzbistum Lyon das Viehsterben erklärten und wie sie darauf reagierten (Q10). Mit welchen Argumenten könntest du als Erzbischof von Lyon versuchen, sie zur Vernunft zu bringen? Erkundige dich, welche Viehseuchen es heute noch gibt und was wir über ihre Ursachen wissen. Waren die Bauern nur dumm? Sammle Beispiele für Bauernweisheiten und Bauernregeln.
4. Zähle weitere alltägliche Bedrohungen im bäuerlichen Leben auf (VT). Rechne aus, was es bedeutete, wenn nur die Hälfte der Ernte ausfiel (VT). Beachte das Verhältnis Aussaat, Ernte, Saatgut und gehe von 100 Scheffeln Aussaat aus.
5. Nenne die Anlässe, zu denen die Bauern im Mittelalter feierten (Q8), erkläre, warum solche Festtage für die Bauern so wichtig waren (Q9) und vergleiche sie mit Festen, die heute in deiner Gegend gefeiert werden.

3. Das Leben auf dem Land ändert sich

Mehr Land für mehr Menschen

Die Bevölkerung war zuerst langsam, dann immer rascher gewachsen. Mehr Menschen brauchten aber mehr Land, um sich zu ernähren. Die Böden erschöpften sich wegen der mangelhaften Düngung schnell, deshalb konnten die Äcker nur wenige Jahre genutzt werden. Um neue Anbauflächen zu erschließen, rodeten die Bauern den Wald. Erst brannten sie ihn nur in der unmittelbaren Nähe der Gehöfte nieder und nahmen ihn unter den Pflug. Später erschlossen sie von den Tälern aus die Wälder der Mittelgebirge. Siedlungsnamen auf -rode, -roth, -reuth oder -brand deuten noch heute auf diesen Ursprung hin.

Not macht erfinderisch

Weil viel mehr Menschen ernährt werden mussten, sahen sich die Bauern gezwungen, die Ernteerträge zu steigern. Daher setzten sich neue Methoden und Geräte in der Landwirtschaft durch: die Dreifelderwirtschaft (9. Jh.); das Kummet, ein gepolsterter Zugkragen für Pferde, die vorher mit halsabschnürenden Leinen hatten ziehen müssen (10. Jh.); der schollenbrechende Pflug, der die abgetrennten Erdschollen umwendete (11. Jh.); das Hufeisen; die Düngung mit Mist.

Das Dorf wird zur Gemeinde

Die Lebensveränderungen wirkten sich auf die ländlichen Gemeinden aus: Die Dörfer wuchsen und verwalteten sich selbst. Die Freiheit eines Dorfes war allerdings abhängig von seiner Lage, ob es sich unmittelbar bei der Burg des Grundherrn befand oder weit davon entfernt. Mindestens einmal im Jahr tagte die Gemeindeversammlung, häufig unter freiem Himmel bei der Gerichtslinde. Dort setzten die Bauern gemeinsam die Anbauordnung fest, verpflichteten sich gegenseitig auf das Dorfrecht und wählten ihre Beauftragten. Eine Kirche bildete den Mittelpunkt des Ortes, oft als steinerne Wehrkirche, die bei Überfällen Schutz bot.

Heudorf bei Messkirch, Q1 Baden-Württemberg, 1576. Die meisten Dörfer waren zu unregelmäßigen Haufendörfern herangewachsen und durch einen geflochtenen Zaun (Etter) geschützt, damit das Vieh nicht hinaus und Wölfe oder Luchse nicht hinein konnten. Jede Beschädigung des Zauns galt als Bruch des Friedens und wurde streng bestraft. Die Häuser hatten seit dem Spätmittelalter Fundamente aus Stein und waren als Brandschutz schon häufig mit Ziegeln gedeckt.

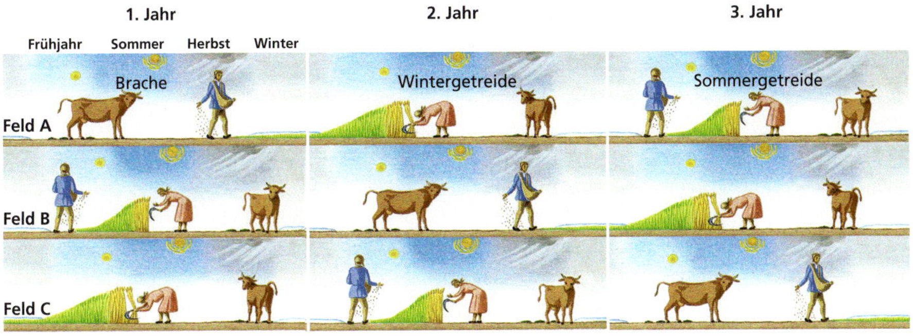

D1 Dreifelderwirtschaft
Auf einem Stück Land wird im Rhythmus von drei Jahren der Anbau abgewechselt: Wintergetreide (Dinkel und Roggen werden im Herbst gesät), Sommergetreide (Hafer, Weizen oder Gerste werden im Frühjahr gesät und im Spätsommer geerntet), Brache, damit sich der Boden erholt. Das Vieh weidet auf dem brachliegenden Abschnitt und düngt so zusätzlich den Boden.

Die Grundherrschaft lockert sich

Spätestens seit dem 11. Jahrhundert waren die meisten Bauern von einem Grundherrn abhängig. Doch viele Grundherren hatten ihre eigenen Höfe aufgegeben und das Land an hörige Bauern verliehen. Nun waren die Grundherren noch mehr als früher auf das angewiesen, was die Bauern erwirtschafteten, denn diese leisteten fällige Abgaben und Dienste nicht mehr in Naturalien oder Arbeit, sondern bezahlten in Geld. Rechtlich waren die Bauern zwar weiterhin an ihr Land gebunden, doch konnten sie auch in die Stadt ausweichen oder in Rodungsgebiete fortziehen. Die Grundherren vermochten die Menschen kaum an solcher Flucht zu hindern, vielmehr sahen sie sich gezwungen, den Abhängigen entgegenzukommen: Die Bauern konnten nun von ihrem Hof nicht mehr vertrieben werden und durften den Besitz sogar an ihre Söhne weitergeben. Selbst die Abgaben erfolgten oft nur noch in niedriger Höhe. So begann der Gegensatz zwischen frei und unfrei geringer zu werden.

Bauern verdienen Geld

Seit dem 12. Jahrhundert waren die Bürger in den neu entstehenden Städten auf den Überschuss der Landwirtschaft angewiesen, um sich ernähren zu können. Die Bauern verkauften nun ihre Erzeugnisse auf dem Markt. Bei gutem Wirtschaften und Glück mit dem Wetter konnte ein Bauer am Ende des Mittelalters durchaus wohlhabend werden. In vielen Dörfern entstand so eine Oberschicht wie in der Stadt.

Fragen und Anregungen

1. Beschreibe, wie sich die Waldfläche in Europa bis 1300 veränderte und nenne Gründe (VT; S. 49, D1). Finde in einem Atlas Siedlungsgründungen aus dem 11. und 12. Jahrhundert im Harz, Thüringer Wald, Taunus, Erz- und Fichtelgebirge.
2. Liste die Neuerungen in der Landwirtschaft im Laufe des Mittelalters auf und erkläre, wie sie das Arbeiten und Leben veränderten (VT).
3. Du lebst als Grundholde in einem Dorf im 12. Jahrhundert.
   - Überzeuge die Bauern aus dem Nachbardorf, die noch traditionell wirtschaften, von den Vorteilen der neuen Anbauweise und der neuen Geräte (VT, D1; S. 45, Q2; Bilder auf der ADS).
   - Überlege, welche Möglichkeiten sich dir bieten, um deine Lage zu verbessern (VT). Welche würdest du wählen? Begründe. Eine solche Entscheidung muss gut bedacht sein. Informiere dich deshalb auch über Städte (S. 92–100) und neue Siedlungsgebiete (S. 149–154).
4. Besuche ein Dorf in deiner Heimat. Kannst du noch Spuren der mittelalterlichen Dorfgemeinschaft entdecken? Suche nach Wehrkirche, Gerichtslinde, Dorfbrunnen, Backhaus, Zehntscheuer.

4. Im Dienste Gottes und der Menschen – das Kloster

um 529 Benedikt von Nursia gründet ein Kloster auf dem Berg Montecassino in Süditalien – der Benediktinerorden entsteht.

Eintritt ins Kloster Q1

Der lateinische Text lautet übersetzt: „Florus übergibt seinen Sohn. Es kommt zu einer Zusage (des Abtes). Er (Florus) übergibt Ländereien." Florus übergibt dem Abt einen Teil seines Grundbesitzes durch eine Schenkungsurkunde.

Wie wurde man Mönch?

Der Eintritt ins Kloster begann mit einer Messe. Die Eltern brachten den Jungen zum Altar, umwickelten seine rechte Hand mit dem Altartuch und küssten sie zum Abschied. Der Priestermönch nahm die Hand des Kindes und machte über seinem Kopf das Kreuzzeichen. Nun übergab er den Jungen dem Abt, der den Kopf mit Weihwasser besprengte und das Haar weitgehend kahl schor. Anschließend wurde er feierlich entkleidet und schlüpfte in ein einfaches Untergewand, über das er die schwarze, knielange Kutte anzog – die sollte er von nun an sein Leben lang tragen. Sonst bekam er nur noch einen Strohsack als Matratze, ein Leintuch, eine Wolldecke und ein Kopfkissen; außerdem ein Messer, einen Griffel, eine Schreibtafel und eine Nadel. Seine bisherigen Kleider erhielten oft die Armen. Ein Mönch besaß kein privates Eigentum, er wurde aus dem Klosterbesitz mit allem Notwendigen versorgt; sein Leben sollte maßvoll, aber keineswegs armselig sein.

Wer geht ins Kloster?

Nicht allein aus religiösen Gründen traten Menschen ins Kloster ein. Manche Mädchen und Jungen wurden von ihren Eltern schon mit etwa sieben Jahren in die Obhut eines Klosters gegeben, um sie zu versorgen. Das betraf zum Beispiel die jüngsten Kinder großer Adelsfamilien, die kaum noch etwas erben konnten. Dadurch wurden viele Klöster zu Adelsklöstern und dienten den Adligen als Alterssicherung. Nichtadlige hatten weniger Rechte und erledigten die niederen Arbeiten.

„Bete und arbeite"

Nonnen und Mönche wollten mit ihrem ganzen Leben Gott dienen. Weil die Menschen Angst um ihr Seelenheil hatten, galt das Leben im Kloster als die beste Möglichkeit, Gott gnädig zu stimmen. Dazu mussten Nonnen und Mönche die Regeln ihres Ordens streng beachten. Die Mitglieder des Benediktinerordens zum Beispiel versprachen bei ihrem Eintritt ins Kloster, für immer in der Gemeinschaft des Ordens zu bleiben. Sie legten ein dreifaches Gelübde ab und verpflichteten sich, arm und keusch (enthaltsam) zu leben sowie Gehorsam gegenüber Gott und den Oberen im Kloster zu leisten. „Bete und arbeite" – lateinisch hieß das „ora et labora" –, nach diesem Motto lebten die Benediktiner.

Wirtschaftsbetrieb und Fürsorge

Die großen Klöster wurden von einigen hundert Mönchen oder Nonnen bewohnt. Oft befanden sich darin ein Bauernhof und zahlreiche Handwerksbetriebe. Im Sinne der Nächstenliebe wurden im Kloster Arme verpflegt, Alte versorgt, Kranke und Krüppel gepflegt, Pilger und Reisende aufgenommen. So kam ein erheblicher Teil der Einkünfte aus den Wirtschaftsbetrieben Bedürftigen zugute. Klöster dienten Behinderten als „behütete Werkstätten“: Namen von Mönchen wie Notker der Stammler oder Hermann der Lahme belegen, dass sie trotz ihrer körperlichen Schwächen aktiv am Klosterleben teilnahmen.

Kunst und Wissenschaft

Klöster waren die wichtigsten Einrichtungen, die sich mit Kunst, Wissenschaft und Bildung beschäftigten – und die Mönche waren die Gelehrten der Zeit.
Eine der beeindruckendsten Arbeiten der Mönche war das Schreiben. Sie kopierten in der Schreibstube, dem Scriptorium, mit Gänsefedern Handschriften auf Pergament, die sie anschließend kunstvoll verzierten und illustrierten. Ohne diese Abschriften wären viele Werke des Altertums verloren gegangen. Die Klosterbibliotheken sammelten in oft prachtvoll illustrierten Handschriften das gesamte Wissen ihrer Zeit. Die Mönche verfassten auch neue wissenschaftliche Werke.

Wer führt ein Kloster?

An der Spitze eines Klosters stand der Abt wie ein Familienoberhaupt, der von den Mönchen auf Lebenszeit gewählt wurde. Alle waren dem Abt zu Gehorsam verpflichtet, nicht nur die Mönche, sondern auch die abhängigen Bauern, die zum Kloster gehörten. Auch Frauen konnten als Äbtissinen an der Spitze eines Klosters stehen – eine der Bedeutendsten war Hildegard von Bingen (siehe auch Kapitel 5). Mönche durften keine Waffen tragen und sich vor weltlichen Gerichten nicht selber verteidigen. Daher bestellten sie einen Adligen zum Klostervogt. Dieser beschützte das Kloster und vertrat es vor Gericht. Dafür wurde er an den Einkünften des Klosters beteiligt.

Q2 **Nonnen als Krankenschwestern** pflegen Patienten. Paris, 15. Jahrhundert.

Q3 Zwei Schreiber, ein Mönch und ein Laie, bei der Arbeit

Kloster Echternach, Ausschnitt aus einer Buchmalerei 1039/40.

Q4 Schreiber im Kloster

Der römische Staatsmann Cassiodor gründete ein Kloster und ließ dort antike Schriften kopieren, 6. Jahrhundert:

Denn indem sie die Heilige Schrift aufmerksam lesen, unterweisen sie sich selbst zum Heil und indem sie die Gebote Gottes abschreiben, verbreiten sie sie weit und breit. Glückliche Absicht, lobenswerter Fleiß, mit der Hand allein den Menschen zu predigen, den Mund mit den Fingern zu öffnen, den Sterblichen das Heil schweigend zu vermitteln und gegen die bösen Versuchungen des Teufels mit Feder und Tinte zu kämpfen. Denn so viele Wunden empfängt der Satan, wie viele Worte Gottes der Schreiber schreibt.

Cassiodor, Institutiones I 30. Zit. nach: Die Suche nach dem verlorenen Paradies, 2000, S. 68.

Q5 Regeln für das Klosterleben

Aus der Klosterregel des Benedikt von Nursia, 6. Jahrhundert:

4. Das sind die Werkzeuge der guten Werke: Den Leib züchtigen, der Sinneslust nicht nachgeben, das Fasten lieben! Arme erquicken, Nackte bekleiden, Kranke besuchen, Tote begraben, in der Trübsal zu Hilfe eilen, Trauernde trösten! (...)

5. Gehorsam ohne Zögern ist der vorzüglichste Grad der Demut. Wer den Oberen gehorcht, gehorcht Gott. (...)

48. Müßiggang ist ein Feind der Seele. Deshalb müssen sich die Brüder zu bestimmten Zeiten der Handarbeit und zu bestimmten Zeiten wiederum der Lesung göttlicher Dinge widmen.

66. Wenn möglich, soll das Kloster so angelegt sein, dass alles Notwendige, das heißt Wasser, Mühle, Garten und Werkstätten (...) sich innerhalb der Klostermauern befinden.

Georg Holzherr (Hg.), Die Benediktsregel. Eine Anleitung zu christlichem Leben, 4. Aufl., Zürich 1993.

Klosterschule Q6
Mittelalterliche Buchmalerei.

Das Kloster Maulbronn Q7 (Baden-Württemberg), erbaut im 12. Jahrhundert. **1** Kirche, **2** Vorhalle, **3** Kreuzgang, **4** Keller, **5** Speisesaal der Laienbrüder, **6** Speisesaal der Mönche, **7** Schlafsaal der Mönche, **8** Sprechraum, **9** Kapitelsaal, **10** Tor, **11** Herberge, **12** Küferei (Böttcherei), **13** Fruchtkasten und Kelter, **14** Verwaltung, **15** Schmiede, **16** Pferdestall, **17** Mühle, **18** Bäckerei, **19** Scheunen, **20** Ställe, **21** Gesindehaus, **22** Brunnen, **23** Friedhof, **24** See.

Q8 **Missstände im Kloster**

Bericht des Klosters Lützel in der Schweiz nach einer Überprüfung des ihm unterstellten Klosters Frienisberg, 1486:

Wir wollen, dass der Gottesdienst in der Kirche mit der gebührenden Ehrfurcht und Frömmigkeit gefeiert werde. Die Priester sollen wenigstens dreimal in der Woche die Messe zelebrieren.

Es schmerzt uns tief, zu erfahren, dass die Messe (...) beinahe ganz vernachlässigt wird.

Wir verordnen, dass alle Personen dieses Klosters im Schlafhause schlafen und dass derjenige, welcher sich nach dem Nachtgebet nicht im Schlafhause befindet, in den Kerker geworfen werde. Die Türen der Zellen müssen immer offen stehen, damit der Prior (Klostervorsteher) nachsehen kann, ob nichts Unordentliches geschieht.

Wir befehlen auch, dass nicht zum größten Skandal dieses Klosters Weiber in das Schlafhaus eingeführt werden. Wer als Darwiderhandelnder ertappt wird, soll ohne Erbarmen und sofort in den Kerker geworfen werden.

Wir verbieten unter Strafe der Ungnade, dass nach dem Nachtgebet im Schlafhause Gelage veranstaltet werden.

Wir befehlen, dass der Herr Abt sobald als möglich das Bad im Kloster reparieren und an seinen Platz stellen lasse, damit er keinen Vorwand habe, außerhalb des Klosters herumzuschwärmen.

In dem Wunsche, die ansteckenden Zänkereien, groben Beleidigungen und Wutausbrüche zu ersticken, verordnen wir hiermit, dass keiner diese Streitigkeiten und Grobheiten dem andern nachtrage oder vorwerfe. Für den Fall der Not erlauben wir dem Abte, den Arm der weltlichen Obrigkeit gegen alle Rebellen und Ungehorsamen anzurufen.

Türler, Heinrich, Eine Abtwahl und eine Visitation in Frienisberg. In: Bll. F. Bern. Geschichte, Kunst und Altertumskunde, Jg. 7, 1911. Zit. nach: Aus dem mittelalterlichen Leben 1, 1989, S. 117.

Fragen und Anregungen

1. Formuliere den Inhalt von Q4 mit eigenen Worten. Erläutere, welche Bedeutung dem Lesen und Schreiben der Bibel zugeschrieben wird.
2. Vergleiche die Klosterschule (Lehrer, Schüler, Einrichtung) (Q6) mit deinem Schulalltag.
3. Erkläre, was mit den einzelnen Regeln erreicht werden sollte (Q5).
4. Vergleiche die Ordensregel des Benedikt von Nursia (Q5) mit dem Bericht über das Kloster Frienisberg (Q8).
5. Zähle auf, wie die Klostergemeinschaften den Mitmenschen dienten (VT, Q2, 5 und 6). Schreibe daneben, wer heute diese Aufgaben übernimmt.

Was ein Grundriss über das Klosterleben verrät

Bevor sie ein Gebäude errichten, zeichnen Architekten einen Grundriss. Dort werden alle Bestandteile des zukünftigen Bauwerkes eingezeichnet. Grundrisse zeigen die Anlage so, als ob man direkt von oben auf sie herabblickte. So bekommt man schon vor dem Bau eine genaue Vorstellung davon, wie das Haus, die Kirche, die Schule einmal aussehen wird. Grundrisse werden auch für Garten- oder Parkanlagen erstellt oder für große Gelände, auf denen verschiedene Gebäude errichtet werden sollen. Auch im Mittelalter wurde anhand von Grundrissen geplant. Viele Bauwerke und Anlagen sind heute nicht mehr erhalten, andere wurden im Laufe der Jahrhunderte umgebaut. Um herauszufinden, wie sie ursprünglich ausgesehen haben und wie sie genutzt wurden, sind Grundrisse eine wichtige Quelle. Wie man aus einem Grundriss Informationen entnehmen kann, kannst du hier am Beispiel eines Klosterplans üben.

Szenen aus dem Klosterleben wurden in vielen Buchmalereien dargestellt.

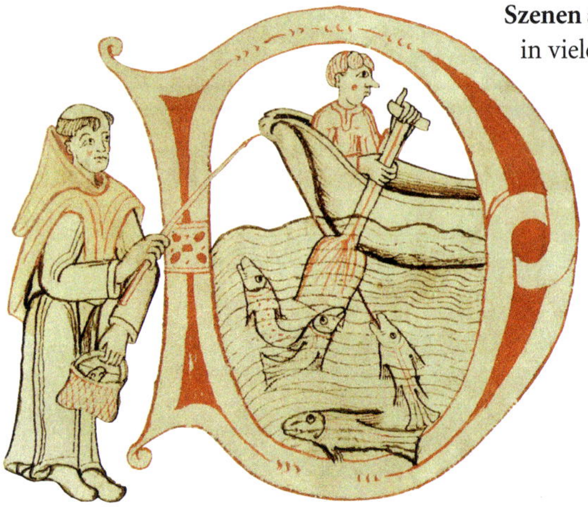

Q9 **Klösterlicher Fischereibetrieb**
Buchmalerei.

Mönche beim Brotbacken Q10
Buchmalerei, 13. Jahrhundert.

Methodische Arbeitsschritte:

1. Kläre, was auf dem Grundriss dargestellt ist (Haus, Burg, Kloster, Park o. ä.). Handelt es sich um ein einzelnes Gebäude oder eine große Anlage mit verschiedenen Teilen?
2. Informiere dich, aus welcher Zeit der Grundriss stammt und evtl. wer ihn angefertigt hat. Handelt es sich um einen Entwurf oder wurde die Anlage tatsächlich nach diesem Plan erbaut? Oder handelt es sich um eine Nachzeichnung eines bestehenden Gebäudes?
3. Um dich orientieren zu können, musst du die „Sprache" der Grundrisszeichnung entziffern: Wie sind Mauern dargestellt, woran erkennst du, wo sich Eingänge oder Türen befinden? Wie werden verschiedene Stockwerke (z. B. Dachgeschoss, Keller) markiert, wie Türme usw.?
4. Nun kommt die Auswertung: Welche Gebäude oder -teile kannst du auf Anhieb erkennen? Welche Teile erscheinen besonders wichtig? Unterscheide z. B. Haupt- und Nebengebäude, Wege.
5. Beschrifte auf einer Nachzeichnung des Grundrisses die verschiedenen Bestandteile.
6. Untersuche, ob der Grundriss Auskunft über die Größe der Anlage oder die Abmessungen einzelner Teile gibt.
7. Nun kannst du die Bedeutung der Anlage erschließen: Wie wurden die einzelnen Teile des Gebäudes genutzt? Welche Funktion erfüllte die Gesamtanlage? Erkläre, welche Bedeutung die Anlage für die Menschen in der damaligen Zeit hatte.

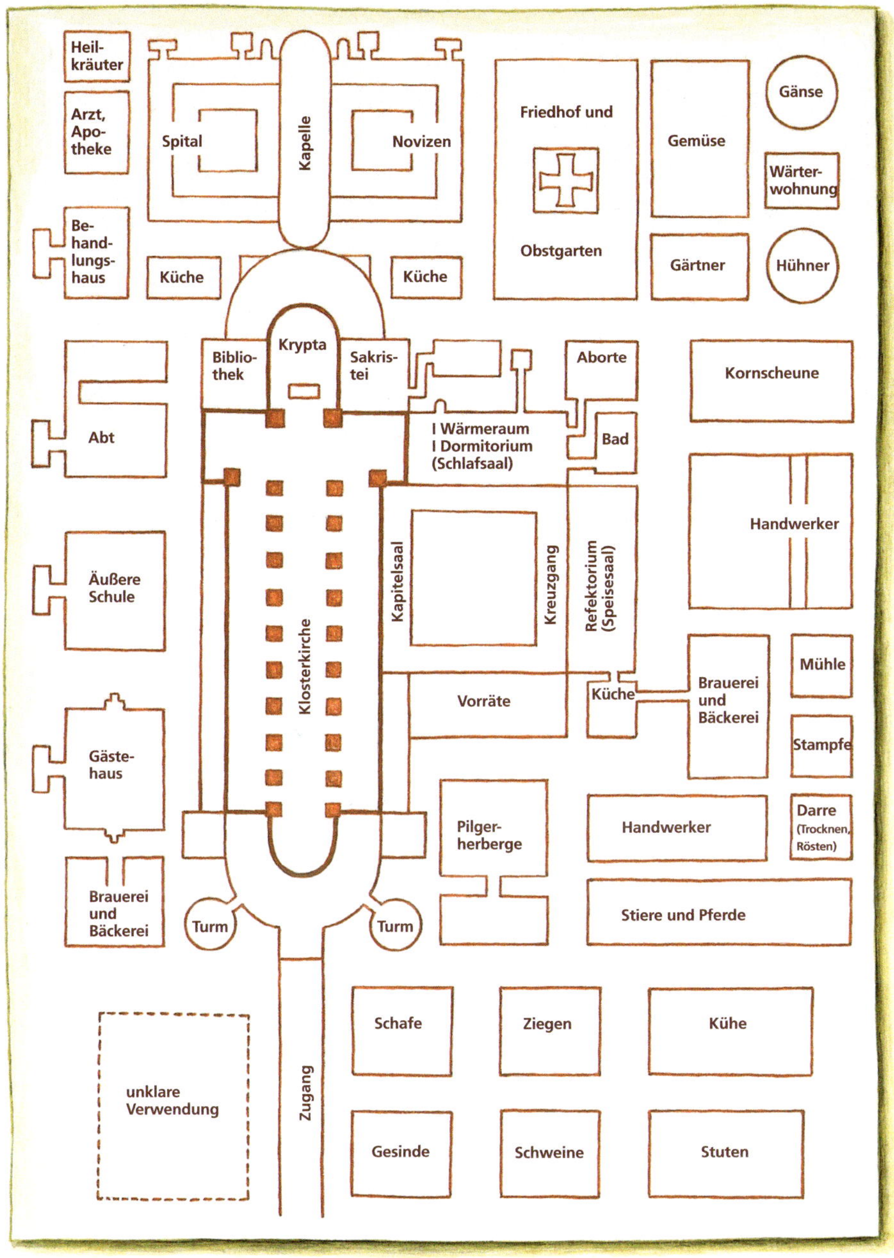

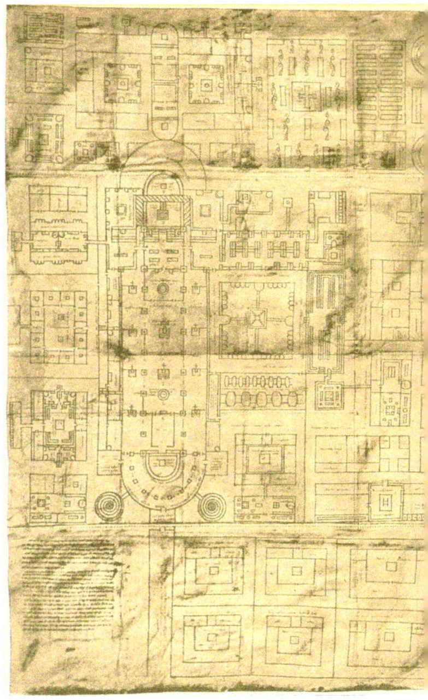

Q11 Grundriss des Klosters Sankt Gallen
Der Plan wurde in der Zeit um 820 entworfen, er gibt allerdings keine tatsächlichen Verhältnisse wieder, sondern diente als Musterbauplan. Die gesamte Anlage ist 145 x 205 Meter groß. Der Originalplan (oben) hat eine Größe von 112 x 77 cm; heute wird er in der Stiftsbibliothek in Sankt Gallen (Schweiz) aufbewahrt. Links eine Nachzeichnung aus heutiger Zeit. Was verrät uns dieser Plan über das Klosterleben im Mittelalter?

Fragen und Anregungen

1. Übertrage den Grundriss des Klosters in dein Heft.
2. Male auf einer Kopie des Grundrisses die Gebäude mit verschiedenen Farben aus: rot für religiöse Gebäude, gelb für wissenschaftliche Einrichtungen, grün für Einrichtungen, in denen Menschen geholfen wurde, blau für Wirtschaftsgebäude.
3. Stelle die Gebäude nach den Gruppen zusammen. Welche Arbeiten wurden in Klöstern verrichtet?
4. Zeichne selbst einen Grundriss der Klosteranlage in Maulbronn und beschrifte ihn (S. 55, Q7).
5. Untersuche die Bilder in diesem Kapitel: In welchem Teil einer Klosteranlage haben sich die Szenen wohl jeweils abgespielt (Q1–3, 6; S. 56, Q9 und 10)?
6. Klöster werden als „Welt im Kleinen" bezeichnet. Kannst du begründen, warum?

5. Klöster entstehen und breiten sich aus

910 Das Benediktinerkloster Cluny in Frankreich wird gegründet.

um 1100 Der Zisterzienserorden entsteht.

Klosterkirche der Benediktinerabtei Cluny D1
12. Jahrhundert, Rekonstruktionszeichnung.

Die Benediktiner gründen erste Klöster

Die ersten Klöster entstanden im Orient. In Europa war es Benedikt von Nursia gewesen, der um 529 eines der ersten Klöster gegründet hatte. An der von ihm aufgestellten Regel („ora et labora") orientierten sich viele Klostergemeinschaften – sie nannten sich nach ihrem Gründer Benediktiner. Es gab auch Benediktinerinnen: Benedikts Schwester Scholastika z. B. lebte als Nonne in einem Frauenkloster.

Die Regeln weichen auf

Mit der Zeit weichten die strengen Ordensregeln auf. In den reich gewordenen Klöstern missachteten die Mönche die Fastengebote, sie trugen Kleidung aus kostbaren Stoffen und gingen sogar auf die Jagd – alles genauso wie ihre adligen Verwandten draußen. Und diese versuchten oft, die Wahl eines Abtes zur Versorgung eines Familienmitglieds zu beeinflussen. Etliche Menschen wurden auch unfreiwillig oder gar als Strafe in Klöster gesteckt.

Die Mönche von Cluny

Im Jahr 910 gründete Herzog Wilhelm von Aquitanien zusammen mit einem reformfreudigen Abt das Kloster Cluny in Burgund. Lange Chorgebete und Gottesdienste standen nun im Mittelpunkt des Klosterlebens. Den Idealen dieser strengen Lebensführung schlossen sich immer mehr mönchische Gemeinschaften an, bis sich über 1400 Klöster der Leitung des Großabtes von Cluny unterworfen hatten. Durch Schenkungen und Stiftungen wurde das Kloster schließlich so reich, dass es die größte Kirche der damaligen Christenheit in Cluny bauen konnte.

Ständige Erneuerung: Der Zisterzienserorden entsteht

Nun wandten sich Streitschriften wiederum gegen den Prunk von Cluny. Einige Mönche zogen nach Citeaux, um dort ein neues Kloster zu gründen. Die Zisterzienser, wie sie nach ihrem Herkunftsort hießen, wollten sich vom Getriebe der Welt abkehren und bauten ihre Klöster dort, wo das Land erst noch urbar gemacht werden musste. Sie rodeten Wald und legten Felder an. Bald waren sie in der Landwirtschaft so erfolgreich, dass sie Vorräte in eigenen Häusern in der Stadt lagerten, am Marktleben teilnahmen und Bier und Wein ausschenkten. Sie nahmen nur Erwachsene in ihren Orden auf, um sicher zu sein, dass man ohne Zwang ins Kloster gekommen war. In gemeinsamen Versammlungen berieten und entschieden die Mönche über die Fragen ihres Ordens; damit war der Abt nicht mehr allein zuständig. Diese Lebensform zog viele Menschen zu den Zisterziensern: In Europa gab es schließlich fast 700 solche Klostergemeinschaften.

Q1 Aufnahme von Frauen in den Zisterzienserorden

Der Geistliche Jakob von Vitry (1160/70–1240), ein berühmter Prediger, berichtet:

Zu Beginn des Zisterzienserordens wagte das schwächere Geschlecht der Frauen nicht zu hoffen, solchen strengen Vorschriften genügen und den Gipfel der Vollkommenheit erreichen zu können. Denn selbst den stärkeren Männern erschien eine solche Last sehr schwer und fast nicht zu ertragen, wenn Gott sie nicht stärkte. Später jedoch traten Gott ergebene Jungfrauen und geheiligte Frauen (...) in Zisterzienserklöster ein. (...) Die Zahl der Zisterzienserinnen vermehrte sich wie die Sterne am Himmel und wuchs ins Unermessliche an. (...) Es wurden Nonnengemeinschaften gegründet, Klöster erbaut und die Klausuren wieder bevölkert. Jungfrauen strömten zusammen, Witwen eilten herbei und verheiratete Frauen verließen mit Einwilligung ihrer Männer die Ehe und traten ins Kloster ein. (...) Adlige und vermögende Frauen verließen ihr Erbe und ihre riesigen Besitzungen und zogen es vor, lieber im Angesicht Gottes als in den Häusern der Sünder zu wohnen.

The Historia Occidentalis of Jacques de Vitry, hg. von J. F. Hinnebusch, 1972.

KLICK INS INTERNET

www.heiligenlexikon.de
Hinter dieser Adresse verbirgt sich das „Ökumenische Heiligenlexikon". Unter „Hildegard von Bingen" findest du ausführliche Informationen und weitere Bilder über die Benediktinernonne.

Q2 Hildegard von Bingen (1098–1179)
Hildegard von Bingen wurde mit acht Jahren einer Nonne anvertraut; mit 15 Jahren trat sie dem Benediktinerorden bei. Zwischen 1147 und 1150 gründete sie das Kloster Rupertsberg bei Bingen am Rhein. Schon als Kind hatte sie Visionen (göttliche Eingebungen über Ereignisse der Zukunft). Hildegard verfasste historische Abhandlungen, geistliche Lieder und naturheilkundliche Bücher. Ihr breites Wissen wurde schon zu Lebzeiten geschätzt: Einfache Nonnen, aber auch Erzbischöfe und zwei Kaiser ließen sich von ihr beraten.
Buchmalerei, 12. Jahrhundert.

Fragen und Anregungen

1. Ein Benediktinermönch aus Cluny und ein Zisterziensermönch unterhalten sich über die Frage: Wie sieht ein gottgefälliges Leben im Kloster aus? Schreibe einen Dialog (VT, Lexikon).
2. Finde heraus, warum Hildegard von Bingen heute noch so bekannt ist: Frage in einer Buchhandlung, der Bücherei, im Reformhaus, einer Apotheke oder einem Kloster (Q2).
3. Überlege, aus welchen Gründen Frauen ein Leben im Kloster attraktiv fanden (Q1).
Unterscheide dabei zwischen ärmeren und wohlhabenderen Frauen.

Heutige Klosterbewohner befragen

Dass das Leben in einem Kloster ganz anders verläuft als das Alltagsleben, ist dir bestimmt aufgefallen. Vielleicht hast du auch gestutzt und dich gefragt, ob Ordensleute heute immer noch so leben wie die Nonnen und Mönche im Mittelalter oder was sich geändert haben mag. Auf dieser Seite erfährst du einiges über den Alltag in einem Kloster; wenn du aber Genaueres darüber wissen willst, sprichst du am besten direkt mit einer Nonne oder mit einem Mönch. Du kannst sie oder ihn in die Klasse einladen oder aber selbst ein Kloster besuchen. Adressen findest du bei Gerald Drews (Hg.), Der große Klosterführer, Augsburg 1998, oder unter www.orden-online.de.

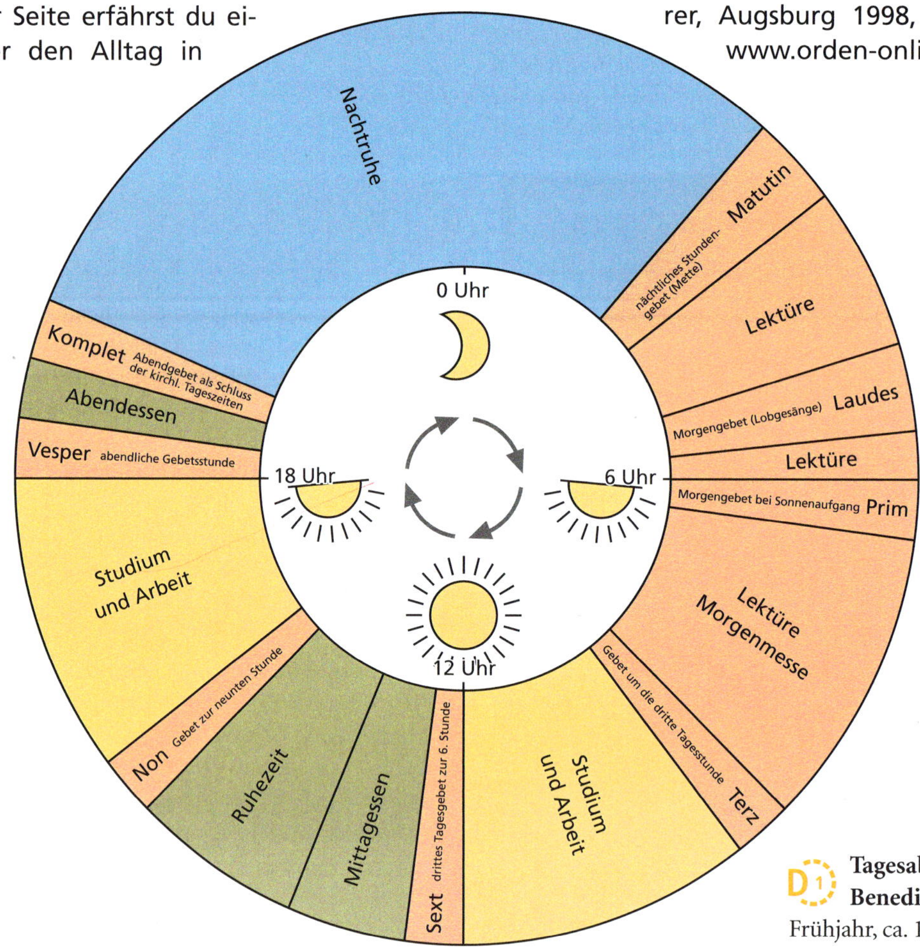

D1 **Tagesablauf in einem Benediktinerkloster**
Frühjahr, ca. 12. Jahrhundert.

Tages- und Jahreslauf in einem mittelalterlichen Kloster

Der Tag begann kurz nach Mitternacht mit Gesängen und Gebeten in der Klosterkirche; es folgten Gebete in der Morgendämmerung und während des Tages in etwa dreistündigem Abstand. Die erste Mahlzeit gab es um 14 Uhr; im Winter war es das einzige Essen des Tages. Verzehrt wurden Fisch, Gemüse und Eier; Fleisch erhielten nur die Kranken. Bei Tisch schwiegen alle und hörten einer Lesung zu; daher verständigten sich die Mönche mit Zeichen. Ein besseres Essen gab es an hohen Feiertagen und Gedächtnistagen für Wohltäter des Klosters; solche Tage machten freilich oft ein Drittel des Jahres aus. Rund fünf Stunden verbrachten die Mönche Tag für Tag im gemeinsamen Gottesdienst; weitere vier Stunden galten dem eigenen Beten und dem Lesen religiöser Texte. Mindestens drei Stunden sollte körperlich gearbeitet werden; Müßiggang galt als Feind der Seele. Das Kirchenjahr mit seinen Buß- und Festzeiten bestimmte den Jahreslauf im Kloster.

Interview mit einer Nonne oder einem Mönch

Überlege dir zunächst, was du von deinem Gesprächspartner wissen möchtest. Hier ein paar Anregungen für Fragen:

- Warum ist dein Gesprächspartner ins Kloster gegangen?
- Wie hat seine Familie reagiert?
- Wie empfindet er das Klosterleben?
- Wie alt ist das Kloster und zu welchem Orden gehört es?
- Welche Aufgaben hat das Kloster heute?
- Wie finanziert es sich? Existiert ein Wirtschaftsbetrieb, etwa eine Brauerei?
- Wie gestaltet sich der Tag im Kloster? Bitte deinen Gesprächspartner, seinen Tagesablauf aufzuschreiben und seine Tätigkeiten mit Uhrzeit einzutragen.
- Konfrontiere deinen Gesprächspartner mit den Quellen Q5, S. 54 und Q1 unten. Frage ihn nach seiner Meinung zu der alten Klosterregel und der neuen Ausrichtung einiger Klöster.

Q1 Urlaub im Kloster

Aus einem Zeitungsbericht, 2002:

Kuren im Kloster und sich an Körper und Seele erholen – die Arenberger Dominikanerinnen wollen ihr Kloster und ehemaliges Kneipp-Sanatorium zum modernen Kur-Gästehaus umbauen. Gestern wurde der Spatenstich gefeiert. (...) Doch Wellness, Sauna oder Sonnenbank sollen nicht allein stehen. (...) Ein Psychologe wird für die seelsorgerische Betreuung der Gäste eingestellt. (...) Ein Kräutergarten soll die Küche mitversorgen. Schwester Agnes: „Wir nennen unser Angebot – erholen, begegnen, heilen. Wir wollen ein christlicher Ort sein, wo wir die Gäste mit zu unserem klösterlichen Leben einladen wollen."

Rhein-Zeitung vom 27. Januar 2002.
www.kloster-arenberg.de/rhein-zeitung.htm (10. Februar 2004)

Fragen und Anregungen

1. Fertige aus dem Tagesablauf deines Gesprächspartners ein Schaubild wie D1 an.
2. Vergleiche den Tagesablauf und die Lebensweise deines Interviewpartners mit der von Nonnen und Mönchen im Mittelalter (VT; S. 54, Q5).
3. Könntest du dir vorstellen, selbst für einige Zeit ins Kloster zu gehen? Begründe deine Entscheidung.
4. Schreibe eine Reportage oder einen Kommentar über deinen Besuch im Kloster.

6. Ritter und Burgen

Wie entstanden die Burgen?

Woran denkst du, wenn du heute das Wort „Ritter“ hörst? An Kämpfe gegen Drachen und Riesen, an König Artus und seine Tafelrunde, an Prinz Eisenherz? Oder an Don Quixote, den „Ritter von der traurigen Gestalt“?
Vielleicht denkst du an eine Ritterburg. Allein im deutschsprachigen Raum gab es im Mittelalter ca. 19 000 Burgen. Anfangs dienten die Herrenhöfe der Adligen den Menschen in der Umgebung als Fluchtburgen, wenn sie in Gefahr waren. Sie wurden mit Erdwällen oder Holzpalisaden geschützt. Ab dem späten 11. Jahrhundert wurden richtige Burgen mit dauerhaften und vor allem feuerfesten Steinmauern gebaut. Damit sie vor Feinden geschützt war, musste die Burg an einem Platz stehen, der von Natur aus schwer zugänglich war: auf einem Berggipfel, einer kleinen Insel in einem See oder Fluss. Die meisten Burgen lagen so, dass man von ihnen aus einen Handelsweg, einen Fluss oder ein Tal überblicken und beherrschen konnte. Die Bauern der Umgebung ernährten den Burgherrn und erwarteten dafür seinen Schutz und Unterhalt.

Das Leben auf einer Burg

In Friedenszeiten lebten auf einer Burg in lärmendem Gedränge oft über hundert Menschen: außer der Adelsfamilie Knechte und Mägde, das Küchenpersonal und die Kammerfrauen im Dienste der Burgherrin. In Kriegszeiten suchten Bauernfamilien mit ihrem Vieh Schutz auf der Burg. Bei einer Belagerung kam es darauf an, dass die Lebensmittel und besonders das Wasser für Monate reichten. Deshalb haben viele Burgen große Speicher, Stallungen und einen tiefen Brunnen.
Der höchste und mächtigste Turm der Burg, der Bergfried, war anfangs oftmals das einzige Steingebäude. Nur der Wohnraum der Frauen, die Kemenate – in diesem Begriff steckt das Wort „Kamin“ – und die Küche konnten geheizt werden, daher litten die Bewohner vor allem im Winter unter Kälte und Feuchtigkeit. Später wurden großzügigere und bequemere Rittersäle (Palasgebäude) errichtet.

D1 Modell einer Motte
Diese Frühform einer Burg (11./12. Jahrhundert) bestand aus einer Vorburg und dem Wehrturm auf einem 5–10 Meter hohen Erdhügel.

1 Zugbrücke
2 Holzpalisaden
3 Ställe
4 Strohdach
5 Wirtschaftsgebäude
6 Innenhof
7 Holzbrücke auf Stützen
8 hölzerner Wehrgang
9 Schindeldach
10 Der Turm steht auf Holzpfählen.
11 Erdhügel oder Motte

Q1 Belagerung einer Burg
Französische Buchmalerei, 15. Jahrhundert.
Berichte, wie eine Belagerung ablief.

Der Ritter – vom Dienstmann zum Adligen

Von den Burgen aus beherrschten unfreie Dienstmannen (Ministeriale) das Land, die der König oder Fürst aus seiner Grundherrschaft ausgesucht hatte. Sie dienten ihm hauptberuflich als Reiterkrieger. Der adlige Herr gab ihnen ein Gut mit Bauern, das sie zu verwalten hatten. Von den Abgaben der Bauern ernährten sie sich und bezahlten ihre teure Ausrüstung. Seit dem 11. Jahrhundert nannten sie sich Ritter. Nach und nach fühlten sie sich als etwas Besseres als die Bauern, von denen sie lebten. Viele schafften es, sich aus der Abhängigkeit ihres Herrn zu befreien. Manche bauten sogar eigene Burgen. Andere Ritter blieben lediglich Verwalter auf Burgen, die ihnen nicht gehörten.

Ritterliche Leitlinien

Die Ritter dienten ihrem Herrn treu und hatten im Kampf tapfer zu sein. Die Kirche ermahnte sie, Krieg nur zur Verteidigung des christlichen Glaubens zu führen. Ein Ritter sollte die Schwachen beschützen. Aber die Wirklichkeit sah oft ganz anders aus: Gewalttätige Ritter verwüsteten Ortschaften, steckten Burgen in Brand oder plünderten Klöster aus. Zum Rittersein gehörte auch der Minnedienst – das Streben um die Gunst einer adligen Dame (Minne: mittelalterliche Bezeichnung für Liebe). Dabei ging es den Rittern mehr um das Werben um die Liebe einer Frau als um die Erfüllung dieser Liebe. Minnedichter und Troubadoure (frz., d. h. Sänger) sorgten auf den Burgen für willkommene Abwechslung.

Ausrüstung und Ritterspiele

In Friedenszeiten erhielten die Ritter ihre Kampfkraft durch Jagden und Turniere aufrecht. Das Turnier war ein Spiel mit dem Leben. Obgleich man mit stumpfen Waffen kämpfte, gab es doch nicht selten Schwerverletzte oder gar Todesfälle. Turniere waren große Ereignisse: öffentliches Kampfspiel und zugleich höfisches Fest, günstige Gelegenheit, um sich zu zeigen und zu bewähren. Die Anwesenheit der edlen Damen „spornte“ die Teilnehmer an.

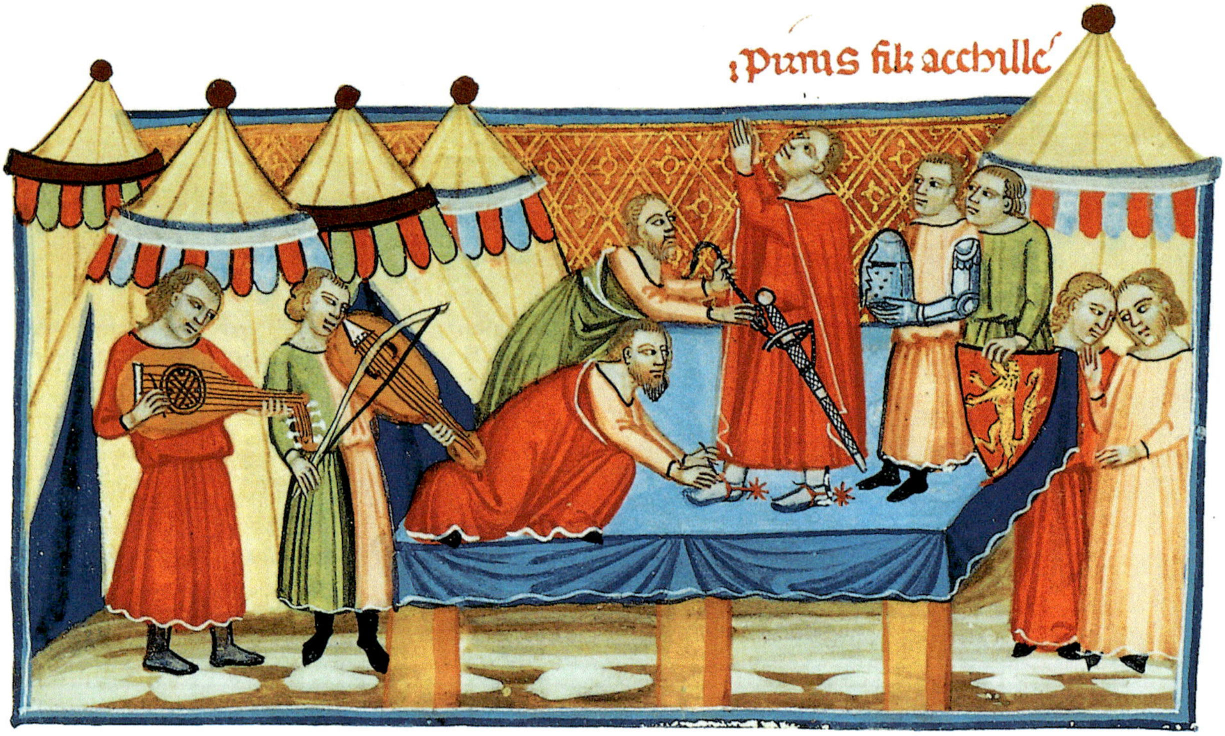

Q2 „Schwertleite" – ein Knappe wird Ritter
Bei der Rittererhebung wurde ein Schwertsegen gesprochen: „Wir bitten dich, Herr, erhöre unsere Bitten und segne mit der Hand Deiner Majestät dieses Schwert, mit welchem sich Dein Diener zu umgürten wünscht. Segne es, damit es Verteidigung und Schutz für Kirchen, Witwen, Waisen und alle, die Gott dienen, gegen das Wüten der Heiden sein könne. Allen, die ihnen nachstellen, möge es Furcht, Angst und Schrecken einflößen."

C. Erdmann, Die Entstehung des Kreuzzugsgedankens, 1953, S. 330.

Aus Jungen werden Ritter

Die Erziehung zum Ritter begann mit dem siebenten Lebensjahr. Der Junge kam auf die Burg eines angesehenen Ritters und wurde dort zuerst in die Obhut der Frauen gegeben. Man nannte ihn einen Pagen. Auf der Burg lernte er Manieren, Reiten, Fechten, Schwimmen, aber auch Singen, Tanzen, Schachspielen. Vom vierzehnten Lebensjahr an diente der Junge dem Burgherrn als Knappe, trug ihm das Schwert und den Schild, begleitete ihn in den Krieg, auf die Jagd und zum Turnier und bediente ihn bei Tisch. Hatte er sich bewährt, wurde er mit der feierlichen Zeremonie der Schwertleite oder später des Ritterschlags in den Ritterstand aufgenommen.

Mädchen am Hof

Die adligen Mädchen lernten Schreiben, Lesen, Dichten, Singen, Handarbeiten und das Lautenspiel; auf den Burgen anderer adliger Familien erwarben sie die höfischen Sitten. Sie verfügten oft über mehr Wissen als ein Ritter. Häufig kannten sie sich auch in der Heilkunst aus. Sie wurden in die Organisation des Hauswesens eingeführt, was bei der hohen Anzahl der Bewohner einer Burg eine Kunst war. Bei Abwesenheit des Burgherrn kümmerten sie sich um die Verwaltung und die Abgaben der Bauern. Verheiratet wurden die Mädchen oft schon mit dreizehn Jahren.

Was wird aus den Rittern?

Im späten Mittelalter waren Ritter auf dem Pferd im Krieg oft unterlegen, weil die Gegner mit gut trainierten Berufssoldaten antraten und Feuerwaffen benutzten. Das Leben auf der Burg war nicht mehr attraktiv, weil überall Städte entstanden. Mancher Ritter schlug sich nun als Raubritter durch, indem er Kaufmannszüge überfiel oder plündernd durch die Gegend zog. Bald gab es keine Ritter mehr – aber einige ihrer Lebensideale haben die Jahrhunderte überdauert. Das kann man daran sehen, dass wir noch heute Worte wie „höflich" oder „ritterlich" kennen.

Adel

Adel (althochdeutsch „adal“, d. h. Geschlecht, Abstammung). Adlige verfügten im Mittelalter wegen ihrer Abstammung oder ihres Grundbesitzes über besondere Rechte: Sie waren Herren über Land und Leute, Verwalter für den König und sprachen Recht. Vom Hochmittelalter an unterschied man zwischen dem höheren Adel (Herzöge und Grafen) und dem niederen Adel, zu dem ab dem 13. Jahrhundert auch die Ritter gehörten.

Q3 Ritterleben auf der Burg

nach einer Beschreibung des Ritters Ulrich von Hutten, 1518:

Die uns ernähren, sind bettelarme Bauern, denen wir unsere Äcker, Weinberge, Wiesen und Wälder verpachten. Der einkommende Ertrag ist, gemessen an der aufgewandten Mühe, geringfügig. (…) Sodann müssen wir uns in den Dienst eines Fürsten stellen, von dem wir Schutz erhoffen. Wenn ich das nicht tue, glaubt jeder, er könne sich alles gegen mich erlauben. Aber auch wenn ich es tue, ist diese Hoffnung täglich mit Gefahr und Furcht verbunden. Gehe ich nämlich von zu Hause fort, so muss ich fürchten, auf Leute zu stoßen, mit denen der Fürst, wie bedeutend er auch sein mag, Fehde oder Krieg führt und die mich seinetwegen anfallen und wegschleppen. Wenn es dann mein Unglück will, geht leicht mein halbes Vermögen als Lösegeld darauf (…) Deswegen halten wir uns Pferde und Waffen und umgeben uns mit zahlreichem Gefolge, alles unter großen und spürbaren Kosten. (…) Kein Dorf können wir unbewaffnet besuchen, auf Jagd und Fischfang nur in Eisen gehen. (…)
Die Burg selbst, ob sie auf dem Berg oder in der Ebene liegt, ist nicht als angenehmer Aufenthalt, sondern als Festung gebaut. Sie ist von Mauern und Gräben umgeben, innen ist sie eng und durch Stallungen für Vieh und Pferde zusammengedrängt. Daneben liegen dunkle Kammern, vollgepfropft mit Geschützen, Pech, Schwefel und sonstigem Zubehör für Waffen und Kriegsgerät. Überall stinkt es nach Schießpulver; und dann die Hunde und ihr Dreck. (…)
Der ganze Tag bringt vom Morgen an Sorge und Plage, ständige Unruhe und dauernden Betrieb. Äcker müssen gepflügt und umgegraben werden, Weinberge müssen bestellt, Bäume gepflanzt, Wiesen bewässert werden; man muss eggen, säen, düngen, mähen und dreschen (…) Wenn aber einmal ein schlechtes Ertragsjahr kommt, wie in dieser mageren Gegend meistens, dann haben wir fürchterliche Not und Armut.

Zit. nach Arno Borst, Lebensformen im Mittelalter, Berlin 1997 (1979), S. 180 f.

Q4 Die Marksburg bei Braubach am Rhein

aus dem 12. Jahrhundert ist die einzige unzerstörte Höhenburg am Mittelrhein.

1 äußeres Tor mit Zugbrücke, Graben
2 Wehrtürme
3 Burgmauern mit Wehrgang und Schießscharten, dahinter Zwinger
4 inneres Tor
5 Burgvogt-Turm
6 Herrenhaus (Palas)
7 oberstes Tor
8 Kapellenturm
9 Bergfried mit Verlies
10 Saalbau mit Rittersaal und Kemenate, darunter Küche
11 Brunnen und Zisterne

Q5 Benimmregeln auf der Burg

Aus „Tanhusers Hofzucht", um 1250:

Wenn ihr euch zum Essen setzt, so sollt ihr sprechen: „Segne es uns Jesus Christus!" Gedenket Gott zu allen Zeiten und vergesst beim Essen nicht die Armen und Waisen.

Kein edler Mann soll aus dem Schöpflöffel trinken noch aus Schüsseln. Auch soll sich niemand während des Essens über die Schüsseln legen und dabei schnaufen und schmatzen. Gar mancher beißt von seinem Brotstück ab und taucht es dann wieder nach bäurischer Sitte in die Schüssel, ja mancher legt den Knochen, den er benagt hat, wieder in die Schüssel. (...)

Niemand esse, wenn er den Mund noch voll hat; mancher bläst auch in den Trank, doch sollte man solchen Mangels an Zucht frei sein. (...) Ehe man trinkt, wische man den Mund ab, damit nicht Fett an den Trank komme. (...) Man stochere nicht mit den Messern in den Zähnen herum und schiebe nicht die Speise mit den Fingern auf den Löffel. (...) Man rede nicht mit vollem Mund, esse nicht so gierig, dass man sich in die Finger beißt. Vor dem Essen aber wasche jeder seine Hände.

Zit. nach: Udo Haupt (Hg.), Zeitschrift für deutsches Altertum, Bd. VI, 1848, S. 489 ff.

Q6 Dienst rund um die Uhr

Ein Schildknecht berichtet:

Wenn die Schildknechte tagsüber halb erfroren dahingeritten sind und in die Herberge kommen, wo die Herren ihre Ruhe finden, beginnt erst ihre Arbeit im Stall, und sie dauert oft bis in die Nacht, ohne dass sie zu essen bekämen. Zu viert kriegen sie dann so viel, wie sonst ein Lahmer äße; eine Schlafkammer bekommen sie nicht, selbst eine Bank macht man ihnen streitig. Aber da ruft schon der Herr „Los! Leg den Sattel auf! Es ist Tag!" Keinem Ordensmönch geht es so schlecht wie dem Schildknecht.

Die Kuenringer, Katalog zur Ausstellung im Niederösterreichischen Landesmuseum, 2. verb. Aufl., Wien 1981, S. 481.

Q7 Über die Erziehung

des späteren Abtes Hugo von Cluny († 1109) wird berichtet:

Der Vater, in Sorge um einen Erben seiner vergänglichen Besitztümer, bestimmte den Sohn zur weltlichen Ritterschaft. Als dieser noch im Kindesalter war, trieb er ihn daher an, zusammen mit gleichaltrigen Jungen zu reiten, das Pferd im Kreis zu bewegen, die Lanze zu schwingen, mühelos den Schild zu führen und – was dieser am meisten verabscheute – auf Raub und Beute auszugehen.

Hildebert von Lavardin, Vita Hugonis. Sp. 860, Joachim Bumke (Übers.), Höfische Kultur 2, München 1986, S. 433.

Q8 Ein Lied über die vornehme Dame

trug der Dichter und Minnesänger Walther von der Vogelweide (um 1170–1230) vor:

Wo nämlich eine Frau, vornehm innerlich und äußerlich / prächtig in Kleidung und Kopfschmuck / zur Unterhaltung in Gesellschaft geht, / froh und festlich gestimmt, von Gefolge begleitet / gelegentlich die Augen ein wenig herumgehen lassend / (...) – Da lassen wir alle Blumen / und starren nur die herrliche Frau an.

Zit. nach: Gedichte. Walther von der Vogelweide, hg. v. Peter Wapnewski, Frankfurt/Main 1993, S. 89.

Q9 Ein Ritter erweist einer adligen Dame den Minnedienst

Szenen aus dem Ritterleben auf einer wohlhabenden Burg zeigen die Buchmalereien auf dieser Doppelseite. Sie stammen aus der Manessischen Liederhandschrift, einer Sammlung mittelalterlicher Minnelyrik aus dem 14. Jahrhundert. Beschreibe die Personen, ihre Kleider und die abgebildeten Gegenstände (Q9–11).

Q10 Der Markgraf von Brandenburg und seine Frau beim Schachspiel

Q11 Der Ritter Walter von Klingen besiegt einen Gegner im Turnier

Fragen und Anregungen

1. Ihr seid Ritter und Burgherr (als Jungs) oder Ritterfrau und Burgherrin (als Mädchen) auf der Marksburg (Q4). Ihr seid Eltern zweier Söhne (12 und 6 Jahre) und einer dreizehnjährigen Tochter. Außerdem leben zwei Pagen und ein Knappe in eurer Familie.
   - Erklärt, worauf ihr bei der Anlage eurer Burg Wert gelegt habt (Q4, VT) und warum die Motte der Vorfahren euch nicht mehr genug Sicherheit zu bieten schien (D1).
   - Schildert, wie eure Burg aussieht, welche Gebäude sie umfasst (Q4), wie viele Menschen und welche Tiere in ihr leben und warum ihr dort nicht sehr bequem wohnt (Q3, VT).
   - Berichtet vom Alltag auf der Burg: Welche Aufgaben nehmt ihr als Burgherr oder Burgherrin wahr, welche Sorgen bedrücken euch, welche Freuden sorgen für Abwechslung (VT, Q3, Q8 und Q9, Q10, Q11)?
   - Ihr seid verärgert über euren Ehegatten: Als Burgherr stört ihr euch an den „unhöflichen" Tischmanieren des von eurer Gattin sehr verehrten fahrenden Minnesängers, der sich seit Wochen auf der Burg „durchfüttern" lässt (Q5); als Burgherrin stört euch die harte Art, in der euer Gatte nicht nur die Schildknechte, sondern auch den älteren Sohn behandelt (Q6, Q7). Beschwert, verteidigt und streitet euch.
   - Versöhnt euch und schließt „Burgfrieden", denn eurer Burg droht eine Belagerung. Überlegt gemeinsam, wie ihr euch vorbereiten und wo und wie ihr euch wehren könnt (Q1, Q4, VT).
2. Wie sollten Ritter sein? Vergleicht den Anspruch, der in der Zeremonie der „Schwertleite" und im Schwertsegen deutlich wird, mit der Wirklichkeit (Q2, VT). Diskutiert, ob für euch heute ein „ritterliches" Verhalten, ein „höfliches" Benehmen, ein „edles und vornehmes" Wesen noch wichtig ist. Überlegt, warum immer noch Zeitungen, Illustrierte, Fernsehen über das Leben von Adligen berichten und inwieweit diese Adligen dem Tugendkatalog ihrer Vorfahren treu geblieben sind.

7. Die Ständegesellschaft

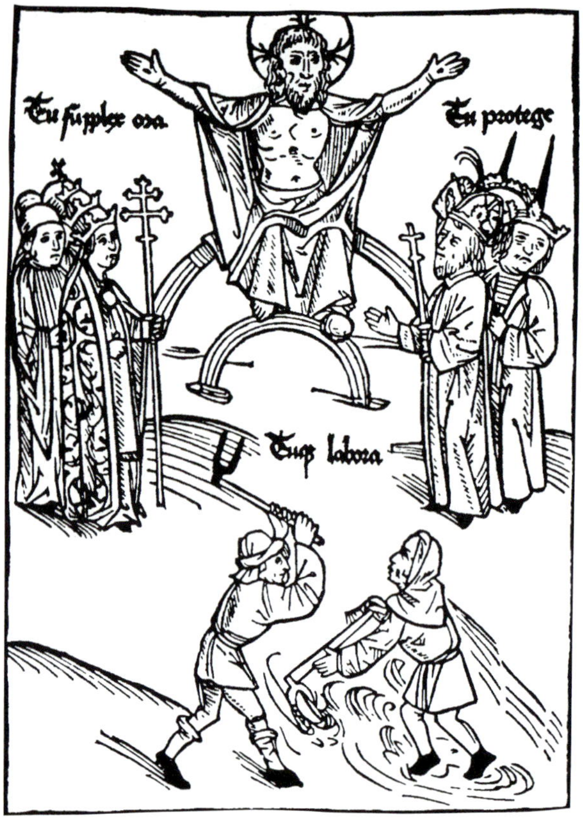

Q1 **„Du bete demütig! Du schütze! Und du arbeite!“** Holzschnitt, 1492.

Für die Menschen im Mittelalter war die Vorstellung fremd, dass sie alle von Natur aus frei und gleich geboren sein sollten. Für sie gab es Freie und Unfreie, Herrschende und Beherrschte. In einer Welt, in der alles auf Gott zurückgeführt wurde, predigte die Kirche, dass auch diese Ordnung von Gott so gewollt sei. So schrieb der Bischof von Worms um das Jahr 1000: „Der gerechte Gott hat das Leben der Menschen folgendermaßen unterschieden gemacht: Die einen machte er zu Knechten, die anderen zu Herren.“ Die Geburt, nicht das eigene Können entschied darüber, zu welchem Stand man gehörte. Kinder von Adligen waren adlig, während Kinder von Unfreien für immer unfrei blieben. Seit dem 11. Jahrhundert sprach die Kirche davon, dass Gott die Menschen in drei Stände aufgeteilt habe: in die Geistlichkeit (1. Stand), den Adel (2. Stand) und die Bauern (3. Stand). Zum dritten Stand kamen mit den Städtegründungen die Bürger dazu. Zu keinem Stand gehörten Arme, Tagelöhner und Juden. Frauen kamen in der Ständeordnung nicht vor – sie waren nicht ausgeschlossen, aber unerwähnt. Jeder Stand hatte seine Aufgabe, alle drei Stände waren aufeinander angewiesen und sollten in der von Gott gesetzten Ordnung zusammenarbeiten. Tatsächlich aber nutzten die Geistlichen und Adligen die Bauern oft aus.

Fragen und Anregungen

1. Interpretiere den Holzschnitt Q1:
   - Welche Aufgaben werden den drei Ständen jeweils zugeteilt? Wer nimmt diese Aufgaben „zuvorderst“ wahr?
   - In welchem Verhältnis stehen die drei Stände zueinander? Achte auf die Nähe zu Christus, Größe und Haltung, das Verhältnis von oben und unten. Was soll damit ausgedrückt werden?
   - Was bedeutet es für diese Ordnung, dass Christus selbst den Ständen ihre Aufgabe zuteilt?
   - Welche Haltung nimmt der Künstler zur Ständegesellschaft ein? Begründe.
   - Vergleiche die Botschaft des Holzschnittes mit den tatsächlichen Gesellschaftsverhältnissen im Mittelalter: Wie viele arbeitende Menschen fehlen auf dem Holzschnitt, wenn man die wirklichen Verhältniszahlen zwischen den drei Ständen darstellen wollte? Lies nach in Kapitel 1 und skizziere ein Gegenbild, das der gesellschaftlichen Wirklichkeit entspricht.
2. Heiraten zwischen den Ständen war nicht erlaubt und kam nur im Märchen vor. Finde Beispiele für einen „märchenhaften“ Aufstieg von einfachen Leuten in den Grimmschen Märchen. Kannst du dir erklären, warum diese Märchen im Volk erzählt wurden, bis sie die Gebrüder Grimm Anfang des 19. Jahrhunderts aufschrieben?
3. Wo und wie konnten auch im Mittelalter Einzelne auf Grund ihrer Tüchtigkeit gesellschaftlich aufsteigen? Lies nach in Kapitel 4 und 6. Über weitere Möglichkeiten des Aufstiegs erfährst du unter „Städte verändern das Leben“ und „Kulturen treffen aufeinander“. Über einen gewaltsamen Versuch, die Ständegesellschaft zu stürzen, kannst du dich in der Einheit „Reformation“, Kapitel 2 informieren, über weitere Versuche im Band 3.

Themen erarbeiten im Gruppenpuzzle

Vielleicht hast du schon erlebt, dass die Arbeit in Gruppen manchmal nicht so gut funktioniert: Einer glaubt alles zu wissen, die übrigen „klinken sich bald aus", weil sie nichts mehr verstehen. Beim Gruppenpuzzle dagegen ist jeder mitverantwortlich, dass die anderen alles verstehen.

Expertenrunde:

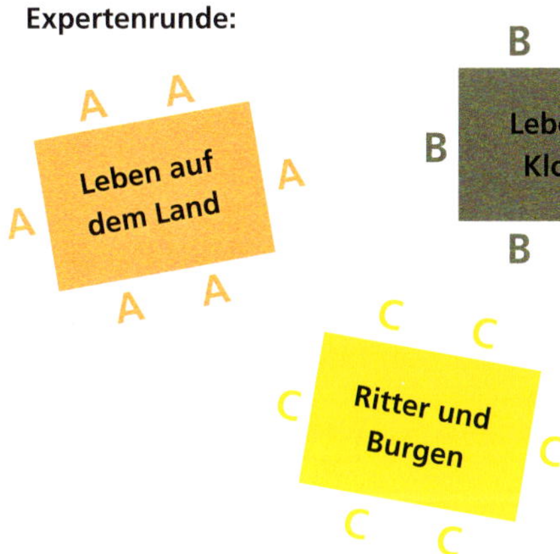

Unterrichtsrunde:

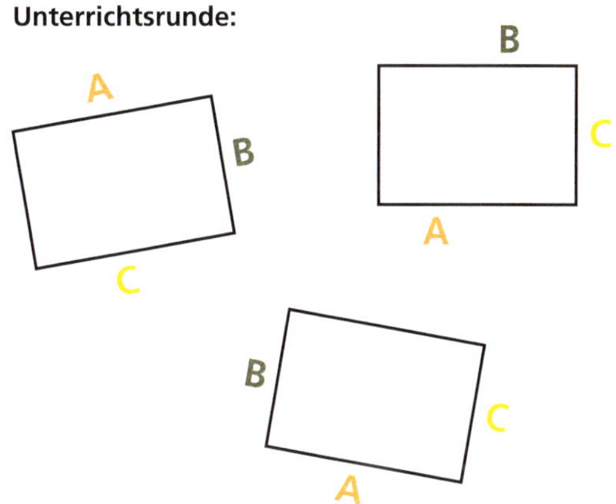

Verschiedene Kleingruppen erarbeiten ein eigenes Thema. Danach werden die Gruppen so neu zusammengesetzt, dass jeder Teilnehmer ein anderes Thema vorbereitet hat. Indem jeder seine Arbeitsergebnisse den anderen vorstellt, haben am Ende alle einen Überblick über alle Themen.

In den letzten Kapiteln habt ihr mehr gelernt über: A – Leben auf dem Land, B – Leben im Kloster, C – Ritter und Burgen. Veranstaltet zu diesen drei „Orten des mittelalterlichen Lebens" ein Gruppenpuzzle. Teilt die Klasse in Gruppen (4–6 Schüler) ein, die jeweils Thema A, B oder C behandeln. Eure Lehrerin oder euer Lehrer wird euch Materialien zur Verfügung stellen, mit denen ihr das Thema erarbeiten könnt.

Das Expertentraining:
Schaut euch in der Arbeitsgruppe die Unterlagen zu eurem Thema an. Helft euch gegenseitig, Unklarheiten zu beheben. Klärt Unbekanntes so gut, dass ihr es euren Mitschülern erklären könnt, macht euch also zu Expertinnen und Experten auf eurem Gebiet. Überlegt dann, wie ihr euer Thema neben dem Vortrag am besten vermitteln könnt: Plakat, Zeichnung, Schema, Tabelle … Am Ende müsst ihr euch wirklich als Experten fühlen. Entwerft auch Kontrollfragen für eure Mitschüler. Um das Thema zu erarbeiten, solltet ihr euch ca. 20 Minuten Zeit nehmen.

Die Unterrichtsrunde:
Jetzt bildet ihr neue Gruppen. Reihum unterrichtet nun jeder sein Expertenthema. Wie gut ihr etwas verstanden habt, zeigt sich daran, wie gut ihr es euren Mitschülern erklären könnt. Ein paar Hinweise helfen dabei:
- Gebt den anderen in drei Sätzen einen Überblick über euer Stoffgebiet.
- Tragt dann im Einzelnen vor, was ihr gelernt habt. Dabei helfen die Überlegungen, mit welchen Mitteln ihr euer kurzes Referat am besten unterstützen könnt.
- Erklärt euer Thema so einfach, dass es eure Mitschüler als „Nichtexperten" verstehen.
- Am Schluss fasst das Wichtigste nochmals kurz zusammen.

Die Vorstellung eines Themas wird jedes Mal ungefähr 5–10 Minuten dauern, danach bleibt noch Zeit für Fragen und Diskussionen. Euch muss klar sein, dass eure Lehrerin oder euer Lehrer hinterher nicht nachbessert! Am Ende könnt ihr in der ganzen Klasse aber noch einmal Zusammenhänge herstellen oder Wichtiges vertiefen.

Euer eigenes Lernen ist wichtig, weil diejenigen, denen ihr euer Wissen weitergegeben habt, das Thema ja nur von euch kennen. Wenn das gut klappt, dürft ihr wirklich stolz auf euch sein!

KONFLIKTE IM MITTELALTERLICHEN EUROPA

Im Mittelalter gab es häufig Streit zwischen den Mächtigen und auch die einfachen Leute waren oft unzufrieden mit ihren Herren. Weltliche und geistliche Herrscher stritten um die Vorrangstellung. Die Fürsten wollten den König schwächen. Die Gläubigen störten sich am Lebenswandel der Geistlichen und den kirchlichen Lehren. Sammle erste Informationen: Wer geriet mit wem in Konflikt und worum ging es? Wie wurden die Konflikte ausgetragen? Wer setzte sich durch und was waren die Folgen der Auseinandersetzungen?

Ritter im Zweikampf
Viele der zahllosen kleinen und großen Auseinandersetzungen zwischen den Mächtigen wurden blutig ausgetragen. Die Chroniken des Mittelalters sind voll von Berichten über Feldzüge und Schlachten, unter denen auch die Bevölkerung litt.
Malerei in einer Handschrift, um 1190.

Als Ketzer verbrannt
Jan Hus, Gelehrter aus Prag, hatte die Stellung des Papstes angezweifelt und Missstände in der Kirche angeprangert. Die Kirche verurteilte ihn zum Tode.
Buchmalerei in einer Chronik, 15. Jahrhundert.

Warum kniet der König vor seinem Fürsten?
Während eines jahrelangen Konfliktes bittet König Friedrich Barbarossa 1176 den Herzog Heinrich den Löwen um Hilfe. Ein unpassendes Verhalten?
Malerei in der Sächsischen Weltchronik, vor 1290.

Kaiser und Papst
auf einem Thron – Wirklichkeit oder nur ein Wunsch?
Heidelberger Sachsenspiegel, 14. Jahrhundert.

Der englische König Eduard I. (1272–1307) im Parlament
Links sitzen geistliche Würdenträger, rechts die Vertreter des Adels. Englische Buchmalerei, um 1524.

1. Die Kirche und die Gläubigen: Wer vertritt den richtigen Glauben?

11./12. Jahrhundert	Es entstehen neue Glaubensgemeinschaften, die ein christliches Leben in Armut fordern.
12./13. Jahrhundert	Katharer und andere Glaubensgemeinschaften werden als Ketzer verfolgt.
Anfang 13. Jahrhundert	Die Amtskirche setzt Inquisitionsgerichte ein.

Rückbesinnung auf Inneres und Armut

Von den Anfängen ihres Bestehens an gab es in der Kirche verschiedene Auffassungen darüber, was der richtige Glaube sei und wie man ein gottgefälliges Leben führe. Immer wieder hatten Reformer innerhalb der Kirche gefordert, sich stärker am einfachen Leben Jesu und der Apostel zu orientieren, das sie als wesentliches Merkmal des Christentums sahen.
In der westlichen Kirche hatte es Reformbewegungen in den Klöstern gegeben, zuerst im Benediktinerkloster Cluny in Burgund. Doch mit dem wachsenden Wohlstand der Adligen und Patrizier seit dem 12. Jahrhundert strebten die höheren Geistlichen immer mehr nach Prunk, vor allem die einstigen Reformer aus Cluny. Das löste eine neue Reformbewegung in der westeuropäischen Kirche aus. Viele Gelehrte an Universitäten stimmten den Kritikern der Amtskirche zu. Neu war aber vor allem, dass sich einfache Leute Reformbewegungen anschlossen, die sich vom heutigen Südfrankreich her über Italien, Spanien und Deutschland ausweiteten.

Frauen in neuen Glaubensbewegungen

In den neuen Glaubensbewegungen fanden auch viele Frauen ihren Platz. Weil Frauen zunehmend die Möglichkeit gefordert hatten, ein christliches Leben in Armut und Nächstenliebe zu führen, so wie es die Apostel vorgelebt hatten, war bereits im 11. Jahrhundert die Zahl der Frauenklöster deutlich angestiegen. Doch für die Kirchenführung waren die Aufgaben der Predigt, der Taufe und der Armenfürsorge vorrangig Sache der Männerorden. Denn nach wie vor galten die Frauen als „schwaches Geschlecht“. So kam es, dass die neuen Glaubensgemeinschaften gerade auch von vielen Frauen unterstützt wurden, weil sie dort die Möglichkeiten hatten, selbst als Laien das auszuführen, was in der Amtskirche den Männern vorbehalten war.

Glaubensgemeinschaften werden zu „Ketzern“

In der südfranzösischen Stadt Albi war zu Beginn des 12. Jahrhunderts die Glaubensgemeinschaft der Katharer entstanden, nach dem Ort ihres Zusammenfindens nannte man ihre Anhänger auch Albigenser. Sie lehnten das Priestertum ebenso

Klerus und Laien

Als Klerus bezeichnete man den geistlichen Stand, also die Gesamtheit aller Personen, die eine kirchliche Weihe erhalten hatten und im Dienst der Kirche standen. Alle anderen Gläubigen nannte man Laien (von griech.: „laós“, d.h. Volk). Der Klerus verwendete diesen Begriff abwertend.

Ketzer

Mit dem Wort „Ketzer“ bezeichnete die Amtskirche seit dem 13. Jahrhundert Menschen, die sie wegen ihrer abweichenden Glaubensauffassung verfolgte. Der Begriff leitet sich von dem Wort „Katharer“ her (griech.: „katharós“, d.h. rein), dem Namen einer reformorientierten Glaubensgemeinschaft.

wie die Heiligenverehrung und die Sakramente der Kirche ab. Wie viele Kritiker der Amtskirche wollten sie ein enthaltsames und frommes Leben führen. Als die Glaubensgemeinschaft sich nicht nur gegen den Papst in Rom auflehnte, sondern auch das Volk zum Protest gegen die weltliche Herrschaft aufrief, setzte eine massive Verfolgung der Katharer als so genannte „Ketzer" ein.

Die Inquisition – die „Waffe" der Kirche

Die Päpste fürchteten, dass ihr Einfluss auf die abendländischen Christen in Frage gestellt würde. Deshalb gingen sie hart gegen die so genannten Irrlehrer vor. Bereits aus dem Jahr 1022 stammt der erste Bericht über einen Ketzerprozess und die anschließende Verbrennung der Verurteilten bei lebendigem Leibe im französischen Orléans. Anfang des 13. Jahrhunderts wurden kirchliche Sondergerichte, die Inquisition (lat. „inquisitio", d. h. Untersuchung, Befragung), eingerichtet, die in der Folgezeit Tausende von Ketzerprozessen in Europa führten. Verdächtige wurden nach der Befragung ungenannter Zeugen vor einem Inquisitionsgericht verhört. Seit etwa 1250 war auch die Folter als Maßnahme, Geständnisse herbeizuführen, erlaubt. Wer seine Schuld bekannte, wurde in der Regel aus der Kirche ausgeschlossen und weltlichen Gerichten übergeben. Häufig wurden Verurteilte dann zu Kerkerhaft oder gar zum Tod auf dem Scheiterhaufen verurteilt. Die Taktik der Päpste bei der Ketzerverfolgung war vielfältig. Manchmal erbaten sie militärische Unterstützung von weltlichen Herrschern gegen Ketzergemeinden. Oft erklärten sie ihr Vorgehen – wie im Krieg gegen die Albigenser – auch zu einem „Kreuzzug".

Q1 **Die Inquisition** verteidigt die Kirche gegen Ketzer und Todsünden. Frankreich, 15. Jahrhundert. Sicherlich kannst du dieses Bild erläutern: Welche Personen sind abgebildet? Wie ist die Kirche dargestellt?

Q2 Ein Ketzer wird dem weltlichen Gericht übergeben
Holzschnitt, 15. Jahrhundert.

Q3 Der Ketzer wird vor dem Bischof verbrannt
Holzschnitt, 15. Jahrhundert.

Q4 Was kritisierten die Katharer?

Die Katharer übten Kritik an der Amtskirche:

Die Wassertaufe nützt gar nichts, denn Wasser hat nicht die Kraft, die Seele zu retten. Der Glaube allein rettet die Seele. (...)
Die Priester wollen uns weismachen, dass wir zur Errettung von Seelen Almosen geben sollen. All das ist Quark. (...) Lass dir sagen, dass das Ave Maria wertlos ist. Eine Erfindung der Priester, weiter nichts. (...) Und was dein Fasten angeht, ist's nicht mehr wert als das Fasten eines Wolfs. Die Priester tun nicht ihre Pflicht, unterweisen ihre Herde nicht, wie sie sollten, und fressen stattdessen ihren Schafen das Gras weg. Die Priester sollten ihr Brot mit ihrer Hände Arbeit verdienen, wie es Gott befiehlt, und sollten nicht, wie sie's tatsächlich tun, von der Arbeit anderer Leute leben. (...) Sollen sie die Messe lesen oder sonst auch nur das Geringste machen, schon wollen sie Geld dafür haben. Sie leben nicht so, wie sie sollten. Und deshalb ist ihnen die Fähigkeit, sich selbst und anderen Absolution (Vergebung) zu erteilen, abhanden gekommen. (...)
Petrus dagegen verließ sein Weib, seine Kinder, seine Felder, Weinberge und Besitztümer, um Christus nachzufolgen. Und Christus gab ihm seine Gewalt, damit er sie an andere weitergebe, und diese wiederum genauso, damit die Gewalt des Herrn in gute Hände übergehe. (...) Aber der Papst, die Bischöfe und die Priester, die nicht dem Pfade des Herrn folgen, die Reichtümer und Ämter haben und sich an den Freuden der Welt ergötzen – sie sind nicht im Besitz jener Gewalt, die der Sohn Gottes dem Petrus verlieh.

Jean Duvernoy (Hg.), Registre d'Inquisition de Jacques Fournier, Bd. 2, Toulouse 1965, S. 54 ff.

Q5 Wie ging die Amtskirche gegen „Ketzer" vor?

Das Konzil von Toulouse beschloss 1229:

In jeder Gemeinde (...) werden die Bischöfe einen Priester und zwei oder drei Laien von gutem Rufe benennen, (...) die sich eidlich verpflichten, mit Eifer und Treue die Ketzer aufzuspüren, die in der Gemeinde leben. Sie werden mit äußerster Genauigkeit in den verdächtigen Häusern, Zimmern, Kellern und verstecktesten Ecken nachsuchen, die zerstört werden müssen. (...)
6. Häuser, in denen Ketzer entdeckt werden, werden dem Erdboden gleichgemacht, das Gelände wird eingezogen. (...)
9. Jedermann kann den Ketzern auf dem Land des Nachbarn nachforschen. (...)
18. Als der Häresie (Glaubensspaltung/Irrlehre) verdächtig gelten diejenigen, die die Stimme des Volkes als Ketzer bezeichnet oder deren schlechter Ruf bei ehrenwerten Männern vor dem Bischof nach dem Gesetz bewiesen wird.

Zit. nach: Hans-Georg Deggau, Befreite Seelen. Die Katharer in Südfrankreich, Köln 1995, S. 213.

Fragen und Anregungen

1. Nenne die Kritikpunkte, die die Katharer der Amtskirche vorwarfen (VT, Q4).
2. Erläutere die Vorwürfe, die den Ketzern gemacht wurden (Q5).
3. Beschreibe die Maßnahmen, die gegen Ketzer ergriffen wurden (VT, Q2, 3 und 5). Überlege, welche Auswirkungen sie wohl auf eine Dorfgemeinschaft bzw. auf die gesamte Gesellschaft hatten.

2. Kaiser und Papst: Wer steht höher in der Rangordnung?

frühes 11. Jahrhundert	Eine Reformbewegung für die „Freiheit der Kirche" setzt ein.
1122	Das Wormser Konkordat regelt das Machtverhältnis zwischen Kaiser und Papst.

Verbindung von weltlicher und geistlicher Gewalt

Seit dem 10. Jahrhundert waren das deutsche Königtum und die Kirche eng miteinander verwoben. Als oberstem Lehnsherrn unterstanden dem König und Kaiser die geistlichen Würdenträger. Im Vorgang der so genannten Investitur (lat., d. h. Einkleidung) übergab er ihnen formell ihre Machtbefugnisse. Obwohl das kirchliche Recht vorsah, dass Bischöfe von den Geistlichen und vom Volk sowie Äbte von der Klostergemeinschaft gewählt werden sollten, traf der König in der Regel die Entscheidung, wer Bischof oder Abt wurde. Da der König als Gesalbter des Herrn einen geistlichen Rang hatte und ihm die weltlichen Güter der Kirchen gehörten, erkannten die Geistlichen aber seine Entscheidungen an.
Da die Bischöfe meist aus adligen Familien stammten, gewann auch der hohe Adel an Einfluss auf die Geistlichkeit. Häufig setzten adlige Familien ihr Geld ein, um kirchliche Ämter zu kaufen, die dann weiter vererbt wurden. So gab es im frühen 11. Jahrhundert viele Bistümer und Klöster, die von adligen Familien abhängig waren.

Reformer wollen die „Freiheit der Kirche"

Unter den Geistlichen bildete sich seit dem 11. Jahrhundert eine Bewegung heraus, die die „Freiheit der Kirche" von Einfluss und Herrschaft weltlicher Mächte forderte. Jeder Geistliche, hieß es, stünde Gott näher als die Laien, also all jene Gläubigen, die kein kirchliches Amt hatten. Viele reformwillige geistliche Würdenträger gelangten zu der Meinung, dass Geistliche nicht mehr vom weltlichen Adel – also von Laien – eingesetzt werden sollten. Auch die Käuflichkeit der geistlichen Ämter wurde verurteilt und verboten. Von den Geistlichen verlangten die Reformer zudem eine enthaltsame Lebensführung, zu der auch Ehelosigkeit, das Zölibat, gehörte. Die Reformbewegung erreichte, dass 1059 zunächst die Papstwahl neu geregelt wurde: Päpste sollten in Zukunft von den höchsten geistlichen Würdenträgern, den Kardinälen, gewählt werden. Der Kaiser sollte die Wahl nur noch bestätigen und den Papst formell in sein Amt einsetzen.

Die Macht des Königs gerät ins Wanken

Als es im Jahr 1075 in Mailand zu Unruhen zwischen Reformbefürwortern und -gegnern kam, mischte sich König Heinrich IV. ein. Gegen den Willen des amtierenden Papstes Gregor VII., der bereits als Mönch unter dem Namen Hildebrand als kämpferischer Reformer bekannt geworden war, setzte er einen neuen Erzbischof ein. Es kam zum so genannten Investiturstreit: Der Papst drohte dem König mit Bann – also mit dem Ausschluss aus der Kirche. Damit wäre Heinrich aber

Die Investitur eines Bischofs Q1
Otto II. (Kaiser 973–983) setzt Bischof Adalbert von Prag mit Ring und Stab in sein Amt ein. Domtür von Gnesen, 12. Jahrhundert.

auch als König in Frage gestellt gewesen, denn nach mittelalterlichem Verständnis konnte kein Christ mit einem Verbannten verkehren und alle Vasallen und alle Untertanen wären von ihrem Treueid gegenüber dem König entbunden.
Heinrich IV. aber ließ nun seinerseits den Papst auf einer Reichsversammlung absetzen, konnte dies allerdings von Deutschland aus nicht vollstrecken. Daraufhin bannte Gregor ihn tatsächlich, untersagte ihm die Regierung und löste seine Untertanen vom Lehnseid. Nie zuvor hatte ein Papst solch einen Schritt gewagt. Die mittelalterliche Weltordnung war erschüttert, denn nicht nur der Papst, sondern auch der König sollte als Gesalbter des Herrn den Willen Gottes auf Erden umsetzen.
Da Heinrich unter den Adligen viele Gegner hatte, nutzten diese die Chance, ihm zu drohen: Sollte er sich nicht binnen eines Jahres vom Bann lösen, würden sie einen Nachfolger für ihn wählen.

Buße in Canossa?

In dieser Situation blieb dem König nichts anderes übrig, als sich dem Papst zu unterwerfen. Mit Familie und Begleitern überquerte Heinrich IV. auf einer sehr beschwerlichen Reise mitten im Winter die Alpen Richtung Rom. Auf der Burg Canossa traf er schließlich im Januar 1077 den Papst. Statt königlicher Gewänder und Abzeichen trug der König ein Büßergewand und ging barfuß. An drei Tagen musste er sich so vor dem Burgtor zeigen, bis Gregor VII. schließlich den Bann löste – Heinrich IV. war nun wieder in sein Amt eingesetzt.
Die Überlegenheit des Papstes wollte er aber auch weiterhin nicht anerkennen: Einige Jahre später zog Heinrich IV. mit einem Heer nach Rom und eroberte die Stadt. Gregor VII. musste fliehen und starb 1085 im Exil. Heinrich dagegen hatte einen neuen Papst wählen und sich von ihm zum Kaiser krönen lassen.

Das Wormser Konkordat

Die fortschreitende Kirchenreform und die damit verbundene Neuregelung der Machtbefugnisse zwischen dem weltlichen und dem geistlichen Stand, dem Klerus, ließ sich dennoch nicht aufhalten: König Heinrich V., der Sohn Heinrichs IV., und Papst Calixt II. schlossen 1122 im Wormser Konkordat einen Kompromiss; Konkordate sind Verträge zwischen einem Papst und einem weltlichen Herrscher. Der Kompromiss ging davon aus, dass ein Bischof sowohl eine geistliche Aufgabe habe, nämlich die Sakramente zu verwalten, als auch eine weltliche Aufgabe, den Kirchenbesitz zu verwalten und als Lehensträger des Königs weitere Dienste wahrzunehmen. Festgelegt wurde, dass der König künftig einem Bischof nur noch das Zepter als Zeichen seiner weltlichen Macht überreichen durfte. Die Investitur in das geistliche Amt – mit der Überreichung des Hirtenstabes – sollte nicht mehr in seiner Macht liegen. So konnte der König zwar noch Einfluss auf die Besetzung von Bistümern nehmen, doch wurde ihm auch klar der Rang eines Laien zugesprochen.

Q2 **Die zwei Gewalten – Christus mit Papst und Kaiser**
Französische Buchmalerei, 13. Jahrhundert.

Kontro vers

Wer ist mächtiger – Papst oder Kaiser?

Q3 König Heinrich IV.

fordert in einem Brief an Papst Gregor VII., 1076:

Heinrich, nicht nur durch Anmaßung, sondern durch Gottes gerechte Einsetzung König, an Hildebrand, nicht mehr den Papst, sondern den falschen Mönch. (…) Unser Herr Jesus Christus hat uns zum Königtum, dich aber nicht zur geistlichen Herrschaft berufen. (…) Mich, der ich zum Königtum gesalbt worden bin, hast du angetastet, mich, von dem die Überlieferung der heiligen Väter sagt, dass ich nur von Gott gerichtet werden darf (…). So steige du denn, der du (…) durch das Urteil aller unserer Bischöfe und unser eigenes verdammt bist, herab, verlasse den apostolischen Stuhl, den du dir angemaßt hast.

Franz-Josef Schmale/Irene Schmale-Ott (Hg.), Quellen zur Geschichte Kaiser Heinrichs IV., Briefe Heinrichs Nr. 12, Berlin 1968, S. 64 ff.

Q4 Papst Gregor VII.

antwortet in einem Gebet an den heiligen Petrus, 1076:

Heiliger Petrus, du Fürst der Apostel, wir flehen dich an, neige uns gnädig dein Ohr und höre mich, deinen Knecht, an. (…) Es gefiel und gefällt dir, dass das dir anvertraute christliche Volk mir gehorche, weil ich dein Stellvertreter bin. (…) Ich untersage dem König Heinrich (…), der sich gegen deine Kirche in unerhörtem Hochmut erhoben hat, die Herrschaft über das ganze Reich (…), löse alle Christen vom Band des Eides, den sie ihm geschworen haben. (…) Ich verbiete, dass ihm irgendjemand wie seinem König dient. (…) Und weil er sich weigerte wie ein Christ zu gehorchen, (…) belege ich ihn mit dem Kirchenbann.

Erich Caspar (Hg.), Register Gregors VII., Bd. III 10a, S. 270 f.

D1 Der Investiturstreit aus heutiger Sicht

Der Historiker Michael Borgolte schrieb 2002:

Als der Papst den König selbst abgesetzt und exkommuniziert (aus der Kirche ausgeschlossen) hatte und Heinrich in Canossa wie ein bußfertiger Laie die Wiederaufnahme in die Kirchengemeinschaft begehrte und erlangte, wurde die Weltordnung in den Augen der Zeitgenossen in Frage gestellt. Auch nach dem Urteil der modernen Historiker ereignete sich bei der „kirchengeschichtlichen Wende" ein revolutionärer Umbruch, nämlich der Umsturz der Hierarchieverhältnisse. (…) An die Spitze der Kirche trat der Papst selbst, während der König und Kaiser seine religiöse Legitimation (Berechtigung) fortan gegen (päpstliche) Kritik behaupten musste. (…) Dem Papst gelang es, die „deutsche Kirche" (…) zum Gehorsam zu zwingen und vom König teilweise abzuwenden.

M. Borgolte, Europa entdeckt seine Vielfalt 1050–1250, Stuttgart 2002, S. 72.

Q5 Kaiser Heinrich IV. bittet Mathilde von Tuszien und seinen Taufpaten, Abt Hugo von Cluny, um Fürsprache bei Papst Gregor VII. Miniatur in der Vita Mathildis, 1115.

Fragen und Anregungen

1. Beschreibe die Buchmalerei, benenne die Gegenstände, die Papst und Kaiser von Christus erhalten, und erläutere, wofür diese stehen (Q2).
2. Erkläre, wie die Könige und Kaiser im 11. Jahrhundert ihre Stellung und ihre Rechte sahen (Q1, Q3). Zeige dann auf, welche Rechte Gregor VII. als Papst beanspruchte (Q4).
3. Beurteile jetzt, welcher Rechtsanspruch neu und revolutionär ist: der des Papstes oder der des Kaisers (Q3, Q4, Q5)? Vergleiche dein Urteil mit dem des Historikers Michael Borgolte (D1). Wie hat sich das Verhältnis der zwei Gewalten Papst und Kaiser seit Canossa verändert? Zeichne ein Gegenbild zur Buchmalerei (D1, Q2).
4. Ihr seid weltliche und geistliche Kronvasallen Heinrichs IV. Auf welcher Seite würdet ihr im Investiturstreit stehen? Findet Argumente für eure Position und führt ein Streitgespräch (VT, Q3, Q4, D1).
5. Wie stehen sich Staat und Kirche heute gegenüber? Sucht Beispiele für eure These.

Bilder und ihre Botschaften

Wenn zwei Staatsmänner sich treffen, schütteln sie sich meist ausgiebig die Hände. Ausgiebig, damit die anwesenden Fotografen genug Zeit haben, die Situation in einem Bild festzuhalten. Am nächsten Tag zeigen die Fotos den Zeitungslesern dann, wie freundlich die Politiker einander begegneten. Bilder werden häufig gezielt hergestellt, um Botschaften zu vermitteln. Solche Bilder sind wichtige Quellen; sie können Aufschluss darüber geben, wie ein Auftraggeber von der Öffentlichkeit wahrgenommen werden wollte. Ein Bild erschließt sich aber erst, wenn man die eingesetzten Mittel, mit denen der Künstler arbeitete, untersucht und andere Quellen hinzuzieht.

Bilder und ihre Botschaften

In der Kunst des Mittelalters ging es nicht darum, die Wirklichkeit so abzubilden, wie sie sich dem menschlichen Auge zeigte. Bilder sollten vielmehr eine göttliche Ordnung vermitteln. Eine Bildszene beherrschten Figuren mit ausdrucksstarken Gebärden, die mit festen Umrissen und flächig eingesetzten Farben dargestellt wurden, oft vor einfarbigem Hintergrund. Gegenstände fügte man meist nur dann ein, wenn sie notwendig waren, um die Handlung verständlich zu machen. Dabei wurde die Größe der Bildelemente mehr von ihrer Bedeutung für die dargestellte Szene als von ihrer natürlichen Gestalt abgeleitet. Auch Farben hatten für die mittelalterlichen Betrachter eine tiefe Bedeutung. Zum Beispiel verwendete man Gold für das göttliche Licht, Blau für die Wahrheit, Weiß für Reinheit, das kostbare, aus Schnecken gewonnene Purpur für die Darstellung von Herrschern, Grün sollte oftmals für einen Neuanfang, ein neues Leben, stehen.

Methodische Arbeitsschritte:

Beschreiben

1. Welche Personen sind dargestellt? Welche Funktionen lassen sich an der Ausstattung der Figuren (Gegenstände, Kleidung) im Bild erkennen? Beschreibe ihre Körperhaltungen und Gesten.
2. Was wird dargestellt und wo spielt die Szene?
3. Welchen ersten Eindruck macht sie auf dich?

Untersuchen

4. Wie sind die Figuren im Gesamtbild angeordnet? Welches sind die Hauptfiguren im Bild? Ist eine Handlung erkennbar?
5. Wie wurden bei der Bildgestaltung die Bildmittel (wie Farben, Linien, Größenverhältnisse, Perspektive) eingesetzt?
6. Wie wurden die Bildelemente ausgearbeitet (Genauigkeit der Darstellung)? Was lässt sich anhand der Ausarbeitung über die Bedeutung der Bildelemente ableiten?
7. Welche der Bildelemente könnten symbolisch zu verstehen sein?

Erklären, warum es so dargestellt ist

Ohne die in der Bildlegende beschriebenen Hintergründe der Entstehung wirst du das Bild nicht einordnen können. Kläre darum die folgenden Fragen:

8. Wann ist es gemalt worden?
9. Wer hat es in Auftrag gegeben? Warum?
10. Wo wurde/wird es gezeigt?
11. Was sollte mit dem Bild erreicht werden?

Q1 Kaiser Konstantin empfängt Papst Silvester I.

Das Bild entstand in einer Zeit, in der wieder einmal um die Frage gestritten wurde, wer in der abendländischen Welt die höchste Macht haben sollte: Kaiser oder Papst. Bei dieser Auseinandersetzung floh im Jahre 1244 Papst Innozenz IV. vor Kaiser Friedrich II. (1212–1250) aus Rom nach Frankreich. In Lyon berief er ein Konzil (Bischofsversammlung) ein, das den Kaiser für abgesetzt erklärte und ihn aus der Kirche ausschloss. Kurz darauf gab der Papst auch das Bild für die Kapelle der Kirche Sancti Quattro Coronati in Rom in Auftrag. Für die Päpste im Mittelalter hatte die Kapelle eine besondere Bedeutung: Burgartig gesichert, diente sie ihnen häufig bei Gefahr als Zufluchtsort.

Das Bild ist ein „Fresko“, d.h. es wurde direkt in den frischen Wandputz gemalt. Es ist Teil einer Bildfolge, die Ereignisse deutet, die bereits 900 Jahre vorher – in der Amtszeit des Papstes Silvester I. (314–335) – geschehen waren. Er amtierte, als der römische Kaiser Konstantin I. das bisher verfolgte Christentum als eine gleichberechtigte Religion anerkannt und gefördert hatte. Einer im 8. Jahrhundert verbreiteten Legende zufolge hatte Kaiser Konstantin dem Papst sogar die Herrschaft über die Stadt Rom und das ganze Weströmische Reich verliehen und ihm erlaubt, die kaiserlichen Insignien (Herrschaftszeichen) zu tragen.

Die dargestellte Szene zeigt die Ankunft Silvesters I. vor der Stadt Rom. Das von Innozenz IV. in Auftrag gegebene Bild stellt aber das Geschehen so dar, wie es sich zu seiner Zeit, im hohen Mittelalter, hätte abspielen können: Silvester wird von Kaiser Konstantin der „Marschall-“ oder „Stratordienst“ erwiesen: An den Zügeln seines Pferdes wurde ein Würdenträger dabei von einem untergeordneten Lehnsmann geleitet.

Fragen und Anregungen

1. Untersuche das Bild Q1 mithilfe der methodischen Arbeitsschritte 1–7.
2. Zeichne die Umrisse der beiden Hauptfiguren auf Transparentpapier und füge in deine Zeichnung auch die Blickrichtungen und die Zeigeachsen (Richtungen der Gesten) ein.
3. Betrachte die Tätigkeiten der Figuren und überlege, welche Rollen sie in der dargestellten Handlung übernehmen. Entwirf Sprechblasen für die beiden Hauptpersonen und lege sie auf das Bild.
4. Lies die Bildlegende und notiere, wie sich das Verhältnis zwischen Papst und Kaiser im 4. Jahrhundert und wie es sich im 13. Jahrhundert darstellte.
5. Erkläre das Bild ausführlich. Lass dazu alle Informationen der Bildlegende einfließen (methodische Arbeitsschritte 8–11).
6. Suche in Zeitungen Bilder von Staatsbesuchen. Inwieweit wurden die Fotos von den Beteiligten arrangiert?

3. Der König und die Fürsten: Wer gewinnt den Kampf um die Macht?

1152–1190	Friedrich I. Barbarossa regiert als König und Kaiser. Sein Gegenspieler ist der Doppelherzog Heinrich der Löwe.
1232	Kaiser Friedrich II. verleiht den Fürsten königliche Rechte.
1356	Die „Goldene Bulle“ gibt den Kurfürsten die Macht der Königswahl.

Ohne die Fürsten geht es nicht

Die Macht der deutschen Könige beruhte unter anderem auf ihrem guten Verhältnis zu den Fürsten. Als oberste Lehnsherren hatten die Könige das Recht, von den Fürsten „Rat und Tat“ einzufordern. Unterstützung brauchten sie vor allem bei Kriegszügen, ohne den Rückhalt der Fürsten waren sie schwach. Die Fürsten waren sich ihrer Wichtigkeit durchaus bewusst – ein Zustand, der Zündstoff für Konflikte bot. Während der Regierungszeit Friedrichs I. entstand daraus eine Krise.

Friedrich I., der wegen seines Bartes in Italien „Barbarossa“ (Rotbart) genannt wurde, entstammte dem Adelsgeschlecht der Staufer. Als deutscher König hatte er es sich zum Ziel gesetzt, seinen Machtbereich auszubauen, auch um seine Position gegenüber den deutschen Fürsten zu stärken. Er erhob Herrschaftsanspruch auf die oberitalischen Städte und strebte die Kaiserwürde an. Für seine Kriegszüge in Oberitalien benötigte Friedrich unter anderem die Hilfe seines Vetters Heinrich, des Herzogs von Sachsen, aus der Familie der Welfen. Da Staufer und Welfen seit langem verfeindet gewesen waren, verlieh Friedrich dem Welfenherzog als Versöhnungsangebot Regalien – das waren königliche Rechte – und gab ihm 1154 das Herzogtum Bayern als Lehen. Heinrich, genannt „der Löwe“, unterstützte die Politik des Königs, der schließlich 1155 vom Papst zum Kaiser gekrönt wurde.

Friedrich und Heinrich – mit- oder gegeneinander?

Als Doppelherzog von Sachsen und Bayern bekleidete Heinrich der Löwe unter den Fürsten nun eine herausragende Stellung. Er gründete Städte wie München, Lübeck und Schwerin und weitete sein Herrschaftsgebiet durch Kriege gegen die slawischen Stämme aus. Seine Burg Dankwarderode in Braunschweig war die erste nicht königliche Residenz auf deutschem Boden. Als Friedrich Barbarossa ihn 1176 für einen erneuten Kriegszug um Unterstützung bat, ließ es Heinrich zu einer Machtprobe kommen: Der Herzog forderte als Gegengabe die reiche Harzstadt Goslar als Lehen, die der Kaiser ihm Jahre zuvor genommen hatte. Friedrich lehnte ab – und Heinrich verweigerte ihm die Hilfe.

Als sächsische Adlige Heinrich den Löwen wenige Jahre später verklagten und er nicht vor Gericht erschien, nahm der Kaiser dies zum Anlass, die Reichsacht über ihn zu verhängen: Der Herzog verlor damit alle Reichslehen, er behielt nur seinen Hausbesitz um Braunschweig und Lüneburg. Heinrich war nun recht- und schutzlos: Jedermann hätte ihn straffrei töten dürfen.

Q1 **Friedrich I. Barbarossa**
Der Kaiser schenkte seinem Taufpaten Otto von Cappenberg diese Bronzebüste, die nach seinem Aussehen geformt sein soll. Die Büste selbst ruht auf einem doppelten Mauerkranz, dem Zeichen für die Stadt Rom, und wird von Engeln getragen. Cappenberg/Westfalen, um 1160.

Q2 **Heinrich der Löwe und seine Gemahlin Mathilde werden gekrönt**
Links von Herzog Heinrich seine Eltern und seine Großeltern, der welfische Kaiser Lothar III. mit seiner Gemahlin. Rechts von Mathilde ihr Vater, König Heinrich II. von England, und ihre Großmutter, Witwe Kaiser Heinrichs V.
Miniatur aus einem 1175 von Heinrich dem Löwen in Auftrag gegebenen Evangeliar, ehemals Gmunden, Welfenbibliothek.

Der Kaiser hatte den Herzog in die Schranken gewiesen. Doch zugleich hatte die Situation gezeigt, wie sehr Friedrich von den deutschen Fürsten abhängig war. Denn wären sie auf Heinrichs Seite gewesen, hätte der Kaiser ihn nicht verurteilen können. Die Hilfe der Fürsten brauchte der Kaiser weiterhin. So konnte er in Oberitalien die hohen Steuern nicht ohne die weitere militärische Unterstützung der deutschen Fürsten eintreiben.

Von Stammesherzögen zu Landesherren

Während der Herrschaftszeit Friedrichs II. (1212–1250), des Enkels Barbarossas und letzten mächtigen Herrschers aus der Familie der Staufer, trat die schwache Stellung des Königtums gegenüber den Fürsten noch deutlicher hervor. Friedrich II. hatte nicht nur den Herrschaftsbereich seiner Vorgänger übernommen, sondern zudem von seiner Mutter die Königswürde Siziliens und Neapels geerbt. Immer wieder musste er in Kriegszügen für den Erhalt seiner Machtstellung kämpfen. Den größten Teil seiner Regierungszeit verbrachte er deshalb in Süditalien. Damit ihn die deutschen Fürsten unterstützten, bewilligte er ihnen 1220 und 1232 königliche Herrschaftsrechte. Die Fürsten betrachteten ihre Länder nun immer weniger als Königslehen, das ihnen bei Ungehorsam wieder genommen werden konnte, sondern sahen sich immer mehr selbst als Landesherren. Sie versuchten, ihre alten Stammesherzogtümer in möglichst zusammenhängende Gebiete umzuwandeln. Das führte dazu, dass die Könige in der Folge ihre Macht nicht mehr auf das Reichsgut, sondern nur noch auf die eigene Landesherrschaft, die so genannte „Hausmacht", gründen konnten.

Die Landesherren regieren das Reich mit

Bis zum Ende der Stauferzeit wählten normalerweise alle Fürsten den König. Als Folge der Machtverschiebungen, die mit den Regelungen Friedrichs II. eingesetzt hatten, beanspruchte jedoch seit dem 13. Jahrhundert eine kleine Gruppe geistlicher und weltlicher Fürsten das Recht der Königswahl für sich. Im Jahr 1356 erließ Kaiser Karl IV. schließlich mit der „Goldenen Bulle" eine Regelung, die die Gruppe der wahlberechtigten Fürsten, der Kurfürsten (von mhd. „küren", d. h. wählen), auf sieben begrenzte. Aus den Hoftagen, zu denen die Könige in unregelmäßigen Abständen alle Großen des Reiches zur Beratung luden, wurden nun feste Einrichtungen – die Reichstage. Die Kurfürsten, Fürsten und später auch die Freien Reichsstädte hatten dort Sitz und Stimme für ihre Territorien und besaßen das Recht, in Angelegenheiten des Reiches mitzuwirken. Damit war die Macht des Königs nur noch eine unter mehreren.

Q3 Der thronende Kaiser Friedrich II. mit einem Jagdfalken

Buchmalerei aus einer vom Kaiser selbst verfassten Handschrift über die Falkenjagd. Friedrich II., der auf Sizilien Gespräche mit arabischen Gelehrten suchte, galt als sehr belesen, naturwissenschaftlich und philosophisch interessiert.

Q4 Über die Macht der Fürsten

Aus dem „Gesetz zugunsten der Fürsten", verfasst von Kaiser Friedrich II., 1232:

Wir haben ihren Bitten gnädige Gewährung gegönnt, weil wir erwarten, in ihrer wohlverdienten Erhöhung auch uns und das Reich gebührend zu fördern.

1. (...) so gestehen auch wir ihnen für immer zu, dass keine neue Burg oder Stadt auf geistlichem Gebiet (...) von uns oder einem anderen (Fürsten) errichtet werden darf.

2. Neue Märkte sollen alte in keiner Weise stören. (...)

6. Ein jeder Fürst habe freien Gebrauch seiner Freiheiten, Gerichtsbefugnisse, Grafschaften und Zehnten, nach den Gewohnheitsrechten seines Landes. (...)

8. Ohne Zustimmung des Landesherren darf niemand die Gerichtsstätte verlegen. (...)

17. Im Lande eines Fürsten wollen wir keine neue Münze schlagen lassen, durch welche die Münze des Fürsten im Werte gemindert werden könnte. (...)

23. Eigenleute, Leute der Vögte und der Lehen, die zu ihren Herren gehen wollen, dürfen durch unsere Beamten nicht zum Bleiben gedrängt werden.

Zit. nach: Geschichte in Quellen, Bd. 2, 4. Aufl., München 1996, S. 568 f.

Die Ergebnisse der Hausmachtpolitik D1

Die Fürstenfamilien der Luxemburger, Habsburger und Wittelsbacher erwarben bis zum Jahr 1356 viele Gebiete hinzu und konnten so ihren Einfluss erheblich steigern. Alle drei Fürstenhäuser stiegen zu Königsfamilien auf. Die Habsburger erbten 1437 von den Luxemburgern Böhmen und Mähren und besaßen seitdem die deutsche Königswürde für fast 400 Jahre. Viele Städte fühlten sich von den starken Territorialherren bedroht und schlossen sich zu Bünden zusammen, um nicht in ein landesherrliches Territorium einverleibt zu werden. Nur wenige, meist süddeutsche Städte, blieben unabhängige Reichsstädte.

Q5 Kaiser Karl IV. und die sieben Kurfürsten
Links des thronenden Kaisers die drei kirchlichen Kurfürsten, die Erzbischöfe von Trier, Köln und Mainz, rechts die weltlichen Kurfürsten, die Herrscher von Böhmen, Pfalz, Sachsen und Brandenburg. Buchmalerei, Augsburg, 1370.

Q6 Die Kurfürsten wählen den König

Aus der „Goldenen Bulle" von 1356:

Nachdem die Kurfürsten (...) in die Stadt Frankfurt eingezogen sind, sollen sie (...) einen gerechten, redlichen und tüchtigen Mann zum römischen König und künftigen Kaiser wählen (...) können. Und sie werden (...) folgenden Eid leisten: „Ich schwöre, dass ich gemäß der Treue, zu der ich gegen Gott und das Heilige Römische Reich verpflichtet bin, nach all meinem Verstand und meiner Einsicht mit Gottes Beistand der Christenheit ein weltliches Oberhaupt wählen will, das hierzu geeignet ist, und dass ich meine Stimme abgeben werde ohne alle Verabredung, Entgelt oder Versprechen." Wenn nun die Kurfürsten den Eid geleistet haben, sollen sie zur Wahl schreiten und Frankfurt nicht eher verlassen, bevor die Mehrzahl von ihnen der Welt oder Christenheit ein weltliches Oberhaupt gewählt hat, nämlich einen römischen König und künftigen Kaiser. Nachdem sie oder die Mehrzahl von ihnen gewählt haben, muss eine solche Wahl gleich geachtet und gehalten werden, wie wenn sie von ihnen allen ohne Gegenstimme einhellig vollzogen worden wäre. Der Gewählte soll sofort nach der Wahl (...) den Kurfürsten (...) samt und sonders alle ihre Privilegien, Urkunden, Rechte, Freiheiten, Verleihungen, alten Gewohnheiten und auch Würden (...) ohne Verzug und Widerspruch (...) bestätigen.

Zit. nach: Geschichte in Quellen, Bd. 2, 4. Aufl., München 1996, S. 774 f.

Fragen und Anregungen

1. Betrachte das Krönungsbild Heinrichs des Löwen und seiner Gemahlin und erkläre, welches Selbstverständnis der Herzog von seiner Herrschaft zum Ausdruck bringen wollte (Q2). Blättere zurück und vergleiche dazu das Krönungsbild Pippins (S. 19, Q5). Suche Gründe, warum Herzog Heinrich sich berechtigt fühlte, einen solchen Anspruch zu erheben (VT, Q2).
2. Nenne die königlichen Rechte, auf die Friedrich II. zugunsten der Fürsten verzichtete (Q4). Wenn der König im Reich nicht mehr „über" den Fürsten herrschen konnte, wo und wie konnte er dann herrschen? Finde die Antwort mit Hilfe der Karte (D1).
3. Beschreibe den Vorgang einer Königswahl (Q6). Vergleiche den Wahlvorgang mit der Königserhebung Pippins („Pippin wird König der Franken", S. 18–19) und Ottos I. („Otto der Große begründet das deutsche Kaisertum", S. 31–38). Auf welche Stufe einer mittelalterlichen Königserhebung hat sich zwischen 936 und 1356 das Schwergewicht verlagert? Finde Gründe für diese Entwicklung. Lies dazu nach im Kapitel „Der König vergibt Lehen" (S. 28–30).
4. Vergleiche das Herrschaftsbild Kaiser Karls IV. mit dem Herrschaftsbild Kaiser Ottos III. (Q5; S. 38, Q13). Welche Gemeinsamkeiten, welche Unterschiede kannst du feststellen?

4. König und Adel in England und Frankreich: Wer eint die Länder zu starken Staaten?

1066	In der Schlacht bei Hastings besiegen die Normannen unter Herzog Wilhelm den englischen König Harold.
1215	Die Magna Carta Libertatum – ein Herrschaftsvertrag zwischen König Johann, dem Hochadel und der Stadt London wird geschlossen.
1339–1451	Im Hundertjährigen Krieg mit Frankreich verliert England seinen Festlandsbesitz.

Staatliche Ordnungen in England und Frankreich

Wenn wir heute an England und Frankreich denken, fallen uns meist sofort die Hauptstädte London und Paris ein. Sie sind die politischen, wirtschaftlichen und kulturellen Zentren dieser Länder. Bis zum Spätmittelalter gelang es deren Königen, von ihren Hauptstädten aus geeinte Staaten aufzubauen – das war in Deutschland anders. Wie waren in England und Frankreich die Konflikte der Könige mit dem Adel gelöst und staatliche Ordnungen mit einem König an der Spitze erreicht worden?

Die Normannen erobern England

Im 9. Jahrhundert setzten sich Wikinger aus Skandinavien, die mit ihren Drachenbooten zu Beutezügen nach Westeuropa aufgebrochen waren, an der französischen Kanalküste fest. Die „Nordmänner“ erkannten die französische Oberherrschaft an, dafür erhielten sie vom französischen König das Gebiet um die Seinemündung als Lehen: die Normandie. Nach und nach übernahmen die Normannen Sprache, Kultur und den christlichen Glauben ihres Gastlandes. Als es auf der anderen Seite des Ärmelkanals zu kriegerischen Auseinandersetzungen zwischen Adelsfamilien um die Thronfolge kam, nutzten die Normannen die Situation, um militärisch in England einzugreifen.
Nach dem Sieg über den angelsächsischen König Harold zog der Normannenherzog Wilhelm, genannt der Eroberer, den Grundbesitz des einheimischen Adels ein und gab fast alles Land den eigenen Landsleuten als Lehen. Er selbst war als neuer englischer König der größte Grundbesitzer – etwa ein Fünftel des gesamten Landes behielt er für sich. Als oberster Lehnsherr verfügte er außerdem, dass seine Kronvasallen ihre Lehen nur dann an Untervasallen weitergeben durften, wenn auch diese bereit waren, den

Q1 Der Teppich von Bayeux (70 m lang, 0,5 m hoch)
Dieser Ausschnitt zeigt den Sieg der Normannen in der Schlacht von Hastings im Jahr 1066. Der Begleittext zu diesem Ausschnitt lautet: „Hier ist König Harold getötet worden. Und die Engländer ergriffen die Flucht.“ Normannische Stickerei, Ende des 11. Jahrhunderts.

Treueeid auf den König zu leisten. So waren die Untervasallen, anders als in Deutschland, nicht nur den Kronvasallen gegenüber verpflichtet, sondern auch dem König selbst. Dies verhinderte, dass Kron- und Untervasallen sich gegen den König verbünden konnten.

Mächtige Könige im normannischen England

Wilhelm teilte das ganze Land in Grafschaften ein, die durch königliche Sheriffs verwaltet wurden; der Stadt London bestätigte er in einem Freibrief ihre Selbstverwaltung. In einer Art großem Grundbuch, dem Domesday Book, ließ er allen Besitz nach seinem Steuerwert erfassen. Ein Mönch klagte in einer zeitgenössischen Chronik, das Verzeichnis sei so genau, dass kein Ochse, keine Kuh, kein Schwein und auch nicht einmal das Stück Land ausgelassen würde, das eine Familie zum eigenen Leben brauchte. Mit einer zentralen Behörde, dem Schatzamt, hatten die Sheriffs der Grafschaften ihre Steuereinnahmen genau abzurechnen. England war damit der erste Staat in Europa mit einer zentralen Verwaltung.
Vor allem durch Erbschaften und Heiraten gelang es Wilhelms Nachfolgern im 12. Jahrhundert, den gesamten Norden und Westen Frankreichs in Besitz zu nehmen. Ihr Herrschaftsgebiet erstreckte sich jetzt weit auf den Kontinent, und sie wurden mächtiger als ihr Lehnsherr, der französische König. Mithilfe ihrer Verwaltungseinrichtungen konnten die Könige ihre Macht im Inneren zugleich festigen und den Einfluss des einheimischen englischen Adels zurückdrängen. Anders als auf dem europäischen Kontinent, wo die Fürsten über eigene Gerichtshöfe verfügten, brachten sie ein einheitlich geltendes Recht, das „common law", zur Anwendung.

Die Magna Carta und das Parlament

Als aber der schwache König Johann „Ohneland" 1214 große Teile des französischen Festlandsbesitzes im Kampf gegen Frankreich wieder verlor, wandten sich auch die englischen Barone und die reiche Stadt London gegen ihn. Sie trotzten ihm 1215 den „Großen Freiheitsbrief", die Magna Carta Libertatum, ab. In 63 Artikeln sind darin die Rechte des Königs, des weltlichen und geistlichen Adels sowie der Bürger und Freien des Landes formuliert:
- Herrscher und Beherrschte sollten dem gleichen Recht verpflichtet sein.
- Kein Freier durfte willkürlich verhaftet werden.
- Ein Adelsrat sollte die Einhaltung der Regelungen kontrollieren.
- Sondersteuern und Hilfsgelder für Kriege konnten nur mit Zustimmung des Hochadelsrates erhoben werden.

Seit dem Ende des 13. Jahrhunderts wirkten bei den Versammlungen des Königs mit dem Adelsrat auch der niedere Adel und das Londoner Stadtbürgertum mit. Sie trafen sich in einem gesonderten Raum des Westminster Palastes. Ein gewählter Sprecher trug ihre Ansichten dem König und dem Adelsrat vor. Allerdings entschied der König, ob der Rat, bald Parlament genannt (von franz.: „parler", d. h. sprechen), überhaupt einberufen wurde. Er hatte den Vorsitz, ihm zu Füßen saßen seine Berater auf Wollsäcken als Zeichen dafür, dass England seinen Reichtum zu großen Teilen dem Wollhandel verdankte.

Der englische König nimmt seine Gebiete in Frankreich zum Lehen Q2

Den französischen König erkennt man an der Lilie und der Farbe Blau; den englischen König am Löwen und der Farbe Rot. Französische Buchmalerei, 13. Jahrhundert.

Frankreichs Könige gewinnen an Macht

Frankreich war aus den karolingischen Teilungen (s. S. 27) hervorgegangen. Das Königshaus der Kapetinger war anfangs nur ein kleines Kronland, die „Île de France“ mit Paris als Hauptstadt, den Rest beherrschten 20 mächtige Vasallen. Nach und nach erweiterten die Könige das Kronland: Sie vergaben nach Aussterben der Herrschergeschlechter die Lehen nicht neu, sondern gliederten sie ins eigene Kronland ein. Philipp II. war besonders erfolgreich: Er eroberte 1214 die englischen Besitzungen auf dem französischen Festland zurück. Andere Territorien gelangten durch Kriegszüge, Erbschaft, Heirat, Kauf oder Schenkung in seine Hand. Er schuf ein königliches Hofgericht als Zentralgericht für das gesamte Land und baute eine zentrale Verwaltung mit bezahlten Beamten auf. In neuen Verwaltungsbezirken kontrollierten sie Abgaben und Zölle.

Ein Bauernmädchen rettet Frankreich

Als das französische Königsgeschlecht der Kapetinger ausstarb, erhob auch der englische König Eduard III. über seine französische Mutter Isabelle Erbansprüche. In den folgenden blutigen Kämpfen zwischen England und Frankreich, die sich mit Unterbrechungen über 100 Jahre hinzogen, geriet das französische Königtum an den Rand des Untergangs. Bereits im Jahr 1346 besiegte Eduard III. bei Crécy mit seinem Heer von Langbogenschützen und Langspießträgern zu Fuß das französische Ritterheer. Rund 80 Jahre später fiel ganz Nordfrankreich mit Paris an die Engländer, der englische König gelangte auf den französischen Thron.
Jeanne d’Arc, ein Bauernmädchen aus Lothringen, wurde zur Retterin Frankreichs. Sie berief sich auf göttliche Stimmen, die ihr befohlen hätten, die Engländer zu vertreiben. Mit einem französischen Heer befreite sie die belagerte Stadt Orléans. Dann geleitete sie den Kronprinzen Karl zur Krönung in die Stadt Reims. Nur knapp drei Jahre dauerte der Siegeszug der Johanna von Orléans unter ihrem Schlachtruf: „Mit Gott, für König und Frankreich.“ Die zunächst begeisterten Landsleute und der König ließen sie im Stich, als sie gefangen genommen wurde. Die Engländer verurteilten Johanna von Orléans mit Hilfe französischer Geistlicher als „Ketzerin, Abtrünnige und Götzenanbeterin“ und verbrannten sie 1431 in Rouen.
England jedoch, auch im Inneren geschwächt durch Kämpfe zwischen Kriegsbefürwortern und -gegnern, verlor seine militärische Überlegenheit. Die französischen Truppen, beflügelt durch Johannas Vorbild und zunehmend mit Büchsen und Kanonen bewaffnet, eroberten den Südwesten und die Normandie zurück. Das englische Heer ging 1453, versehen mit einer hohen Abfindungssumme und einer jährlichen Rente für den König, auf die Insel zurück.

Das Volk – Leidtragender der Konflikte

Der Krieg und die Auseinandersetzungen zwischen König und Adel stürzten das Volk in beiden Ländern in schwere Existenzkrisen. Missernten, Hungersnöte und Teuerungen ließen die Menschen verelenden. Pestepidemien hatten bis zu einem Drittel der Bevölkerungen hinweggerafft. Auf den Überlebenden lasteten hohe Abgaben und drückende Kriegssteuern. Besonders wegen der im 14. Jahrhundert immer wieder erhöhten Kopfsteuern (direkte Steuern, die für die Anzahl der Familienmitglieder abgeführt werden mussten) und der Feudalabgaben kam es wiederholt zu Bauern- und Bürgeraufständen, die sich gleichermaßen gegen den König und den Adel richteten. Dennoch hatte der Hundertjährige Krieg im Volk auf beiden Seiten ein Zusammengehörigkeitsgefühl geweckt. Man begriff sich als ein eigenständiges Volk von Engländern oder Franzosen, das sich von anderen Völkern unterschied.

Q3 Spielkarte aus dem 20. Jahrhundert
Frankreich gedenkt Johanna von Orléans, die 1920 heilig gesprochen wurde.

Q4 **Die Schlacht bei Crécy, 1346**
Das französische Heer wurde von englischen Truppen verlustreich geschlagen. Buchmalerei.

Königtum oder Adel – wer setzt sich durch?

Der Ausbau der Länder zu geeinten Staaten verlief in der Folge auf beiden Seiten ähnlich. In England setzte Heinrich VII. (1485–1509) die Macht des Königs gegenüber dem hohen Adel durch, in Frankreich gelang es Ludwig XI. (1461–1483), die Macht am Königshof zu bündeln. In beiden Ländern wurden Verwaltungsämter vorzugsweise an den niederen Adel und das Bürgertum vergeben. Auch förderten die Könige Handel und Gewerbe in den Städten. Finanziell unabhängig vom Adel wurden sie durch Steuereinnahmen und Zölle – in England etwa durch Ausfuhrzölle auf Wolle und Leder und Einfuhrzoll auf Wein. So benötigten die Könige nicht mehr in größerem Umfang Sondersteuern, für deren Erhebung – wie es zum Beispiel die Magna Carta festlegte – die Zustimmung des Adels notwendig war. Beide Herrscher erschwerten es den Fürsten eigene Truppen zu halten, sodass die lokalen Fehden aufhörten. Besonders den Landbewohnern, die immer wieder unter den Adelsfehden zu leiden hatten, galt ein starker König daher als Garant für Recht, Ordnung und Sicherheit. Von König Ludwig XI. ist ausdrücklich überliefert, dass er als „Vater des Volkes" verehrt wurde.

Briefmarke aus dem 20. Jahrhundert Q5

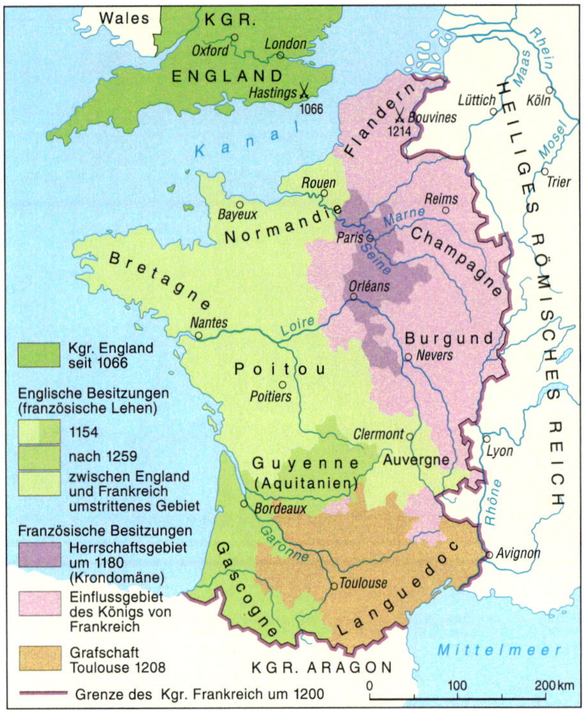

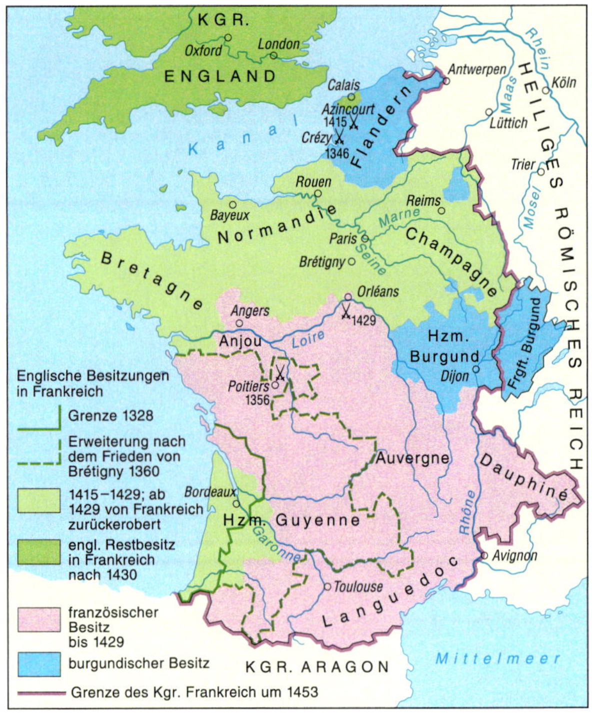

D1 England und Frankreich
Links: 11.–13. Jahrhundert, rechts: 14./15. Jahrhundert.

Fragen und Anregungen

1. Beschreibe den Ausschnitt aus dem Teppich von Bayeux (Q1). Finde heraus, wer König Harold ist und worin sich die Bewaffnung und Kampfesweise von Angelsachsen und Normannen in der Schlacht von Hastings unterschied. Weißt du aus Büchern oder Filmen mehr über Herkunft, Lebensraum und Lebensweise der „Nordmänner"? Erkläre, wie die Normannenkönige ihre Herrschaft über England sicherten (VT).

2. Teilt euch in zwei Gruppen auf: Ihr seid entweder Kronvasallen des englischen Königs („Barone") oder Kronvasallen des französischen Königs.
   - Begrüßt euch. Achtet darauf, in welcher Sprache ihr sprecht (VT).
   - Beschreibt anhand der Buchmalerei, in welchem Verhältnis eure Könige zueinander stehen (Q2, VT). Überprüft, ob diese Beziehung mit den tatsächlichen Machtverhältnissen im 12. und 13. Jahrhundert übereinstimmte (D1, VT). Erklärt dann, was die Jahre 1214/15 für euch als hohe Adlige jeweils bedeuteten (VT).
   - Über hundert Jahre lang bekämpften sich England und Frankreich.
     Erklärt als englische Barone die Bedeutung der Schlacht von Crécy für England, indem ihr den Anlass des Krieges aus der Buchmalerei erschließt (Q4, VT), die Gründe für den Sieg der Engländer darlegt (Q4, VT) und dessen Folgen bis 1429 nennt (D1, VT).
   - Erklärt als französische Adlige die Bedeutung der Jeanne d'Arc für Frankreich, indem ihr das Besondere an diesem Mädchen aufzeigt (Q3, Q5, VT), die Gründe für den letztendlichen Sieg der Franzosen darlegt (D1, VT) und das Ergebnis des Hundertjährigen Krieges im Jahre 1453 nennt (D1, VT).
   - Legt dar, welche Folgen die hundertjährigen Kriege und Kämpfe in eurem Land für das Volk, für euch als Adlige, für den König jeweils hatten (VT).
   - Verabschiedet euch. Überlegt genau, welche Sprache ihr sprecht!

Strukturbilder – Zusammenhänge herstellen

Wer sich mit der Vergangenheit beschäftigt, muss Zusammenhänge herstellen können. Im Geschichtsunterricht erfährst du viele für dich neue Einzelheiten. Die Technik des Strukturlegens hilft dir, einzelne Informationen zu ordnen und das Gesamtthema zu verstehen.

Strukturbild zum Amtsverständnis von Papst und Kaiser
So könnte ein Strukturbild aussehen. Probiere verschiedene Anordnungen aus, je nachdem, welches Thema du darstellen möchtest.

Jede geschichtliche Epoche, jeder Sachverhalt wird von Historikerinnen und Historikern aus einzelnen Ereignissen oder Quellen rekonstruiert. Erst wenn sie viele Einzelheiten gelesen, sorgfältig untersucht und verknüpft haben, können sie sich ein Bild vom gesamten Geschehen machen.

In der Themeneinheit über die mittelalterlichen Konflikte ging es u. a. darum, dass Personen Spielregeln verletzten oder warum jemand so oder anders reagierte. Jeder hatte Gründe für seinen Standpunkt und alle Streitfälle hatten Ursachen. Das ist oft schwer zu durchschauen. Manchmal genügt ein Blick auf die zeitliche Abfolge der Ereignisse, doch meist reicht das nicht aus, um die Zusammenhänge zu verstehen. Darum solltest du Einzelheiten und Namen einander zuordnen. Bringe die folgenden Begriffe aus dem Kapitel „Kaiser und Papst: Wer steht höher in der Rangordnung?“ in einen Zusammenhang:
Papst – Kaiser – Gewalt – Christus – Schwert – Schlüssel – Kirchenreform – Bischof – Cluny – Priester – Gregor VII. – Heinrich IV. – Investitur – Wormser Konkordat – Kompromiss – Fürsten – Büßergewand – Laien – Kirchenbann – Petrus – Konstantin der Große – Simonie (Käuflichkeit von Ämtern) – Symbol – Klerus – Canossa

Als ersten Schritt schreibst du die Begriffe auf einzelne Kärtchen – bei anderen Themen schreibe zunächst wichtige Begriffe und Namen aus dem Buch oder deinem Heft heraus. Zunächst sortierst du sie nach „verstanden“ und „nicht verstanden“. Letztere müssen geklärt werden.
Lege dann die Kärtchen in einen sinnvollen Zusammenhang, eine geordnete Struktur – das können eine zeitliche Reihenfolge, Gegensatzpaare, ein Kreis, in dem alle gleichberechtigt sind, oder ein Begriffsnetz sein. Legst du z. B. „Kirchenbann – Canossa – Wormser Konkordat“ in dieser Reihenfolge, hast du sie chronologisch geordnet und kannst anhand der Begriffe den Ablauf des Investiturstreites erklären. Du kannst auch Gegensatzpaare bilden wie „Papst – Kaiser“, „Klerus – Laien“, „Kaiser – Fürsten“ und den Parteien das Gelernte zuordnen. Oder du ziehst Linien zwischen einzelnen Begriffen. So lassen sich „Christus – Schwert – Schlüssel – Symbol – Petrus – Gewalt“ miteinander verbinden und damit das Amtsverständnis des Papstes und des Kaisers erklären. Möglich ist auch, dass ein Begriff als Beispiel, als Teil oder als Erklärung eines anderen dient. Du kannst auch eine Hierarchie bilden – vom größten Oberbegriff zum kleinsten Unterpunkt.

STÄDTE VERÄNDERN DAS LEBEN

Dicht gedrängt hinter schützenden Mauern lebten die Städter ganz anders als die Bauern: Als Handwerker und Händler waren sie auf den Markt angewiesen, verkauften ihre Waren und bezahlten mit Geld. Stadtrat und Bürgermeister wählten sie selbst und vor dem Richter waren sie alle gleich – das alles ist uns heute selbstverständlich. Warum aber entstanden im Mittelalter überall Städte und wie veränderten sie das Leben der Menschen?

Auf dem Markt
Nicht mehr die Selbstversorgung der Bauern, sondern der Austausch auf dem Markt bestimmt das Wirtschaftsleben. Miniatur, 1394.

Aufstand der Augsburger Bürger, 1368
Wie in Augsburg kämpften in vielen Städten benachteiligte Bürger um die Beteiligung an der Stadtherrschaft.

Stadtansicht von Nürnberg
So hat Hartmann Schedel 1493 die Stadt Nürnberg in seiner Weltchronik dargestellt. Man kann typische Elemente mittelalterlicher Städte erkennen.

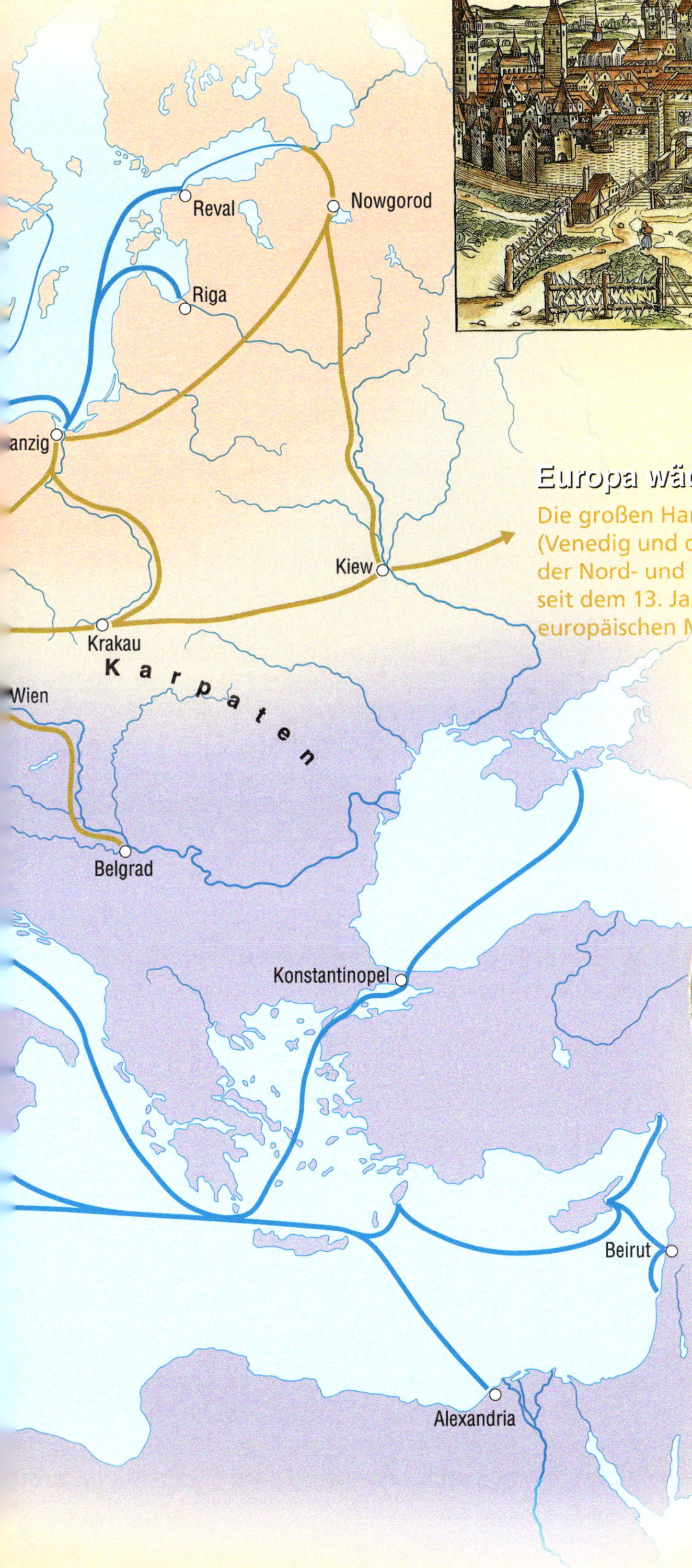

Europa wächst zusammen

Die großen Handelszonen des Mittelmeers (Venedig und die oberitalienischen Städte) und der Nord- und Ostsee (die Hanse) verbanden sich seit dem 13. Jahrhundert zu einem blühenden europäischen Markt.

Stadtsiegel von Lübeck, 1256
Die beiden Männer in der Kogge erheben die Hand zum Schwur: das Symbol der Vereinigung zur freien Bürgergemeinde.

1. Warum die Städte entstanden

Deutschland ohne Städte?

Wer mit dem Flugzeug bei gutem Wetter über Deutschland fliegt, der sieht die weiten Grünflächen der Wälder und Felder, aber auch überall Siedlungen und Städte: Nur wenige Menschen leben noch auf dem Lande, rund 85 % dagegen in Städten. Im Mittelalter war es genau umgekehrt: Etwa ein Zehntel der damaligen Bevölkerung lebte und arbeitete in der Stadt – und das noch nicht lange! Denn um das Jahr 1000 n. Chr. existierten – außer den alten Römerstädten – praktisch keine Städte in Deutschland. Doch seit dem 11. Jahrhundert breitete sich diese neue Siedlungsform überall und fast explosionsartig aus. Bis 1400 entstanden ungefähr 4000 Städte, d. h. etwa so viele wie es heute noch gibt. Die mittelalterlichen Städte besaßen allerdings wesentlich weniger Einwohner: Köln beispielsweise, die größte deutsche Stadt im Mittelalter, zählte ungefähr 40 000 Menschen.

Der Städteboom und seine Ursachen

Wie kam es zu diesem Boom? Warum entstanden gerade zu dieser Zeit überall Städte? Ein Grund war, dass die Bevölkerung insgesamt anwuchs: Mit den verbesserten Geräten und Anbaumethoden konnten die Bauern größere Ernten einfahren und damit auch mehr Menschen ernähren. Die verbesserten Methoden führten aber auch dazu, dass weniger Bauern gebraucht wurden und nicht mehr alle Menschen auf dem Land ein Auskommen fanden. So zogen viele vom Land in die neu entstehenden Siedlungen. Und während die einen auf dem Land die Wälder rodeten und die Sümpfe trocken legten, um mehr Anbauflächen zu schaffen, zogen die anderen in die Städte und spezialisierten sich als Handwerker.

Bevorzugte Plätze

Die Orte, an denen die neuen Städte entstanden, waren keineswegs zufällig ausgewählt: Besonders eigneten sich die befestigten Plätze des Adels und der Kirche, also die Burgen, Klöster und Bischofsitze. Denn dort brauchte man geschickte Handwerker und dort fanden auch die Fernhändler Käufer für ihre begehrten Waren aus dem Orient, beispielsweise für Seide oder Gewürze. Neben den alten Römerstädten entwickelten sich besonders rasch solche Orte, die verkehrsgünstig lagen, an einem wichtigen Wegekreuz, einem Flussübergang oder einer als Hafen geeigneten Meeresbucht: Bis heute befinden sich die meisten großen Städte an Flüssen oder am Meer.

D1 **Stadtgründung** und Bevölkerungsentwicklung in Mitteleuropa 1150–1500.

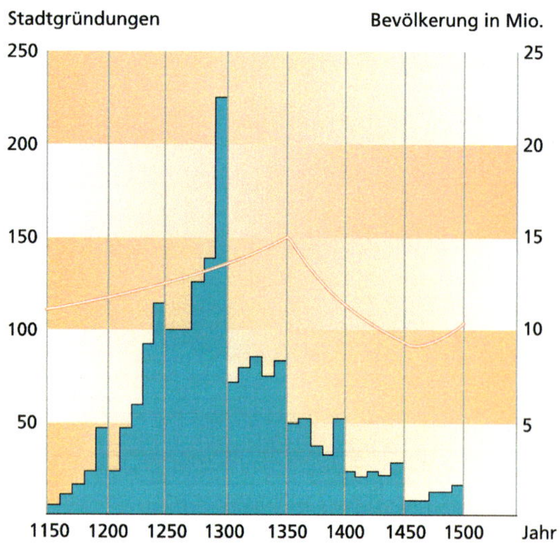

D2 **Anteil der städtischen Bevölkerung an der Gesamteinwohnerschaft in Europa (in Prozent)**

	1500	1550	1600
Belgien	21,1	22,7	18,8
Deutschland	3,2	3,8	4,1
England und Wales	3,1	3,5	5,8
Frankreich	4,2	4,3	5,9
Holland	15,8	15,3	24,3
Italien	–	12,8	14,6
Österreich-Böhmen	1,7	1,9	2,1
Polen	0	0,3	0,4
Schweiz	1,5	1,5	2,5
Spanien	6,1	8,6	11,4
Europa	**5,6**	**6,3**	**7,6**

Q1 **Verkaufsstände in einer Markthalle**
Frankreich, 15. Jahrhundert. An wen richtet sich dieses Angebot? Achte auf die Einrichtung des Kaufmannsgewölbes und die Kleidung der Personen. Bedenke auch, dass Märkte meist unter freiem Himmel abgehalten wurden.

Der Markt als Zentrum

Im Zentrum der Städte lag der Markt. Bisher hatten die Bauern auf dem Lande fast alles, was sie zum Leben benötigten, selbst hergestellt. Das änderte sich in der Stadt: Ein Schuster fertigte nur Schuhe und musste deshalb Kleidung und Nahrungsmittel einkaufen. Den anderen Handwerkern erging es ähnlich. So war bei der zunehmenden Spezialisierung und Arbeitsteilung der Markt als Ort des Austausches lebensnotwendig. Weil sich der Tausch auf Dauer nicht mehr wie auf dem Land mit Eiern oder Hühnern „bezahlen" ließ, setzte sich das Geld als Zahlungsmittel durch. Das vom König verliehene Recht einen Markt abzuhalten und Münzen zu prägen (Markt- und Münzrecht) brachte für jede Siedlung große Vorteile.

Vorteile für alle

Die neuen Siedlungen brachten Vorteile für alle Beteiligten: Die Handwerker und Kaufleute waren vor Überfällen und Raub durch die kirchlichen und adligen Herren geschützt. Im Gegenzug nahmen diese von den Städtern Steuern, Abgaben und Zölle ein. Durch diese Einnahmen konnten es sich Könige, Herzöge und Bischöfe leisten, ihrem adligen Stand angemessene Luxusgüter wie Schmuck oder wertvolle Kleidung bei den Fernhändlern zu erwerben oder von den spezialisierten Handwerkern anfertigen zu lassen.

Markt

Der Markt war im Mittelalter der Ort, wo Handwerker, Kaufleute und Bauern ihre Waren der Stadt- und Landbevölkerung zum Verkauf anboten. Der Rat der Stadt sorgte durch Vorschriften für die Ordnung und Sicherheit des Marktes. Als Symbol dafür errichtete man das Marktkreuz (s. ADS). Heute wird mit dem Begriff Markt der gesamte Handel und die Preisbildung auf Grund von Angebot und Nachfrage bezeichnet.

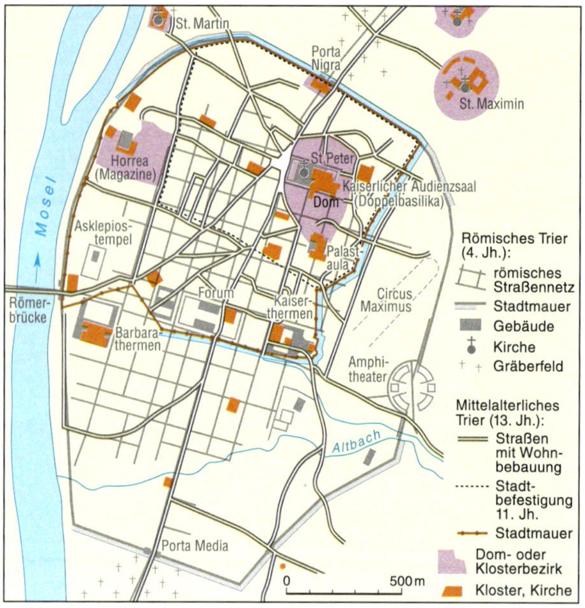

D3 **Trier**
4. bis 13. Jahrhundert.

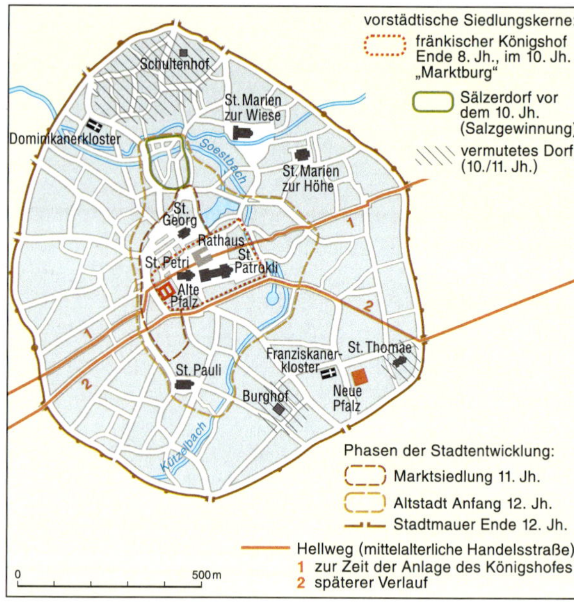

D4 **Soest**
10. bis 12. Jahrhundert.

Q2 Eine Stadt wird gegründet

Die Gründungsurkunde von Freiburg im Breisgau wurde zum Vorbild für viele Städte im 12. Jahrhundert:

Es sei den lebenden und zukünftigen Geschlechtern bekannt, dass ich, Konrad (Herzog von Zähringen), auf meinem Besitz einen Markt eingerichtet habe im Jahre des Herrn 1120. Nachdem ich Kaufleute der Umgebung zusammengerufen habe, habe ich beschlossen, diesen Markt zu gründen und einzurichten. Jedem Kaufmann habe ich ein Grundstück zum Bau eines eigenen Hauses gegeben und bestimmt, dass von jedem dieser Hausgrundstücke jährlich am Martinstag mir und meinen Nachfolgern ein Schilling Zins gezahlt werden soll. Jedes Hausgrundstück soll 100 Fuß lang und 50 Fuß breit sein. (...)

Ich verspreche all jenen, die zu meinem Markt kommen, Frieden und Schutz. Wenn einer in diesem Bereich beraubt wird und er nennt den Räuber, soll er den Schaden ersetzt bekommen. (...)

Wenn einer meiner Bürger stirbt, soll seine Frau mit seinen Kindern alles besitzen, ohne jeden Einspruch, was er hinterlassen hat. (...)

Allen Kaufleuten der Stadt erlasse ich den Zoll.

Meinen Bürgern will ich keinen anderen Vogt (Vertreter des Herzogs in der Stadt) oder Priester geben außer dem, welchen sie selbst gewählt haben.

Wenn ein Streit oder Rechtsfall entsteht, soll nicht von mir oder meinen Richtern darüber entschieden werden, sondern nach Gewohnheit und Recht aller Kaufleute, wie sie besonders in Köln geübt werden. (...)

Jede Frau wird dem Mann gleichgesetzt und umgekehrt.

Wenn der Mangel am Notwendigsten jemanden dazu zwingt, darf er seinen Besitz verkaufen, an wen er will. (...) Jeder, der in diese Stadt kommt, darf sich hier frei niederlassen, wenn es nicht der Leibeigene irgendeines Herren ist und diesen auch anerkennt als seinen Herrn. (...) Wenn aber ein Leibeigener seinen Herrn verleugnet, kann der Herr mit sieben Zeugen beweisen, dass der Leibeigene ihm gehört. Dann soll der Leibeigene ihm gehorchen. Wer aber über Jahr und Tag in der Stadt gewohnt hat, ohne dass irgendein Herr ihn als seinen Leibeigenen gefordert hat, der genieße von da an sicher die Freiheit. (...)

Keiner der Dienstmannen oder Leibeigenen eines Herrn darf in der Stadt wohnen und das Bürgerrecht genießen, wenn er nicht die Erlaubnis aller Bürger besitzt. (...) Die Bürger sind nicht verpflichtet, bei einem Kriegszug oder sonstigen Unternehmungen den Herrn länger als eine Tagesreise weit zu begleiten, sodass sie in der nächsten Nacht wieder in die Stadt zurückgelangen können. (...)

Bürger dieser Stadt ist, wer ein freies Erbeigentum in der Höhe von mindestens einer Mark Wert besitzt.

Zit. nach: Dieter Starke, Herrschaft und Genossenschaft im Mittelalter, 2. Aufl., Stuttgart 1971, S. 86 ff. Bearb. d. Verf.

D5 Die größten europäischen Städte im 14. Jahrhundert

Im Mittelalter gab es noch keine genauen Bevölkerungsstatistiken. Die folgenden Einwohnerzahlen wurden geschätzt. Grundlage für die Berechnungen ist die Flächengröße bzw. die Anzahl der Haushalte in einer Stadt.

Barcelona	35000	London	40000
Brügge	50000	Lübeck	25000
Florenz	80000	Mailand über	80000
Frankfurt am Main	10000	Neapel	60000
Gent	60000	Nowgorod	10000–30000
Genua	84000	Nürnberg	23000
Hamburg	17000	Paris über	80000
Köln	40000	Rom	40000
Konstantinopel über	100000	Venedig	90000

Ein Nürnberger Kaufmann bietet seine Waren feil, um 1440. **Q4**

Q3 Markt- und Gewerbeordnung

für die Stadt Landshut, 1256:

1. Wir verbieten, Schwerter und Dolche innerhalb der Stadt zu tragen. Und sooft Leute getroffen werden, die Schwerter tragen, sooft werden sie der Stadt 6 Schillinge und dem Richter 60 Pfennige zahlen.

2. Wenn einer (der ein Schwert trägt) kein Geld besitzt, wird ihm die Hand abgeschlagen werden. (...)

4. Wucherer[1], Vorkäufer[2], Gesellschaften, die in der Volkssprache Einung[3] heißen, verbieten wir unter Strafe von 5 Pfund[4] und erklären sie außerdem für rechtlos.

5. Wir verordnen, 2½ Pfund Rindfleisch für einen Schilling zu verkaufen und ebenso viel Hammelfleisch und drei Pfund Ziegenfleisch. Die Leute, die es anders machen, werden der Stadt 6 Schillinge und dem Richter 60 Pfennige zahlen. (...)

10. Wir verordnen, dass kein Kauf außerhalb des öffentlichen Marktes stattfindet, was die Leute betrifft, die der Stadt Waren zuführen. (...)

14. Wir verordnen, dass unsere Bürger den Eimer Römerwein für 5 Schillinge ausschenken, die Fremden aber für ein halbes Pfund und 10 Pfennige. Den besten Frankenwein werden sie für 75 Pfennige, den mittleren für 55 Pfennige ausschenken. Wer zwei Weine zugleich ausschenkt oder mischt und wer das Maß nicht an den Tisch trägt, wird der Stadt 6 Schillinge und dem Richter 60 Pfennige zahlen. (...)

20. Lotterbuben in jeder Art, fahrende Schüler[5] mit langem Haar halten wir fern. Die Leute, die sie über eine Nacht hinaus beherbergen, verurteilen wir zu 1 Pfund.

1 jemand, der hohe Zinsen verlangt
2 jemand, der Waren aufkauft um sie teurer zu verkaufen
3 Zusammenschluss von Kaufleuten, um gemeinsam höhere Preise durchzusetzen
4 Pfund meint hier kein Gewicht und Schilling keine Münze. Beides sind Zählgrößen: 1 Pfund Pfennige = 20 Schillinge = 240 Pfennige. Wie viel der Pfennig wert war, hing von seinem Gewicht ab.
5 Studenten, unterwegs von oder zu einer Universitätsstadt

Zit. nach: MGH LL, Constitutiones II, Nr. 439.

Fragen und Anregungen

1. Erkläre, wie die Bevölkerungsentwicklung und die Gründung von Städten zusammenhängen (D1).
2. Suche die in D5 genannten Orte in einem Atlas. Zeichne sie auf einer Umrisskarte von Europa ein. Vergleiche mit D2: Wo lagen im Mittelalter die Zentren der städtischen Entwicklung?
3. Ergänze die Einwohnerzahlen im 14. Jahrhundert (D5) in deiner Karte. Vergleiche Lage und Größe der Städte mit einer heutigen Europakarte.
4. Versetze dich in die Lage einer mittelalterlichen Kaufmannsfrau und schreibe einen Brief an eine Freundin: Überzeuge die Freundin davon, dass sie mit ihrer Familie auch nach Freiburg zieht (Q2).
5. Finde heraus, warum Trier und Soest an diesen Plätzen entstanden sind (D3 und 4). Stelle eine Liste mit günstigen Voraussetzungen für eine erfolgreiche Stadtentwicklung zusammen.
6. Stelle fest, welche Berufe die Personen ausüben und welche Waren sie anbieten (Q1). Suche nach Unterschieden zu einem heutigen Markt.
7. Welche Bereiche regelt die Markt- und Gewerbeordnung? Erkläre den Sinn der Vorschriften (Q3).

Wohnen in der Stadt D1
Wie auf den beiden Zeichnungen (rechts und ganz rechts) können wir uns die Wohnverhältnisse in einer mittelalterlichen Stadt um 1300 vorstellen. Rekonstruktionszeichnung, 1994. Erkläre, wie sich die Lebensweisen unterscheiden.

2. Macht „Stadtluft" frei und gleich?

„Frei" nach einem Jahr und einem Tag

Gerold macht sich auf den Weg zur Kirche. In der Stadt herrscht am heutigen Weihnachtstag Festtagsruhe. Für Gerold ist aber aus noch einem anderen Grund ein besonderer Tag:
Vergangenes Jahr nach Sankt Martin war er heimlich vom Bauernhof seiner Eltern im Dorf aufgebrochen und hatte kurz vor Weihnachten bei Verwandten in der Stadt Unterschlupf gefunden. „Stadtluft macht frei!" – das war seine Hoffnung gewesen, als er das Dorf hinter sich gelassen hatte. Wie oft hatten seine Eltern und er als Grundholden auf den Gütern ihres Grundherren ohne jede Entlohnung arbeiten müssen! Doch der Weg in die Stadt war ein Weg ins Ungewisse. Gerold wusste, „ein Jahr und einen Tag" musste er sich in der Stadt aufhalten, ohne dass der Grundherr, dem er früher hörig gewesen war, ihn aufspürt und seine Rückkehr fordert. Heute ist aber mehr als ein Jahr verstrichen; jetzt ist Gerold „frei" und untersteht keinem Grundherrn mehr. „Stadtluft macht frei!" – das gilt ab jetzt auch für ihn.

Gerold kommt in die Stadt

Gerold erinnert sich genau daran, wie er vor einem Jahr zum ersten Mal in die Stadt gekommen war:
Aus der Ferne erschien sie ihm wie eine große Burg mit wehrhaften Mauern, hohen Türmen und einem breiten Graben. Über eine Zugbrücke gelangte er an das Stadttor und, nachdem er mit dem Wachposten gesprochen hatte, durfte Gerold passieren. Am Stadtrand sah er noch weites Gartenland wie in seiner bäuerlichen Heimat. Dann kamen die ersten Häuser – und Gerold war enttäuscht: Diese niedrigen, eingeschossigen Holzhäuser unterschieden sich äußerlich kaum von denen, wie es sie in seinem Dorf gab. Wo waren denn nur die prachtvollen Fassaden, von denen er gehört hatte? In diesem Vorstadtviertel konnten sich die Bewohner nicht einmal Fenster aus Glas leisten, hölzerne Fensterläden oder Leinentücher dienten als Ersatz.

Patrizier

Die reiche Oberschicht in den Städten bildeten die Patrizier. Dazu gehörten vor allem die Fernhändler, aber auch zugezogene Landadlige und die Ministerialen, die Vertreter des Stadtherrn. Sie entmachteten seit dem 13. Jahrhundert in vielen Städten den Stadtherrn, bildeten einen Stadtrat und regierten selbst die Stadt. Zunächst waren keine anderen Bürger im Rat zugelassen. Seit dem 14. Jahrhundert erkämpften sich dann die Zunfthandwerker vielerorts die Aufnahme in den Rat. Die Patrizier blieben aber einflussreich und grenzten sich sozial weiterhin von den übrigen Bürgern ab.

Je mehr sich Gerold dem Stadtzentrum näherte, desto enger wurden die Gassen und nun tauchten auch die ersten mehrgeschossigen Fachwerkhäuser auf. Dann kam er in eine Gasse, in der Meister und Gesellen des Schmiedehandwerks auf der Straße und in den Werkstätten arbeiteten. Gerold suchte einen Onkel, der Schuster war, doch nirgends war eine Schusterwerkstatt zu entdecken. In dieser Gasse gab es ausschließlich Schmiede, in einer anderen nur Schneider. Im Erdgeschoss ihrer Häuser sah er Läden und Werkstätten, aus den Wohnungen im ersten Geschoss hörte er Kindergeschrei, in einen der darüber liegenden Dachböden wurden mit einem Flaschenzug Waren eingeladen. Überall herrschte reges Treiben, so konnte sich Gerold durchfragen. Für einen Fremden war es nicht einfach, ein bestimmtes Haus zu finden.

Viele Gassen, hohe Bürgerhäuser

Und dann der Marktplatz! Bauern boten hier Lebensmittel an, Handwerker verkauften Waren, Mägde holten Wasser vom Stadtbrunnen, städtische Aufseher überwachten das Geschehen. Um den Markt herum sah Gerold stattliche Häuser aus Stein mit bunten, verzierten Fassaden. Vornehm und reich gekleidete Bürger gingen hier aus und ein. Gerold war beeindruckt, die Berichte über das bunte Stadtleben schienen also doch wahr zu sein! Durch Pelze, Schmuck und Lederschuhe hoben sich einige von der Masse ab, während viele Stadtbewohner so ärmlich und einfach gekleidet waren wie seine Eltern und er. Auch unter den Bauern in Gerolds Dorf gab es ärmere und reichere, aber so deutliche Unterschiede waren ihm nie aufgefallen. Gerade vor den prunkvollsten Gebäuden, den Kirchen, die mit ihren hohen Türmen das Häusergewimmel überragten, sammelten sich viele Bettler, denen es sichtlich am Nötigsten fehlte.

Vornehme, reiche Bürger und viele Bettler

Dass „Stadtluft" frei mache, hatte sein Vater ihm gesagt, aber Gerold sah es mit eigenen Augen: „Stadtluft" macht nicht gleich. Dies war die erste und wichtigste Erfahrung Gerolds, dieses erdachten Stadtbewohners, als er neu in die Stadt gekommen war. Wie das Zusammenleben der verschiedenen Einwohner in der Stadt im Einzelnen funktionierte, sollte er noch im Laufe der Zeit erfahren.

Bettler. Buchmalerei, 14. Jahrhundert. Q1

Bürgerinnen und Bürger Q2 bei einer Tanzveranstaltung. Gemälde, 15. Jahrhundert. Woran erkennst du, zu welcher gesellschaftlichen Gruppe die Menschen auf den Bildern (Q1–4) jeweils gehören?

Arm und „ehrlos" – aber frei

In vielen deutschen Städten besaß mehr als ein Drittel der Bewohner kein Bürgerrecht, denn dazu brauchte man Grundbesitz, den nur die Wohlhabenderen hatten. Zugewanderte Bauernsöhne wie Gerold hatten großes Glück, wenn sie ein Handwerk erlernen konnten. Sie waren zwar nach „Jahr und Tag" frei, erwarben aber erst mit einer Meisterstelle das Bürgerrecht – und Meisterstellen waren selten. Handwerksgesellen und Lehrlinge, die oft im Haus ihrer Meister wohnten, galten nicht als Bürger, ebenso wenig wie Knechte und Mägde, die im Haushalt der Herrschaft lebten, oder Tagelöhner, die sich jeden Tag neue Arbeit suchen mussten. Die Ärmsten, die auf Almosen angewiesen waren, hatten erst recht keine Aussicht auf das Bürgerrecht. Aber selbst Bürger der Stadt waren oft mittellos: So konnten z. B. Witwen nur selten ihre Familien ernähren.
Auf viele Einwohner sah man herab: Sie besaßen auf Grund ihrer Berufe kein Ansehen. Wie Bettler galten auch Spielleute, also Schausteller, Gaukler, Artisten oder Musikanten, als recht- und „ehrlose" Menschen: Sie konnten leicht aus der Stadt verwiesen werden und durften vor Gericht nicht als Zeugen auftreten. Zu den „Unehrlichen" zählte auch der Henker, der außerhalb der Stadt wohnen musste.

Frauen in der Stadt

Frauen besaßen keine politischen Rechte und konnten daher keine Ämter in der Stadtregierung, Verwaltung oder im Gericht übernehmen. Aber sie waren frei. Dazu gehörte, dass sie erben und vererben konnten. Auch ihren Ehemann durften sie selbst aussuchen; in der Praxis jedoch entschieden oft die Eltern aus wirtschaftlichen Notwendigkeiten über die Hochzeit.

Bürger

Im Mittelalter galt nur als Bürger, wer Grundbesitz hatte. Mit dem Bürgereid schwor er seiner Stadt Treue und Gehorsam. Dann durfte er als Kaufmann oder Handwerker arbeiten und den Markt zum Verkauf seiner Waren nutzen. Bürger konnten ihr Bürgerrecht weitervererben, bei Rechtsstreitigkeiten städtische Gerichte anrufen, den Rat um Hilfe bitten und als Wähler das politische Leben der Stadt mitbestimmen. Frauen genossen das Bürgerrecht ihrer Männer, konnten aber nicht in den Rat gewählt werden. Heute verwenden wir den Begriff mit einer umfassenderen Bedeutung, im Sinne von „Staatsbürger": Damit sind alle Frauen und Männer gemeint, die als Angehörige eines Staates Rechte (z. B. Wahlrecht) und Pflichten besitzen.

Q3 **Fleischerfamilie**
Französische Buchmalerei, 14. Jahrhundert.

Kaufmannsfamilie Q4
in ihrer Wohnung.
Holzschnitt, 1476.

Frauen standen viele Berufe offen: Sie arbeiteten als Mägde oder Wäscherinnen, manche waren im Handwerk tätig, z. B. als Weberinnen oder Seidenspinnerinnen, es gab Krämerinnen und Weinhändlerinnen. In ganz seltenen Fällen gelang es Frauen, Meisterin, Kauffrau oder Ärztin zu werden.

Stadtherren bestimmen

Ursprünglich hatten die meisten deutschen Städte im Mittelalter dem König unterstanden. Doch mit der Zeit verlieh der König das Vorrecht der Stadtherrschaft an immer mehr Bischöfe, Herzöge oder Grafen. Ministerialen stellten im Auftrag des jeweiligen Stadtherrn Regeln für das Zusammenleben auf und erteilten den Stadtbewohnern Weisungen, zum Beispiel über die Abhaltung der Märkte. Sie hielten auch Gericht und zogen von den Bürgern Steuern und Abgaben ein. Je mehr die Fernkaufleute in der Welt herumkamen, desto selbstbewusster wurden sie, schließlich verbesserten gerade sie mit ihrem Handel die wirtschaftliche Lage der Städte. Um ihre eigenen Interessen durchsetzen zu können, wollten die Kaufleute die Stadt selbst verwalten und Gericht halten.

Patrizier bilden einen Stadtrat

Seit dem 13. Jahrhundert gelang es in vielen Städten einem kleinen Kreis vornehmer und wohlhabend gewordener Kaufleute die Geschicke der Stadt zu beherrschen – sie wurden Patrizier genannt. Sie besetzten die Sitze des Stadtrates, der Vertretung der Bürger. An seine Spitze wählten sie einen Bürgermeister. Im Namen der Bürgerschaft regelten Stadtrat und Bürgermeister das Leben in der Stadt und vertraten die städtischen Interessen nach außen. Der Bürgermeister führte auch den Vorsitz im Gericht, vor dem sich alle Stadtbewohner gleichermaßen Recht verschaffen konnten, er bewahrte die Schlüssel der Stadttore auf und ihm unterstand im Falle eines Krieges das städtische Aufgebot. Der Stadtrat erließ Gesetze, z. B. legte er die Marktordnung fest. Manchmal trotzten der Stadtrat und die Patrizier dem Stadtherrn nur einzelne Rechte ab. Oft allerdings setzten sie die Selbstverwaltung mit Gewalt durch und vertrieben den Stadtherrn. Sie erkämpften die Freiheit der Stadt, vor allem aber sich selbst eine mächtige Stellung. Auf die Entscheidungen der Patrizier konnten die anderen Stadtbewohner keinerlei Einfluss nehmen.

Q5 Kämpfe um das Stadtregiment

Ein Chronist berichtete über Auseinandersetzungen zwischen Bischof und Bürgern in Straßburg:

(Am 8. März 1262) zogen die Straßburger aus mit all ihren Berittenen und dem halben Fußvolk. Sie nahmen Steinmetzen und andere Werkleute mit und brachen den Kirchturm zu Mundolsheim ab. Der war gar fest und hoch gemauert, und man fürchtete, der Bischof werde sich dort festsetzen und die Straßen sperren. (...) (Der Bischof zog daraufhin) sein Kriegsvolk zusammen, gegen 300 Reiter und 5000 Mann zu Fuß. Mit denen zog er von Dachstein gegen die Stadt heran, um den Bürgern eine Schlacht zu liefern. (...) Als die Straßburger das merkten, schickten sie Boten zurück. Die liefen durch die ganze Stadt und riefen, der Bischof rücke heran. Da ließ man die Glocken Sturm läuten, und alle Bürger zogen aus gegen den Bischof. (...) Es war so viel Volks, dass man vor lauter Menschen kaum den Erdboden sehen konnte. (...) (Der Bischof verlor den Kampf, konnte fliehen, starb aber bald darauf.) Nach seinem Tode verhandelten die Domherren mit den Bürgern, und der Friede wurde geschlossen. So kam dieser Krieg zu Ende. In ihm erfochten und erwarben die Bürger für die Stadt Nutz und Ehre, für sich selbst aber und ihre Nachkommen große Freiheit und großes Glück. Denn hätte der Bischof die Rechte gewonnen, auf die er in der Stadt Anspruch zu haben vermeinte, so wäre Straßburg sein Eigen worden und in seiner Gewalt gewesen.

Chroniken der deutschen Städte 9, Straßburger Chronik, S. 657ff.

Q6 Standesgemäße Kleiderordnung

Der Rat von Kiel verordnete 1417:

Keine Frau darf gekrauste Tücher tragen und nicht mehr als zwei Mäntel haben, die mit Pelzwerk gefüttert sind, und darf auch keinerlei Geschmeide mit teurem Gestein und Perlen an allen ihren Kleidern tragen, wenn ihr Mann an die Stadt nicht mindestens 400 Mark Silber zu versteuern hat. (...) Wenn der Mann der Stadt für mindestens 200 Mark Steuern zahlt, so darf seine Frau eine reine Mark Silber an allen ihren Kleidern tragen. (...) Wenn der Mann der Stadt zwar Steuern zahlt, aber nicht für 100 Mark, so darf seine Frau keinerlei Geschmeide tragen. Insbesondere darf keine Bürgersfrau Pelzwerk oder Seide unten an ihren Kleidern tragen (...) Insbesondere wird befohlen, dass keine Dienstmagd oder Dienstbotin Spangen, scharlachrotes Tuch oder irgendwelches vergoldetes Geschmeide trägt, welches mehr als 8 Schillinge wert ist. Wer dagegen verstößt, soll des Geschmeides sofort verlustig gehen, und sein Dienstherr oder seine Dienstherrin sollen drei Mark Silber Strafe zahlen oder den Dienstboten (...) aus dem Brote jagen.

Zit. nach: Karl Martin Bolte, Deutsche Gesellschaft im Wandel, Bd. 1, 2. Aufl., Opladen 1967, S. 273.

Q7 Wer darf im Rat sitzen?

Der Herzog von Sachsen, Heinrich der Löwe, bestimmte als Stadtherr über Lübeck um 1167:

Wählt man jemanden in den Rat, der soll zwei Jahre darin sitzen, im dritten soll er frei sein, man kann ihn aber bitten, den Rat zu besuchen. Wir bestimmen auch, dass niemand in den Rat komme, der nicht ehelich, von freier Geburt und niemandes Eigentum sei, auch darf er bei keinem Herrn irgendein Amt bekleiden. Er soll von gutem Ruf sein, und auch seine Mutter muss frei und niemandes Eigentum gewesen sein. Er darf keines Geistlichen oder Pfaffen Sohn sein und soll liegendes Eigentum (Grundbesitz) innerhalb der Mauern haben, er darf zu seinem Eide nicht gezwungen sein und seine Nahrung nicht mit Handwerk erworben haben.

Zit. nach: Geschichte in Quellen, Bd. II., München 1970, S. 733.

Q8 Tonpferdchen
Spielzeug aus Lübeck, 13. Jahrhundert.

Fragen und Anregungen

1. Leben auf dem Land – Leben in der Stadt: Stelle die Unterschiede zusammen (Erscheinungsbild, der Siedlung, Einwohner, Arbeitswelt, Wohnen) (VT, vgl. dazu S. 42–51).
2. „Macht Stadtluft frei und gleich?" Antworte als ein Patrizier, seine Magd, als Tagelöhner, als Bettler (VT, Q1, 2). Wie würdest du die Frage beantworten?
3. Notiere Stichworte: Wer sind die streitenden Parteien? Worum geht es? Auf wessen Seite steht der Verfasser (Q5)? Berichte vom Geschehen aus Sicht der Bürger, aus Sicht eines Domherrn.
4. Diskutiert den Sinn einer vom Rat erlassenen Kleiderordnung (Q6). Was bedeutet es, dass die Verordnung immer wieder erneuert wurde?
5. Mit welcher Absicht setzte Heinrich der Löwe die Voraussetzungen für die Ratsfähigkeit fest (Q7)? Welche Bedingungen für die Wahl in den Stadtrat dürften heute nicht gestellt werden?

3. Zünfte regeln das Leben der Handwerker

Q1 **Zunftzeichen** aus Italien, 1602. Welche Handwerke sind jeweils dargestellt?

Städte – Zentren des Handwerks

Mehr als die Hälfte der Stadtbewohner lebten als „ehrbare“ Handwerker. Auf dem Land stellten die Bewohner eines Bauernhofes ihre Nahrungsmittel und fast alle Gebrauchsgegenstände selbst her. In den Städten dagegen wollten Adlige, Kaufleute oder wohlhabend gewordene Handwerker nicht mehr wie Bauersleute selbst gefertigte Kittel tragen und barfuß gehen. Sie kauften von Gewandschneidern, Kürschnern und Schuhmachern hergestellte Kleidungsstücke. Diese hatten ihre Stoffe von Leine- und Wollwebern und das Leder von Gerbern bezogen, die ihrerseits die Leistungen von Tuchscherern oder Färbern in Anspruch genommen hatten. Mit den Ansprüchen der Auftraggeber spezialisierten sich die Handwerker. Dies zeigt z. B. die Existenz von Garnmacherinnen, Goldspinnerinnen oder Seidemacherinnen in Köln oder von zehn verschiedenen Arten von Schmieden in Nürnberg.

Die Zunft bestimmt die handwerkliche Wirtschaft

Um ihre Interessen wirkungsvoller vertreten zu können, schlossen sich die Handwerksmeister und gelegentlich Meisterinnen des gleichen Berufszweiges zu Vereinigungen zusammen, die man Zünfte nannte. Wie Gerold schon beobachtet hatte, wohnten die Mitglieder einer Handwerkerzunft in enger Nachbarschaft, oft gemeinsam in einer Straße. Noch heute finden wir in alten Städten Straßennamen wie „Webergasse“ oder „Färbergraben“. Die Zünfte gaben sich eine Zunftordnung und beeinflussten damit die gesamte handwerkliche Wirtschaft einer Stadt.

Vorschriften der Zünfte

Worin bestanden aber die wirtschaftlichen Interessen einer Zunft, wie organisierten die Zünfte im Mittelalter das wirtschaftliche Leben in ihrer Stadt? Heute kennt man marktwirtschaftliche Schlagworte wie z. B.: „Angebot und Nachfrage bestimmen den Preis“ oder „Konkurrenz belebt das Geschäft“. Jeder weiß, wer dem Konkurrenten in Preis und Qualität nicht standhalten kann, macht Pleite. Im mittelalterlichen Zunftwesen sah das alles ganz anders aus!
Alle Meister eines Berufes mussten der Zunft angehören. Um zu vermeiden, dass zu viele Betriebe und damit zu große Konkurrenz entstand, wurde oft die Zahl der Meister einer Zunft festgesetzt. Es wurde auch geregelt, dass höchstens fünf Gesellen bei einem Meister arbeiten durften. Pro Meisterbetrieb durften nur begrenzte Mengen hergestellt werden, damit alle Zunftmeister der Stadt Kunden und Arbeit

Zunftzwang

In vielen Städten gelang es den Zunftmeistern, beim Stadtherren oder Stadtrat einen Zunftzwang durchzusetzen. Das bedeutete, dass ortsfremde Handwerker in der Stadt keine neuen Betriebe eröffnen durften. Überhaupt wurde die Anzahl der Betriebe in einer Stadt eng begrenzt. Eine Ausbildung wurde nur einigen ermöglicht, deren Eltern meist schon im gleichen Handwerk tätig waren.

Q2 Ein Schneidermeister nimmt Maß bei einem Kunden
Wollstoff wird vom Ballen geschnitten und anschließend von Schneidergesellen vernäht.
Italien, 14. Jahrhundert.

hatten. Ein junger Handwerker konnte nach langjähriger Ausbildung als Lehrling und Geselle nur dann Meister werden, wenn die Zunft sein Meisterstück anerkannte und er einen bestimmten Geldbetrag an die Zunftkasse zahlte. Darüber hinaus setzte die Zunft gemeinsam die Preise fest, sie achtete auf die Qualität der hergestellten Güter, bestätigte diese mit ihrem „Gütesiegel“ und bestrafte Meister, die die strengen Vorschriften nicht einhielten.

Zunftmitglieder halten zusammen …

Die Zünfte sahen ihre Aufgaben aber nicht nur im wirtschaftlichen Bereich, sie kümmerten sich auch um ihre Mitglieder. Die Zunftmeister zahlten gemeinsam in die Zunftkasse, aus der die Hinterbliebenen eines verstorbenen Meisters unterstützt wurden. Ebenso wurde bei schwerer Krankheit oder in anderen Notfällen geholfen. Jede Zunft richtete eine Zunftstube oder ein Zunfthaus ein, in dem sich die Meister zu ihren Zunftabenden trafen und mit ihren Familien die großen Feste feierten. Die Zünfte übernahmen auch andere Aufgaben innerhalb der Stadtgemeinschaft: Sie kümmerten sich um die Instandhaltung, Bewachung und Verteidigung eines Teils der Stadtmauer oder eines Wehrturms. Oft stifteten sie in einer Kirche einen Altar, wo sie ihre Bittgottesdienste und Andachten abhielten.

… und regeln das Leben des Einzelnen

Ein Beispiel aus Hildesheim zeigt, dass das Zunftleben aber nicht konfliktfrei verlief. Dort wollte die Witwe eines Leinewebermeisters nach dem Tode ihres Mannes zusammen mit ihrer Tochter den kleinen Betrieb selbstständig weiterführen – das war nicht gerade üblich. Gleich nach der Beerdigung hatte die Zunft in ihrem Versammlungshaus ein Totenmahl ausgerichtet. Schon dabei wurde die Witwe bedrängt, möglichst bald einen verwitweten Meister zu heiraten, das wäre für alle die beste und einfachste Lösung. Doch die Witwe wollte nicht. Schließlich hätte sie das Handwerk bei ihrer Mutter gelernt, die Prüfungen abgelegt und auch im Betrieb ihres Mannes den Hauptteil der Arbeit erledigt. Schließlich einigten sich die Witwe und die Zunftmeister auf einen Kompromiss: Die Witwe konnte selbstständig bleiben, aber ohne Lehrlinge oder Gesellen und ohne das Recht auf Weitervererbung des Betriebes an die Tochter.

Zunftmeister wollen in den Rat

So bedeutsam die Aufgaben der Zünfte für die Wirtschaft und die Gesellschaft einer Stadt waren, alle wichtigen Entscheidungen zum Zusammenleben wurden nach wie vor im Stadtrat gefasst, z. B. zur Einrichtung und den Arbeitsbedingungen von Zünften. Die immer selbstbewussteren Zunftmeister wollten dies nicht allein den Patriziern überlassen, sondern an der Stadtherrschaft beteiligt sein und in den Stadtrat aufgenommen werden. Häufig versuchten sie dieses Ziel sogar gewaltsam zu erreichen, wobei meist die Weber eine Vorreiterrolle übernahmen.

Q3 Bestimmungen in einer Zunftordnung

Die Straßburger Tucherzunft antwortet einer Anfrage der Wollweberzunft in Schweinfurt, 15. Jahrhundert:

Zum Ersten haben wir eine gemeinsame Stube, Haus und Hof, die uns zur Verfügung stehen. In dieser Stube kommen wir zusammen, um miteinander zu essen und zu trinken. Dort empfangen wir auch unsere Gäste. Wir wählen jährlich (...) einen redlichen Mann aus unserer Zunft in den Großen Rat. Außerdem bestimmen wir einen (...), der in den Kleinen Rat oder in das Gericht (...) abgeordnet wird. Desgleichen bestimmen alle anderen Zünfte, von denen es insgesamt 28 gibt, jeweils einen redlichen Mann für den Großen Rat. (...)

(Der Vorsteher und vier Meister leiten die Zunft. Ein weiteres Fünfergremium übernimmt folgende Aufgaben): Diese fünf müssen schwören alle Tuche zu prüfen, die guten, die keine Fehler aufweisen, besiegeln, außerdem diejenigen, die kleine Fehler haben, mit einem besonderen Siegel kennzeichnen und den ganz fehlerhaften Tuchen ein Siegel verwehren. (...)

Weiterhin lassen wir auch jede Nacht ein Zunftmitglied mit seinem einfachen Harnisch (Rüstung) und Gewehr zusammen mit anderen aus den anderen Zünften auf Wache gehen. (...) Weiterhin ist uns zusammen mit zwei anderen Zünften eine Stelle an der Stadtmauer übergeben worden, um (...) zu schließen und zu öffnen. (...)

Wenn jemand das Handwerk ausüben will, so muss er die Zunftmitgliedschaft mit dem dafür erforderlichen Betrag (...) erwerben. Dieses Geld wird zum Nutzen der gesamten Zunft verwandt. (...)

Wenn jemand unser Stubenrecht oder die Zunftmitgliedschaft erwirbt oder einem von uns Freud oder Leid widerfährt, so bewirten wir ihn auf unserer Stube. (...)

Weiterhin (...) sind wir verpflichtet, wenn (...) ein Aufruhr in der Stadt ausbricht, unter unserem Banner mit unserem ganzen Harnisch samt unseren Zunftvorstehern auf einen Platz zu den anderen Zünften zu ziehen, die auch jeweils ihr eigenes Banner haben. (...)

Außerdem sind aus allen Zünften etliche Leute dazu bestimmt, bei einem Feuer herbeizueilen, um zu löschen und das zu tun, was dann notwendig ist. (...)

Weiterhin unterhalten wir etliche Kerzen, die wir im Münster (...) brennen lassen.

Weiterhin begeht man am Fronleichnamstag eine feierliche und heilige Prozession zum Münster. (...) Als Erste gehen die Maurer; danach folgen die Ölmüller, die Müller und die Tuchscherer (...), die Weber, die Gerber, die Flickschneider.

Zit. nach: Peter Ketsch / Gerhard Schneider, Handwerk in der mittelalterlichen Stadt, Stuttgart 1985, S. 10–12.

Q4 Frauen beim Spinnen und am Webstuhl

Italien, frühes 15. Jahrhundert.

Q5 Amtsbrief der Zunft der Garnmacherinnen

In nur wenigen deutschen Städten existierten Frauenzünfte, z. B. in Köln. Dort beschloss der Rat 1397:

1. Wenn eine Frau oder ein Mädchen das Garnamt in Köln lernen will, so muss sie eine Lehrzeit von mindestens vier Jahren durchmachen, damit sie lernt, bestes Kaufmannsgut herzustellen. (...)

2. Wenn eine Frau oder ihre Tochter ein Lehrmädchen eingestellt hat, dann muss sie das innerhalb von acht Tagen der Zunft melden und den Namen des Mädchens dort eintragen lassen, damit man jederzeit einwandfrei nachweisen kann, dass es seine Lehrzeit erfüllt hat, wenn es sich später einmal niederlassen und seinen Beruf selbstständig ausüben will. (...)

3. Wenn eine Frau (...) sich selbstständig machen will, so sollen die Frauen, die darauf vereidigt sind, ihre Arbeit prüfen, ob es sich um Kaufmannsgut handelt oder nicht. Ist die Arbeit so, dass man sie dem Kaufmann übergeben kann, so darf sie ihren Beruf ausüben, nachdem sie zwei Gulden Eintrittsgebühr bezahlt hat; die Tochter einer Meisterin zahlt die Hälfte.

Zit. nach: Joachim Deeters / Johannes Helmrath (Hg.), Quellen zur Geschichte der Stadt Köln, Bd. 2, Köln 1996, S. 69–70.

Zünfte dringen in das Rathaus ein Q6

Im Jahr 1368 erzwangen die Zünfte in Augsburg ihre Beteiligung an der Stadtherrschaft. Je ein Vertreter der Weber, Bäcker, Kürschner, Metzger, Kaufleute und Bierbrauer betreten die Ratsstube, in der 30 Patrizier sitzen. Auf dem Kissen in der Mitte des Raumes liegen u. a. eine Bibel und die Schlüssel für die Truhe mit der Stadtkasse. Malerei im Ratsbuch von Augsburg, 16. Jahrhundert.

Q7 Die Weberherrschaft in Köln (1369–1370)

Ein unbekannter Verfasser berichtete über einen Volksauflauf zu Pfingsten 1369 vor dem Rathaus:

Da sprach ein Weber: „Ihr Herren, die Schöffen haben einen Mann in der Hacht (Haft) liegen. Über ihn, so wollen unsre Zunftgenossen, soll Gericht gehalten werden; denn er hat auf der Straße geraubt." „Ihr Herren", gab der Rat zur Antwort, „geduldet euch noch einige Tage, bis die Wahrheit an den Tag gebracht worden ist und man die Verteidigung gehört hat; dann mag er nach der Schöffen Urteil sein Leben verlieren."

Hierauf hielten die Weber eine Einigung ab und berieten, wie man den herrschenden Geschlechtern ihre Macht nehmen könne. Danach strebten sie zugleich mit allen Ämtern (Zünften) in der Stadt. (...) Es musste nach dem Willen der Weber gehen. Der neue Rat wurde in folgender Weise gebildet: Fünfzehn Männer wurden aus den Geschlechtern (Patriziern) gewählt, wie das von alters her Sitte war; daneben wurde noch ein weiterer Rat erkoren, der zählte fünfzig Mitglieder. In diesem Rate waren viele Ämter vertreten, Pelzer, Schmiede, Gürtelmacher, (...) von den Krämern waren zwei dabei (weitere folgen). Gott schlage mit Krankheit, die solches ersannen und es dahin brachten, dass die gute Stadt Köln mit solchen Ratsleuten besetzt wurde.

So trieben es die Weber und hatten es dabei so eingerichtet, dass sie die Mehrheit im Rate hatten und alles nach ihrem Willen gehen musste. Ihre Gewalt war so groß, dass es die Besten sehr verdross; aber sie konnten es nicht ändern. (...) Auch hatten sie die Schlüssel der Stadt, ihr Siegel und ihren Schatz.

Gottfried Guggenbühl/Otto Weiss (Hg.), Quellen zur allgemeinen Geschichte des Mittelalters, Zürich 1946, Nr. 103, S. 232.

Q8 Hufschmiede in der Werkstatt
Niederländisch, 14. Jahrhundert.
Erkläre die Arbeit in einer Schmiede. Wofür benötigte man die Lederschurze, den Schmelzofen, den Blasebalg und die große Zange?

Q9 Arbeitsgebiete der Schmiedezünfte

Regeln der Schmiedezünfte Magdeburgs, 1415:

Die Grobschmiede sollen es unterlassen, Sporen, Schlösser, Steigbügel, großes und kleines Zaumzeug herzustellen. Wer in die Grobschmiedezunft eintreten will, der soll ein Hufeisen, ein neues Pflugeisen und ein Handbeil herstellen. Diese soll er der Zunft zur Prüfung vorlegen. Werden diese für gut befunden, so soll man ihn zur Zunft zulassen. Und was in das Arbeitsgebiet der Grobschmiede fällt, soll niemand anders herstellen. (...) Die Kleinschmiede sollen es unterlassen, Hufe zu beschlagen, Pflüge, Räder, Äxte (...) herzustellen. Wer in die Kleinschmiedezunft eintreten will, der soll ein Schloss, ein Paar Bügel und ein Paar Sporen herstellen. (...) Auch soll sich niemand im Messererhandwerk betätigen und alte oder neue Messer herstellen, es sei denn, er hat dort die Zunftmitgliedschaft erlangt. (...) Die Nagelschmiede sollen all jene Gegenstände nicht herstellen, die für das Grob- und Kleinschmiedehandwerk vorgesehen sind. Sie dürfen aber das ohne Einschränkung schmieden, was allgemein zum Schmiedehandwerk gehört.

Zit. nach: Peter Ketsch/Gerhard Schneider: Handwerk in der mittelalterlichen Stadt, Stuttgart 1985.

Q10 Zünfte – nützlich oder schädlich für die Städte?

1439 veröffentlichte ein unbekannter Verfasser eine Flugschrift mit dem Titel „Reformatio Sigismundi". Der Autor benutzte den Namen des Kaisers Sigismund, um Reformen der Gesellschaft einzufordern:

Es ist auch zu wissen, dass in den Reichsstädten Zünfte erdacht worden sind. (...) Es ist eine sehr schädliche Sache, die da entstanden ist, wie Ihr hören werdet.
Zum Ersten: Die Zünfte sind gewaltig geworden, und setzt man von jeder Zunft drei oder vier in den Rat, um der Gemeinde und Stadt Nutzen und Ehre zu fördern, so ist das fromm und recht. Aber eins: Die arme Gemeinde, die ist betrogen; jeder missbraucht sein Handwerk, das er betreibt, dazu, dass er der Stadt gegenüber nicht ehrlich ist und der Gemeinde Übles zufügt, sei es im zu kleinen Backen, zu teuren Metzgern und dergleichen, das soll nun bestraft werden; der Stadt Ehre und den Nutzen der Gemeinde betreiben sie nicht.
Es sagt ein Handwerk dem andern: „Ich übersehe Dir etwas, tu Du das auch mit mir; dann wirst Du genauso Deinen Vorteil haben wie ich."

Übers. nach: Gisela Möncke (Hg.), Quellen zur Wirtschafts- und Sozialgeschichte mittel- und oberdeutscher Städte im Spätmittelalter, Darmstadt 1982, S. 298f.

Fragen und Anregungen

1. Arbeite die Bestimmungen der Tucherzunft heraus, die dir wichtig erscheinen (Q3).
2. Stell dir vor, die Straßburger Zünfte sollen aufgelöst werden. Verfasse eine Rede, in der du zeigst, welche Folgen das hätte. Gehe dabei auf die Leistungen der Zünfte für ihre Mitglieder und das städtische Leben ein (VT, Q3).
3. Erläutere mit deinen Worten die Vorwürfe, die den Zünften gemacht werden (Q10). Schreibe aus Sicht eines Zunftmeisters eine Antwort an den Kaiser.
4. Erkläre, warum Zünfte in den Stadtrat drängten. Wie reagierten die patrizischen Ratsherren (Q6, 7)?
5. Erarbeite die Entwicklung der Stadtherrschaft im Mittelalter (VT des vorigen und dieses Kapitels).

Mittelalterliche Zeugnisse in einer heutigen Stadt entdecken

Dass die meisten deutschen Städte im Mittelalter entstanden sind, sieht man noch heute: Oft sind die Kirchen, das Rathaus oder Mauerreste und die alte Straßenführung erhalten. Allerdings haben sich die Städte in den vergangenen 500 Jahren stark verändert: durch Brandkatastrophen oder die Bombenzerstörungen im Zweiten Weltkrieg, das Wachstum seit dem 19. Jahrhundert, den Abriss baufälliger Häuser, Neubauten und Autostraßen. Trotzdem fällt das Mittelalter in den heutigen Städten heute noch ins Auge. Doch Vorsicht: In vielen Städten gibt es Gebäude im mittelalterlichen Stil, die gar nicht aus dem Mittelalter, sondern aus dem 19. oder 20. Jahrhundert stammen. Für eine Erkundung eignet sich Freiburg. Im Mittelalter war es eine mittelgroße Stadt (ca. 9000 Einwohner). Im 19. Jahrhundert wuchs sie zu einer Großstadt heran. Im Zweiten Weltkrieg wurde sie stark zerstört. Um mittelalterliche Spuren im heutigen Freiburg zu finden, lies folgende Informationen. Verorte die Gebäude und Straßen auf dem Stadtplan (D1) und versuche, möglichst viele davon auf dem Plan von 1644 (Q6) wiederzufinden.

Q1 Das älteste *Rathaus* ist die Gerichtslaube im Hof des heutigen Alten Rathaus. Hier hat ab dem 14. Jahrhundert der Rat der Stadt getagt, später hielt man hier Gericht. Das Gebäude wurde 1944 bei einem Bombenangriff bis auf die Grundmauern zerstört und 1979 wieder aufgebaut.

Q2 Die Bächle lieferten auf einer Länge von ca. 7 km Brauchwasser, das Einleiten von Abwässern war verboten. Freiburg ist eine der wenigen Städte, in der mittelalterliche *Wasserleitungen* erhalten sind.

Q3 Das Münster (rechts, erbaut 1200 bis 1500) war die Hauptpfarrkirche der Stadt. Die Stadt konnte sich eine solche gewaltige *Kirche* nur leisten, weil sie Silberminen im Schwarzwald besaß.

Q4 Im Historischen Kaufhaus von 1520 saß die Markt- und Zollverwaltung der Stadt. Es steht direkt am Münsterplatz, der zunächst als Friedhof und seit dem 16. Jahrhundert auch als Marktplatz diente. Zuvor fand der *Markt* auf der „Großen Gass“, der heutigen Kaiser-Joseph-Straße, statt.

Q5 Martinstor
Von den fünf mittelalterlichen *Stadttoren* sind zwei erhalten. Das ältere ist das Martinstor, das 1210 entstand, aber häufig umgebaut wurde. Außerdem steht noch das Schwabentor.

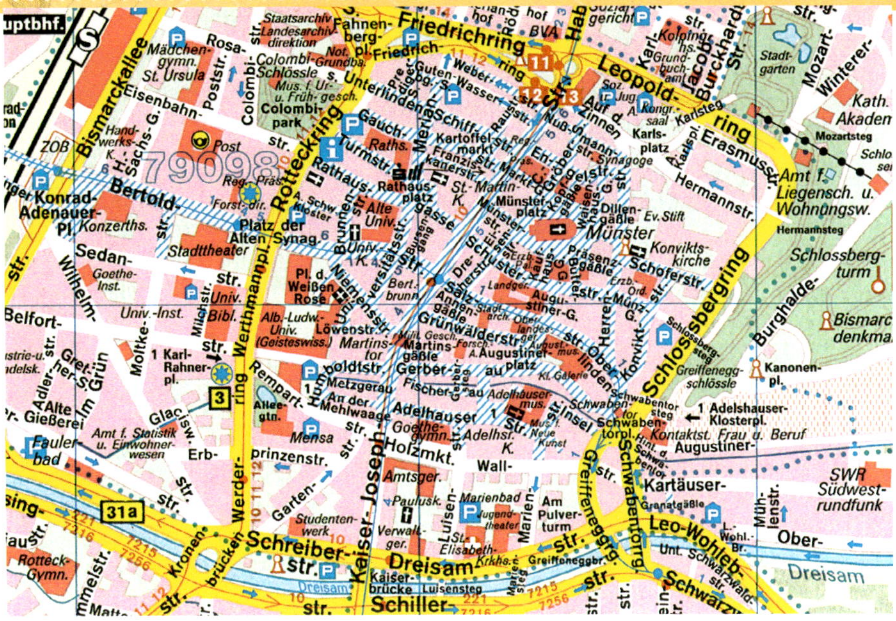

Das Stadtzentrum von Freiburg heute D1
Straßennamen geben oft Auskunft über die Geschichte der Stadt. Die „Weberstraße" lässt auf ein Wohnviertel von Handwerkern und die „Insel" auf frühere Wasserläufe schließen. In der „Franziskanerstraße" befand sich das Franziskanerkloster.

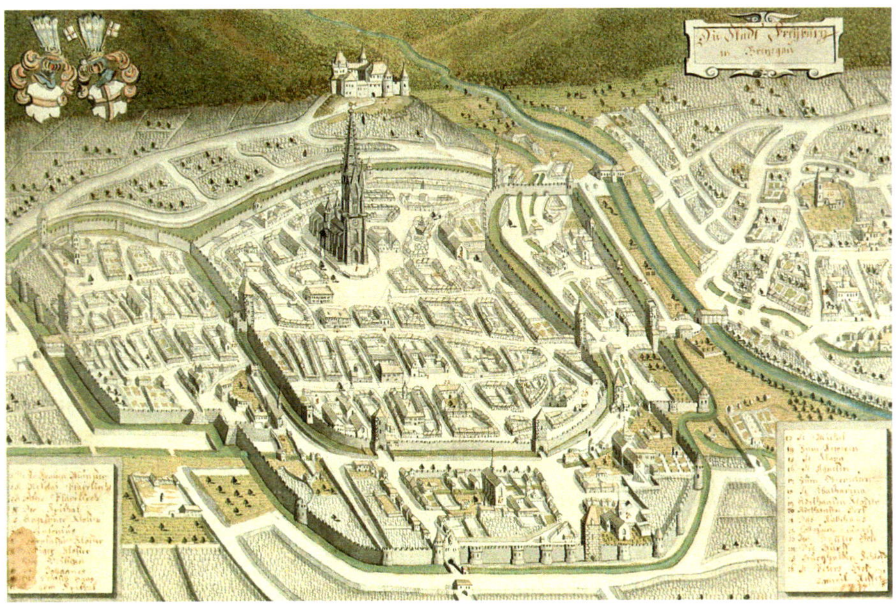

Freiburg 1644 Q6
Stich von M. Merian. Auf dem Schlossberg lag im Mittelalter eine Burg, von der nichts mehr erhalten ist. Von dort oben konnte der adlige Stadtherr seine Stadt gut überblicken und verteidigen. *Stadtmauern* und Wallanlagen umgaben die Stadt. Sie wurden im 17. Jahrhundert weiter ausgebaut und danach abgebrochen, als die Stadt wuchs und man sie nicht mehr benötigte. Der Platz wurde teilweise für eine Ringstraße genutzt. Hinter den Häusern an der Gerberau sind noch Reste der mittelalterlichen Mauer zu sehen.

Fragen und Anregungen

Sucht selbst Spuren des Mittelalters in eurer Stadt:

1. Besorgt euch einen Stadtplan zur Orientierung und evtl. weitere Informationen aus Stadtführern.
2. Erkundet in kleinen Gruppen einzelne Bereiche der Stadt: Wall/Mauer, Tore, Kirchen, Klöster, Dom, Märkte/Plätze, Straßen, Hausnamen, Rathaus, öffentliche Gebäude oder Einrichtungen (Brunnen, Festhaus, Spital usw.), Burg/Herrensitz.
3. Nun müsst ihr eure Ergebnisse festhalten: Verzeichnet die Funde im Stadtplan. Fotografiert oder zeichnet sie oder kopiert sie aus einem Stadtprospekt. Erkundet die frühere und die heutige Nutzung. Stellt fest, ob und wie sie umgebaut oder renoviert wurden.
4. Die Ergebnisse könnt ihr in einem selbst gezeichneten Stadtplan eintragen oder aufkleben.

4. Fernhandel – ein schwieriges Geschäft

12. Jahrhundert	Norditalienische Handelsgesellschaften erobern das Mittelmeer.
13.–15. Jahrhundert	Der Städtebund der Hanse beherrscht den nordeuropäischen Handel.
16. Jahrhundert	Niedergang der Hanse durch den Aufstieg der Konkurrenten in England, Holland und Skandinavien.

Die Kogge, ein Handels- und Frachtschiff, D1 löste seit dem 13. Jahrhundert im Nord- und Ostseeraum die bis dahin gebräuchlichen Schiffe ab. Die Kogge konnte ca. 100 Tonnen laden; ein Fuhrwerk konnte auf dem Landweg ca. zwei Tonnen transportieren. Rekonstruiertes Modell (ca. 20 cm lang).

Reisen – eine beschwerliche und gefährliche Sache

Wenn wir heute in Europa verreisen, bringen uns Eisenbahn oder Auto in wenigen Stunden bequem und sorglos über hunderte von Kilometern. Von solch unbeschwertem Reisen konnte ein mittelalterlicher Kaufmann nur träumen: Mit seinem schwerbepackten Fuhrwerk schaffte er vielleicht 30 km am Tag – wenn die Straßen trocken waren und ihn nicht Wegelagerer überfielen. Auf See kam er zwar schneller voran, aber Unwetter und Piraten bedrohten seine Fahrt. In fast jeder Stadt galt eine andere Währung. Sondersteuern, Erpressung durch Stadt- oder Landesherren, Zollstellen und teuer erkaufte Handelserlaubnisse erschwerten zusätzlich das Geschäft.

Kaufleute vertreten ihre Interessen

Trotz dieser Hindernisse waren es die Kaufleute, die mit ihren Handelsbeziehungen Kontakte über weite Entfernungen – z. B. vom heutigen Belgien bis nach Russland – aufrechterhielten. Lag es da nicht nahe, sich zusammenzuschließen und – ähnlich wie die Handwerker in den Zünften – ihre Interessen gemeinsam zu vertreten? Genau das taten die Kaufleute seit dem 12. Jahrhundert überall in Europa! So entstanden die Gilden. In Norditalien, z. B. in Venedig, Pisa, Genua, entwickelten sich mächtige Handelsgesellschaften, die durch den Orienthandel und den Transport und die Versorgung von Schiffsbesatzungen reich geworden waren. Nördlich der Alpen gründeten sich zahlreiche Städtebünde, beispielsweise im Rheinland und in Sachsen. Der bedeutendste Städtebund war die Hanse.

Gilde

Eine Gilde ist ein freiwilliger und durch einen Schwur besiegelter Zusammenschluss von Kaufleuten. Die Mitglieder verpflichteten sich zu gegenseitiger Hilfe (z. B. bei Schiffbruch auf Fernreisen) und regelten ihre Angelegenheiten gemeinsam. In den Städten vertraten sie die Interessen der Kaufleute, im 14. und 15. Jahrhundert wird der Begriff für unterschiedliche Organisationen verwendet, z. B. für Bettler- und Studentengilden.

Die Hanse beherrscht Nordeuropa

Zunächst schlossen sich einzelne Kaufleute zur gemeinsamen Fahrt zusammen, zu einer „Hanse“ (Schar). Mit der bauchigen Kogge, die mehr laden konnte und schneller segelte, überflügelten sie bald die Ruderschiffe der skandinavischen Konkurrenz. Als dann viele deutsche Siedler in den Osten zogen, wuchsen Verkehr und Handel in der Ostsee. Überall gründeten die Kaufleute Handelsniederlassungen (Kontore) mit großen Warenlagern, Büros und eigener Kirche. Die berühmtesten Kontore waren der Petershof in Nowgorod und der Stalhof in London. Im Laufe des 13. Jahrhunderts waren die Kaufleute sesshaft geworden und lenkten ihre Geschäfte von einer Zentrale aus. Bankgeschäfte konnten sie über große Entfernungen abwickeln. Das bedeutete auch, dass die Kaufleute lesen und schreiben können mussten.
Überall schlossen die Kaufleute Verträge mit Städten und Fürsten. Das schützte die Hansemitglieder und ihre Waren vor fremdem Zugriff. Oft erlangten sie besondere Handelsvorrechte wie Zollfreiheit oder den Ausschluss der Konkurrenz. Der Einfluss der Hanse wuchs so mächtig an, dass sie wie ein Königreich Kriege führte und Bündnisse schloss: 1370 im Frieden von Stralsund zwang sie den dänischen König anzuerkennen, dass die Königswahl nur mit Zustimmung der Hanse gültig war.

Lübeck wird „Hauptstadt“ der Hanse

1358 ist erstmals der Name „Deutsche Hanse“ bezeugt. Aus der Hanse einzelner Kaufleute war jetzt ein Städtebund, die Städtehanse, entstanden, denn die zu Reichtum gelangten Kaufleute bestimmten die Politik ihrer Städte. In Lübeck – der wichtigsten Drehscheibe zwischen Ost- und Nordseehandel – trafen sich die Vertreter der rund 150 Hansestädte zu Hansetagen. Sie fassten Beschlüsse, an die sich alle halten mussten, denn die Kaufleute unterstanden der Kontrolle und dem Gericht der Hanse. Gegen vertragsbrüchige Städte oder Konkurrenten konnte der Hansetag beispielsweise einen Handelsboykott verhängen.

Niedergang und neue Handelswege

Zunehmend drangen Kaufleute aus England, Skandinavien, Holland und Süddeutschland – unterstützt von der wachsenden Macht ihrer Könige oder Landesherren – mit eigenen Produkten in den Ostseeraum vor. Seit dem 15. Jahrhundert konnte sich die Hanse dagegen immer weniger behaupten; sie verlor viele Privilegien. Mit der „Entdeckung“ Amerikas schließlich verlagerten sich die Handelsrouten und -zentren in die Länder am Atlantischen Ozean: Spanien, Portugal, dann auch England, Holland und Frankreich bestimmten jetzt den Handel.

Schiffbruch Q1
Mit diesem Epitaph (Erinnerungstafel für einen Verstorbenen) in der Lübecker Marienkirche gedachten die Verwandten von Hans Ben dessen Schiffbruch und Tod zusammen mit 33 Mann auf der Fahrt nach Bergen (Norwegen) im Jahr 1489. Das Gemälde wurde 1942 durch einen Bombenangriff im Krieg zerstört.

Privileg

Ein Privileg ist das von einem König oder Fürsten gewährte Vorrecht für bestimmte Personen oder Stände. Privilegien waren z. B. die Befreiung von Steuern und Abgaben, die Verleihung des Markt- und Münzrechtes oder das Verbot, Geistliche vor ein weltliches Gericht zu bringen.

Q2 Ratsmänner und Bürgerschaft Bremens

Die bremischen Kaufleute waren 1275 aus der Hanse ausgeschlossen worden, weil sie sich geweigert hatten, an einer Blockade Norwegens teilzunehmen. Im Jahr 1358 nahm die Stadt Bremen folgende Bedingungen zur Wiederaufnahme in die Hanse an:

Wir, Ratmänner und Bürgerschaft der Stadt Bremen, richten unseren unendlichen Dank an die ehrbaren Herren Ratmänner der Seestädte und der anderen Städte, ebenso an den gemeinen Kaufmann von der deutschen Hanse des Heiligen Römischen Reiches dafür, dass sie uns in Gnade wieder aufgenommen haben, dass sie uns an den Privilegien und Vorrechten des genannten Kaufmanns teilnehmen lassen, da wir ja bekanntlich in jüngst vergangener Zeit außerhalb der Privilegien standen. (...) Wir machen allen (...) bekannt (...), dass wir die folgenden Klauseln und Bedingungen genauestens beachten werden. (...)

Erstens, wann und wie oft auch immer wir von dem Rat der folgenden Städte angesprochen werden, nämlich von Lübeck, Wismar, Rostock, Stralsund und Greifswald, wollen wir zum Vorteil und Nutzen aller vorgenannten Kaufleute, zur Sicherung und Verteidigung des Öresundes ein gutes Schiff, ausgerüstet mit 50 Bewaffneten und anderen Kriegswaffen bereitstellen und dorthin senden, auf unsere Kosten und Gefahr; und wenn Gott uns den Sieg gibt, uns und unseren Verbündeten, über die Seeräuber und andere Angreifer (...) wollen wir die Beute mit unseren Verbündeten nach der Zahl der Beteiligten teilen. Desgleichen wollen wir wann und wie oft auch immer wir vom Rat von Hamburg zur Verteidigung der Elbe aufgefordert werden, auf einem Schiff 100 Bewaffnete bereitstellen und auf die Elbe schicken, ebenfalls auf unsere Kosten und Gefahr. (...) Und wenn es notwendig sein sollte, mehr Leute zu schicken, so wollen wir das ohne Widerspruch tun.

Weiterhin wollen wir alle Entscheidungen, die von den Ratmännern der vorgenannten Städte im Namen aller erwähnten Kaufleute gefällt worden sind, genauestens befolgen. Wenn einer unserer Bürger es wagen sollte, mit seinen Schiffen und Waren Orte anzulaufen, über die von den Ratmännern und den genannten Kaufleuten Blockade verhängt wurde[1], und so gegen die Entscheidungen verstößt, so soll er seine Güter und sein Leben verlieren.

1 Gemeint ist die 1358 von der Hanse verhängte Blockade Flanderns.
Zit. nach: Philippe Dollinger, Die Hanse, 5. Aufl., Stuttgart 1998, S. 538f.

D2 Ein- und Ausfuhr im Lübecker Hafen
Innerhalb eines Jahres (18. 3. 1368 bis 10. 3. 1369) wurden im Lübecker Hafen folgende Waren ein- und ausgeführt (Wertangaben in Tausend Mark lübisch). Du kannst selbst als Hansekaufmann Waren handeln. Schau auf die CD-ROM „Geschichte und Geschehen multimedial".

Ware	Hauptherkunft	Einfuhr	Ausfuhr	Summe
Tuche	Flandern	120,8	39,7	160,5
Fisch	Schonen	64,7	6,1	70,8
Salz	Lüneburg	–	61,6	61,6
Butter	Schweden	19,2	6,8	26
Felle, Pelze	Russland, Schweden	13,3	3,7	17
Getreide	Preußen	13	0,8	13,8
Wachs	Russland, Preußen	7,2	5,8	13
Bier	Wendische Städte	4,1	1,9	6
Kupfer	Schweden, Ungarn	2,2	2,4	4,6
Eisen	Schweden, Ungarn	2,4	2,2	4,6
Öl	Flandern	2,7	1,5	4,2
Flachs	Livland, Norddeutschland	0,4	3	3,4
Wein	Rheinland	1,3	0,9	2,2
Leinen	Westfalen	0,2	1,1	1,3

Q3 Ausbildung eines Kaufmanns

Der Nürnberger Rats- und Handelsherr Christoph Fürer erinnert sich an seine Jugend- und Lehrjahre:

Ich, Christoph Fürer, zweiter Sohn des Sigmund Fürer und der Tucherin, am 9. Mai (…) 1479 geboren, habe mein Leben und Wesen geführt wie nachfolgt: Erstlich bin ich zu Nürnberg im Spital in die lateinische Schule gegangen, danach bald herausgenommen und zu einem Deutschen, genannt Guldenschreiber, gelassen worden, von dort in die Rechenschule zu einem, genannt Kolberger, gelassen worden. Als ich ungefähr 13 Jahre alt gewesen bin, (…) als mir mein Vater Stiefel, Sporn, Pferd und alles Zubehör gekauft hat, bin ich zusammen mit Martin Grazen, einem Bürger, aufgesessen und gen Venedig geritten. Dort bin ich drei Jahre lang in Ausbildung bei Hans Hesslein gewesen und habe jedes Jahr einem Italiener 24 Dukaten an Kostgeld gegeben. (…) Als ich aus Italien wieder nach Nürnberg kam, schickte mich mein Vater im übernächsten Jahr wieder dorthin, gab mir 3000 Dukaten, die ich gut für ihn anlegen sollte, was ich auch tat. Und es ging mir damit glücklich, ich gewann wohl daran. Wäre mein Vater mir gefolgt und hätte ein klein wenig länger ausgehalten, dann hätte er viel mehr gewonnen. Als ich ungefähr 18 oder 19 Jahre war, tat mein Vater mich nach Grefenthal auf die (Erz)hütte (…) und ich wurde nach Eisleben geschickt, um den Handel dort zu verwalten. Indes flüchtete Sebalt Melber, der in Arnstädt unser Diener war, vielleicht aus Furcht vor mir und weil seine Rechnung nicht ordentlich war; er ließ den Handel also verwaist, weswegen ich ihn zusammen mit dem Grefenthaler Handel übernehmen musste. Und als ich dort zwei Jahre gewesen war, (…) zog ich zur Hochzeit meiner Schwester nach Nürnberg. Indes starb mein Vater und mir wurde befohlen, den ganzen Arnstädter Handel zu Nürnberg an Stelle meines Vaters zu verwalten, welches ungefähr im meinem 21. Lebensjahr war.

Gisela Möncke (Hg.), Quellen zur Wirtschafts- und Sozialgeschichte mittel- und oberdeutscher Städte im Spätmittelalter, Darmstadt 1982, S. 394–396.

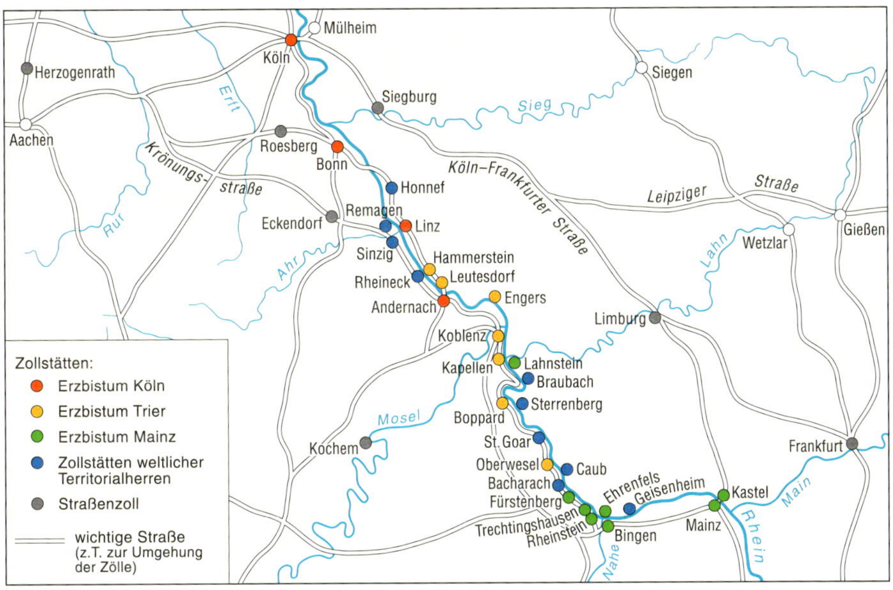

D3 Zollstätten am Rhein bis 1500

Seit dem 13. Jahrhundert ging das Zollrecht vom König an die Bischöfe und Landesherren über. Sie errichteten zahlreiche Zollstationen am Rhein, der wichtigsten Handelsroute in Deutschland.

Fragen und Anregungen

1. Untersuche, mit welchen Mitteln die Hanse ihre Interessen durchsetzte. Erkläre, warum Bremen unbedingt wieder Mitglied werden wollte (Q2).
2. Trage die Herkunft der Handelswaren (D2) in eine selbst gefertigte Karte ein. Stelle die wichtigsten Waren und Handelswege vor (s. auch ADS).
3. Nenne Alter und Ausbildungsstationen Christoph Fürers (Q3). Was konnte er alles mit 21 Jahren?
4. Überlege, warum die Zollstätten am Rhein zwischen Köln und Mainz gerade hier so dicht lagen (D3). Welche Folgen hatte das für den Handel?
5. Schreibe als Überlebende/r einen Bericht über den Schiffbruch an die Witwe von Hans Ben (Q1).
6. Erkläre, warum sich die Kaufleute trotz der Gefahren und Schwierigkeiten immer wieder auf Handelsfahrt begaben.

5. Juden im Mittelalter: willkommen, geduldet, verfolgt

um 800	Karl der Große unterstellt die Juden seines Reiches seinem persönlichen Schutz. An seinem Hof leben jüdische Kaufleute und Gelehrte.
1096	Nach dem Aufruf zum Ersten Kreuzzug verüben einige Kreuzfahrer Massaker an Juden.
1215	Die christliche Kirche schließt Juden in ganz Europa aus dem Handwerk und vom Landbesitz aus. Sie müssen zudem an ihrer Kleidung erkennbar sein.
1435	Nachdem Christen wieder Geld verleihen dürfen, verlieren die Juden diese ihnen verbliebene Einnahmequelle und werden aus vielen Städten vertrieben.

Wormser Jüdin in städtischer Tracht, 16. Jahrhundert Q1
Außerhalb des Judenviertels musste sie sich durch einen gelben Ring kenntlich machen.

1084: willkommen 1096: verfolgt

1084 lud Bischof Rüdiger Juden in seinen eben zur Stadt erhobenen Sitz Speyer ein. Er gewährte ihnen volle Freiheit und wies ihnen einen Wohnbezirk mit Begräbnisplatz zu, den er zu ihrer Sicherheit mit einer Mauer umgeben ließ. Auch am militärischen Schutz Speyers beteiligte er sie. 1096, nur wenige Jahre später, zu Beginn des Ersten Kreuzzuges, wurden im Rheinland Tausende Juden ermordet oder begingen wegen der Belagerung ihrer Wohnbezirke verzweifelt Selbstmord. Wie erklären sich so widersprüchlich erscheinende Vorgänge innerhalb kurzer Zeit?

Juden leisten Abgaben

Schon Karl der Große wusste, warum er Juden in seinem Reich willkommen hieß. Er stellte sie selbst, ihr persönliches Eigentum und ihre ungestörte freie Tätigkeit als Händler unter seinen persönlichen Schutz. Als Volk der Bibel gestattete er ihnen die freie Ausübung der Religion. Untereinander erlaubte er ihnen die Anwendung ihres eigenen, aus dem jüdischen Glauben stammenden Rechts. Dafür schuldeten die Juden ihm neben Gefolgschaft und Treue auch Abgaben – und beides konnte Karl beim Aufbau und Erhalt seines Reiches gut gebrauchen.

Weitverzweigte Handelsbeziehungen

Auch Bischof Rüdiger wusste 1084, warum er Juden in seine neue Stadt Speyer einlud. Mit ihren Handelsbeziehungen erhöhten die jüdischen Fernhändler und Kaufleute durch Zölle und Steuern die Einnahmen der Städte. Damit leisteten die jüdischen Gemeinden einen erheblichen Beitrag zum Aufbau und Ausbau der Städte. Vielfach fiel wohlhabenden jüdischen Fernhändlern auch die wirtschaftlich wichtige Rolle als Geldverleiher zu, weil es Christen lange Zeit verboten war, Zinsen zu nehmen.

Gelehrte und Ärzte

Aus wohlhabenden Händlerfamilien entstammten bedeutende Religionsgelehrte, die die jüdischen Gemeinden über die Stadtgrenzen hinaus bekannt machten. Auch als Ärzte und in anderen Bereichen, die Bildung erforderten, waren oft Juden anzutreffen. Viele Juden waren gebildeter als andere Stadtbewohner, denn alle jüdischen Jungen und auch manche Mädchen lernten schon früh lesen und schreiben. Das konnte die große Mehrheit der übrigen Bevölkerung nicht.

Die jüdischen Gemeinden hatten also großen Anteil am wirtschaftlichen und kulturellen Leben der Städte. Wieso wurden sie dann immer wieder Opfer gewalttätiger Übergriffe? Die meisten Juden traten nicht zum Christentum über, sondern blieben ihrer Religion treu. Wegen ihrer andersartigen Tracht und religiösen Gebräuche wurden sie von der christlichen Bevölkerung schon seit dem frühen Mittelalter mit Misstrauen betrachtet. Dazu kam der Vorwurf, am Kreuzestod Christi schuld zu sein. Viele Berufe blieben Juden verschlossen. Sie durften z.B. keiner Zunft beitreten und konnten als Handwerker nur für die jüdische Gemeinde arbeiten. Viele Juden lebten daher an der Armutsgrenze. Einige wichen auf das Geldverleihen aus, wobei sie wegen des beträchtlichen Risikos (z.B. Bankrott eines Händlers) hohe Zinsen nehmen mussten. Dies erregte den Neid der Mitbürger und trug ihnen den Ruf als „jüdische Wucherer" ein.

Vom Mitbürger zum Sündenbock: Misstrauen und Neid

Im Jahr 1096, zur Zeit der religiösen Begeisterung der Christen anlässlich des Ersten Kreuzzugs, schlug vor allem im Rheinland Misstrauen und Neid in Plünderungen, Folter und Mord um. Auch später dienten Juden besonders in großen Notzeiten, für deren Ursachen die Stadtbevölkerung keine Erklärung finden konnte, als „Sündenbock".
So warfen viele Bewohner der jüdischen Minderheit in den Jahrzehnten der Pest nach 1348 vor, die Brunnen vergiftet zu haben. Brutale Übergriffe in zahlreichen Städten Mitteleuropas waren die Folge. Es wurde auch behauptet, die Juden würden geweihte Hostien entehren oder gar das Blut ermordeter christlicher Kinder bei ihren religiösen Feiern verwenden. Daran änderte auch die Verurteilung derartiger Gerüchte durch Kaiser und Kirchenoberhäupter nichts.

Plünderung und Ermordung

Die Gräuelmärchen über die jüdische Minderheit führten im Laufe der Zeit mehr und mehr zu ihrer Isolierung von der übrigen Stadtbevölkerung. Schon seit etwa 1000 n. Chr. gab es das Verbot eines direkten Zusammenlebens von Juden und Christen: In den Städten entstanden Judenviertel oder Judengassen. Seit 1215 mussten Juden an ihrer Kleidung erkennbar sein, so z.B. gelbe Tuchstücke oder auch spitze, gelbe Hüte tragen. Im 16. Jahrhundert wiesen viele Stadträte den Juden ein räumlich beschränktes Wohnviertel (Getto) zu, in dem sie abgeschlossen von den übrigen Stadtbewohnern leben mussten.

Isolierung

Als es ab 1435 auch Christen wieder erlaubt war, gegen Zinsen Geld zu verleihen, verloren viele Städte das Interesse an Juden als steuerliche Einnahmequelle. Jüdische Familien wurden häufig aus den Städten ausgewiesen und mussten die eigenen Wohnviertel mit der Synagoge als Gemeindemittelpunkt verlassen. Viele von ihnen flohen nach Osteuropa und fanden u.a. in Polen Aufnahme. Dort bildete sich mit der Zeit aus mittelalterlichem Deutsch, hebräischen und polnischen Anteilen das „Jiddisch" als eigene Sprache heraus.

Vertreibung

Q2 **Jüdischer Arzt** und sein Patient. Holzschnitt, 1487.

Q3 Eine Frau, ein Mädchen, ein Geistlicher, ein Mönch und ein Jude vor dem König

Erkennst du die Personen? Welches Verhältnis zu seinen Untertanen wird in der Geste des Königs deutlich? Finde heraus, wofür die Lilie als Symbol steht.
Illustration im Rechtsbuch Sachsenspiegel, um 1300.

Q4 Privileg für die Juden von Worms

Kaiser Friedrich I. erneuerte alte Rechte, die schon sein Großvater den Wormser Juden gewährt hatte, 1157:

(2) Von den Sachen, die die Juden nach Erbrecht besitzen in Form von Grundstücken, Gärten, Weinbergen, Äckern, Knechten oder sonstigem beweglichem oder unbeweglichem Hab und Gut, soll sich keiner vermessen, irgendetwas wegzunehmen. In dem Freiraum, den sie an Baulichkeiten an der Stadtmauer innerhalb und außerhalb besitzen, soll sie keiner behindern. (…)

(4) Innerhalb des Gebietes Unseres Reiches dürfen sie frei und friedlich umherziehen, um ihre Geschäfte und ihren Handel auszuüben, um zu kaufen und zu verkaufen; und keiner soll von ihnen Zoll fordern noch irgendeine öffentliche und private Abgabe erheben. (…)

(7) Niemand soll sich herausnehmen, die Söhne oder Töchter der Juden gegen ihren Willen zu taufen, doch falls er gewaltsam (…) tauft, soll er zwölf Pfund Gold an das Schatzamt des Königs zahlen. Wenn aber einer von ihnen freiwillig getauft werden will, so soll dies drei Tage aufgeschoben werden, damit man eindeutig erkennen kann, ob er wirklich wegen des christlichen Glaubens oder wegen eines ihm zugefügten Unrechts sein Gesetz verlassen will. (…)

(13) Wenn jemand gegen einen von ihnen einen Plan ausheckt oder ihm nachstellt, um ihn zu töten, so sollen beide, Ratgeber und Mörder, zwölf Pfund Gold an das Schatzamt des Königs zahlen. (…) Wenn er nun aus Armut das Genannte nicht zahlen kann, (…) sollen ihm die Augen ausgestochen und die rechte Hand abgeschlagen werden.

(14) Wenn die Juden einen Streit oder eine Rechtssache untereinander zu entscheiden haben, sollen sie von ihresgleichen und nicht von anderen Leuten gerichtet werden. Und wenn unter ihnen einmal ein Treuloser die Wahrheit über eine unter ihnen verübte Tat verheimlichen will, so soll er gezwungen werden, dem, der ihr Bischof (Gemeindevorsteher) ist, die Wahrheit zu bekennen. Wenn sie aber wegen einer großen Sache beschuldigt werden, sollen sie eine Frist beim Kaiser erhalten, wenn sie wollen.

Zit. nach: Quellen zur deutschen Verfassungs-, Wirtschafts- und Sozialgeschichte bis 1250. Ausgewählt und übersetzt von L. Weinrich. Darmstadt 2000, S. 243 ff.

PROJEKT

Jüdisches Leben in unserer Stadt

Frage im Stadtarchiv, wo und wann Juden in deiner Stadt gelebt haben und welche Berufe sie hatten. Finde heraus, wo es heute jüdisches Leben in der Stadt gibt (z. B. eine jüdische Gemeinde, Feste) bzw. Spuren oder Erinnerungen (z. B. einen jüdischen Friedhof oder Denkmäler).

Judentum

Das Judentum ist eine der ältesten Religionsgemeinschaften der Welt. Ihre Anhänger glauben an den einen Gott, der die Welt geschaffen hat und sie lenkt. Durch Abraham und Mose habe Gott einen Bund mit den Israeliten, wie sich die Juden selbst nennen, geschlossen. Diesem Bund blieben sie auch in Zeiten der Verfolgung treu. In der Thora (hebr., d. h. Gesetz), wie die Juden die fünf Bücher Mose nennen, sind die göttlichen Gebote für die Menschen und ihr Verhältnis zu Gott niedergeschrieben. Zum Dienst an Gott gehört es daher, die Thora regelmäßig zu studieren. Im Talmud sind die Auslegungen der Thora gesammelt.

Der jüdische Wochenfeiertag ist der Sabbat (Samstag), außerdem begehen die Israeliten sieben über das Jahr verteilte religiöse Feste. Aus dem Judentum sind Christentum und Islam hervorgegangen. Heute leben weltweit etwa 18 Millionen Menschen jüdischen Glaubens.

Q5 Jüdische Gelehrte
halten ein Streitgespräch vor Studenten ab.
Illustration, 15. Jahrhundert.

Q7 Verfolgte Juden fliehen aus einer fränkischen Stadt
Illustration in einer Handschrift hebräischer Klagelieder.

Q6 Anschuldigungen und Verfolgung

Aus der Chronik der Stadt Straßburg, 1349:

Die Stadt hatte Geld aufgenommen von den Juden, hatte Rückzahlung zugesichert und ihnen dafür ordnungsmäßig gesiegelte Schutzbriefe gegeben. Und es bestand auch folgende gesetzliche Abmachung: Wer von ihnen geliehen hatte, musste höhere Zinsen zahlen. (…) Darum wurden sie verhasst bei vielen. Dazu fiel die Beschuldigung auf die Juden, dass sie die Brunnen und die (fließenden) Wasser sollten vergiftet haben. Darauf murrte das Volk und sie sprachen, man sollte sie verbrennen. (…) Doch gestanden sie nie, dass sie der (Brunnen-) Vergiftung schuldig wären. (…) (Bürgermeister und Rat) wollten nichts gegen den Schutzbrief tun, den die Juden hatten von der Stadt. Davon wollte das gemeine Volk nichts wissen. (…) Am Freitag fing man die Juden, am Samstag verbrannte man die Juden, deren waren schätzungsweise wohl gegen zweitausend. Die sich aber wollten lassen taufen, die ließ man leben. Es wurden auch gegen ihrer Mütter und ihrer Väter Willen viele junge Kinder aus dem Feuer genommen, die getauft wurden. Was man den Juden schuldig war, das war alles erledigt, und es wurden alle Schuldbriefe, die diese hatten, zurückgegeben. Das bare Geld, das sie hatten, das nahm der Rat und teilte es unter die Zünfte der Handwerker.

Zit. nach: Julius Höxter, Quellenlesebuch zur jüdischen Geschichte und Literatur, III. Teil, Frankfurt/Main 1927, S. 28–30. Bearb. d. Vf.

Fragen und Anregungen

1. Gestalte ein Plakat zur jüdischen Religion und Kultur im Mittelalter (VT, Q2 und 5, Begriffserklärung „Judentum"). Berücksichtige auch Bräuche und Alltagsleben.
2. Stelle in einer Übersicht alle Rechte zusammen, die Friedrich I. den Juden gewährte (Q4). In welcher Lebenssituation befanden sich die Juden?
3. Berichte über die Judenverfolgung in Straßburg. Gehe darauf ein, welche Vorwürfe den Juden gemacht wurden, welche Gruppen daran beteiligt waren und wie sie sich verhalten haben (Q6).
4. Willkommen, geduldet, verfolgt: Suche nach Beispielen für alle drei Verhaltensweisen gegenüber Juden und schreibe sie auf (VT, Q1, 3 und 7).
5. Welche Besonderheiten werden Minderheiten oder Ausländern heute nachgesagt? Wie kannst du überprüfen, ob diese Behauptungen berechtigt oder unberechtigt sind?

6. Feuer – Wasser – Seuchen: Umwelt und Überleben in der Stadt

13. Jahrhundert	Erste Wasserleitungen werden in den Städten gebaut.
1347/48	Die Beulenpest erfasst Europa. In Wellen kehrt sie bis ins 19. Jahrhundert immer wieder zurück.
ab dem 14. Jahrhundert	In ersten Städten werden Straßen gepflastert und eine Abwasserkanalisation angelegt.

Überlebenschancen?

In mittelalterlichen Städten starben mehr Menschen als geboren wurden – nur der Zuzug vom Lande ließ die Bevölkerung wachsen. Dass so viele Menschen starben, hatte vielerlei Gründe. Allen voran spielte das enge Zusammenleben in der Stadt eine entscheidende Rolle – besonders für die Ärmeren, die oft die Hälfte der Einwohner ausmachten. Als Wohnungen dienten häufig nur dürftige Verschläge ohne ausreichende Lüftung. In einem Bett schliefen meist mehrere Personen, Bett- und Leibwäsche wechselten sie selten.

Das Müllproblem und die Folgen

Ansteckung und Krankheit drohten auch sonst: Toiletten besaß in der Regel die Oberschicht. Unrat, Fäkalien und Hausmüll kippten die Städter einfach auf die Straße; die zahlreichen Schweine, Gänse und Hühner wühlten im Dreck nach Nahrung. Bei Regen versanken die Fußgänger im Schlamm, denn es gab noch selten gepflasterte Straßen und die wenigen Ablaufrinnen verstopften allzu oft. Besonders im Sommer durchzog heftiger Gestank die Gassen. Cholera, Typhus und andere ansteckende und damals tödliche Krankheiten konnten sich ausbreiten. Natürlich bemühte sich der Rat um Verbesserungen, aber es gab keine öffentliche Müllabfuhr und die privaten Abfallgruben und Latrinenschächte wurden nur selten geleert.

Verseuchtes Wasser

Die undichten Gruben verseuchten das Grundwasser und verunreinigten das aus den Brunnen geschöpfte Trinkwasser. Die ersten Wasserleitungen brachten nur wenig Besserung: Das Wasser stammte nämlich direkt aus den Flüssen oder Bächen, in die zugleich die Abfälle geworfen wurden. Dies erscheint uns heute als Nachlässigkeit, hängt aber mit der Unkenntnis über die Quellen der Krankheitserreger zusammen: Nach der Lehre des antiken Arztes Hippokrates glaubte man, dass giftige und ansteckende Ausdünstungen der Erde zu Krankheit und Tod führten.

Feuergefahr

Neben dem verunreinigten Wasser gefährdeten Feuersbrünste die Stadtbewohner. Denn die dicht stehenden Häuser waren meist aus Holz im Fachwerkbau errichtet und mit Holzschindeln oder Stroh gedeckt. Fast jede Stadt erlebte deshalb immer wieder verheerende Brandkatastrophen, obwohl der Rat strenge Vorschriften erließ. So durften die mit offenem Feuer arbeitenden Schmiede nur am Stadtrand arbeiten und Dachziegel aus Stein oder Ton wurden Pflicht. War ein Feuer ausgebrochen, rückten die Löschmannschaften, organisiert nach Zünften oder Nachbarschaften, mit Ledereimern und Spritzen an – oft vergeblich!

Die Pest fordert viele Opfer

Die schrecklichste Gefahr für das Leben der Stadtbewohner drohte aber von der Pest: Die hochansteckende, meist tödliche Krankheit wurde 1347 von italienischen Handelsschiffen von der Krim eingeschleppt. Innerhalb weniger Jahre breitete

sie sich über große Teile Europas aus; von da an tauchte sie regelmäßig in immer neuen Wellen wieder auf. Die Seuche raffte mancherorts bis zu einem Drittel der Bevölkerung dahin – zum Vergleich: Während des Zweiten Weltkrieges kamen in Westeuropa ungefähr fünf Prozent der Menschen um.
Es gab Städte, in denen über die Hälfte der Einwohner starb. Denn die Ratten fanden in den verschmutzten Gassen ideale Lebensbedingungen und der Rattenfloh übertrug die todbringende Ansteckung – diese Tatsache entdeckten Ärzte aber erst am Ende des 19. Jahrhunderts. Die Menschen im Mittelalter hielten die Pest für eine Strafe Gottes. Sie versuchten ihr mit Gebeten und frommen Wallfahrten zu begegnen; manche schlugen sich selbst zur Buße mit Peitschen blutig (Geißler). In vielen Städten ermordeten Einwohner Juden, weil diese angeblich die Brunnen vergiftet hätten.

Frömmigkeit und städtischer Wohlstand

Das Massensterben erschütterte und verunsicherte die Menschen; sie fürchteten sich vor einem allgegenwärtigen und plötzlichen Tod. Nur der Glaube versprach Trost und eine tiefe Frömmigkeit erfasste sie.
Auch auf das Wirtschaftsleben wirkte sich die Pest aus: Viele Handwerker und Gesellen waren gestorben. Überall fehlten Arbeitskräfte, sodass die Meister sie mit hohen Löhnen lockten – und deshalb auch die Preise erhöhten. Außerdem erbten die Überlebenden große Besitztümer, was ihnen ein besseres Leben erlaubte. Mancher Städter war also wohlhabender geworden oder verdiente mehr. So makaber es klingt: Die Stadt profitierte von der Pest.

Q1 **Der große Brand von Bern**
Am 14. Mai 1405 verwüstete eine Feuersbrunst die Stadt. Über hundert Menschen starben, ca. 550 Häuser wurden zerstört. Miniatur in einer Handschrift, 1405.

Q2 Der Tod ergreift alle – Standesunterschiede spielen keine Rolle mehr
Totentanz-Darstellungen gibt es seit den Pestwellen um 1350. Hier Auschnitte aus Basel, entstanden um 1440.

> *LITERATURTIPP*
>
> **Schwarzer Valentinstag**
> *spielt zur Zeit der Pest und der Judenverfolgung 1348/49 in Straßburg: Christoph und sein Vater sind wegen angeblicher Fälschung von Gewichten zum Tode verurteilt – sie suchen den wahren Schuldigen.*
>
> **Günther Bentele, Schwarzer Valentinstag, Stuttgart 1999.**

Q3 Die Pest in Florenz

In einer Erzählung schrieb der italienische Dichter Giovanni Boccaccio 1348–53:

Etwa zu Frühlingsanfang des genannten Jahres begann die Krankheit schrecklich und erstaunlich ihre verheerenden Wirkungen zu zeigen. Dabei war aber nicht, wie im Orient, das Nasenbluten ein offenbares Zeichen unvermeidlichen Todes, sondern es kamen zu Anfang der Krankheit gleichermaßen bei Mann und Weib an den Leisten oder in den Achselhöhlen gewisse Geschwulste zum Vorschein, die manchmal so groß wie ein gewöhnlicher Apfel, manchmal wie ein Ei wurden, bei den einen sich in größerer, bei den andern in geringerer Anzahl zeigten und schlechtweg Pestbeulen genannt wurden. (...)

Aus diesen und vielen anderen ähnlichen und schlimmeren Ereignissen entstand ein allgemeiner Schrecken, und mancherlei Vorkehrungen wurden von denen getroffen, die noch am Leben waren. Fast alle strebten zu ein und demselben grausamen Ziele hin, die Kranken nämlich und was zu ihnen gehörte, zu vermeiden und zu fliehen, in der Hoffnung, sich auf solche Weise selbst zu retten. Einige waren der Meinung, ein mäßiges Leben, frei von jeder Üppigkeit, vermöge die Widerstandskraft besonders zu stärken. (...) Andere aber waren der entgegengesetzten Meinung zugetan und versicherten, viel zu trinken, gut zu leben, mit Gesang und Scherz umherzugehen, in allen Dingen, soweit es sich tun ließe, seine Lust zu befriedigen und über jedes Ereignis zu lachen und zu spaßen, sei das sicherste Heilmittel für ein solches Übel. (...)

Wir wollen davon schweigen, dass ein Mitbürger den andern mied, dass der Nachbar fast nie den Nachbarn pflegte und die Verwandten einander selten oder nie besuchten; aber mit solchen Schrecken hatte dieses Elend die Brust der Männer wie der Frauen erfüllt, dass ein Bruder den andern im Stich ließ, der Onkel seinen Neffen, die Schwester den Bruder und oft die Frau den Mann, ja, was das Schrecklichste ist und kaum glaublich scheint: Vater und Mutter weigerten sich, ihre Kinder zu besuchen und zu pflegen, als wären es nicht die ihrigen. In dieser allgemeinen Entfremdung blieb den Männern und Frauen, die erkrankten – und ihre Zahl war unermesslich –, keine Hilfe außer dem Mitleid der wenigen Freunde, die sie nicht verließen, oder dem Geiz der Wärter, die sich durch einen unverhältnismäßig hohen Lohn zu Dienstleistungen bewegen ließen.

Boccaccio, Das Decameron, Übers. Karl Witte, Frankfurt/M. 1961, S. 10 ff.

Q4 Ehgraben und darüber ein Abtritt (Toilette)
Ehgräben dienten in den Städten als Kloake und Grundstücksgrenze. Buchmalerei, 15. Jahrhundert.

D1 Die Entwicklung von Bürgerhäusern in den Ostseestädten

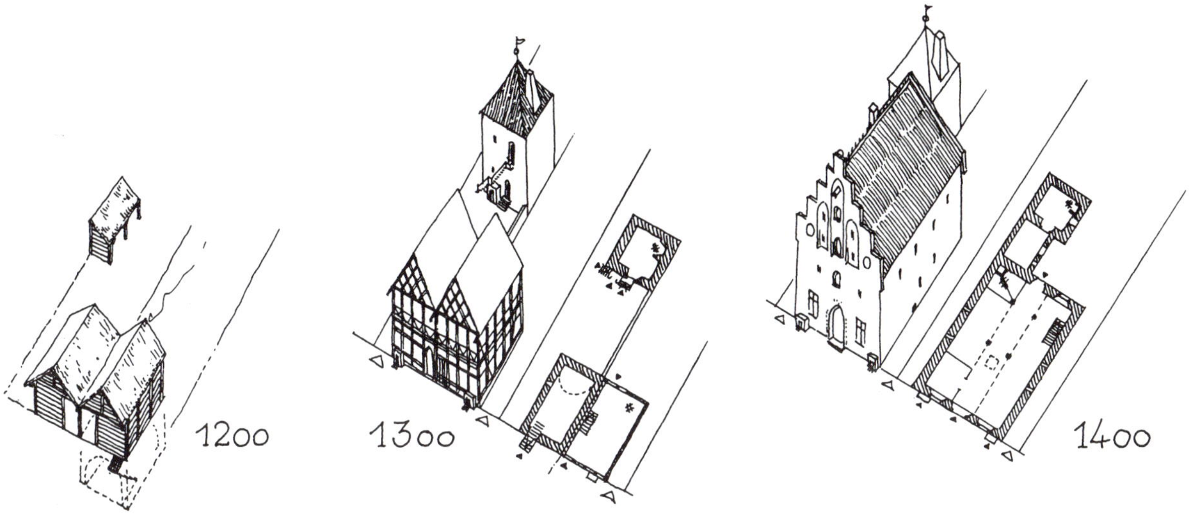

Unterkellertes Einraumhaus. Holzkonstruktion mit Strohdach.

Zweigeschossige Fachwerkhäuser (Keller wiederverwendet) mit Wohnturm aus Stein (Kamin!).

Steinernes Hallenhaus über altem Keller. In der hinteren Ecke ein Kamin, vorn mit Bohlen abgeteiltes Kontor. Je zwei Pfeiler stützen die Deckenbalken des Speichergeschosses. Turm als Wohnteil einbezogen.

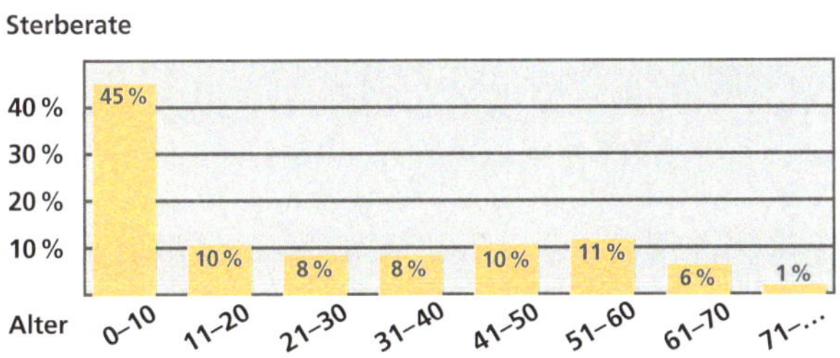

D2 Lebenserwartung in der mittelalterlichen Stadt
Auf dem Friedhof St. Johann in Schaffhausen (12. bis 15. Jahrhundert) sind die Skelette der Verstorbenen nach dem Todesalter untersucht worden. Danach starben zwischen dem 20. und 40. Lebensjahr doppelt so viele Frauen wie Männer. Lesehilfe: Fast die Hälfte aller Beerdigten starb zwischen der Geburt und dem 10. Lebensjahr.

Fragen und Anregungen

1. Beschreibe die Tätigkeiten der Personengruppen. Schätze ihre Erfolgschancen ein (Q1). Erläutere den besonderen Wert der geretteten Gegenstände.
2. Stelle die Symptome der Pestkrankheit zusammen und erkläre die unterschiedlichen Verhaltensweisen der Menschen (Q2 und 3).
3. Erkläre die Bedeutung der Prozentangaben (D2): Was ergibt sich daraus für die Lebenserwartung der Menschen? Überlege, wer besonders gefährdet war und aus welchen Gründen.
4. Erläutere, wie sich der Hausbau entwickelte. Überlege, wie dort eine Familie lebte und arbeitete (D1, methodische Arbeitsschritte: Grundrisse auswerten).
5. Trotz der schwierigen Lebensbedingungen zogen die Menschen immer wieder in die Stadt. Kannst du dafür eine Erklärung finden?
6. Auch heute noch gibt es – bisher – unheilbare Seuchen wie AIDS.
Vergleiche die Verbreitungswege und die Reaktion der Menschen im Mittelalter und heute.

7. Kirche in der Stadt – von gegenseitigem Nutzen

Brotmaß am Freiburger Münster Q1
Wenn sich ein Bäcker nicht an die vorgeschriebenen Maße hielt, wurde er hart bestraft.

Eine erfundene Geschichte

„Dieses Brot ist zu leicht – und zu klein!“, rief eine empörte Frau vor dem Bäckerstand. Wutschnaubend schrie der Bäcker zurück, sie könne das Brot ja kontrollieren! Sogleich eilten beide zur nahe gelegenen Pfarrkirche. Dort befand sich nämlich an der Außenwand eingeritzt das vom Rat festgelegte Maß für das Brot. Und tatsächlich …

Dieser kleine Streit ist zwar erfunden, aber die Maße für ganz unterschiedliche Produkte der städtischen Handwerker und Händler kann man tatsächlich an vielen Kirchen bis heute finden. Diese Geschichte zeigt auch, wie eng und selbstverständlich das alltägliche Leben der Menschen mit der Kirche verbunden war.

Die Kirche bestimmt die Zeit …

Die Kirche setzte für das gesamte Leben einen Rahmen, der Ordnung und Hilfe zugleich bot. Das begann bereits beim Tagesablauf: Während wir heute auf unserer Uhr rasch die Zeit feststellen, lauschten die Menschen früher nach den Kirchenglocken. Denn sie riefen nicht nur zum Gottesdienst, sondern verkündeten oft Beginn und Ende der Arbeitszeit oder die Öffnung bzw. Schließung der Stadttore.

Auch für den Jahresrhythmus setzte die Kirche den Rahmen: In vielen Städten begann das Jahr nicht etwa – wie wir es gewohnt sind – am 1. Januar, sondern beispielsweise an den höchsten christlichen Feiertagen, also zu Ostern oder Weihnachten. Da der Todestag vieler Heiliger wie der Sonntag mit einer Messe gefeiert wurde, galt an diesen Tagen Arbeitsruhe. Rechnet man alle arbeitsfreien Tage zusammen, kommt man für die mittelalterliche Stadt im Durchschnitt auf eine Fünftagewoche!

Auch die Vorschriften der Fastenzeiten griffen in das Leben der Menschen ein: Sieben Wochen vor Ostern und an jedem Freitag und Samstag war es Christen als Bußübung verboten Fleisch oder tierische Produkte wie Milch oder Butter zu essen.

… und begleitet die Menschen durch ihr Leben

Die Kirche begleitete die Menschen auf ihren entscheidenden Lebensstationen: Taufe, Hochzeit und Begräbnis. Die Toten ruhten in der geweihten Erde des Friedhofs, der die Kirche umgab.

Im Gottesdienst und durch die Predigt fühlten sich die Menschen getröstet und in der Beichte konnten sie ihr Gewissen erleichtern. Dieser Trost war lebenswichtig. Denn die Menschen fragten sich in einer Welt, die von der allgegenwärtigen Gefahr des Todes bestimmt war: Was geschieht nach meinem Tod? Erwarten mich – wie die Kirche lehrte – für meine schlechten Taten die ewigen Höllenstrafen? Oder kann ich hoffen, dass meine Seele gerettet wird? Die Sorge um das Seelenheil führte dazu, dass die Menschen bereits zu Lebzeiten versuchten, möglichst viel für die Rettung ihrer Seele zu tun. Sie bemühten sich nach den christlichen Geboten zu leben. Manchen reichte das nicht: Ein Kaufmann beispielsweise erleichterte sein Gewissen nach zweifelhaften Geschäften dadurch, dass er ein Kirchenfenster stiftete oder einen Geistlichen bezahlte, der regelmäßig für sein Seelenheil betete.

Treffpunkt der Gemeinde

Die Städte waren – je nach Größe – in einen oder mehrere Pfarrbezirke aufgeteilt, die oft zugleich städtische Steuerbezirke oder für die Verteidigung eines Mauerabschnitts zuständig waren: Kirchliche und weltliche Organisation fielen zusammen. Auch die Pfarrkirche diente weltlichen Zwecken: Hier versammelten sich die Bürger, hier tagten vielerorts Rat und Gericht und von der Kanzel wurden die städtischen Verordnungen verkündet, ja sogar Fundsachen ausgerufen. Meist gehörten die Kirchtürme der Bürgerschaft, denn von dort ließen sich Feuer oder heranziehende Feinde am besten beobachten.
An diesem Treffpunkt der Gemeinde ließ sich auch die eigene Stellung in der Stadt am besten demonstrieren: Patrizier, Gilden und Zünfte stifteten beispielsweise Leuchter und Altarbilder, eigene Kapellen oder eine Kirchenbank. Die enge Verbindung von Kirche und Stadt zeigte sich auch daran, wie der Rat seine Aufgabe als „christliche Obrigkeit" verstand: Eingesetzt durch Gottes Wirken sah er sich verantwortlich für den christlichen Lebenswandel seiner Mitbewohner.

Besondere Vorrechte

Trotz der Verbindung mit der Stadt bewahrte sich die Kirche immer eine Sonderstellung: Die Geistlichen waren keine Bürger und hatten ihr eigenes Gericht. Sie konnten nicht von einem städtischen Richter verurteilt werden. Außerdem war der kirchliche Grundbesitz in der Stadt von allen Abgaben, Steuern und Dienstleistungen befreit. So profitierte die Kirche von vielen städtischen Einrichtungen und dem Schutz durch die Mauer, trug aber selbst wenig dazu bei.

Hilfe für Arme und Kranke

Viele Menschen in den mittelalterlichen Städten fanden das sicherlich ungerecht. Doch neben der Seelsorge übernahm die Kirche eine Reihe anderer lebenswichtiger Aufgaben, die heute die Städte oder der Staat übernommen haben. Eines der größten Probleme war die Armut, unter der meist mehr als die Hälfte aller Einwohner litt. Da es noch keine Renten-, Arbeitslosen- oder Krankenversicherung gab, waren hilfsbedürftige Menschen auf ihre Pfarrgemeinde oder das Spital angewiesen. Anders als in heutigen Krankenhäusern fanden sich in den Spitälern neben den Kranken die Alten, die Hungrigen und Obdachlosen, verarmte Witwen, Waisen und auch Behinderte ein. Ihre Versorgung ermöglichten besonders die Stiftungen reicher Kaufleute. Sie folgten damit – auf ihr Seelenheil bedacht – dem christlichen Gebot Almosen zu geben.

Blick in ein Spital Q2

Darstellung von 1514. Der heilige Rochus, den die Menschen als Beschützer gegen die Pest anriefen, pflegt die Kranken. Beschreibe die Kranken, das Personal, die Platzverhältnisse und die Ausstattung des Spitals: Wie beurteilst du die Versorgung?

Franziskanermönch. Englische Miniatur, 1427. Q3

Neue Orden für neue Aufgaben

Bald gab es Menschen, die sich ganz den neuen Aufgaben in der Stadt widmen wollten. So entstanden zu Beginn des 13. Jahrhunderts die so genannten Bettel- oder Barfüßerorden der Franziskaner und Dominikaner. Sie wollten anders als die früheren Orden nicht in ländlicher Abgeschiedenheit wirken, sondern mitten in den Städten. Ihre Mönche erwarben den bescheidenen Lebensunterhalt durch Betteln; den Armen und Kranken halfen sie selbstlos. Weil sie in ihren Predigten auf die Sorgen der Menschen eingingen, wuchs ihr Ansehen in der Bevölkerung rasch. In vielen Orten unterstützten auch Rat und Bürger die neuen Orden mit zahlreichen Stiftungen. Die alten Pfarrkirchen vor Ort empfanden die Bettel- und Barfüßerorden deshalb als Konkurrenz, obwohl die Armutsbewegung der Franziskaner und Dominikaner vom Papst anerkannt wurde.

Frauenklöster und Beginen

Die neue Frömmigkeit förderten die Bettelorden auch auf andere Weise: Sie gründeten Frauenklöster, die aber vorwiegend begüterten Bürgerstöchtern offen standen. Frauen, die nicht aufgenommen wurden, weil sie zu arm waren oder weil ihnen das strenge Klosterleben nicht zusagte, schlossen sich in eigenen Gruppen zusammen. Auch diese neuen frommen Gemeinschaften von Frauen, die sich Beginen nannten, unterstanden dem Schutz der Bettelmönche. Die Gründe, in eine solche Gemeinschaft einzutreten, konnten unterschiedlich sein: Manche Frauen hatten einfach den frommen Wunsch nach einem christlichen Leben. Anhängerinnen fanden die Beginen aber auch, weil viele Frauen auf ein eigenständiges Leben hofften: Denn in den meisten Lebensbereichen waren sie den Männern unterstellt und hatten wenig zu sagen. Außerdem war in der geschützten Gemeinschaft die eigene Versorgung gesichert. Die Beginen lebten zwar nicht nach den strengen Vorschriften eines Ordens, aber doch nach festen Regeln für gemeinsame Gebete und Arbeitszeiten. Oft waren ihre Häuser zu abgeschirmten Beginenhöfen zusammengefasst, wo sie ihren Lebensunterhalt durch Handarbeit, Unterricht und Mädchenerziehung sowie durch Krankenpflege bestritten.

Q4 **Beginen bestatten einen Toten**
Flämische Miniatur, Mitte des 15. Jahrhunderts.

Q5 Schulbetrieb in Basel
Gemälde (55,5 cm x 65,5 cm) der Brüder Ambrosius und Hans d. J. Holbein, 1516.

Schulen und Universitäten

Auch dass die Stadtbewohner lesen und schreiben lernten, verdankten sie der Kirche, die in ihren Klöstern und Schulen die Bildung pflegte: Die Kaufleute engagierten zunächst Geistliche als Schreiber für ihre Rechnungen und Briefe, später schickten sie ihre Söhne in die von Klerikern geleiteten Schulen. Frauen der Oberschicht lernten lesen und schreiben in den Frauenklöstern. Man schätzt, dass um 1500 ungefähr ein Drittel der erwachsenen Städter diese Fertigkeiten beherrschte.
Die ersten Universitäten entstanden im 12. Jahrhundert in Paris und Bologna. Die ersten Universitäten im heutigen Deutschland wurden im 14. Jahrhundert in Erfurt (1379) und Heidelberg (1385) gegründet. Ähnlich wie bei den Schulen lagen die Ursprünge in den Kloster- und Domschulen der großen Städte und die Professoren (und Studenten) kamen meist aus dem geistlichen Stand. Mit den Universitäten entstand in den Städten eine neue Gruppe gebildeter Menschen.

Q6 Schreibübungen
in der ältesten deutschen Fibel, ca. 1490; darüber Hilfen zum Lesen.

[It]em ([e]benso)	Vorname	Name/Beruf	sol[vit] (hat bezahlt)	Summe		Geldsorte	umb (für)	Ware

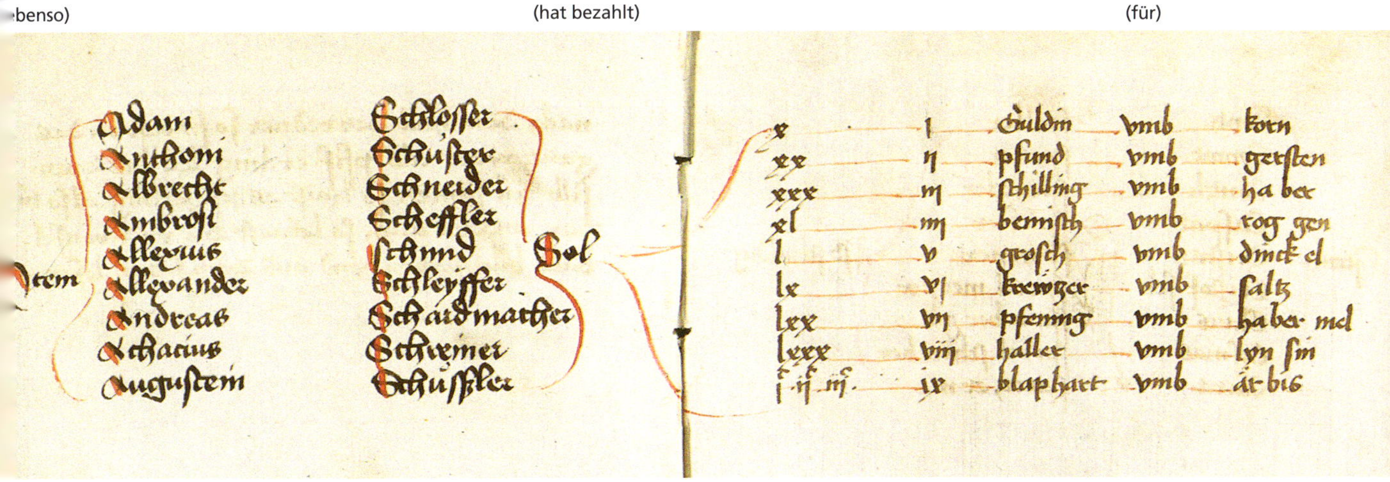

Bauwerke als Zeugen ihrer Zeit

Als Geschichtsquellen kennst du bereits Texte – aber auch Bauwerke wie Kirchen, Burgen oder Rathäuser sind Zeugnisse, die Auskunft über das Leben der Menschen in früheren Zeiten geben. Aus der Anlage eines Bauwerkes, seiner Aufteilung (z. B. in verschiedene Räume), dem Stil, in dem es erbaut ist oder dem Ort, an dem es steht, lassen sich Informationen über das Leben und Arbeiten in früheren Zeiten ablesen. Das Beispiel des Kaiserdoms in Speyer kann dir helfen, Bauwerke zum Sprechen zu bringen.

Q7 **Der Kaiserdom in Speyer von Südosten**

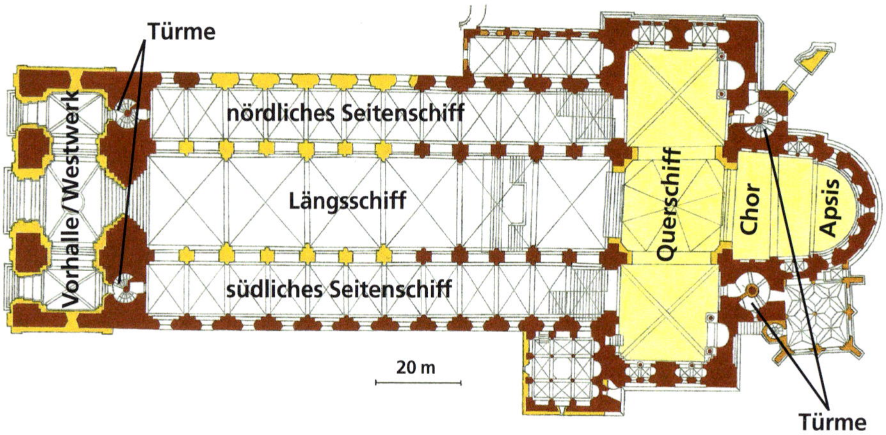

D1 **Grundriss und Bauphasen** des Speyerer Doms

- Romanik (1025–1106)
- Gotische Sakristei (1409)
- Wiederaufbau (18./19. Jh.)
- Krypta mit Kaisergräbern

Zusätzliche Informationen zum Kaiserdom

Der Dom in Speyer ist die größte erhaltene romanische Kirche in Europa. Er liegt am Hochufer des Rheins, überragt alle anderen Gebäude und ist wie alle Kirchen nach Osten ausgerichtet (im Osten liegt Jerusalem, wo Christus gestorben und auferstanden ist). Die Anlage von Dom und Stadt basiert auf einer gemeinsamen Planung.

Im Grundriss des Doms spiegelt sich der christliche Glaube: Längs- oder Hauptschiff und Querschiff bilden das Kreuz Christi. Wo sich dessen Haupt befindet (Apsis), ist der heiligste Ort, dort ist deshalb der Platz für den Altar, für die Geistlichen (Chor) und für die Kaisergräber (direkt darunter, in der Krypta). Das Volk bleibt davon getrennt im Hauptschiff.

Der Dom wurde zwischen 1030 und 1106 erbaut. 1689 richtete ein Brand große Zerstörungen an (Teile des Längsschiffes und die drei westlichen Türme). Im 18. und 19. Jahrhundert wurde der Dom wiederaufgebaut. Die salischen Kaiser (1024–1125) ließen den Dom als Grablege (Gräber von acht Kaisern und Kaiserinnen, drei Königen) errichten. Mit Stiftungen sorgten sie für den prachtvollen Ausbau. Die Bauarbeiten organisierte – wie bei allen großen Kirchen – eine Bauhütte mit Meister, Gesellen und Handlangern. Heute dient der Dom als Bischofskirche und Kirche für die Bewohner von Speyer.

Dom und Stadt Speyer D2

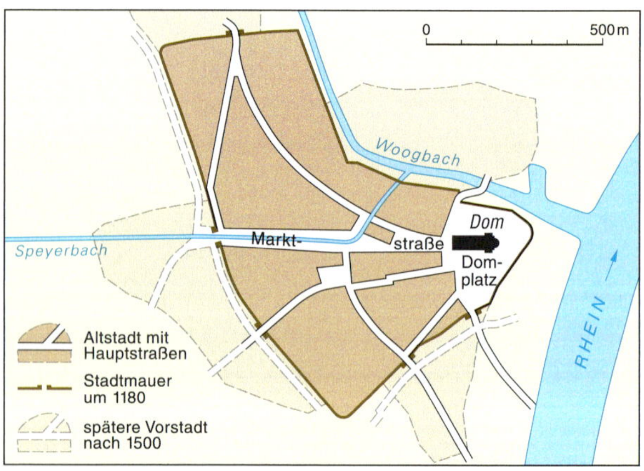

Methodische Arbeitsschritte:

Aussehen und Erscheinungsbild

1. Bestimme die Länge, Breite und Höhe des Gebäudes. Aus welchen Materialien wurde es erbaut?
2. Untersuche die Lage des Bauwerks in der Stadt und das Größenverhältnis zu anderen Gebäuden. Suche eine Erklärung für die Lage bzw. Platzwahl.
3. Beschreibe die einzelnen Teile des Bauwerks und stelle anhand einzelner Merkmale fest, in welchem Baustil es erbaut wurde.
4. Finde heraus, ob das Bauwerk in späteren Zeiten erweitert, umgebaut oder renoviert wurde.

Verwendung und Funktion

5. Stelle die Daten zur Bauzeit und -dauer zusammen.
6. Informiere dich, wer das Bauwerk errichten ließ und ob es einen bestimmten Anlass dazu gab.
7. Erkundige dich, wer die Bauarbeiten bezahlte und wie sie organisiert waren.
8. Bestimme mithilfe des Grundrisses die Funktion (Aufgabe, Zweck) des Bauwerkes.
9. Finde heraus, ob sich die Verwendung und Nutzung des Bauwerks geändert hat.
10. Diente das Bauwerk über die reine Nutzung hinaus anderen Absichten der Erbauer?

D3 Stilepochen

Romanik und Gotik sind die beiden Baustile, nach denen im Mittelalter gebaut wurde. Die einzelnen Kennzeichen finden sich in vielen Abwandlungen in ganz Europa. Mithilfe dieser Merkmale kannst du bestimmen, in welcher Epoche ein Bauwerk errichtet wurde.

Romanik
in Deutschland ca. 1000–ca. 1250
1. Rundbögen (Fenster, Gewölbe)
2. massige Türme
3. dicke Mauern, kleine Fenster
4. Säulen enden in Figurenkapitellen.

Kapitell

Idealbild einer romanischen (oben) und gotischen Kirche (unten)

Wand-gestaltungen

Gotik
in Deutschland ca. 1250–ca. 1500
1. Spitzbögen (Fenster, Gewölbe)
2. schlanke, aufstrebende Türme
3. mit bunten Glasfenstern fast aufgelöste Wände
4. Strebepfeiler
5. Maßwerkfenster

Strebepfeiler

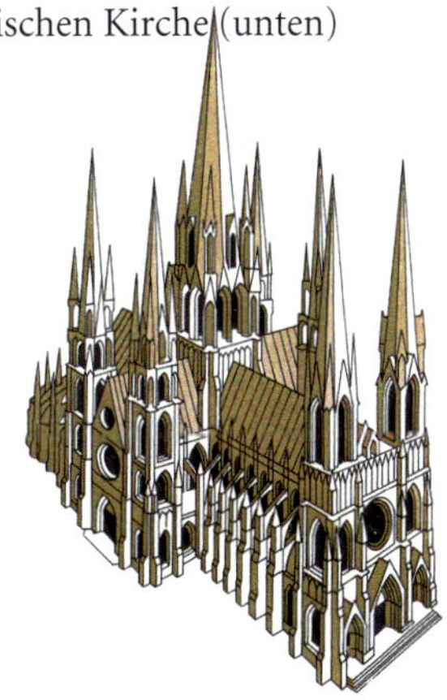

Fragen und Anregungen

In vielen Städten gibt es noch mittelalterliche Kirchen. Stellt fest, wo sich solche Kirchen in eurer Nähe befinden. Startet in Gruppen ein Erkundungsprojekt und geht nach den methodischen Arbeitsschritten vor.

Ihr könnt als Produkt eine Wandzeitung mit den Ergebnissen gestalten. Noch ein Tipp: In den meisten Kirchen gibt es Informationsblätter oder Hefte mit den wichtigsten Angaben.

LITERATURTIPP

Wie eine Kathedrale gebaut wird

Der Bau einer gotischen Kathedrale (Bischofskirche) von den ersten Fundamentarbeiten bis zur Herstellung der Glocken wird in diesem Buch mit vielen Bildern anschaulich dargestellt. Nebenbei erhält man Einblicke in das mittelalterliche Weltbild.

Fiona Macdonald, John James, Eine Kathedrale im Mittelalter, Nürnberg 1992.

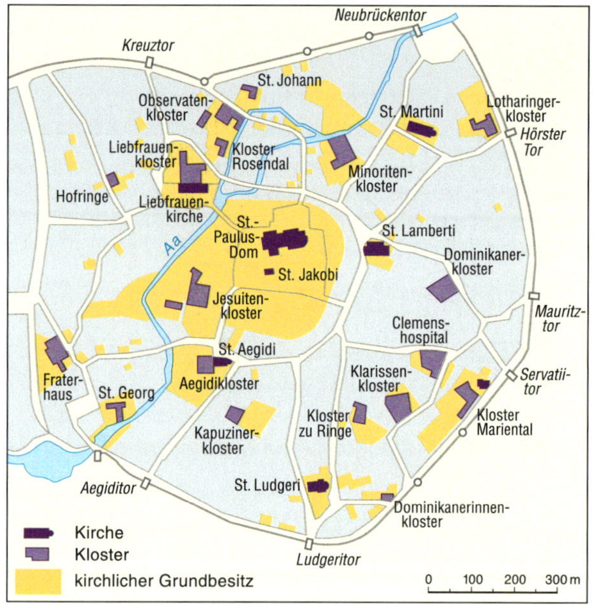

D4 Der Grundbesitz der Kirchen und Klöster in der Stadt Münster (Westfalen)
bis ins 18. Jahrhundert.

Q8 Besetzung von Kirchenstühlen

Ratsverordnung in Nürnberg, 1496:

Nachdem sich zwischen ehrbaren Frauen wegen der Kirchenstühle in den beiden Pfarrkirchen und im Spital viel Unwillen und Zwietracht erhoben hat, hat der Rat – um Friede und Einigkeit herzustellen – eine Ordnung gesetzt, wie künftig die Kirchenstühle für die Frauen besetzt werden sollen: Stirbt eine Frau, dann fällt der Stuhl an die Tochter.

Zit. nach: Joseph Baader (Hg.), Nürnberger Polizeiordnungen aus dem 13. bis 15. Jahrhundert, Stuttgart 1861, S. 115 f. Bearb. d. Verf.

Q9 Fluchen und frevelhaftes Schwören

Ratsverordnung in Straßburg, 1470:

Wer bei den Gliedern Gottes oder Jesus Christus oder einem Heiligen schwört oder flucht, der soll 6 Pfennige Strafe zahlen, (…) kann jemand wegen seiner Armut nicht zahlen, soll er zur Sommerzeit, wenn die Mücken gerne böses Blut saugen, mit nackten Beinen und barhäuptig am Pranger stehen, (…) zur Winterzeit soll man ihn in den Fluss tauchen, dass ihm die Kälte seine böse Hitze lösche.

Zit. nach: J. Brucker (Hg.), Straßburger Zunft- u. Polizeiverordnungen des 14. und 15. Jahrhunderts, Straßburg 1889, S. 387. Bearb. d. Verf.

Q10 Die Kirche war nicht nur Gotteshaus

Ratsverordnung in Straßburg, 1470:

Es soll künftig niemand, weder adlig noch nichtadlig, weder reich noch arm, im Münster auf und ab spazieren gehen und gaffen während des Gottesdienstes, (…) sondern sich still verhalten wie es jeder Christenmensch in der heiligen Kirche Gott zum Lob und der Mutter Maria zu Ehren tun soll. (…) Die Maurer und Zimmerleute sollen im Münster keine Absprachen und Verträge machen, (…) desgleichen sollen auch alle Advokaten (Rechtsanwälte) und Richter keine Gespräche im Münster führen.

Zit. nach: J. Brucker (Hg.), Straßburger Zunft- u. Polizeiverordnungen des 14. und 15. Jahrhunderts, Straßburg 1889, S. 388 f. Bearb. d. Verf.

Fragen und Anregungen

1. Vergleiche das „Klassenzimmer" mit deinem eigenen und beschreibe die Tätigkeiten der Lehrer und Schüler (Q5).
2. Versuche den Fibeltext zu lesen und überlege, wer solche Sätze gebrauchen konnte (Q6).
3. Stelle die Bestimmungen zusammen, die der Rat angeordnet hat (Q8–10). Wer wäre heute dafür zuständig? Suche nach einer Begründung dafür, dass der Rat damals eingriff (VT).
4. Was kannst du aus den Verordnungen (Q8–10) über die Bedeutung der Kirche im Leben der Menschen und die Nutzung der Kirchen ablesen?
5. Schätze, wie groß der Anteil des kirchlichen Grundbesitzes an der Grundfläche der Stadt Münster war (D4). Informiere dich über die Bestimmungen zum kirchlichen Grundbesitz und die Aufgaben der Kirche in der Stadt (VT). Diskutiert Vor- und Nachteile für die Einwohner der Stadt.

Lernen durch Lehren

Ob man selbst etwas gut verstanden hat, merkt man, wenn man versucht, es anderen zu erklären. Indem ihr eigenes Wissen weitergebt, wird auch euch selbst vieles klarer und ihr behaltet diese Inhalte gut. Diese Methode nennt man „Lernen durch Lehren".

Schülerinnen bei einer Stadtführung
Foto, 2004.

Bei einer Stadtführung erläutert ihr anderen Zuhörern an Ort und Stelle geschichtliche Sachverhalte. Der Vorteil ist, dass ihr an Orten unterwegs seid, wo sich Geschichte zugetragen hat; erhaltene Gebäude, Überreste oder Spuren der Geschichte könnt ihr direkt anschauen.

Bereitet zum Thema „Städte im Mittelalter" selbst eine Stadtführung vor. Beschafft euch zunächst die nötigen Informationen: Dazu eignen sich Fachbücher, Internetseiten oder das Geschichtsbuch: Zum Beispiel findet ihr Angaben über den „Markt" auf den Seiten 93, 95 und 97. Auch zu anderen Stichworten werdet ihr im Buch fündig werden. Informationen über eure Stadt geben auch Stadtprospekte. Wie ihr euren Vortrag sinnvoll aufbauen könnt, habt ihr auf der Lernen-lernen-Seite über das Kurzreferat (Seite 39) erfahren.

In eurer Nähe gibt es bestimmt eine Stadt mit Spuren des Mittelalters in der „Altstadt". Bereitet die Führung zunächst mit dem Stadtplan vor und wählt Stationen für den Rundgang aus. Notiert auf Karteikarten, was ihr bei jedem Anlaufpunkt erklären wollt. Vor Bauwerken wie dem Rathaus, der Kirche, einem Kaufmannshaus oder dem Stadttor könnt ihr auf die Funktion und Bedeutung im Mittelalter eingehen. Namen von Straßen und Plätzen verraten viel über ihre einstige Nutzung. Eure Führung wird interessanter, wenn ihr an ausgewählten Orten über ein Ereignis berichtet, das sich dort im Mittelalter zugetragen hat. Manchmal gibt es auch Legenden, die sich um einen Ort ranken. Berichte über Personen, die im Mittelalter eine Rolle gespielt haben, z.B. ein Bürgermeister, Kaufmann oder Pfarrer, machen die Führung lebendiger. Überlegt vorher, welche Personen der Stadtgeschichte eure Zuhörer kennen sollten. Insgesamt kommt es auf eine gelungene Mischung zwischen konkreten Angaben (z.B. über die Baugeschichte des Rathauses) und Hintergrundinformationen (z.B. die Entwicklung der Stadtherrschaft im Mittelalter) an.

Am besten geht ihr vorher die Strecke ab und sucht die Stellen für eure Erklärung aus: auf einer Treppe z.B. sieht man gut, an einer Sitzbank kann man sich kurz ausruhen. Auch der eigene Standort ist wichtig, und dass es an dieser Stelle ruhig genug ist. Eine gute Vorbereitung zahlt sich aus, wenn ihr schließlich gemeinsam losgeht. Teilt die Anlaufpunkte untereinander auf, so bekommen viele die Gelegenheit, einmal selbst zu „lehren". Wenn alles gut geklappt hat, könnt ihr die Stadtführung beim nächsten Mal vor euren Eltern oder beim Besuch eurer Partnerschule halten.

KULTUREN TREFFEN AUFEINANDER

Gebiete, wo der europäisch-christliche Kulturraum an den islamischen grenzte, gab es in Spanien schon seit dem 8. Jahrhundert. Durch Kreuzzüge und die Besiedlung des Slawenlandes in Osteuropa kamen im 11. bis 13. Jahrhundert weitere kulturelle Begegnungszonen hinzu. Aus welchen Gründen es dazu kam und wie sich die Menschen dabei begegnet sind, dazu findest du erste Hinweise auf dieser Doppelseite.

Die Weltkarte des arabischen Geografen El-Idrisi aus Córdoba in Spanien (1154) wurde als die beste ihrer Art im Mittelalter gerühmt. Anders als heutige Karten ist diese nach Süden ausgerichtet. Darum befindet sich Afrika oben.

Griechische, arabische und lateinische Schreiber Seite an Seite in der Kanzlei des christlichen Königs von Sizilien. Buchmalerei, 1189.

Bauern und Kreuzritter als Siedler auf dem Weg in die Gebiete der Slawen. Gemälde von Willy Planck, um 1900.

Kampfszene zwischen Kreuzrittern und Muslimen im Heiligen Land
Nachzeichnung einer Glasmalerei, 12. Jahrhundert.

1. Mohammed, der Prophet Allahs

Koranseite in arabischer Schönschrift Q1
Nordafrika, 12. Jahrhundert. Fromme Muslime glauben, neben dem Inhalt des heiligen Buches sei auch die Schrift eine göttliche Offenbarung. Darum wurde die Schriftgestaltung des Koran zu einer eigenen Kunst.

Die Anfänge Mohammeds

Mohammed (570–632 n. Chr.) war ein Araber aus Mekka. Mekka war eine wichtige Handelsstadt, da sich hier mehrere große Karawanenwege kreuzten. Genauso wichtig war Mekka als Pilgerstadt. Denn es gab hier Standbilder fast aller Götter der Araberstämme, und jedes Jahr besuchten viele Pilger aus ganz Arabien die Stadt. Das alles brachte der Stadt und ihren Bewohnern Geld und Ansehen. Bewohnt wurde Mekka vom Araberstamm der Quraisch („Haie"). Er bestand – wie alle Stämme – aus mehreren Sippen, das waren Großfamilien, die sich nach einem gemeinsamen Vorfahren nannten. An der Spitze stand der Sippenälteste, der die Mitglieder der Sippe leitete und schützte.
Mohammed gehörte zur Sippe der Haschim. Da seine Sippe zwar angesehen, aber nicht reich war und er schon früh seine Eltern verloren hatte, musste Mohammed seinen Lebensunterhalt als Karawanenführer selbst verdienen. Das hörte auf, als er die Witwe Chadidscha, eine reiche Händlerin, heiratete. Mit etwa 40 Jahren zog er sich immer häufiger in die Einsamkeit der Wüste bei Mekka zurück. Er dachte über all das nach, was er auf seinen Reisen von Juden und Christen über den einen Gott gehört hatte. Eines Tages, so berichtete er später, sei ihm dabei der Erzen-

Q2 **Die Moschee Ibn Tullun in Kairo (erbaut 879)**
mit typischen Bestandteilen aller Moscheen: Innenhof mit Brunnen für die religiöse Waschung; Höfe für Gebet, Versammlungen und die Beherbergung von Reisenden; Minarett, von dem fünfmal am Tag der Gebetsruf ertönt.

gel Gabriel erschienen und habe ihm befohlen, die Menschen von der Vielgötterei abzubringen und zum Glauben an den einen Gott (arab. „Allah") zu bekehren. So begann er in Mekka zu predigen. Doch nur wenige Stadtbewohner ließen sich bekehren. Sie fürchteten um ihre Geschäfte, wenn Mekka nicht mehr die Stadt der vielen Götter wäre. Nur dem Schutz durch seinen Onkel Abu Talib, dem Sippenältesten, verdankte Mohammed, dass man ihn nicht tötete.

Herrscher von Medina

Als Abu Talib starb, war Mohammed in Mekka nicht mehr sicher. Da kam ihm das Glück zu Hilfe. Pilger aus der ca. 350 km entfernten Stadt Medina waren auf den mutigen Prediger aufmerksam geworden. Er schien ihnen der Richtige zu sein, um in Medina, wo mehrere Araber- und Judenstämme zusammenlebten und Konflikte an der Tagesordnung waren, eine Friedensordnung zu schaffen. Mohammed ergriff die Gelegenheit. Ein Vertrag wurde ausgehandelt: Die Araber aus Medina nahmen Mohammeds Lehre an und machten ihn zu ihrem Oberhaupt. Im Jahre 622 floh er mit seinen Anhängern nach Medina; dieses Jahr der „Hedschra" (Flucht) gilt seitdem als das Jahr 1 der islamischen Zeitrechnung. Mit einem Schlag war er ein mächtiger Mann. Jetzt, so wird überliefert, erhielt Mohammed von Allah den Befehl, seine Lehre auch mit Waffengewalt zu verbreiten. Im Jahr 630 eroberte er seine Geburtsstadt Mekka. Die Bewohner verschonte er, doch die Götterbilder ließ er zerstören. Nur die Kaaba (arab., d.h. Würfel), das zentrale Heiligtum Mekkas, ließ er bestehen. Denn in ihr waren immer schon Allah und sein Geschenk an die Menschen, ein heiliger schwarzer Stein, verehrt worden. So blieb Mekka Pilgerstadt.

Lehre und heilige Schriften

Mohammed lehrte den Islam, d.h. die „Hingabe" an den einen Gott Allah. Dabei erkannte er ausdrücklich an, dass Allah seinen Willen schon in den Lehren der Propheten, an die Juden und Christen glaubten, mitgeteilt hatte. Allerdings betrachtete er den Islam als die wichtigste Offenbarung Allahs und sich selbst als den letzten Propheten. Mohammed soll Zeit seines Lebens 114 Eingebungen Allahs gehabt haben. Sie wurden aufgeschrieben und ca. 20 Jahre nach seinem Tod im Koran („das oft zu lesende Buch") gesammelt. Der Koran ist das heilige Buch des Islam. Für die frommen Muslime (Islam/Muslim „derjenige, der sich (Allah) hingibt") gilt er Wort für Wort. Genauso verbindlich sind die Hadithe, d. h. die „Berichte" über die Taten und Aussprüche Mohammeds. Sie wurden ebenfalls bald nach seinem Tod gesammelt und liefern den Muslimen vorbildliche Beispiele gottgefälligen Handelns. Heute bilden Koran und Hadithe das Kernstück des islamischen Gesetzes, das die Lebensführung der Menschen in den islamischen Ländern – wenn auch unterschiedlich stark – prägt.

Mohammed als Herrscher von Medina empfängt den Treueid seiner Anhänger Q3
Hinter ihm Diener mit Fliegenwedel. Nur auf wenigen Darstellungen ist Mohammeds Gesicht zu erkennen, denn die bildliche Darstellung des Religionsgründers ist im Islam sehr umstritten. Persische Miniatur.

Q4 Die Kaaba in Mekka,
heute wie zu Mohammeds Zeiten umkreist von tausenden von Pilgern. Für die Muslime ist die Kaaba das älteste Heiligtum der Welt. Als ihr Gründer gilt nämlich schon Ibrahim (Abraham), der im Islam genauso wie bei den Juden und Christen als Urvater des Glaubens an den einen Gott verehrt wird. Ihre jetzige Gestalt bekam die Kaaba im Jahr 683. Mekkapilger beschreiben den Besuch der Kaaba als beeindruckendes Erlebnis. Kannst du dir vorstellen, warum?

Q5 Verhältnis der Muslime zu Juden und Christen

Aus dem Koran:

Wenn die Schriftbesitzer (Juden und Christen) nur glauben und Allah fürchten wollten, werden ihnen die Sünden vergeben und sie kommen ins Paradies. (…) Ihr Schriftbesitzer, euch fehlt die Wahrheit, bis ihr die Thora (die heilige Schrift der Juden) und das Evangelium (die heilige Schrift der Christen) beachtet, und was euch sonst von eurem Herrn offenbart worden ist. (…) Wahrlich über die Juden und Christen, die an Allah glauben und tun, was recht ist, werden weder Furcht noch Trauer kommen. (…) Wahrlich, das sind Ungläubige, die sagen: Allah sei Christus, der Sohn der Maria. (…) Christus, der Sohn Marias, ist nur ein Prophet, so wie es auch vor ihm Propheten gegeben hat. (…) Du wirst finden, dass unter allen Menschen die Juden und die Heiden den Muslimen am meisten feind sind; du wirst ferner finden, dass den Muslimen noch die am besten gesinnt sind, die sagen: Wir sind Christen. Das kommt daher, weil diese Priester und Mönche haben und weil sie nicht hochmütig sind.

Der Koran. Das heilige Buch des Islam (Sure V, 66, 69, 70, 73, 76, 83), nach der Übertragung von Ludwig Ullmann, neu bearb. u. erl. von Leo W. Winter, München 1959, S. 99 f. Bearb. d. Verf.

Q6 Pflichten für die Gläubigen des Islam

Aus der Hadithsammlung des islamischen Gelehrten Sahih al-Buchari (810–870):

Ibn Umar (ein enger Vertrauter Mohammeds) berichtet, der Prophet habe gesagt: Der Islam basiert auf fünf grundlegenden Pflichten: Dem Glaubensbekenntnis „Es gibt keinen Gott außer Allah, und Mohammed ist der Prophet Allahs", den täglichen Gebeten, der gesetzlichen Almosenabgabe, der Wallfahrt nach Mekka, dem Fasten im Monat Ramadan.

Dieter Ferchl (Hg.), Sahih al-Buchari, Nachrichten von Taten und Aussprüchen des Propheten Mohammed, Stuttgart 1991, S. 33.

Q7 Rechte und Pflichten für die Frauen

Aus dem Koran:

Wenn ihr die Frauen des Propheten um etwas zu bitten habt, tut es, wenn sie verschleiert sind. (…) Doch sündigen die Frauen des Propheten nicht, wenn sie ohne Schleier mit ihren Vätern, Söhnen, Brüdern oder mit den Söhnen ihrer Brüder oder Schwestern oder mit ihren Frauen oder mit ihren Sklaven sprechen. (…) Sage, Prophet, deinen Frauen und Töchtern und den Frauen der Gläubigen, dass sie ihr Obergewand über ihr Haupt ziehen sollen, wenn sie ausgehen.

Der Koran. Das heilige Buch des Islam (Sure XXXIII 54, 56, 60), nach der Übertragung von Ludwig Ullmann, neu bearb. u. erl. von Leo W. Winter, München 1959, S. 344. Bearb. d. Verf.

Fragen und Anregungen

1. Schreibe einen tabellarischen Lebenslauf von Mohammed und markiere wichtige Stationen in seinem Leben (VT). Vergleiche die Lebensläufe von Christus und Mohammed. Wo kannst du Ähnlichkeiten, wo Unterschiede erkennen?
2. Beschreibe, wie Mohammed als Herrscher von Medina dargestellt wird (Q3), und erkläre, in welchem Verhältnis geistliche und weltliche Herrschaft bei Mohammed standen (Q3, VT). Suche ähnliche Herrscherbilder im Buch.
3. Erläutere, warum die Auswanderung („Hedschra") Mohammeds nach Medina als herausragendes Ereignis für den Erfolg des Islam angesehen wird (VT).
4. Bestimme, wie Mohammed das Verhältnis zwischen Islam einerseits sowie Juden- und Christentum andererseits sah (VT, Q5).
5. Befrage deine muslimischen Mitschülerinnen und Mitschüler, welche Bedeutung die in Q6 und Q7 genannten Pflichten für sie haben (s. auch Q2).

2. Der Islam breitet sich aus

Die Standarte (Feldzeichen) der Schiiten Q1
erinnert an die Schlacht von Kerbela (Irak) am 10. Oktober 680, in der Husain, Sohn Alis und Fatimas, Sieg und Leben gegen den Omayadenkalifen verlor. Bis heute ist es für die Schiiten in aller Welt ein Tag tiefster Trauer.

Der arabische Eroberungszug

Als Mohammed 632 starb, hatte er die arabische Halbinsel erobert. Nach ihm setzten die Kalifen („Stellvertreter" oder „Nachfolger" Mohammeds) die Eroberung mit ihren Heeren aus arabischen Beduinen fort. Bis ca. 730 n. Chr. wurde ein riesiges Gebiet erobert, das von Spanien über Nordafrika und Vorderasien bis fast nach China reichte. Was hatte den Arabern die Kraft für diesen gewaltigen Eroberungszug gegeben?

„Heiliger Krieg"

Es war in erster Linie der religiöse Ansporn, der die Araber antrieb. „Setzt euch ein für die Sache Allahs", hatte Mohammed befohlen. Ein solcher Einsatz für die Ausbreitung des Islam wird als „Heiliger Krieg" bezeichnet. Daran teilzunehmen war Pflicht eines jeden Muslim. Aber der Einsatz lohnte sich auch. Nach dem Sieg gab es einen Anteil an der Beute. Und wer im Kampf fiel, so hatte Mohammed gelehrt, kam ins Paradies, wo ihn märchenhafte Freuden erwarteten. Das feuerte die Araber an und war ein Grund für ihren Erfolg. Ein anderer wichtiger Grund war, dass sie es den Besiegten leicht machten, sich zu unterwerfen, wenn diese wie sie selber an einen Gott glaubten und heilige Schriften besaßen. Das war z. B. bei Juden und Christen so. Ihre Religionen galten als verwandte Religionen des Islam. Gegen Zahlung einer Steuer durften sie weiter ihre Religion ausüben und standen unter dem Schutz der Kalifen.

Sunniten und Schiiten

Mohammed hatte seine Nachfolge nicht fest geregelt. Mit der Regierung des Kalifen Ali (656–661) brach offener Streit darüber aus. Die Anhänger Alis – später Schiiten (von arab. „schi'at Ali", d. h. Partei Alis) genannt – meinten, nur die direkten Nachkommen Mohammeds hätten ein Anrecht auf das Kalifenamt. Das waren für sie Ali, der Cousin und Schwiegersohn Mohammeds, und seine Nachkommen. Der größere Teil der Muslime berief sich dagegen auf die Sunna – daher ihr Name Sunniten. Die Sunna ist eine Sammlung überlieferter Aussprüche und Lebensgewohnheiten des Propheten. Danach hatte Mohammed nur bestimmt, dass seine Nachfolger aus dem Stamm der Quraisch sein sollten. Blutige Bürgerkriege waren die Folge, die die islamische Welt bis heute spalten und schwächen.

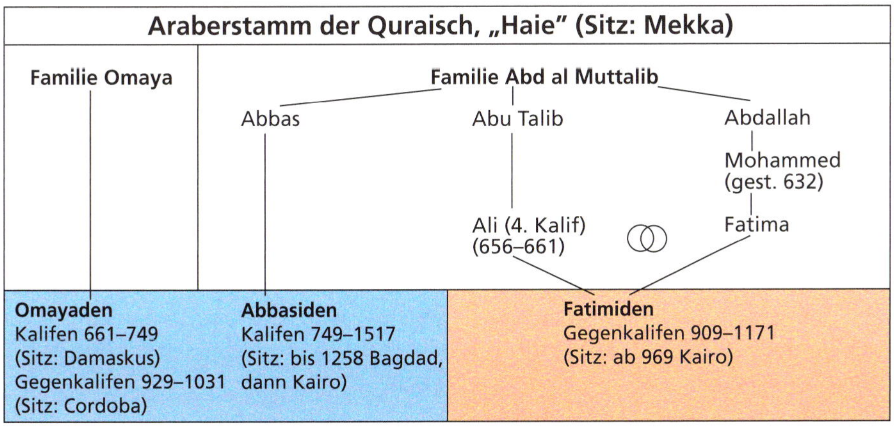

D1 **Abstammung der Kalifen (656–1517)**
blau: sunnitische Kalifen, rot: schiitische Kalifen. 1538–1924 beanspruchten die türkischen Osmanensultane als angebliche Nachfolger der Abbasiden, deren letzter Herrscher ihnen 1517 bei der Eroberung Ägyptens in die Hände fiel, den Kalifentitel. Seit 1924 gibt es keinen Kalifen mehr.

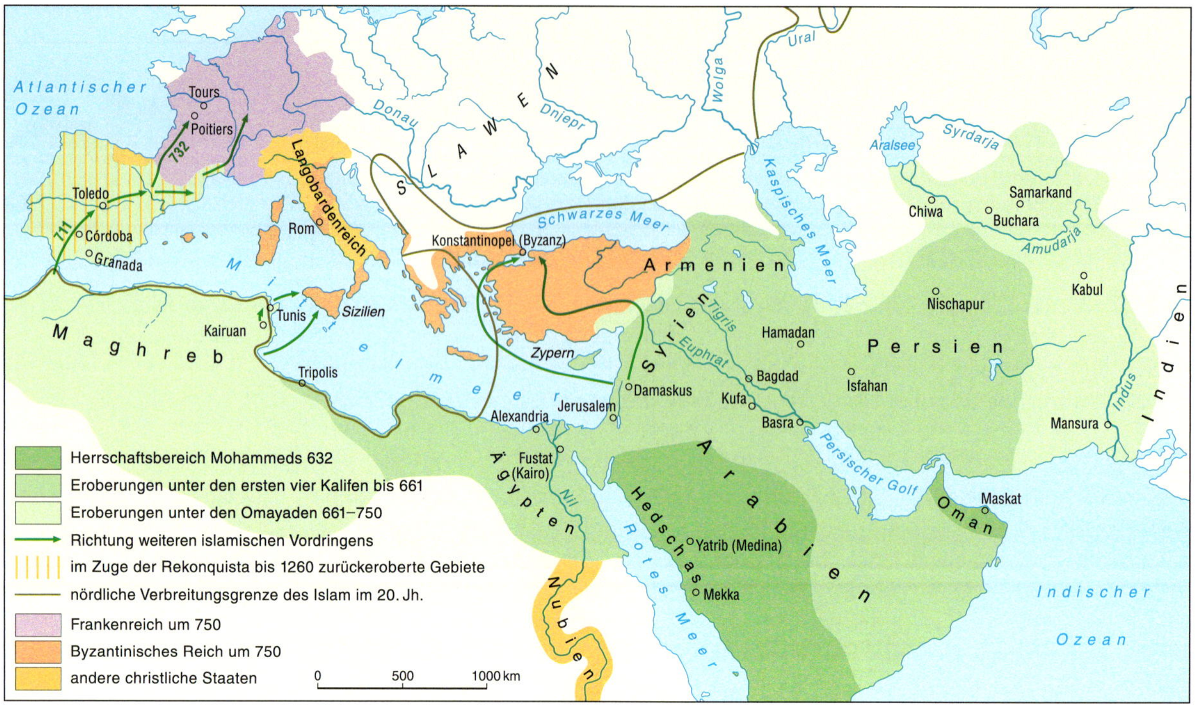

D2 Die Ausbreitung des Islam

Türken erneuern den „Heiligen Krieg"

Nach 1050 setzte die islamische Eroberung wieder ein, diesmal durch türkische Glaubenskämpfer. Türkische Nomaden waren lange Zeit am Fluss Syrdarja und am Aralsee Nachbarn des Kalifenreiches von Bagdad gewesen. Zum Teil bekehrten sie sich zum Islam, so das Herrschergeschlecht der Seldschuk, aus dem die „Khane" (türk., d. h. Herrscher) der Türkenstämme am Aralsee kamen. Einer von ihnen, der Khan Togril, fiel um 1050 mit seinen Völkern in das Reich des Kalifen von Bagdad ein. Er eroberte Persien und drang unaufhaltsam gegen Bagdad vor. 1055 marschierte er in die Stadt ein. Schon glaubte der Kalif, sein Ende sei gekommen. Aber Togril verlangte nur, dass der Kalif einen Vertrag mit ihm abschloss: Der Kalif sollte ihn zum Sultan (türkisch, d. h. Machthaber) machen. Der Kalif fügte sich, und Togril wurde damit zum höchsten weltlichen Machthaber im Reich des Kalifen, der nur noch dem Titel nach Oberhaupt seines Reiches blieb. Als Gegenleistung versprach Togril, mit seinen Völkern den Kampf für die Ausbreitung des sunnitischen Islam zu erneuern. Das tat er auch: Siegreich drangen die Türken in Kleinasien gegen das byzantinische Reich vor. 1080 erreichten sie den Bosporus. Das Ende des christlichen byzantinischen Reichs schien gekommen.

Heiliger Krieg

Vor allem von Nichtmuslimen häufig benutzte Übersetzung des arabischen Begriffs „dschihad" („Einsatz"/„Anstrengung" für die Sache Allahs). Muslime verstehen unter „dschihad" die Anstrengung des Einzelnen, sich durch die fromme Befolgung der Gebote Allahs den Zugang zum Paradies zu erwerben. Dazu kann auch gehören, den Islam mit der Waffe zu verteidigen oder auszubreiten. Wenn „dschihad" jedoch nur so verstanden wird, trifft das die Bedeutung des arabischen Begriffs nicht.

Q2 Mohammed zum „Einsatz für die Sache Allahs"
Aus dem Koran:
Bekämpft diejenigen Juden und Christen, welche nicht an Allah und den Jüngsten Tag glauben und die nicht das verbieten, was Allah und sein Prophet verboten haben, (…) so lange, bis sie ihre Steuer in Demut entrichten und sich unterwerfen. (…) Wenn ihr nicht in den Kampf auszieht, wird euch Allah mit schwerer Strafe belegen und ein anderes Volk an eure Stelle setzen.
Wenn ihr im Krieg mit den Ungläubigen (Heiden) zusammentrefft, dann schlagt ihnen die Köpfe ab, bis ihr eine große Niederlage unter ihnen angerichtet habt. (…) Die für Allahs Religion kämpfen und sterben, deren Werke werden nicht verloren sein. Allah wird sie vielmehr (…) beglücken und sie in das Paradies führen, welches er ihnen angekündigt hat.

Der Koran. Das Heilige Buch des Islam (IX 29, 39; XLVII 5–7), nach der Übertragung von Ludwig Ullmann, neu bearb. und erl. von L. W. Winter, München 1959, S. 153, 155, 410 f.

Q3 Befehl des Kalifen Omar (634–644)
an seinen General Abu 'Ubaida:
Lass das Land, welches Gott dir als Beute gewährt hat, in den Händen seiner Bewohner und erlege ihnen eine Steuer auf. Sie sollen das Land bebauen, denn sie verstehen mehr davon und sind uns darin überlegen. Keiner, weder du noch die anderen Muslime, dürfen sie als Beute betrachten, weil zwischen uns Frieden geschlossen wurde und du von ihnen die Steuer erhebst. Gott hat uns das im Koran klar gesagt: „Bekämpft diejenigen, die nicht an Gott und den Jüngsten Tag glauben und die nicht verbieten, was Gott und sein Prophet verboten haben (…), bis sie die Steuer in Demut entrichten und sich unterwerfen." (…) Auferlege ihnen also die Steuer, aber mache sie nicht zu Sklaven, und verbiete den Muslimen, sie zu unterdrücken, ihnen Schaden zuzufügen oder ihren Besitz zu verzehren.

Zit. nach: Bernard Lewis (Hg.), Der Islam von den Anfängen bis zur Eroberung von Konstantinopel, Bd. 2, Zürich/München 1982, S. 279. Bearb. d. Verf.

Q4 Kriegsrat muslimischer Anführer vor einer Schlacht. Eiserne Rüstungen wurden erst bei Schlachtbeginn angelegt. Persische Miniatur, 17. Jahrhundert.

Fragen und Anregungen

1. Zeige, wie sich der Islam bis um 750 ausgebreitet hatte, und nenne die Staaten, die im Westen und Osten die Verteidigung des Christentums gegen das weitere Vordringen der Araber übernommen hatten. Erinnere dich: Was sagt dir das Jahr 732?
2. Vergleiche Mohammeds Befehl zum „Heiligen Krieg" mit dem des Kalifen Omar (Q2, Q3) und erkläre die Widersprüche zwischen beiden Aussagen.
3. Suche nach Gründen für den erfolgreichen Eroberungszug des Islam (Q3, VT).
4. Erkläre, warum die Spaltung des Islam in Sunniten und Schiiten die Ausbreitung des Islam ab etwa 730 hemmen konnte (Q1, VT, D1). Erläutere dann, warum und durch wen ab 1050 die islamische Expansion wieder aufgenommen wurde und welche Folgen dies für Europa hatte (VT, D2).
5. Kalif, Sultan: Kläre die Begriffe (VT). Beschreibe das Verhältnis zwischen dem türkischen Sultan und dem Kalifen von Bagdad (VT).
6. Stelle die verschiedenen Bedeutungen des arabischen Begriffs „dschihad" zusammen (VT, Begriffserklärung, Q2, Q3). Diskutiert die Frage, wie eurer Ansicht nach Religion und Krieg zusammenhängen.

3. Ob Gott es wirklich wollte? – der erste Kreuzzug

1095 Papst Urban II. ruft zum Kreuzzug auf.

1099 Christliche Kreuzfahrer erobern Jerusalem.

Christlicher und muslimischer Ritter im Zweikampf Q1
Der Künstler spielte auf den legendären Kampf zwischen König Richard Löwenherz und Sultan Saladin an. Englische Buchmalerei, um 1340.

Ein ungewöhnliches Schauspiel

Pilger auf der Reise nach Jerusalem zu sehen, war im 11. Jahrhundert nichts Ungewöhnliches. Aber was sich 1096/97 abspielte, war noch nie da gewesen. Hunderttausende machten sich auf den Weg nach Jerusalem – und nicht nur mit Pilgertasche und -stab, sondern bewaffnet, abenteuerlich ausgerüstete Horden und glänzende Ritterheere. Was war geschehen?

„Gott will es!"

Anlass war die Eroberung Kleinasiens durch die Türken. Als sie am Bosporus auftauchten, rief der byzantinische Kaiser Papst Urban II. (1088–1099) um Hilfe. Dem Papst kam das gelegen. Er konnte zeigen, dass er in Europa das Oberhaupt war, sogar wenn es um Krieg ging, wofür eigentlich der abendländische Kaiser zuständig war. Mit dem aber befand er sich gerade wegen der Frage, wer das Oberhaupt in Europa sei, im Streit. Auch hoffte er, endlich die blutigen Fehden beseitigen zu können, die Fürsten und Ritter des Abendlands ständig gegeneinander führten, indem sie sich stattdessen zusammentaten und gemeinsam für eine „gute" Sache, die Verteidigung des Christentums gegen die Türken, kämpften. Es kam nun darauf an, sie davon zu überzeugen. Das tat Urban in einer Rede vor französischen Bischöfen und Adligen im Jahr 1095 auf dem Konzil in der französischen Stadt Clermont. Sein Aufruf begeisterte die Zuhörer so sehr, dass sie im Chor riefen: „Gott will es!" Viele hefteten sich sofort ein farbiges Stoffkreuz an ihre Kleidung und verpflichteten sich so, am Kreuzzug teilzunehmen.

Der Kreuzzug der Armen

In Windeseile verbreiteten Prediger die Rede. Nicht nur die Ritter, auch einfache Leute wurden von der Kreuzzugsbegeisterung gepackt. Beflügelt von den Versprechungen des Papstes – von Beute, einem besseren Leben, Vergebung der Sünden im Todesfall war die Rede gewesen –, machten sie sich noch vor den Rittern auf den Weg. In ihrem

Kreuzzug

Ursprünglich der vom Papst verkündete „heilige Krieg" der Christen. Er galt als gerechter Krieg zur Verteidigung und Ausbreitung des christlichen Glaubens. Wer auf dem Kreuzzug fiel, galt daher als Märtyrer, der in den Himmel kam. Außer gegen die Muslime in Palästina und Spanien wurden Kreuzzüge gegen die nichtchristlichen Bewohner der baltischen Länder und gegen Christen geführt, die sich nicht den Geboten und der Lehre der Kirche unterwarfen. Umstritten ist die Wiederverwendung des Begriffs in unserer Zeit, um die kriegerische Verbreitung der westlichen Zivilisation oder Demokratie zu rechtfertigen.

abenteuerlichen Aufzug glichen sie eher einer riesigen Räuberbande als einem Heer. Ein Teil von ihnen benahm sich auch so. Statt weiter nach Osten zu ziehen, begann am Rhein eine Horde Kreuzfahrer die Judenviertel in den Städten zu plündern, in Brand zu stecken und ihre Bewohner zu ermorden. Sie behaupteten, so Jesus rächen zu wollen, den die Juden hingerichtet hätten. Aber das klang wenig glaubhaft angesichts ihrer Gier, die Juden auszurauben. Plünderungen und blutige Zusammenstöße mit Einheimischen kennzeichneten auch den weiteren Zug der Armen ins Heilige Land. Der byzantinische Kaiser atmete auf, als die Kreuzfahrer aus Konstantinopel verschwunden und über den Bosporus waren. Ihr Ziel Jerusalem erreichten sie nie; bei Nicäa fand der Kreuzzug der Armen durch türkische Truppen ein schreckliches Ende.

Der Kreuzzug der Ritter

Die Ritter bereiteten sich sorgfältig auf den Kreuzzug vor. Unter der Leitung der Fürsten Gottfried von Bouillon, Robert von Flandern, Raimund von Toulouse und Boemund von Tarent zogen sie auf getrennten Wegen nach Konstantinopel. Dort gelobten sie dem Kaiser von Byzanz, ihn als Herrn der zu erobernden Gebiete anzuerkennen. Anfang Juni 1097 begannen sie, Kleinasien zu erobern. Zugute kam den Kreuzrittern, dass die türkischen Machthaber untereinander uneins und daher zu keiner gemeinsamen Abwehr fähig waren. Auch unterschätzten sie die Ritter nach ihren Erfahrungen mit dem Kreuzzug der Armen. Dennoch brauchten die Ritter zwei Jahre, um sich nach Jerusalem durchzukämpfen. Am 15. Juli 1099 erstürmten sie die Stadt.

Q2 **Die Kreuzfahrer erobern Jerusalem** am 15. Juli 1099. Französische Buchmalerei, 13. Jahrhundert. Untersuche die Bildquelle mithilfe der methodischen Arbeitsschritte zur Bildbetrachtung.

Öffentliche Aufrufe unter die Lupe nehmen

Öffentliche Aufrufe sind eine besondere Art von Textquellen. Ihre Urheber sind oft Politiker oder Befehlshaber, überhaupt Personen, die die Absicht haben, entweder ihr eigenes Handeln vor anderen Menschen zu rechtfertigen oder andere Menschen zum Einsatz für ihre Pläne zu bewegen. Damit diese Menschen von dem Aufruf erfahren, muss er veröffentlicht werden. Heute benutzt man dafür Fernsehen, Radio und Internet; zur Zeit der Kreuzzüge verbreiteten Prediger die Aufrufe. Um die Angesprochenen zu überzeugen, wird häufig kräftig übertrieben. Freund und Feind werden wie die Guten und die Bösen in Schwarz-Weiß-Malerei gegenübergestellt. Der Gegner wird als besonders gefährlich und böse bezeichnet. Zugleich wird versprochen, dass die eigenen Wünsche und Hoffnungen erfüllt, die Ängste beseitigt werden, wenn man nur tut, was der Urheber des Aufrufs will. Meinungen, die dem widersprechen, werden als falsch abgetan.
Solche Aufrufe hat es vor allem in Krisen- und Kriegszeiten immer wieder gegeben. Weil sie zu einseitigen Ansichten und Handlungen führen können, ist es gut, sie kritisch zu sehen. Das kannst du nun an einem berühmten Beispiel üben.

Q3 Der Papst als oberster Kriegsherr
Urban II. verkündet 1095 in Clermont den Kreuzzug. Nach Abschluss des Konzils waren die Geistlichen zusammen mit einigen Laien auf ein Feld vor die Stadt gezogen. Anders als auf dem Bild, sprach der Papst unter freiem Himmel zu seinen Zuhörern. Die Buchmalerei wurde ca. 400 Jahre nach dem Ereignis angefertigt.
Ausschnitt, 1490.

Q4 Aufruf des Papstes Urban II. an französische Ritter und Geistliche

Urban II. hielt die Rede am 27. November 1095 in der französischen Stadt Clermont. Zwölf Jahre später schrieb sie der Augenzeuge, Mönch Robert von Reims, auf:

Ihr Volk der Franken, ihr Volk nördlich der Alpen, ihr seid, wie eure vielen Taten zeigen, Gottes geliebtes und auserwähltes Volk. (...) An euch richtet sich unsere Rede (...); sie betrifft euch und alle Gläubigen. Aus dem Land von Jerusalem und der Stadt Konstantinopel kam schlimme Nachricht (...): Ein fremdes Volk, ein ganz gottloses Volk, eine gefühllose Brut hat die Länder der dortigen Christen besetzt, durch Mord, Raub und Brand entvölkert und die Gefangenen teils in sein Land verschleppt, teils elend umgebracht. Es hat die Kirchen Gottes zerstört, die Altäre mit Schmutz befleckt und umgestürzt. (...) Niemand anders als ihr habt die Aufgabe, diese Schmach zu rächen, dieses Land zu befreien. (...) Wenn euch die Liebe zu euren Kindern und Frauen davon abhält, bedenkt, was Gott im Evangelium sagt: Jeder, der Frau und Kinder um Gottes willen verlässt, bekommt hundertfachen Lohn und ewiges Leben. (...) Euer Land hier ist eng und dicht bevölkert. Es liefert keinen Wohlstand und den Bauern kaum genug Nahrung. Daher kommt es, dass ihr euch gegenseitig bekämpft und tötet. Hört auf damit, tretet den Weg zum heiligen Grab (Jerusalem) an. Nehmt dem gottlosen Volk das Land weg und macht es euch untertan. Jerusalem ist der Mittelpunkt der Erde, das fruchtbarste aller Länder. Jerusalem sehnt sich danach, dass ihr es befreit. (...) Macht euch also auf den Weg. Eure Sünden werden euch vergeben sein, ewiger Ruhm im Himmel ist euch gewiss.

Zit. nach: Georges Tate, Die Kreuzritter, Ravensburg 1994, S. 173.

Methodische Arbeitsschritte:

1. Mache dir klar, was im Text steht (vgl. Arbeitsschritte 1–4, Textquellen interpretieren, Glossar).
2. Zeige auf, inwiefern es sich bei dem Text um einen öffentlichen Aufruf handelt. Stelle dazu fest, wer der Autor ist, an wen er sich wendet und in welchem Rahmen und warum er das tut.

Nun gilt es festzustellen, wie der Autor seine Zuhörer zu überzeugen sucht. Nimm dafür die einzelnen Aussagen oder Sinnabschnitte unter die Lupe:

3. Gibt der Autor Tatsachen wieder, die jeder anerkennen kann, oder Meinungen, die mit seinen Überzeugungen zusammenhängen?
4. Welche Absichten verfolgt der Autor mit seinen Aussagen? Ordne jede Aussage einem / mehreren der folgenden Begriffe zu: „etwas rechtfertigen", „unerwünschte Ansichten/Verhaltensweisen tadeln", „erwünschte Ansichten/Verhaltensweisen loben", „Ängste/Hoffnungen/Wünsche wecken".

Versetze dich in Gedanken in verschiedene Zuhörer und gehe den Text anhand der folgenden Fragen noch einmal durch:

5. Welche Gedanken und Gefühle könnten die Aussagen bei einem Anhänger (hier z. B. bei einem christlichen Ritter) ausgelöst haben?
6. An welchen Stellen würde ein Gegner (hier z. B. ein Muslim) wohl protestiert haben?
7. Welche Aussagen würdest du als zweifelhaft, übertrieben oder Schwarz-Weiß-Malerei bezeichnen? Wenn möglich, solltest du zur Lösung Vergleichsmaterialien heranziehen.

Hilfen zur Anwendung der Arbeitsschritte

2. Autor: Papst Urban II., aufgeschrieben von Robert von Reims
   Angesprochen: französische Ritter und Geistliche, Situation: Der Papst nutzt das Konzil, um die Versammelten mit seinem Anliegen zu erreichen. Absicht: Urban will die Ritter und Geistlichen bewegen, nach Jerusalem zu ziehen und dort den Muslimen das Land wegzunehmen.
3. und 4. kannst du mithilfe einer Tabelle lösen, wie z. B. rechts.
5. Zeilen 1–3: Wir sind etwas Besonderes in den Augen Gottes. Das wollen wir auch bleiben. Dafür müssen wir weiter Taten für Gott vollbringen usw.
6. Zeilen 3–12: Wir sind in der Gegend von Jerusalem kein fremdes Volk. Schon gar nicht sind wir gottlos, wir beten zu Allah usw.
7. Zeilen 1–3: Es ist zweifelhaft und übertrieben, die Franken als auserwähltes Volk Gottes zu bezeichnen. Es ist Schwarz-Weiß-Malerei, wenn man es vergleicht mit den Zeilen 4–12: weil hier der Gegner als gottlos beschrieben wird (s. Q5) usw.

Aussagen/ Sinnabschnitt	Tatsachen/Meinungen	Absichten
Zeilen 1–3	Meinung: Franken als Gottes auserwähltes Volk	erwünschtes Verhalten loben
Zeilen 4–12	Tatsachen: Nachrichten aus Konstantinopel	den Krieg rechtfertigen
usw.	usw.	usw.

Q5 **Muslimische Krieger** verunreinigen eine christliche Kirche im heiligen Land, rauben Gottesdienstgeräte und ermorden Christen. Miniatur, um 1325. Von Beginn der Kreuzzüge an wurden solche Behauptungen in Wort und Bild in Europa verbreitet. Auf ein abstoßendes Bild vom Feind kam es an, nicht auf Wahrheit.

Q6 Jerusalem – das Ziel der Kreuzfahrer

Die Stadt Jerusalem gilt Juden, Christen und Muslimen als heilig.
Hier stand der Tempel, das zentrale Heiligtum der Juden. Nach der Zerstörung durch die Römer 70 n. Chr. ist von ihm nur noch die so genannte „Klagemauer" (im Vordergrund rechts) übrig geblieben, an der sich täglich fromme Juden zum Gebet einfinden.
Für die Christen ist Jerusalem der Ort, wo Jesus gekreuzigt und begraben worden und zum Himmel aufgefahren ist.
Der Felsendom (goldene Kuppel) erinnert die Muslime an die Stelle, von der aus der Prophet Mohammed in einer nächtlichen Himmelfahrt Abraham, Moses und Jesus begegnet sein soll.

Q7 Berichte über die Eroberung Jerusalems 1099

a) Ein christlicher Augenzeuge:

In die Stadt eingedrungen, verfolgten unsere Pilger die Ungläubigen bis zum Tempel des Salomo, wo sie sich gesammelt hatten und den ganzen Tag lang den Unsrigen den wütendsten Kampf lieferten, sodass der ganze Tempel von ihrem Blut überrieselt war. Nachdem die Unsrigen die Heiden endlich zu Boden geschlagen hatten, ergriffen sie im Tempel eine große Anzahl Männer und Frauen und töteten und ließen leben, wie sie gerade Lust hatten. Bald durcheilten die Kreuzfahrer die ganze Stadt und rafften Gold, Silber, Pferde und Maulesel an sich. Sie plünderten die Häuser, die mit Reichtümern überfüllt waren. Dann, glücklich und vor Freude weinend, gingen die Unsrigen hin, um das Grab unseres Herrn Christus zu verehren und ihm für den Sieg Dank zu sagen. Am folgenden Tag erkletterten die Unsrigen das Dach des Tempels, griffen die Ungläubigen, Männer und Frauen, an und schlugen ihnen die Köpfe ab. (...) Niemand hat jemals von einem ähnlichen Blutbad unter einem heidnischen Volk gehört oder es gesehen.

Zit. nach: Regine Pernoud (Hg.), Die Kreuzzüge in Augenzeugenberichten, 5. Aufl., München 1980, S. 101f. Bearb. d. Verf.

b) Ein muslimischer Geschichtsschreiber, 1231:

Die Franken blieben eine Woche in der Stadt Jerusalem, während der sie die Einwohner mordeten. (...) In der Al-Aqsa-Moschee töteten die Franken mehr als 70 000 Muslime, unter ihnen viele Religionsgelehrte und Fromme, die an diesem heiligen Ort in frommer Zurückgezogenheit leben wollten. Aus dem Felsendom raubten die Franken mehr als vierzig Silberleuchter, von denen jeder über 3600 Drachmen (1 Drachme: ca. 3 g) wog, einen großen Silberleuchter im Gewicht von 40 syrischen Pfund, außerdem von den kleineren Leuchtern 150 silberne und mehr als 20 goldene und andere unermessliche Beute. (...) Die Flüchtlinge erreichten Bagdad im Ramadan. (...) In der Kanzlei des Kalifen gaben sie einen Bericht, der die Augen mit Tränen füllte und die Herzen betrübte über das, was die Muslime in der erhabenen heiligen Stadt Jerusalem erlitten hatten: die Männer getötet, Frauen und Kinder gefangen, alle Habe geplündert. Wegen des schweren Unglücks, das sie erduldet hatten, brachen sie sogar das Fasten im Ramadan.

Zit. nach: Francesco Gabrieli (Hg.), Die Kreuzzüge aus arabischer Sicht, München 1976, S. 49f. Bearb. d. Verf.

c) Albert v. Aachen, Zeitgenosse des ersten Kreuzzugs:

Durch die Häuser, über Plätze und Gassen Jerusalems verfolgen die Kreuzfahrer die dort herumirrenden Türken und töten sie. Kein Alter und Geschlecht wird geschont, bis die Erde mit Leichen bedeckt ist. Darunter mischen sich auch Leichen erschlagener Christen, Franken, Griechen, Syrer, Armenier. Kein Wunder, denn es war doch ziemlich dunkel, und keiner wusste, wen er schonen und wen er umbringen sollte. Auch versuchten viele Türken und Araber die Kreuzfahrer durch christliche Worte zu täuschen, und so verloren viele beim allgemeinen Morden ihr Leben.

Zit. nach: Peter Milger, Die Kreuzzüge, 5. Aufl., München 1991, S. 90. Bearb. d. Verf.

Q8 Eine kritische christliche Stimme

Radulfus Niger, ein englischer Geistlicher, zum bewaffneten Glaubenskampf, 1188:

Darf man Sarazenen (Muslime) hinmorden? Etwa weil ihnen Gott Palästina gegeben hat? Gott hat gesagt: Ich will nicht den Tod des Sünders. (Muslime) sind Menschen von derselben natürlichen Beschaffenheit wie wir. Sie müssen auf jeden Fall von unserem Land zurückgeworfen werden, weil alle Rechte es erlauben, Gewalt mit Gewalt zu vergelten, aber mit der Mäßigung der gerechten Verteidigung. (...) Jedenfalls müssen sie mit dem Wort Gottes überzeugt werden, sodass sie freiwillig und ohne Zwang zum rechten Glauben kommen. Denn Gott hasst Zwang. Wer immer also den Glauben mit Gewalt zu verbreiten sucht, verlässt den Weg Gottes. (...) Der Papst, der Stellvertreter Gottes auf Erden, ruft geistliche und weltliche Personen zum Kreuzzug auf und gewährt ihnen die Vergebung all ihrer Sünden. Ich wage es nicht, über seine Urteilskraft zu diskutieren. Das eine glaube ich jedoch (...), das Vergießen jeglichen Blutes, geschweige das von Menschen, bringt keine Sündenvergebung.

Zit. nach: Georges Tate, Die Kreuzritter, 6. Aufl., Ravensburg 1994, S. 173. Bearb. d. Verf.

Q9 Plünderung des Felsendoms, eines muslimischen Heiligtums. Arabische Malerei, 14. Jahrhundert.

Fragen und Anregungen

1. Erläutere, warum es zum ersten Kreuzzug kam (VT).
2. Vergleiche die Gründe und Absichten, die der Papst in seinem Aufruf zum Kreuzzug anführt (Q4), mit denen, die du im VT findest.
3. Zeige die Beweggründe der Beteiligten auf: Kaiser von Byzanz, Papst, Arme, Ritter (VT).
4. Vergleiche die Berichte über die Eroberung Jerusalems (Q7a–c) miteinander und mit den Bildquellen (Q2 und 9). Erläutere, wo sie sich widersprechen oder ergänzen. Ziehe auch die Begriffserklärung „Kreuzzug" hinzu.
5. „Ob Gott es wirklich wollte?" Nimm Stellung zu den Ereignissen am Rhein und in Jerusalem (Q7a–c, VT) und beziehe die zeitgenössische Kritik am bewaffneten Glaubenskampf aus christlicher Sicht mit ein (Q8).

4. „Verständnis füreinander war die Ausnahme" – Kreuzfahrer im Heiligen Land

1187	Die Heere Sultan Saladins erobern das Königreich Jerusalem.
1291	Sultan Al-Aschraf erobert Akkon; mit dem Fall der Hafenstadt endet die christliche Herrschaft in Palästina.
1453	Osmanische Türken erobern Konstantinopel; das Byzantinische Reich geht unter.

Kreuzfahrerstaaten

Um ihre Eroberungen zu sichern, gründeten die Kreuzfahrer mehrere Staaten. Der größte davon war das Königreich Jerusalem. Da man die Muslime getötet oder verjagt hatte, bestand die einheimische Bevölkerung jetzt meist aus syrischen Christen. Die politische Macht übten die Fürsten und Ritter der Kreuzfahrer aus. Für die Muslime waren sie alle „Franken", weil die meisten von ihnen aus Frankreich kamen. Das größte Problem der Kreuzfahrerstaaten war der Mangel an Europäern, die auf Dauer im Orient blieben. Die meisten Pilger und Kreuzfahrer kehrten nach kurzem Aufenthalt wieder nach Europa zurück.

Geistliche Ritterorden

Für die Verteidigung war es wichtig, dass in den Kreuzfahrerstaaten geistliche Ritterorden entstanden. Denn ihre Mitglieder blieben im Heiligen Land. Wie Mönche gelobten sie, keinen Besitz anzuhäufen, nicht zu heiraten und ihren Oberen gegenüber gehorsam zu sein. Die Aufgaben der Kreuzritter waren vorwiegend weltlicher Art: kranke Pilger zu versorgen und gegen die Muslime zu kämpfen. Die wichtigsten Orden waren die Templer (gegründet 1130; benannt nach ihrem ersten Sitz, dem Königspalast beim Jerusalemer Tempel), die Johanniter (1155) und der Deutsche Orden (1191).

Q1 **Ein Kreuzfahrerheer wird auf Galeeren (rechts) und Galeassen (links) verladen**
Die Schiffe der italienischen Seestädte Pisa, Genua und Venedig beherrschten den Personen- und Warentransport zwischen Europa und Palästina. Das verschaffte den Städten ungeheuren Reichtum. Französische Miniatur, um 1350.

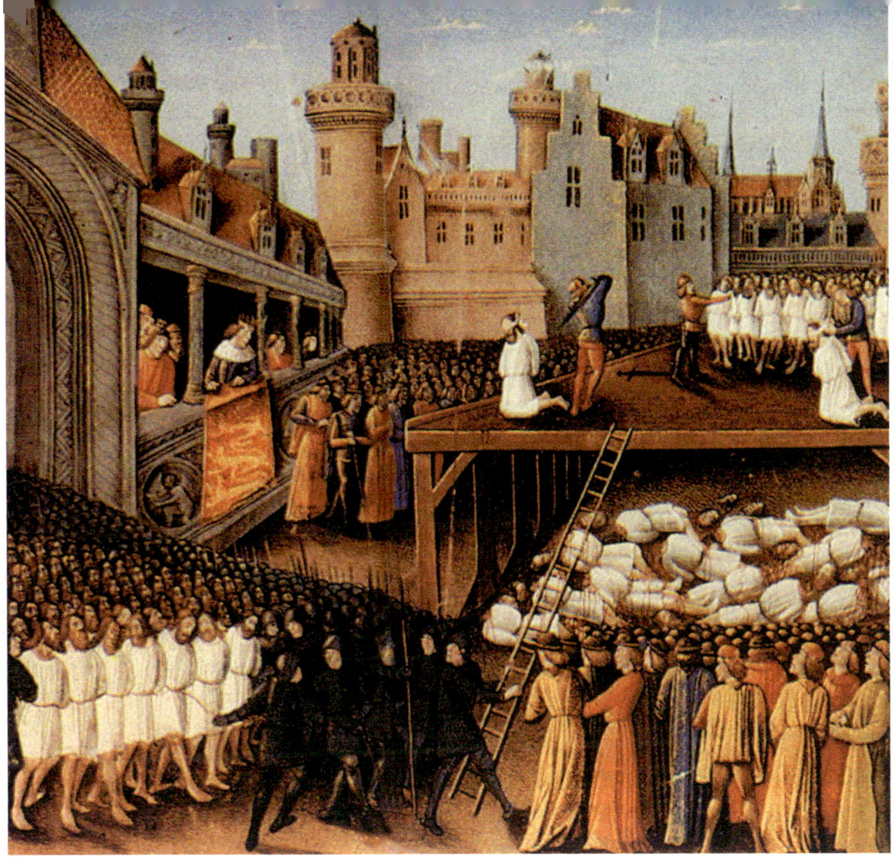

Q2 Enthauptung muslimischer Gefangener
Nach der Eroberung von Akkon 1191 ließ Richard Löwenherz 3000 Gefangene hinrichten. Die Muslime vergaßen das nicht. Als der ägyptische Sultan Al-Aschraf hundert Jahre später Akkon zurückeroberte, ließ er, um die Toten von 1191 zu rächen, alle christlichen Verteidiger hinrichten. Französische Miniatur, 1490.

Alltag in den Kreuzfahrerstaaten

Im Orient lernten die Kreuzfahrer manches kennen, was es im Abendland noch nicht gab, z. B. Städte mit Kanalisation, fließendem Wasser und befestigten Straßen. Die Europäer genossen es, und wer länger blieb, passte sich zum Teil auch in der Kleidung oder den Speisegewohnheiten den Einheimischen an. Aber echte Kontakte mit den Einheimischen suchten nur wenige. Man lebte nebeneinander, nicht miteinander. Jeder Zwischenfall konnte wieder offene Feindschaft entstehen lassen. Für solche Zwischenfälle sorgten vor allem Kreuzfahrer, die nur für einen kurzen Aufenthalt ins Heilige Land gekommen waren. Denn sie waren nicht an friedlichen, verständnisvollen Beziehungen zu den einheimischen Muslimen interessiert, sondern wollten möglichst rasch ihr Gelübde zum Kampf gegen die Muslime einlösen. Dabei vergriffen sie sich oft brutal an den Einwohnern.

Das Ende der Kreuzfahrerstaaten

Die Kreuzfahrerstaaten gerieten unter Druck, als es muslimischen Herrschern – vor allem den ägyptischen Sultanen – gelang, die islamischen Kräfte des Orients gegen die „Franken" zu sammeln. Sultan Saladin eroberte 1187 das Königreich Jerusalem und engte die Kreuzfahrerstaaten auf einen schmalen Küstenstreifen ein. Daran änderten auch die sechs Kreuzzüge, die nun europäische Kaiser und Könige unternahmen, nichts mehr. 1291 eroberte Sultan Al-Aschraf die letzte Kreuzfahrerstadt, Akkon. Wie sie begonnen hatte, endete die europäische Herrschaft im Heiligen Land – mit einem gewaltigen Blutbad. Nur waren diesmal die Muslime Sieger.

Das Ende von Byzanz

Nach dem Ende der Kreuzfahrerstaaten lag das byzantinische Reich ganz am Rande der christlichen Welt. Um 1350 war kaum mehr davon übrig geblieben als seine Hauptstadt Konstantinopel, ganz umgeben von türkischem Gebiet. 1453 wurde Konstantinopel von den Türken erobert und unter dem Namen Istanbul Hauptstadt des türkischen Reichs. Die Grenze zwischen christlicher und islamischer Welt verlief nun auf dem Balkan.

Kaiser Friedrich II. und Sultan al-Kamil Q3 vor Jerusalem. Der Kaiser war 1229 an der Spitze eines Kreuzritterheeres ins Heilige Land gekommen. Doch statt gegen den dortigen Sultan zu kämpfen, schloss er mit ihm einen Freundschaftsvertrag, der Europäern und Muslimen gleichermaßen nützte. So etwas gab es zwischen einem christlichen Herrscher aus Europa und einem muslimischen Herrscher nur dieses eine Mal in der Kreuzzugszeit. Miniatur, 13./14. Jahrhundert.

Q4 Alltag in den Kreuzfahrerstaaten

aus der Sicht eines dort ansässigen Kreuzfahrers:

Wir waren Abendländer und sind Orientalen geworden, wer Römer oder Franke war, ist Bewohner Palästinas geworden. Wer in Reims oder Chartres wohnte, betrachtet jetzt Tyrus oder Antiochia als Heimatstadt. Wir haben unsere Geburtsorte schon vergessen. (...) Manche von uns besitzen in diesem Land Häuser und Diener (...), ein anderer hat eine Frau geheiratet, die nicht seine Landsmännin ist, sondern eine Syrerin oder Armenierin oder sogar eine frühere Muslimin, die sich hat taufen lassen (...); sie sprechen verschiedene Sprachen und haben es doch alle schon fertig gebracht, sich zu verstehen. Die verschiedensten Sprachen sind jetzt der einen wie der anderen Nation gemeinsam und das Vertrauen nähert die entferntesten Rassen einander an.

Q4 und Q5 zit. nach: Regine Pernoud (Hg.), Die Kreuzzüge in Augenzeugenberichten, 5. Aufl., München 1980, S. 125 und 131.

Q5 Die Franken im Heiligen Land

aus der Sicht eines Muslim:

Alle Franken, die erst seit kurzer Zeit das Land hier bewohnen, zeigen sich unmenschlicher als die, die schon lange unter uns wohnen und mit uns vertraut geworden sind. Dafür ein Beispiel: Als ich Jerusalem besuchte, ging ich in die Moschee Al-Aqsa, die sich im Besitz der Tempelritter, meiner Freunde, befindet, um dort ein Gebet zu verrichten. (...) Ich war in mein Gebet vertieft, als einer der Franken sich auf mich stürzte und mein Gesicht nach Osten drehte[1], indem er sagte: „So betet man!" Eine Schar Templer ergriff ihn und trieb ihn hinaus. Dann entschuldigten sie sich bei mir und sagten: „Er ist ein Fremder, weil er erst in diesen Tagen aus Europa angekommen ist. Er hat noch nie gesehen, dass jemand nicht nach Osten betet."

1 Der Christ betete in Europa Richtung Jerusalem (nach Osten), der Muslim Richtung Mekka.

Fragen und Anregungen

1. Wie begann und wie endete die zweihundertjährige Herrschaft der Kreuzfahrer im Heiligen Land? Vergleiche und beurteile die Eroberungen von Jerusalem und von Akkon (Q2; S. 140, Q7).
2. Erkläre, warum Friedrich II. eine Ausnahme unter den Kreuzrittern bildete (Q3, Karte ADS; S. 82, Q3). Begründe, warum sich eine solche Politik gegenüber den Muslimen nicht durchsetzte (VT).
3. Finde Beispiele für kulturelle Begegnungen zwischen Christen und Muslimen (Q4, Q5). Überprüfe, ob diese Beispiele kennzeichnend für das Leben in den Kreuzfahrerstaaten waren (VT).
4. Im Jahre 1453 wird Konstantinopel von den Türken erobert. Überlege, welche Folgen dieses Ereignis für Europa haben könnte (Q1; Karte ADS). Überprüfe deine Thesen auf den S. 184–199 und 200–233.

5. Spanien und Sizilien – wo Europa der islamischen Kultur begegnete

711	In Spanien beginnt die muslimische Herrschaft.
ca. 900–1060	Auf Sizilien herrschen Muslime. Danach erobern christliche Normannenkönige die Insel.
929–1031	Die Araber errichten das Kalifenreich von Córdoba in Spanien. Danach zerfällt die muslimische Macht. Christliche Könige erobern Spanien allmählich zurück.
1492	Die Eroberung Granadas beendet die muslimische Herrschaft.

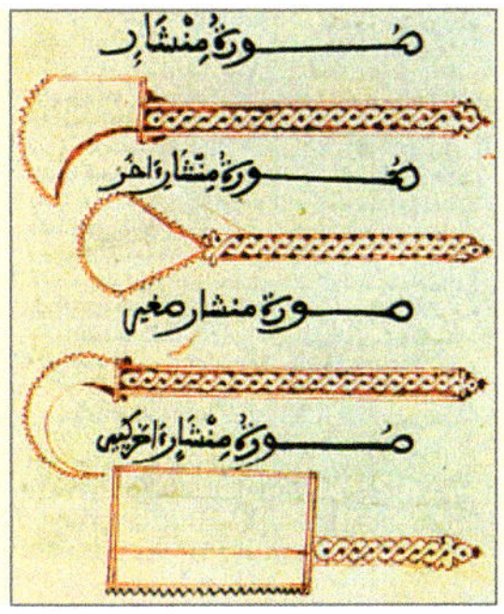

Operationsbesteck, aus einem arabischen Lehrbuch der Medizin. Q1

Das islamische Europa

Spanien und Sizilien waren die Teile Europas, die schon früh für eine Zeit lang unter muslimische Herrschaft gelangten. In Spanien entstand sogar ein selbstständiges Kalifenreich. In beiden Ländern lebten zu der Zeit Christen, Juden und Muslime zusammen, wobei die Christen in der Mehrheit waren. Das ging nicht ohne Spannungen ab. Aber es gab auch nirgendwo sonst so viele Beispiele für Toleranz im Umgang der Menschen miteinander und gegenseitiges voneinander Lernen wie hier – sowohl unter muslimischen als auch unter christlichen Herrschern. Dabei waren die Muslime lange Zeit die kulturell Überlegenen und die Gebenden.

Die Entstehung der arabischen Wissenschaft

Als die Araber um 700 n. Chr. die Länder Nordafrikas und Vorderasiens eroberten, fielen ihnen Unmengen wissenschaftlicher Werke indischer, chinesischer und griechischer Gelehrter in die Hände. Obwohl es für sie eigentlich Werke von Heiden waren, sammelten sie sie getreu dem Wort Mohammeds, dass alles Wissen von Allah stamme, und ließen sie ins Arabische übersetzen. Für diese Arbeit schuf der Kalif Al-Ma'mun im Jahr 830 in Bagdad das „Haus der Weisheit". Es war ein Forschungszentrum, wie es die Welt noch nicht gesehen hatte und das zum Vorbild für ähnliche Einrichtungen in anderen islamischen Städten – auch in Spanien und auf Sizilien – wurde. Hier arbeiteten Gelehrte aus allen Teilen des Reiches und aller Religionen zusammen. Nur das Können zählte. Echte Araber waren die wenigsten der Gelehrten. Aber alle sprachen Arabisch und liebten die Wissenschaft. Das machte sie zu Vertretern der arabischen Wissenschaft.

Allen voran in Wissenschaft und Technik

Die Gelehrten sammelten und übersetzten nicht nur das Vorhandene, sondern entwickelten es durch eigene Forschungen weiter fort. Besonders auf den Gebieten der Mathematik, Astronomie, Physik, Chemie und Medizin leisteten sie Erstaunliches. Sie brachten die Zahlenlehre (Arithmetik) voran, schufen die Grundlagen der Gleichungslehre (Algebra) und Differentialrechnung. Sie verfeinerten die Berechnung der Planetenbewegung und der Gradeinteilung der Erde. In der Medizin kamen sie zu neuen Erkenntnissen zum Blutkreislauf, zur Bestimmung von Krankheiten und zur Schmerzbetäubung. Besondere Fähigkeiten bewiesen die arabischen Gelehrten auch beim Bau technischer Geräte und Apparate, z. B. für Operationen oder die Standortbestimmung von Schiffen auf hoher See. All das verschaffte der arabischen Wissenschaft bis 1200 eine Führungsrolle in der damaligen Welt.

Schaufenster und Begegnungsstätten für Europa

Spanien und Sizilien waren sozusagen die Schaufenster der islamischen Kultur in Europa. Hier konnten europäische Christen islamische Kunst und orientalische Stadtkultur mit ihren Schulen, Bädern, Bibliotheken, Krankenhäusern kennen lernen, für die es in Europa noch nichts Vergleichbares gab.
Vor allem aber wurde Europa über Spanien und Sizilien mit der arabischen Wissenschaft bekannt. In beiden Ländern gab es bedeutende Übersetzer- und Forschungszentren, vor allem in Toledo und Córdoba. Als vom 11. Jahrhundert an christliche Könige die muslimischen Herrscher allmählich verdrängten, waren sie gut beraten, die Wissenschaftsbetriebe bestehen zu lassen, nur dass diese jetzt Übersetzungen griechischer und arabischer Schriften ins Lateinische, der europäischen Wissenschaftssprache, „produzierten". Sie belieferten die europäischen Gelehrten mit Kenntnissen, die für sie neu waren, und manche der europäischen Universitäten, von denen die ersten um 1200 entstanden, verdankten ihren guten Ruf – wie die Hochburgen der Medizin Salerno und Montpellier – ganz der arabischen Wissenschaft.

Der Löwenhof in der Alhambra Q2 (Rote Burg) von Granada. Die Burg war Sitz des letzten muslimischen Herrschers in Spanien (bis 1492). Bei den verspielten Verzierungen wurden auch arabische Schriftzeichen als Ornamente verwendet.

Toleranz

Toleranz (lat.: „tolerantia", d.h. geduldiges Ertragen), meint das Geltenlassen von anderen politischen und religiösen Überzeugungen und Handlungen. Staaten haben Toleranz gegenüber Minderheiten oft an bestimmte Bedingungen geknüpft, die von den „Geduldeten" einzuhalten waren: Christen und Juden mussten z.B. in den islamischen Reichen des Mittelalters eine Sondersteuer entrichten. Heute betrachten wir Toleranz gegenüber anderen als wichtigen, aber stets gefährdeten Grundwert für das menschliche Zusammenleben.

Q3 Arabische Ärzte am Krankenbett des christlichen Normannenkönigs

Q4 Arabische Kultur unter Christen in Spanien

Ein Christ aus Córdoba berichtet, 9. Jahrhundert:

Viele meiner Glaubensgenossen lesen die Gedichte und Märchen der Araber. Sie studieren die Schriften der muslimischen Theologen und Philosophen, nicht um sie zu widerlegen, sondern um zu lernen, wie man sich auf korrekte und elegante Weise im Arabischen ausdrückt. Wo findet man heute einen Christen, der die lateinischen Kommentare über die heilige Schrift liest – außer es ist ein Geistlicher? (…) Ach, alle jungen Christen, die das nötige Talent haben, kennen nur die Sprache und Literatur der Araber! (…) Sie lesen und studieren aufs Eifrigste die arabischen Bücher, legen sich mit enormen Kosten große Bibliotheken davon an und sagen überall, nur diese Literatur sei bewunderungswürdig. Redet man ihnen dagegen von christlichen Büchern, so antworten sie herablassend, diese Bücher verdienten es nicht, gelesen zu werden. Ach, die Christen haben sogar ihre Sprache vergessen. Unter tausenden findet man kaum einen, der einen erträglichen lateinischen Brief schreiben kann.

Zit. nach: Sigrid Hunke, Allahs Sonne über dem Abendland, Frankfurt/Main 2001, S. 338. Bearb. d. Verf.

KLICK INS INTERNET

www.klett.de/extra

Welch großen Einfluss die arabische Kultur im Mittelalter auf Europa hatte, kann man heute noch bemerken. Wir benutzen noch viele Wörter und Begriffe, die ursprünglich aus dem Arabischen stammen. In der „Werkstatt" kannst du solche Lehnwörter selbst herausfinden.

Q5 Christliche Kultur unter Muslimen in Spanien

Ein Muslim berichtet, ca. 1377:

Ein Besiegter ist stets darauf aus, den Sieger in seiner Erscheinung, seiner Kleidung, seinen Anschauungen sowie in allen übrigen Lebensformen und Gewohnheiten nachzuahmen. Der Grund liegt darin, dass der Mensch denjenigen, von dem er besiegt wurde und dem er sich unterwirft, stets für vollkommen hält. Denn entweder sieht er ihn als vollkommen an, weil er übergroße Furcht vor ihm hat, oder weil er irrtümlicherweise glaubt, der Sieg seines Gegners sei nicht durch dessen stärkeres Heer zustande gekommen, sondern durch die Vollkommenheit von dessen Lebensformen und Gewohnheiten. (…)

Deshalb kann man beobachten, dass der Besiegte im Gebrauch und im Stil seiner Kleidung, seiner Reittiere und Waffen sowie in allen übrigen Lebensformen den Sieger nachahmt. (…)

Das geht sogar so weit, dass bei einem Volk, das von seinem Nachbarvolk beherrscht wird, ohne im Krieg besiegt worden zu sein, die Zeichen der Nachahmung und Angleichung zu einem großen Teil sichtbar werden. Das ist in heutiger Zeit in Al-Andalus (arab. Name für Spanien) der Fall. Dort passen sich die Muslime in ihrer Kleidung, ihren Äußerlichkeiten und vielen ihrer Gewohnheiten und Verhaltensregeln den christlichen Völkern aus dem Norden des Landes derartig an, dass sie sogar die Wände ihrer Bauten und Häuser mit Bildern schmücken.[1] Der kluge und aufmerksame Beobachter wird darin die Zeichen der immer stärker werdenden christlichen Vorherrschaft ablesen.

[1] *Bildliche Darstellungen sind im Islam umstritten.*

Ibn Khaldun, Buch der Beispiele, Leipzig 1992, S. 96–97. Bearb. d. Verf.

Kontro vers

Welche Folgen hatten die Kreuzzüge?

Ob die Kreuzzüge der einen oder der anderen Welt oder für das Verhältnis beider Welten zueinander eher Vorteile oder Nachteile gebracht haben, darüber gibt es unter christlichen und muslimischen Geschichtsschreibern unterschiedliche Ansichten.

D1 *Eine französische Geschichtsschreiberin urteilt so, 1967:*

Die Kreuzzüge bleiben (...) eine große Epoche in der Geschichte des christlichen Abendlandes. Allen anderen Ansichten zum Trotz symbolisieren sie noch immer ein uneigennütziges, leicht fantastisches und glorreiches Unternehmen. (...) Militärisch endeten die Kreuzzüge mit einer Niederlage, denn das Abendland verlor Jerusalem nach neunzig Jahren wieder, nachdem es unfreiwillig die Einigung des Islam im Vorderen Orient gefördert (und) den Kriegseifer der mohammedanischen Welt gestärkt (...) hatte. Moralisch aber waren sie für das Abendland ein beachtlicher Erfolg (indem sie die Abendländer zu weiteren Unternehmungen über Europa hinaus ermutigten). Und sie bereicherten das Abendland sowohl materiell (z. B. durch den Handel) wie kulturell.

Zit. nach: Zoé Oldenbourg, Die Kreuzzüge. Traum und Wirklichkeit eines Jahrhunderts, Frankfurt/Main 1967, S. 464 f.

D2 *In einem türkischen Schulbuch heißt es 1981:*

Die Angriffe der christlichen Europäer gegen die islamischen Länder werden Kreuzzüge genannt. (...) Die Christen konnten bei diesen Kreuzzügen in ca. 200 Jahren ihr Ziel nicht erreichen. Die Kreuzzüge hatten aber andererseits wichtige Folgen: Die Kreuzritter konnten den Türken Anatolien nicht wegnehmen. (...) Durch die Beziehungen mit den Muslimen gewannen die Christen neue Erkenntnisse und Fähigkeiten; unter anderem lernten sie Pulver, Papier, Kompass, Windmühle, Zucker, Seidenwaren und Teppiche kennen. Durch die Kontakte mit den Muslimen wurden außerdem in Europa große Fortschritte im geistigen, künstlerischen und wissenschaftlichen Bereich erzielt.

Zit. nach: Sosyal Bilgiler, Bd. 2, Ankara, Türk Tarih Kurumu Basinevi 1981, S. 13. Aus dem Türkischen übers. v. Metin Oeszinmaz und Gisbert Gemein.

D3 *Ein deutscher Geschichtsschreiber, 1965:*

In neuerer Zeit hat man mehr und mehr erkannt, dass die wechselseitige Befruchtung der beiden Kulturen unabhängig von den Kreuzzügen über Sizilien und vor allem über Spanien ging. (...) Die Kreuzfahrer passten sich wohl äußerlich in Kleidung, Nahrung und anderen Lebensformen dem Klima und der Umgebung an (...), (aber) selbst am Ende der Kreuzfahrerzeit 1291 kannte kaum einer von ihnen den Islam als Religion, während man in Toledo in Spanien bereits den Koran ins Lateinische übersetzt hatte. (...) Mit den wahren Zentren der islamischen Bildung in Aleppo, Damaskus und Bagdad kamen die Kreuzfahrer nie in Berührung. (...) Dagegen führten die Kreuzzüge zweifellos zu dem unerwünschten Ergebnis, dass die muslimische Haltung gegenüber Christen sich verhärtete. (...) Im Ganzen gesehen muss man jedenfalls die Folgen der Kreuzzüge für die christliche und islamische Welt eher als wenig bedeutend, wenn nicht sogar als negativ beurteilen.

Hans Eberhard Mayer, Geschichte der Kreuzzüge, Stuttgart 1965, S. 258 ff. Bearb. d. Verf.

Fragen und Anregungen

1. Erläutere, was mit „arabischer Wissenschaft" gemeint ist (VT).
2. Liste die Fachgebiete auf, in denen die arabischen Gelehrten hohe Leistungen erbracht haben, und führe Beispiele dafür an (VT, Q1).
3. Kannst du dir denken, warum sich der König von Sizilien lieber auf arabische als auf christliche Gelehrte verlässt und warum ein Astrologe dazugehört (Q3)?
4. Erkläre die Aussage, dass Spanien und Sizilien für das christliche Europa Schaufenster und Begegnungsstätten für islamische Kunst und Wissenschaft waren. (VT, Q2 und 4)
5. Wie beeinflussen sich Politik und Kultur? Erkläre den kulturellen Wandel in Spanien zwischen dem 9. und dem 14. Jahrhundert (Q4, Q5, VT und Kapitel 2, D2).
6. Vergleiche, wie Historiker bzw. Autoren von Geschichtsbüchern die Bedeutung der Kreuzzüge beurteilen (D1–3): Worin stimmen sie überein bzw. unterscheiden sie sich? Welcher Einschätzung kannst du dich am ehesten anschließen?

6. Neues Land im Osten: Frieden oder Krieg?

966	In Polen entsteht ein christliches Königtum.
11.–14. Jahrhundert	Deutsche siedeln in Ostmitteleuropa und gewinnen neues Land durch Roden und Entwässern.
1225/26	Hilferuf des polnischen Fürsten Konrad von Masowien an den Deutschen Orden zur gewaltsamen Mission der Prussen.

Ritter des Deutschen Ordens im geistlichen Gewand Q1
Ausschnitt aus der Manessischen Liederhandschrift, 14. Jahrhundert.

Seit dem 11. Jahrhundert verließen viele Menschen im Reich ihre Dörfer und zogen in die Gebiete östlich von Saale und Elbe. Aus welchen Gründen kehrten sie ihrer Heimat den Rücken? Vielerorts wuchs die Bevölkerung, sodass gutes Land knapper wurde und die Menschen verarmten. Nachgeborene Bauernsöhne, die keine Aussicht auf einen eigenen Hof hatten, sahen ihre Zukunft im Osten, wo das Land dünner besiedelt war. Dort waren sie willkommen: Die Fürsten, die dort die einheimische Bevölkerung der Slawen unterworfen hatten, brauchten dringend Siedler für ihr Land. Sie sollten Wälder abholzen, Dörfer gründen und Land kultivieren. Die polnischen Adligen gewährten den Siedlern viele Sonderrechte, und da sie Deutsche waren, durften sie, im Unterschied zur einheimischen slawischen Bevölkerung, nach „deutschem Recht" leben.

Lokatoren als Siedlungsunternehmer

Lokatoren – das waren „Siedlungsunternehmer" – organisierten den Zuzug der deutschen Bauern im Auftrag der polnischen Grundherren. Sie warben in den übervölkerten Dörfern bäuerliche Siedler an und stellten die Trecks nach Osten zusammen. Vor Ort planten sie die Landzuteilung und leiteten größere Rodungsmaßnahmen oder Trockenlegungen von Sümpfen. Dafür erhielten die Lokatoren mehr Land als die übrigen Siedler. Außerdem betrieben sie die Mühle und das Wirtshaus und wurden häufig als Erbschulzen (Gemeindevorsteher) die Obrigkeit in den neuen Dörfern.

Q2 **Gründung eines Dorfes**
Der Grundherr überreicht dem Lokator die Gründungsurkunde mit dem Text: „Mit Gottes Gnaden übergebe ich ...", während Bauern bereits roden und Häuser bauen. Illustration aus dem Sachsenspiegel, 13. Jahrhundert.

Ein Siedlerdorf Q3
Die Luftaufnahme zeigt auch heute noch deutlich die Anlage eines Waldhufendorfes. Die Häuser sind entlang einer Straße oder eines Baches angelegt. Hinter den Höfen erkennt man die aus dem Wald gerodeten Flurstreifen.

Siedlungen werden aufgebaut

So entstanden im Osten Europas zahlreiche Bauerndörfer mit zugewanderten deutschen und niederländischen Siedlern und es wurden Städte gegründet. Die Höfe wurden entlang einer Straße oder eines Gewässers aneinander gereiht, hinter jeder Bauernstelle lagen die dazugehörigen Felder. Jeder Siedler sollte drei Räderpflüge mitbringen, während die Slawen bisher hauptsächlich den Hakenpflug benutzt hatten, der die Erde nur aufriss. Auch andere landwirtschaftliche Geräte wie die Sense und neue Techniken wie Wasser- und Windmühlen brachten die Ostsiedler ins Land. Die Ernteerträge stiegen auch deshalb, weil die Einwanderer fortschrittliche Ackerbaumethoden wie die Dreifelderwirtschaft einführten.
Das Zusammenleben verlief nicht ohne Probleme – doch im Laufe der Zeit vermischten sich neue Siedler mit der einheimischen slawischen Bevölkerung, die zudem Stück für Stück auch die Rechte der Einwanderer bekam.

Auch Mönche kolonisieren

Auch Mönche des Zisterzienserordens kultivierten neues Land im Osten. Als Rodungsspezialisten machten sie die sumpfigen Niederungen, die Brüche, urbar, sodass man den Boden für die Land- und Forstwirtschaft nutzen konnte. Im ganzen Land gründeten die Zisterzienser zahlreiche Klöster. Mit ihren Mustergütern wurden sie zu „Entwicklungshelfern" und Lehrmeistern der Bauern, der deutschen wie der slawischen.

Kreuzzüge in das Land der Prussen

Im Jahr 1225 rief der polnische Herzog Konrad von Masowien den Deutschen Orden zu Hilfe: Der christliche Herrscher brauchte Unterstützung, denn er wollte die heidnischen Prussen, die entlang der Ostseeküste zwischen Memel und Weichsel lebten, gewaltsam missionieren.
Der Deutsche Orden war während der Kreuzzüge als geistlicher Ritterorden zum Schutz der heiligen Stätten in Jerusalem und zur Pflege von kranken Pilgern entstanden. Die christlichen Ritter lebten nach den drei mönchischen Gelübden Armut, Keuschheit und Gehorsam. Sie trugen als Ordenstracht weiße Mäntel mit einem schwarzen Kreuz. Ihr Oberhaupt war der auf Lebenszeit gewählte Hochmeister. Der Papst erkannte den Orden an und gab ihm als Auftrag die Krankenpflege und den Kampf gegen die Heiden. Der Hilferuf Konrads von Masowien kam dem Deutschen Orden gerade recht, denn der Orden strebte nach einem eigenen Herrschaftsgebiet. Nach jahrzehntelangen blutigen Eroberungskämpfen

gelang es den Rittern, sich durch Urkunden von Papst, Kaiser und polnischen Herrschern alle unterworfenen Gebiete überschreiben zu lassen und einen eigenen Staat aufzubauen.

Ein moderner Staat entsteht

Aus dem Missionsgebiet des Deutschen Ordens wurde ein eigener Staat. Da die Macht nicht an einen Herrscher, sondern an den Orden als Institution gebunden war, handelte es sich um einen modernen Staat. Verwaltet wurde er von der Marienburg aus. In seinem Territorium gründete der Deutsche Orden 93 Städte und weit über 1000 Dörfer, in die Bürger und Bauern aus dem Westen zogen. Die Ritter trieben in einer eigenen Handelsorganisation Fernhandel mit Holz, Getreide und Bernstein und importierten Tuche und Salz.
Im Jahre 1309 siedelte der Hochmeister des Deutschen Ordens von Venedig auf die Marienburg über; die Marienburg wurde als Hochmeisterpalast zur prächtigen Residenz ausgebaut. Auf dem Höhepunkt seiner politischen und wirtschaftlichen Macht dehnte sich der Ordensstaat etwa 900 Kilometer an der Ostseeküste aus: von der Neumark an der Oder im Westen bis nahe Nowgorod im Nordosten.
Der Niedergang begann, als sich die wirtschaftlich starken Städte gegen den Orden stellten und sich in den Schutz des polnischen Königs begaben. Die Auseinandersetzungen eskalierten in der Schlacht bei Tannenberg 1410 – die Ordensritter erlitten eine vernichtende Niederlage gegen das polnische Heer.
Nach der Reformation wurde aus dem Ordensstaat 1525 das weltliche protestantische Herzogtum Preußen, das dem polnischen König den Lehnseid schwor.

Raum der deutschen Ostsiedlung D1

Q4 Hafenstadt an der Ostsee

Ein Ordensritter überwacht die Bauarbeiten. 16. Jh.

Q5 Deutsches Recht für Gastsiedler, 1221

Es möge allen bekannt sein, dass wir, Heinrich, von Gottes Gnaden Herzog von Schlesien, auf Bitten Witoslaws, des Abtes von St. Marien in Breslau, und seiner Ordensbrüder, ihren Gastsiedlern, die in Baudiss und in den beiden Dörfern Kreidel wohnen, deutsches Recht verliehen haben, sodass sie von den Frondiensten frei sind, die von den Polen geleistet werden nach dem Herkommen des Landes; (...) ferner von den Abgaben, die gemeinhin gefordert werden. (...) Jedoch soll folgende Abmachung gelten: Von jeder Hufe, die dem Abt zinspflichtig ist, sollen wir einen Scheffel* Weizen und einen Scheffel Hafer erhalten. Beim Burgenbau sollen sie (die Gastsiedler) uns bei großer Not helfen. Zum Heereszug sollen sie kommen wie die anderen Deutschen. Schwere Vergehen, also Kapitalverbrechen, werden Wir richten, und zwar Wir selbst oder durch einen von Unseren Baronen.

** Scheffel: hölzernes Gefäß für trockenes Gut, das man schütten kann; Mengenmaß nach Regionen 30 bis 300 l, hier ca. 200 l.*

Zit. nach: Herbert Helbig/Lorenz Weinrich (Hg.), Urkunden und erzählende Quellen zur deutschen Ostsiedlung im Mittelalter, Teil 2, Darmstadt 1970, S. 89–91.

Q6 Ansiedlung in Polen

Urkunde König Kasimirs III. von Polen für den Ritter Johann Gladisch, 27. Oktober 1359:

In Erinnerung an die treuen Dienste des edlen Ritters Paul Gladisch, die er Unserem Vater zeit seines Lebens getreulich erwiesen hat, haben Wir (König Kasimir II.) seinem Sohn Johann einen Teil Unseres Waldes gegeben, damit er sich Dörfer nach deutschem und Magdeburger Recht errichte, die er und seine ehelichen Nachkommen für immer erblich besitzen sollen.

Und weil lange Zeit trotz vieler aufgewandter Mühen wegen des Hinsterbens der Menschen wie auch wegen der Verwüstungen durch Heuschrecken dort kein Ertrag erzielt werden konnte, haben Wir ihm ein Dorf mit allen Rechten und mit allen Einkünften für immer gegeben. Außerdem haben wir ihm Unseren ganzen Hain und Urwald übertragen und zwar so, dass er dort ringsherum Dörfer ansiedeln, Städte gründen und Gehöfte anlegen kann.

Damit aber Johann Gladisch den Wald leichter und bequemer fällen und dortselbst Leute ansiedeln kann, geben Wir allen Ankömmlingen eine Frist von 20 Jahren und gewähren ihnen solange volle und umfassende Freiheit, wobei wir sie ausnehmen von all unseren Abgaben, Steuern, Umlagen, Forderungen, Dienstleistungen, Arbeiten, Hand- und Spanndiensten. Lediglich der Schulze soll über seine Bauern richten, der Vogt über seine Bürger, deren Erbherr (hier: Johann Gladisch) aber über Vogt und Schulzen.

Zit. nach: Arno Borst, Lebensformen im Mittelalter, Berlin (1973) 1997, S. 167f.

Q7 Beschwerden von Polen

über die Ansiedlung von Deutschen sind nicht sehr zahlreich. Erzbischof Jakob Schwinka von Gnesen schrieb jedoch 1285 an Kardinäle in Rom:

Uns werden durch das Eindringen des deutschen Volkes die kirchliche Freiheit und unsere Rechte genommen, die bisher von den Polen von Anfang an beachtet worden sind. Sie, die Deutschen, lehnen dies vollständig ab, ebenso wie in der Bezahlung der Zehnten Willkür herrscht, die einige von ihnen überhaupt nicht zahlen, andere nicht nach dem Recht des Landes, sondern nach der Gewohnheit ihres Volkes. Noch andere Übel sind durch das Eindringen dieses Volkes im Land vervielfacht worden, da das polnische Volk durch sie unterdrückt, von ihnen verachtet, der löblichen Rechte und Gewohnheiten des Vaterlandes beraubt wird.

Zit. nach: Rudolf Kötzschke (Hg.), Quellen zur Geschichte der ostdeutschen Kolonisation im 12. bis. 14. Jahrhundert, Leipzig und Berlin 1951, Nr. 60.

Q8 Hilferuf sächsischer Adliger und Bischöfe, *u. a. von Magdeburg, Merseburg, Naumburg, Meißen, Brandenburg an Bischöfe, Äbte und Herzöge aus dem Westen, u. a. an Halberstadt, das Kloster Corvey, Paderborn, Köln, Lüttich, Lothringen, Flandern, 1108:*
Schon lange sind wir bedrängt durch Unrecht und Gewalttaten. Wir bitten euch, habt Erbarmen und helft, den zerstörten Bau der Mutter Kirche wiederaufzurichten. Die Obodriten (slawisches Volk) haben sich mit großer Grausamkeit gegen uns erhoben und richten uns noch zugrunde. Sie sind ohne Mitleid, und sie rühmen sich sogar noch ihrer Bosheit. Ihr Christen alle: Kommt den Streitern Christi zu Hilfe! Zwar sind die Heiden verdorben und schlecht, aber ihr Land ist sehr reich: Milch und Honig fließen dort, und die Ernten sind groß und gut. Also ihr Sachsen, Franken, Lothringer und Flamen, ihr großen Weltbezwinger, macht euch auf! Hier erlangt ihr euer Seelenheil und bekommt noch bestes Siedlungsland dazu.

Codex diplomaticus Saxoniae Regiae I,1, Nr. 40. Bearb. d. Verf.

Zisterzienserinnenkloster Trebnitz bei Breslau Q9
Herzog Heinrich I. stiftete es 1202 auf den Wunsch seiner Frau Hedwig hin. Die ersten Nonnen kamen aus einem Bamberger Kloster. Buchmalerei, 1452.

Q10 Die Marienburg am Ufer der Nogat (Polen)
wurde zwischen 1274 und 1400 erbaut. Sie war Hauptsitz des Deutschen Ordens und Residenz der Hochmeister im 14. und 15. Jahrhundert. Die größte Burganlage Europas (links der Hochmeisterpalast, rechts daneben das Hochschloss mit Kirche) wurde im Zweiten Weltkrieg zerstört; der polnische Staat ließ sie als Denkmal von europäischem Rang wieder aufbauen.

Q11 Kampf zwischen christlichen Rittern und „Heiden“
Das Bild schildert den Endkampf der Völker Gog und Magog aus der Bibel (Apk. 20,7 ff.). Der Betrachter sollte den Kampf der Ritter gegen die Prussen vor Augen haben.

Q12 Der Papst und die Kreuzzüge

Urban IV. wendet sich mit einer Bitte an den Bischof zu Kulm, 1262:

Vor einiger Zeit haben sich unsere geliebten Söhne, der Meister und alle Brüder des Hospitals der heiligen Maria der Deutschen zu Jerusalem, mit Klagen an uns gewandt. In Livland, Kurland und Preußen sind bei ihrer Missionsarbeit ungefähr 50 Brüder dieses Hauses von den Händen der Ungläubigen grausam umgebracht worden. (...) Wieder sind in den genannten Ländern einige der erwähnten Brüder von denselben Ungläubigen aufs Schrecklichste erschlagen worden, während die Masse der Neugetauften schmählich in ihren früheren Irrglauben zurückfiel. (...)
Es ist unser frommer Wille, dass ein solches Werk, das mit so großen Blutopfern geschaffen wurde, nicht ganz und gar untergehen dürfe; und wir beauftragen deine brüderliche Liebe, (...) dass durch dich und andere umsichtige und ehrbare dazu geeignete Männer in den Königreichen, Regionen, Provinzen und Städten und Diözesen die Gläubigen aufgemuntert werden, das heilige Predigtamt auf sich zu nehmen. (...) Mannhaft und mächtig sollen sie sich (mit dem Schwert) gürten, wenn sie sich aufmachen, um den Ruhm des Gekreuzigten zu vermehren und ihre Nächsten aus den Händen der Heiden zu befreien.

Zit. nach: Geschichte in Quellen, Bd. 2, München 1970, S. 668 f.

Q13 „... das heilige Kreuz auf ihrem Mantel!“

Die „heidnischen“ Samogiten (zwischen Memel und Dünaburg) wenden sich an slawische Fürsten, 1399:

Unterdrückt und durch Qualen erschöpft bitten wir euch, ihr geistlichen und weltlichen Fürsten, uns anzuhören. Der Orden (...) hat uns dazu gebracht, dass wir entweder Bettler oder Räuber werden müssen um unser Leben zu erhalten. Und wie wagen sie es nach alledem, sich unsere Brüder zu nennen und uns zu taufen? (...) Alle Früchte unseres Landes und alle Bienenvölker haben uns die Ritter genommen. Sie gestatten uns weder zu jagen noch zu fischen noch mit den Nachbarn Handel zu treiben. Jedes Jahr führen sie uns Kinder als Geiseln weg. Unsere Ältesten haben sie nach Preußen verschleppt, andere samt ihren Familien durch Feuer ausgerottet; unsere Schwestern und Töchter haben sie mit Gewalt weggeführt – und da tragen sie noch das heilige Kreuz auf ihrem Mantel! Habt Erbarmen mit uns. (...) Von ganzem Herzen wollen wir Christen werden, aber wir wollen mit Wasser, nicht mit Blut getauft sein.

Valentin Gitermann, Geschichte Russlands, Bd. 1, Frankfurt 1965, S. 396 f. Zit. nach: Geschichte in Quellen, Bd. 2, S. 680.

Fragen und Anregungen

1. Organisiere als Lokator eines adligen oder klösterlichen Grundherrn die Gründung eines Dorfes im Osten (Q2).
Was sind deine Aufgaben, wie wirst du dafür entschädigt (VT)? In wessen Herrschaftsgebiet befindet sich das Land deines Grundherrn (D1 sowie Q5, Q9 oder Q6)? Mit welchen Argumenten kannst du deutsche Neusiedler für den Osten gewinnen (Q5, Q6, Q7, Q8, VT)? Gestalte ein Werbeplakat oder schreibe einen Werbespot. Hältst du die Bevorzugung der deutschen Gastsiedler gegenüber der einheimischen slawischen Bevölkerung für gerechtfertigt?

2. Stell dir vor, du könntest als Fernsehjournalist ein Interview mit einem Deutschen Ordensritter führen. Recherchiere, wie der Orden entstand (VT), welche Aufgaben ein Ordensritter hatte (Q1, Q11), warum der Deutsche Orden Kreuzzüge im Osten gegen die Prussen führte und wie dies gerechtfertigt wurde (Q12, VT), wie die Wirklichkeit dieser Kreuzzüge für die betroffenen „Heiden“ aussah (Q13). Bestimmt fallen dir jetzt viele, auch kritische Fragen an deinen Interviewpartner ein. Führe das Interview im „Klassenstudio“ durch. Schildere deinen Zuschauern zum Schluss, was aus den unterworfenen Gebieten bis 1525 wurde (VT, D1, Q10).

Selber geschichtliche Landkarten zeichnen

Geschichtliche Landkarten zeigen einem Betrachter anschaulich, von wem beispielsweise bestimmte Gebiete beherrscht wurden oder welche Wege Fernhändler, Pilger, Kriegsheere oder Seefahrer genommen haben. Solche Karten hast du z. B. auf der ADS und Seite 134 kennen gelernt. Das sind natürlich von Fachleuten erstellte Karten. Oft ist es auch nützlich, sich selbst eine grobe Kartenskizze anzufertigen, weil sie einem ein klareres Bild von einem Thema vermittelt.

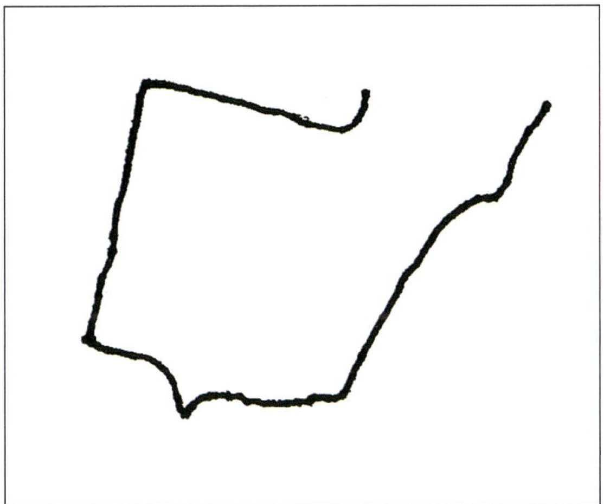

Spanien
Umrisslinien „frei Hand" nach Vorlage gezeichnet

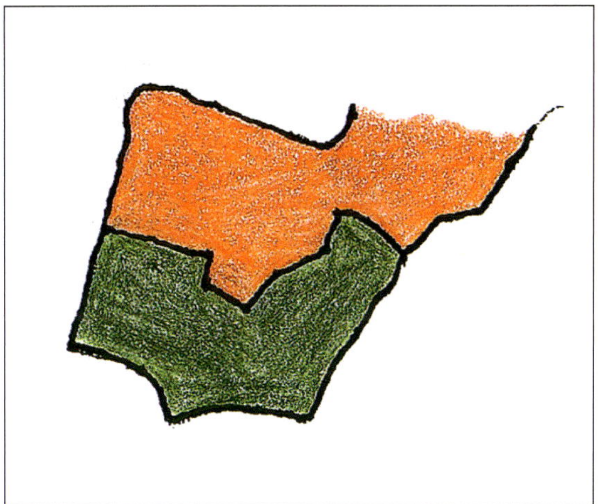

Spanien um 1100
christliche Herrscher
muslimische Herrscher

Um sich eine Kartenskizze anzufertigen, braucht man eine Vorlage. Vorlage für das Beispiel war die Karte auf Seite 128. Wie du vorgehst, hängt von den Umrissformen des zu zeichnenden Gebiets ab. Hat das Gebiet – grob gesehen – z. B. die Form einer geometrischen Figur (Spanien: Viereck mit Zipfel unten) oder eines Gegenstands (Italien: Stiefel), lässt es sich meist „frei Hand" zeichnen (wie oben). Sonst deckt man die Vorlage mit einem Transparentpapier ab, markiert darauf grob die Formen des Gebiets und paust das Transparentpapier dann ins Arbeitsheft ab.

Im vorliegenden Kapitel sind dir vor allem Länder begegnet, die am Mittelmeer liegen. Von Palästina, Spanien, Sizilien war die Rede. Es waren vor allen Dingen diese Gebiete, die im Laufe der Zeit einmal mehr oder weniger unter christlicher und muslimischer Herrschaft standen. Solche Veränderungen lassen sich mit einfachen Kartenskizzen darstellen. Das kannst du hier am Beispiel Spaniens üben:

1. Fertige in deinem Arbeitsheft zwei Kartenskizzen von Spanien an (neben- oder untereinander). Verwende dabei z. B. die Vorlage auf der Auftaktdoppelseite 128 (wie oben).
2. Zeichne in die erste Kartenskizze grob die Grenze zwischen dem christlichen und muslimischen Herrschaftsgebiet zur Zeit des Ersten Kreuzzugs um 1100 (wie oben in dem Beispiel rechts).
3. Zeichne in die andere Kartenskizze nach derselben Vorlage auf Seite 134 die Grenze zwischen christlichem und muslimischem Herrschaftsgebiet um das Jahr 1260 ein.
4. Male in beiden Skizzen die entsprechenden Herrschaftsgebiete gleichfarbig aus und fertige für jede Skizze eine Legende mit Überschrift an.
5. Jetzt kannst du nach der Vorlage auf Seite 134 auf zwei Kartenskizzen das muslimische Herrschaftsgebiet zum Zeitpunkt von Mohammeds Tod (632) und um 750 darstellen.

Du kannst auch die Züge der Kreuzfahrer oder der Ostsiedler in Karten darstellen. Dann kannst du z. B. die verschiedenen Wege mit Pfeilen markieren.

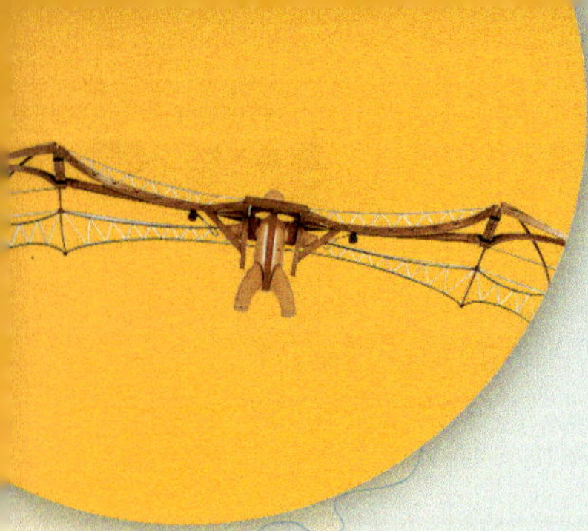

Frauen werden verbrannt
Sie wurden beschuldigt „Hexen“ zu sein. 16. Jahrhundert.

Amsterdam

Rotterdam

Antike Texte studieren und übersetzen
Der Gelehrte Erasmus von Rotterdam (1466–1536). Ölgemälde, um 1517.

Mainz

Augsburg

Bücher drucken statt abschreiben
Johannes Gutenberg erfand um 1450 die Druckerpresse. Rekonstruktion.

Mailand

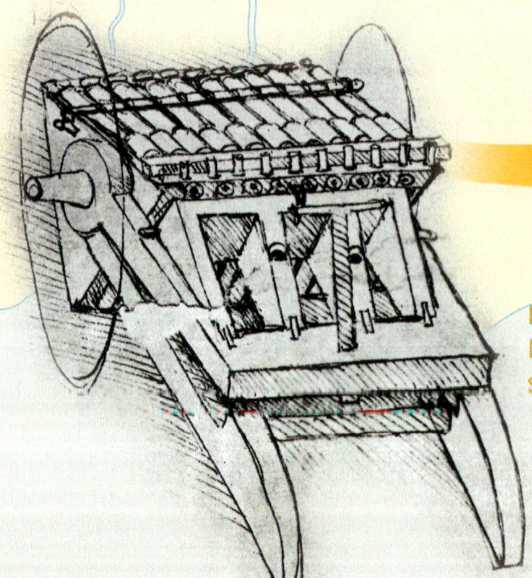

Entwurf einer Schnellfeuerkanone
Leonardo da Vinci (1452–1519) setzte seine Erfindung aber nicht um.

Florenz

AUFBRUCH IN EINE NEUE ZEIT?

Als eine „Zeit des Lichts“ empfanden Künstler, Gelehrte und wohlhabende Bürger um 1500 ihre Epoche. Sie wollten nicht mehr das glauben, was die Kirche ihnen vorschrieb. Statt dessen begannen sie die Welt mit eigenen Augen zu sehen und mit ihrem Verstand zu begreifen. Schau dich auf der Seite um: Wie dachten diese Menschen und was taten sie? Was für neue Ideen entwickelten sie? Du findest aber auch Hinweise darauf, dass dieselbe Zeit ihre „dunklen“ Seiten hatte.

Frauenburg

Die Erde kreist um die Sonne
Nikolaus Kopernikus verunsicherte seine Zeitgenossen mit einem neuen Bild vom Kosmos. Kolorierter Kupferstich, 1660.

Geld wiegen und zählen
Der Fernhändler Jakob Fugger (1459–1525). Ölgemälde, 1538.

Der David von Michelangelo
Marmorstatue (4,34 Meter hoch), 1501–1504. Im Alten Testament besiegte der kleine David den Riesen Goliath mit einer Steinschleuder. Die Florentiner Bürger stellten eine Kopie der David-Statue vor ihrem Rathaus auf.

1. Der Mensch im Mittelpunkt

Der mittelalterliche Mensch

Im Mittelalter hatte jeder Mensch seinen festen Platz in der Gesellschaft. Ob höriger Bauer, frommer Mönch oder mächtiger Adliger – jeder Stand besaß jeweils andere, unverrückbare Rechte, Pflichten und Aufgaben. Diese Ordnung, die die Ungleichheit der Menschen festschrieb, hielten die Menschen für gottgewollt. Auflehnung gegen Ungerechtigkeiten bedeutete, sich gegen den Willen Gottes zu erheben. Man glaubte, dass der Mensch nach dem Tod für seine Sünden in der Hölle bestraft oder für seine guten Werke mit dem ewigen Leben belohnt würde. Das Leben wurde als Durchgangsstation zum Jenseits angesehen. Der Kirche fiel große Macht zu, denn sie gab vor, was die Menschen glauben und tun sollten und nur sie konnte den Menschen von seinen Sünden freisprechen.

Ein neuer Geist aus Italien

Am Ende des 14. Jahrhunderts begann sich die mittelalterliche Sicht des Menschen und der Welt zu wandeln. Das neue Denken ging von Italien aus, einem Land, in dem es viele große Städte wie Florenz, Mailand und Venedig gab. Sie waren durch ihre intensiven Handelsbeziehungen im ganzen Mittelmeerraum reich und mächtig geworden. Weder der Papst in Rom noch der Kaiser nördlich der Alpen konnte diese Städte mehr kontrollieren. Seit dem 12. Jahrhundert regierten sie sich meist selbst. Zunehmend hatten dabei die erfolgreichsten und wohlhabendsten Bürger wie die Medici in Florenz das Sagen (S. 168 f.). An anderen Orten wie Mailand konnten Fürsten die Macht an sich reißen. Für diese stolzen Familien verlor die mittelalterliche Ständeordnung an Bedeutung, sie wollten sich nicht von der Kirche einengen lassen. Deshalb suchten sie sich neue Leitbilder – und fanden sie in ihrer unmittelbaren Umgebung.

Die Römer als Vorbild

Überall in Italien gab es noch Reste aus der Römerzeit: Münzen, Gräber, Tempel, Amphitheater und anderes. Jahrhunderte lang hatte man darin wertlose Überbleibsel einer heidnischen Zeit gesehen. Nun wurden diese Dinge als Zeugen eines großen Zeitalters wahrgenommen. Man wollte sogar wie die alten Römer leben. Deshalb nannten sich die herrschenden Bürger auch „Patrizier“ und regierten als „Konsuln“ die Städte. Aber nicht nur sie wurden von einer Begeisterung für alles Antike erfasst. Die Gelehrten stellten entsetzt fest, dass das Latein, das an den Universitäten benutzt wurde, gar nicht mehr die elegante Sprache der alten Römer war. Um diese alte Sprache wiederzubeleben, machten sie sich auf die Suche nach klassischen Texten. Tatsächlich waren viele römische Schriften von Mönchen aufbewahrt und abgeschrieben worden, verstaubten jedoch ungelesen in entlegenen Winkeln der Klosterbibliotheken. Einige Gelehrte hatten sich zwar schon im 13. Jahrhundert in den Klosterschulen und neu gegründeten Universitäten mit antiken Schriftstellern und deren Texten beschäftigt, doch nur wenige waren in das christliche Lehrgebäude aufgenommen worden. Die Gelehrten am Ende des 14. Jahrhunderts studierten nun die Neuentdeckungen eifrig und übersetzten sie ins Italienische und später in andere europäische Sprachen.

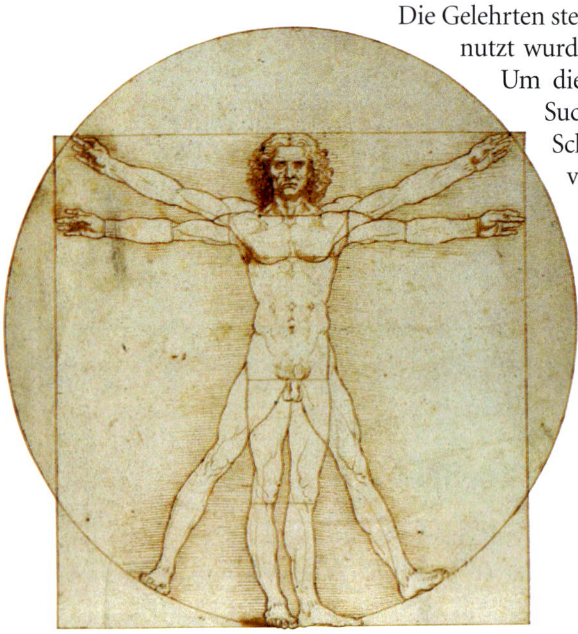

Q1 **Proportionsstudie des menschlichen Körpers von Leonardo da Vinci**

Dabei setzte er die Überlegungen des antiken Baumeisters Vitruv (1. Jahrhundert v. Chr.) zur Gestalt des Menschen um, ca. 1490.

Q2 Michelangelo, Gott erschafft Adam
Teil eines Deckenfreskos (2,80 x 5,70 Meter), das die Erschaffung der Welt und des Menschen und die Sintflut zeigt. Sixtinische Kapelle, Vatikan, 1511–1512.

Der Mensch als vernunftbegabtes Wesen

Dabei lernten sie eine für sie neue Sicht des Menschen und der Natur kennen. Der Mensch erschien als ein vernunftbegabtes, freies und selbstbewusstes Wesen, das von seinen geistigen und körperlichen Fähigkeiten unbeschränkten Gebrauch machen solle. Er könne sein Leben selbst bestimmen und mithilfe seines Verstandes und seiner Sinne die Welt und die Natur erforschen. „Die Menschen können alles, wenn sie es nur wollen", brachte Leon Battista Alberti, ein Künstler aus Florenz, das neue Selbstbewusstsein auf den Punkt. Einen Widerspruch zum Christentum sahen die Gelehrten darin nicht. Im Gegenteil: Hatte Gott nicht sein Ebenbild, den Menschen, mit Verstand und Fähigkeiten ausgestattet? Warum sollte er diese dann nicht nutzen?

Laokoon-Gruppe, 1. Jahrhundert v. Chr. Q3
Die Plastik wurde 1506 in Rom ausgegraben. Sie zeigt eine Szene aus der Ilias, einer Sage des griechischen Dichters Homer: Laokoon und seine Söhne werden von zwei riesigen Schlangen im Auftrag der Götter erwürgt, nachdem er die Trojaner vor dem griechischen Angriff gewarnt hatte. Michelangelo und andere Künstler beeindruckte die Figurengruppe aus vorchristlicher Zeit sehr. Der Papst ließ sie im Hof des Vatikan aufstellen.

Q4 Licht und Finsternis

In dem Roman „Gargantua und Pantagruel" (ab 1532) des Franzosen François Rabelais gibt Gargantua seinem Sohn Pantagruel gute Ratschläge für sein Studium:

Darum, mein Sohn, ermahne ich dich, dass du deine Jugend wohl anwendest, um in Wissenschaft und Tugend dazuzulernen. (...) Ich setze voraus und will, dass du die Sprachen gründlich erlernst; erstens das Griechische (...); zweitens das Lateinische, ferner das Hebräische, der Heiligen Schrift wegen. (...) Deinen Stil im Griechischen bilde nach Platon, im Lateinischen nach Cicero. Die Geschichte musst du unbedingt vollständig im Gedächtnis haben, wozu dir die Kosmografien (Land- und Naturbeschreibungen) (...) von Nutzen sein werden. Dein Interesse an den Freien Künste, an Geometrie, Arithmetik und Musik habe ich bereits geweckt, als du noch ein kleiner Bube von sechs Jahren warst. Setze das nun weiter fort und erlerne die Astronomie in all ihren Gesetzen. (...) Es ist mein Wunsch, dass du dich mit den Dingen der Natur eingehend beschäftigst, sodass es kein Meer, keinen Fluss, kein Bächlein gebe, von dem du die Fische nicht kenntest.

François Rabelais, Gargantua und Pantagruel, Bd. 1, Frankfurt/Main 1974, S. 218 f. Bearb. d. Verf.

Q5 Die Würde des Menschen

Der humanistische Philosoph Giovanni Pico della Mirandola schrieb 1486 über die besondere Rolle des Menschen. Er lässt Gott zum Menschen sagen:

Wir haben dir keinen bestimmten Wohnsitz, noch ein eigenes Gesicht, noch irgendeine besondere Gabe verliehen, O Adam, damit du jeden beliebigen Wohnsitz, jedes beliebige Gesicht und alle Gaben (...) nach deinem Willen (...) besitzen mögest. Den übrigen Wesen ist ihre Natur durch die von uns vorgeschriebenen Gesetze bestimmt und wird dadurch in Schranken gehalten. Du bist durch keinerlei unüberwindliche Schranken gehemmt, sondern du sollst nach deinem eigenen freien Willen (...) deine Natur dir selbst vorherbestimmen. Ich habe dich in die Mitte der Welt gesetzt, damit du von dort bequem um dich schaust, was es alles in dieser Welt gibt. Wir haben dich weder als einen Himmlischen noch als einen Irdischen, weder als einen Sterblichen noch einen Unsterblichen geschaffen, damit du (...) dir selbst die Form bestimmst, in der du zu leben wünschst.

Zit. nach: Karl Vorländer (Hg.), Geschichte der Philosophie mit Quellentexten, Bd. 2: Mittelalter und Renaissance, Reinbek 1990, S. 482. Bearb. d. Verf.

Renaissance, Mittelalter und Neuzeit

Als **Renaissance** (franz., d. h.: Wiedergeburt) bezeichnet man eine geistige Bewegung, die vom Ende des 14. bis zum Ende des 16. Jahrhunderts dauerte und sich von Italien aus über ganz Europa ausbreitete. Beeindruckt von der antiken Kunst und Literatur, hatten Herrscher, Gelehrte und Künstler das Gefühl, „wiedergeboren" zu sein. Sie nannten sich selbst „Humanisten" (von lat. „humanus", d. h. menschlich) und wendeten sich dem Menschen und seinen Möglichkeiten zu. Sie bemühten sich ihre Vernunft und Sinne einzusetzen und sich umfassend zu bilden. Ihre eigene Epoche kam ihnen wie eine Zeit des „Lichts" vor, die an die glanzvollen Zeiten der Antike anknüpfte. Die Zeit dazwischen sahen sie als das „finstere Mittelalter" an. Seitdem wird die Epoche vom 5. bis zum frühen 16. Jahrhundert als **„Mittelalter"** bezeichnet. Allerdings beurteilen die Historiker heute die kulturellen Leistungen des Mittelalters positiver.

Mit der Renaissance beginnt die **Neuzeit**, die bis in die Gegenwart reicht. Das neue Welt- und Menschenbild, die Entdeckungen, der Frühkapitalismus und die Glaubensspaltung führten zu grundlegenden Veränderungen in vielen Lebensbereichen und zur Auflösung der mittelalterlichen Welt.

Fragen und Anregungen

1. Stelle zusammen, welche Merkmale und welche besondere Stellung die Menschen für die Humanisten haben (Q5, VT). Vergleiche diese mit unserer heutigen Vorstellung vom Menschen.
2. Beschreibe das Bildungsprogramm, das Gargantua seinem Sohn Pantagruel empfiehlt, und erkläre, welche Rolle die Bildung bei der Erziehung eines Menschen spielt (Q4).
3. Beschreibe, wie Leonardo und Michelangelo die Stellung und das Wesen des Menschen zum Ausdruck bringen (Q1 und 2).

2. Ein neues Bild der Natur und des Kosmos

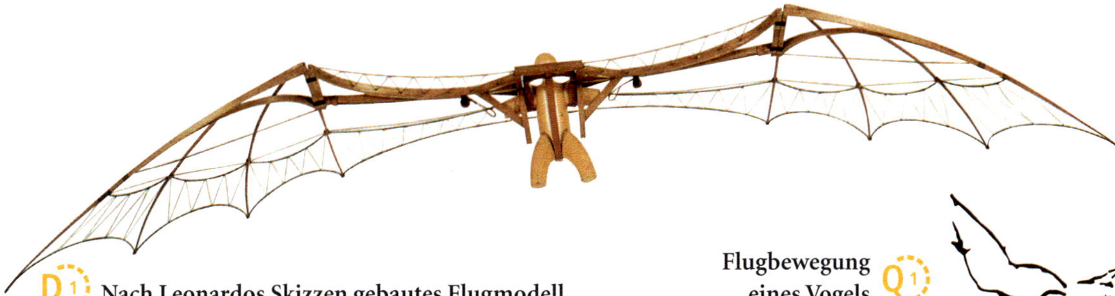

D1 Nach Leonardos Skizzen gebautes Flugmodell, das wegen seines Gewichtes nicht flugfähig war.

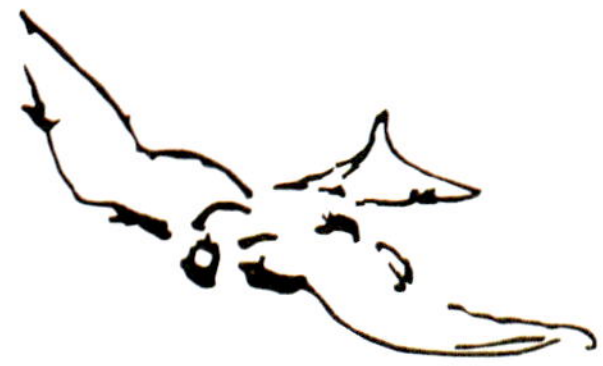

Q1 Flugbewegung eines Vogels aus Leonardos Skizzenbüchern.

Leonardo – Erforscher des Menschen …

„Uomo universale" nannten die Italiener in der Zeit der Renaissance einen Menschen wie Leonardo da Vinci (1452–1519), der auf vielen Gebieten außergewöhnliche Fähigkeiten zeigte. Leonardo war nicht nur ein Maler, Architekt und Bildhauer, sondern auch Naturforscher und Ingenieur. Seine Wissbegierde kannte keine Grenzen. Dabei legte er größten Wert auf die eigene Beobachtung. Nicht das galt ihm als richtig, was in den überlieferten Büchern stand, sondern nur das, was er mit eigenen Augen gesehen und mit dem eigenen Verstand überprüft hatte. Er scheute sich auch nicht, gegen kirchliche Verbote wie das der Sektion (Zerschneiden) von Leichen zu verstoßen. Zu wichtig waren ihm anatomische Studien, um das Zusammenspiel von Knochen, Nerven und Muskeln so genau wie möglich zu untersuchen. Ein Künstler, davon war er überzeugt, konnte nur dann einen Menschen richtig darstellen, wenn er seinen Körperbau durch und durch erforscht hatte.

… und der Natur

Aber auch die ihn umgebenden Naturerscheinungen interessierten Leonardo. Er untersuchte z. B. das Verhalten von strömenden Flüssigkeiten und die Bildung von Strudeln. Oder er beobachtete sorgfältig den Vogelflug und den Aufbau der Vogelflügel, skizzierte diese in seinen Notizbüchern und entwickelte anschließend daraus Modelle von Flugmaschinen. Alles diente ihm dazu, den Geheimnissen der Natur nachzuspüren und ihre Regeln zu ergründen. So wollte er beim Malen (s. Kapitel 3) den göttlichen Schöpfungsprozess nachvollziehen. „Der Maler setzt sich mit der Natur auseinander und wetteifert mit ihr", notierte sich Leonardo als einen Leitsatz. Pflanzen, Tiere und Menschen, Bäume und Landschaften, Licht und Schatten – all das wollte er möglichst naturgetreu festhalten.

Q2 Otto Lilienthal bei einem Flug
Leonardo wollte mit seinem Flugzeug den Flügelschlag eines Vogels nachahmen. Otto Lilienthal schaffte 1891 in Brandenburg den ersten Flug der Welt. Die Flügel seines Gleiters waren nicht beweglich, er steuerte ihn durch Schwenken der Beine.

Galileis Fernrohr, um 1609 Q3

Was ist der Mittelpunkt des Kosmos?

Der neue Forschergeist beschränkte sich nicht nur auf den Menschen und die Natur. Er drang auch in den Kosmos vor. Während seines Studiums in Krakau und an italienischen Universitäten waren dem Astronom und Mathematiker Nikolaus Kopernikus (1473–1543) Zweifel gekommen, dass die Erde der Mittelpunkt des Kosmos sei. Diese Vorstellung ging auf den Philosophen Aristoteles zurück und war im 2. Jahrhundert n. Chr. von dem griechischen Astronom Ptolemäus ausgearbeitet worden. Seitdem galt, dass die Erde still im Mittelpunkt steht und Sonne, Mond und Sterne leuchtende Punkte an durchsichtigen Kugelschalen sind, die sich um die Erde drehen („geozentrisches Weltbild" nach griech.: „gäa", d. h. Erde und „kentron", d. h. Mittelpunkt).

Die Erde – nur ein Planet der Sonne?

Nach jahrelangen Himmelsbeobachtungen und Berechnungen, die er als Domherr im ostpreußischen Frauenburg betrieb, kam Kopernikus zu der Überzeugung, dass sich die Bewegungen der Planeten sehr viel einfacher erklären lassen. Alles sprach dafür, dass die Erde zusammen mit den anderen Planeten um die Sonne kreiste und sich zusätzlich einmal pro Tag um sich selber drehte. Hinweise auf dieses Modell hatte er auch in Schriften antiker Gelehrter gefunden. Mit seinen Beobachtungen schuf Kopernikus die Grundlage für das wissenschaftliche Weltbild der Neuzeit, das „heliozentrische Weltbild" (griech.: „hélios", d. h. Sonne).

Das kopernikanische Weltsystem – eine „Kränkung" des Menschen?

Im Jahr 1543 veröffentlichte er kurz vor seinem Tod seine Studien. Sie wurden zunächst nur von Gelehrten gelesen. Die meisten lehnten sie ab. Nur wenige mochten glauben, auf einer sich drehenden und kreisenden Erde zu leben. Außerdem standen Kopernikus' Thesen im Gegensatz zur Bibel. War der Mensch nicht die Krone der Schöpfung und nach Gottes Ebenbild geschaffen? Wie konnte dann sein Herrschaftsbereich, die Erde, nur ein Stern unter anderen sein, der sich in einem fernen Winkel eines riesigen Weltalls bewegte?

Damit war die Autorität der Kirche herausgefordert. Das bekam Galileo Galilei zu spüren, als er die Richtigkeit des kopernikanischen Systems zu beweisen suchte. 1632 wurde ihm der Ketzerprozess gemacht. Da er nicht auf dem Scheiterhaufen enden wollte, gab er vor, sich geirrt zu haben, und kam mit lebenslangem Hausarrest davon. Seine Schriften wurden verbrannt. So bestimmte das geozentrische Weltbild noch lange Zeit das Bewusstsein der meisten Menschen. Im 18. Jahrhundert begann sich das heliozentrische Weltbild durchzusetzen. Die katholische Kirche ließ Galilei erst Ende des 20. Jahrhunderts Gerechtigkeit widerfahren und räumte ihr Fehlurteil ein.

Q4 **Das Weltbild des Ptolemäus**
mit der Erde im Mittelpunkt und den Planeten- und Sternensphären um sie herum. Außerhalb dieses Systems befindet sich der Bereich Gottes.

Das Weltbild des Kopernikus Q7

Um die Sonne (Sol) kreisen die Planeten Merkur (7), Venus (6), Erde (5), Mars (4), Jupiter (3) und Saturn (2), ganz außen ist der Fixsternhimmel (1). Tuschezeichnung aus einem astronomischen Manuskript des Kopernikus.

Q5 Die Arbeitsweise des Kopernikus

Georg Joachim Rheticus, der einzige Schüler von Nikolaus Kopernikus, über die Arbeitsweise seines Lehrers, 1539:

Mein Lehrer hat aber die Beobachtungen aller Zeitalter mit seinen eigenen (...) in Verzeichnissen gesammelt und hat sie immer zur Einsichtnahme bei sich. Wenn dann irgendwelche (...) wissenschaftliche Lehrsätze aufgestellt werden sollen, schreitet er von jenen ersten Beobachtungen bis zu seinen eigenen fort und wägt genau ab, ob eine Übereinstimmung zwischen ihnen besteht. Ferner beurteilt er die Schlüsse die er gezogen hat, nach Ptolemäus und den Hypothesen der Alten (antiken Wissenschaftlern). Nachdem er sie mit größter Sorgfalt gründlich geprüft und gefunden hat, dass diese Hypothesen unter dem Zwang des astronomischen Naturgesetzes verworfen werden müssen, stellt er gewiss nicht ohne göttliche Eingebung (...) neue Hypothesen auf. Darauf stellt er (...) auf geometrischem Weg fest, was man aus solchen Annahmen folgen kann. Schließlich wendet er die Beobachtungen der Alten und seine eigenen auf die angenommenen Hypothesen an. Dann erst (...) schreibt er endlich die Gesetze der Astronomie nieder.

Zit. nach: Jürgen Hamel, Nicolaus Copernicus. Leben, Werk und Wirkung, Heidelberg/Berlin/Oxford 1994, S. 161 f. Bearb. d. Verf.

Q6 Plädoyer für das heliozentrische Weltbild

In seinem „Dialog über die beiden hauptsächlichsten Weltsysteme“ schrieb der italienische Mathematiker und Astronom Galileo Galilei, 1632:

Simplicius: Woraus schließt Ihr aber, dass nicht die Erde, sondern die Sonne das Zentrum der Planetendrehungen ist?

Salvatius: Es ergibt sich dies aus ganz augenscheinlichen (...) Beobachtungen. (Ein wichtiger Beleg) ist die Tatsache, dass sich alle Planeten bald näher, bald weiter entfernt von der Erde befinden, und zwar sind die Unterschiede sehr bedeutend. Venus z. B. ist in ihrer größten Ferne sechsmal so weit von uns entfernt, als wenn sie in nächste Nähe rückt; Mars steht in dem einen Falle achtmal so hoch als in dem anderen. (...) Wenn es nun wahr ist, dass die Bahnen der Planeten, nämlich des Merkur, der Venus, des Mars, des Jupiter und des Saturn, um die Sonne als Zentrum gehen, so ist es umso mehr gerechtfertigt von der die Ruhe der Sonne und nicht der Erde auszugehen. Denn es ist richtiger, dem Mittelpunkte von beweglichen Sphären Unbeweglichkeit beizumessen als irgendeinem anderen. Danach kann man der Erde (...) sehr schicklich eine Bewegung von einjähriger Dauer zuerkennen und die Ruhe der Sonne belassen. Wenn dem so ist, so folgt mit Notwendigkeit, dass auch die tägliche Bewegung der Erde zukommt. Denn steht die Sonne fest und die Erde drehte sich nicht um sich selber, sondern hätte bloß die jährliche Bewegung um die Sonne, so würde unser Jahr nur aus einem Tag und einer Nacht bestehen, nämlich einem sechsmonatigen Tag und einer sechsmonatigen Nacht.

Zit. nach: Anna Mudry (Hg.), Galileo Galilei. Schriften, Briefe, Dokumente, Bd. 1, München 1987, S. 280 f., 286.

Q8 Die Reaktion der Kirche

Der theologische Berater des römischen Inquisitionsgerichts, Kardinal Robert Bellarmin, schrieb in einem Brief vom 12. April 1615:

Wenn man aber behaupten will, die Sonne stehe wirklich im Mittelpunkt der Welt und bewege sich nur um sich selbst, ohne von Osten nach Westen zu laufen, und die Erde stehe am dritten Himmel und bewege sich mit der größten Schnelligkeit um die Sonne, so läuft man damit große Gefahr, nicht nur alle Philosophen und (…) Theologen zu reizen, sondern auch unseren heiligen Glauben zu beleidigen, indem man die Heilige Schrift eines Fehlers überführt. (…) Wenn ihr nicht nur die Väter, sondern auch die modernen Kommentare über (die Bibel) lesen wollt, werdet ihr finden, dass die alle übereinstimmend die Stellen, sie wörtlich auffassend, dahin erklären, dass die Sonne am Himmel ist und sich mit der größten Schnelligkeit um die Erde bewegt und dass die Erde vom Himmel sehr weit entfernt ist und unbeweglich im Mittelpunkt der Welt steht.

Zit. nach: Albrecht Fölsing, Galileo Galilei. Prozess ohne Ende. Eine Biographie, Reinbek 1996, S. 299 f.

Q9 Kopernikus und die Folgen

Der Göttinger Physiker und Philosoph Georg Christoph Lichtenberg, 1797:

Kopernikus hatte die Astronomie von den Verwirrungen befreit, zu welchen die Voraussetzung einer völlig ruhenden Erde notwendig verleiten musste (gemeint sind die Lehren des Ptolemäus). (…) Der Koloss des ptolemäischen Systems stützte sich hauptsächlich auf das simple Zeugnis der Sinne, den sinnlichen Schein. Dieses war eine mächtige Stütze, und der Irrtum, sie für unerschütterlich zu halten, gewiss ein sehr verzeihlicher. (…) Indessen warf Kopernikus diese Hauptstütze mit ebenso großer Kraft wie Kühnheit über den Haufen. Wo nicht ganz der wichtigste, doch der gefährlichste Schritt zur gänzlichen Zerstörung des 1400-jährigen Irrtums war glücklich getan.

Zit. nach: J. Kirchhoff, Nikolaus Kopernikus, 4. Aufl., Reinbek 2000, S. 146.

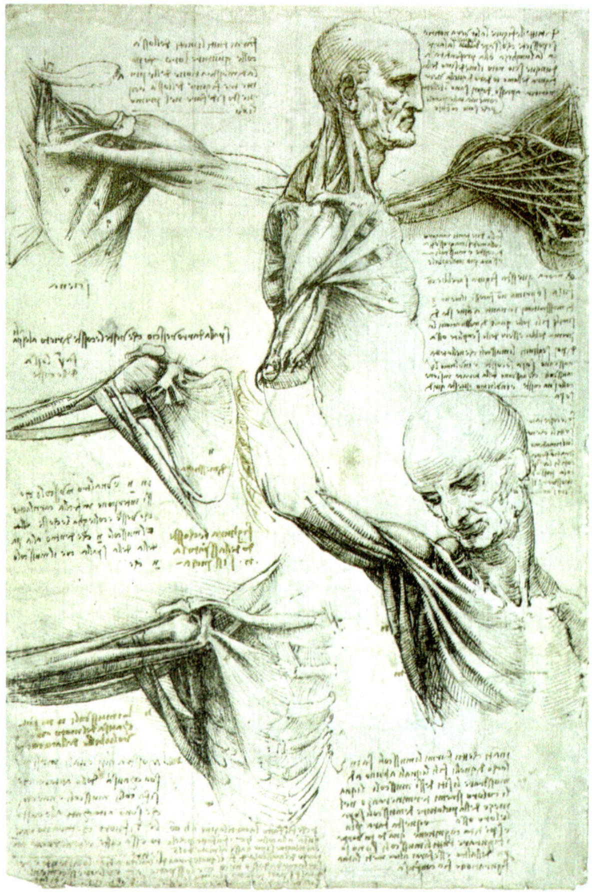

Q10 Leonardo da Vinci, Schulterstudien

Leonardo plante schon um 1500, ein anatomisches Handbuch zu schaffen. Dazu sezierte er Leichen und fertigte eine Vielzahl von anatomischen Studien an, von denen 228 Blätter erhalten sind. Kreidezeichnung, um 1510.

Fragen und Anregungen

1. Unterteile das Vorgehen des Kopernikus in einzelne Arbeitsschritte und erkläre seinen Weg zu neuen Erkenntnissen (Q5). Vergleiche seine Arbeitsweise mit der Leonardos (VT) und zeige mögliche Gemeinsamkeiten auf.
2. Stelle die Argumente Galileis (Q6) und die seiner Gegner (Q8) gegenüber und vergleiche sie miteinander. Welche Belege führen sie jeweils für ihre Überzeugung an?
3. Überlege, welche Konsequenzen die Forschungen Leonardos, Kopernikus' und Galileis mit sich brachten. Welche „Errungenschaften" der modernen Welt bauen darauf auf? Wie sind diese „Errungenschaften" zu bewerten?

Q1 **Dom von Florenz.** Mit 39 m Durchmesser war die 1436 von Filippo Brunelleschi gebaute Kuppel die größte in Europa seit der Errichtung des Pantheons.

Q2 **Pantheon in Rom**
erbaut 118–128 n. Chr.

3. Auf der Suche nach Harmonie und Schönheit

Harmonische Formen

Wer die Lebensweise der Römer nachahmen wollte, musste sich in den hohen gotischen Kathedralen mit den Strebepfeilern und Rippengewölben unwohl fühlen (s. S. 125). Die Harmonie und die ausgewogenen Proportionen der erhaltenen römischen Bauten entsprachen dagegen dem neuen Lebensgefühl. So wollte man jetzt auch bauen. Die Gebäude sollten klare geometrische Formen aufweisen und durch ihre Regelmäßigkeit Ruhe ausstrahlen. Die Bauprojekte kosteten viel Geld, aber das hatte man: Fürsten und reiche Bürger, Stadtregierungen, Kirchenvertreter, ja der Papst gaben neue Paläste und Landvillen, Rathäuser, Kapellen und Kathedralen in Auftrag. Im 15. und 16. Jahrhundert bekam Italien ein neues Gesicht, das in ganz Europa nachgeahmt wurde und heute noch von Besuchern aus aller Welt bewundert wird.

Die dritte Dimension auf der Leinwand

Die Maler konnten sich nicht an der römischen Kunst orientieren, da es keine aus der Antike überlieferten Gemälde gab. Sie mussten sich selber etwas einfallen lassen, denn die herkömmliche Malweise kam ihnen eingeschränkt vor. Die mittelalterlichen Künstler hatten Personen und Ereignisse nicht in ihrem natürlichen Raum, in lebensechter Gestalt und den richtigen Größenverhältnissen dargestellt, sondern als Gegenstände des Glaubens und der Vorstellung. Menschliche Körper glichen bemalten Flächen und die Gesichter hatten keine individuellen Züge. Landschaften kamen kaum vor.

Q3 **Palazzo Ruccellai in Florenz**
erbaut von Leone Battista Alberti, 1447.

Q4 **Abendmahl**
Fresko, um 1080.

Doch wie konnte man Menschen, Bauwerke, Tiere, Pflanzen und Landschaften möglichst wirklichkeitsgetreu wiedergeben? Das Problem wurde nicht durch spontanes „Drauflosmalen“ gelöst, sondern durch sorgfältige Berechnungen. Das Ergebnis war die Zentralperspektive, die die beiden Florentiner Künstler Filippo Brunelleschi und Leone Battista Alberti als Erste entwickelten. Dabei verlaufen auf der flachen Leinwand oder dem Zeichenblatt die waagerechten Linien – wie Eisenbahnschienen, die sich vom Betrachter entfernen – als Fluchtlinien in den Raum und treffen sich in einem angenommenen Fluchtpunkt. Außerdem berücksichtigten die beiden die Tatsache, dass entfernte Gegenstände im Raum kleiner erscheinen als nahe (perspektivische Verkürzung). So gelang es Malern, auf der Leinwand die Illusion eines dreidimensionalen Raums zu erzeugen.

Der Mensch als Individuum

Das humanistische Menschenbild beeinflusste auch die Maler und zeigt sich noch heute in den Porträts und Statuen der Zeit. Dabei orientierte man sich am antiken Schönheitsideal und der Vorstellung eines freien und unabhängigen Menschen. Gleichzeitig wollten die Künstler der Vielfalt der Natur gerecht werden. Deswegen sollten auch Gefühle und seelische Regungen zum Ausdruck kommen. Leonardo entwickelte die Maltechnik weiter und brachte sie zu bisher nicht gekannter Meisterschaft, die ihm bis heute großen Ruhm eintrug. Ihm gelang es, feinste Farbabstufungen durch weiche, nebelhafte und kaum merkliche Übergänge auf der Leinwand festzuhalten und durch den raffinierten Einsatz von Licht und Schatten menschliche Körper naturgetreu zu modellieren.

D1 **Schemazeichnung zu Q5**

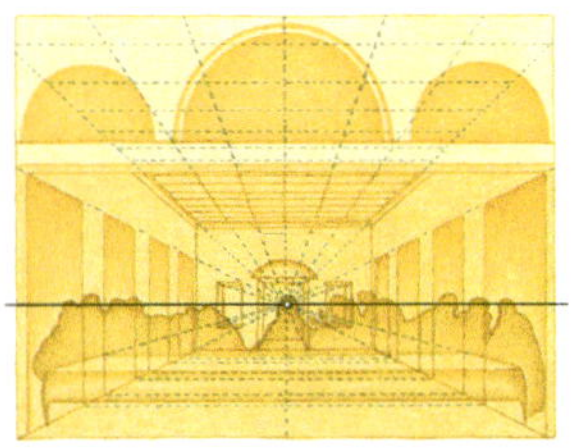

Q5 **Leonardo da Vinci, Abendmahl, 1494–1498, nach der Restauration von 1999**
Das berühmte Wandbild (4,60 x 8,80 Meter) zeigt das Abendmahl als belebte Tischgesellschaft. Die Jünger scheinen die Worte Jesu „Wahrlich ich sage euch, einer von euch wird mich verraten“ zu diskutieren und nehmen kaum wahr, dass Jesus auf Brot und Wein zeigt.

Q6 Albrecht Dürer, Selbstbildnis
Dürer war 1494 von seiner ersten Italienreise zurückgekehrt, auf der er die italienische Malerei intensiv studiert hatte. Hier präsentiert er sich als vornehmer, nach venezianischer Mode gekleideter Herr. Er hat sich mehrfach selbst gemalt. Im Mittelalter wurden Künster als Handwerker angesehen, Selbstbildnisse gab es nicht. Ölgemälde, 1498.

Q7 Leonardo da Vinci, Mona Lisa
Ölgemälde, 1500–1506.

Q8 Über die Malkunst von Andrea Mantegna
schrieb Giorgio Vasari, 1550:
So machte er sich eifrig daran, lebende Menschen abzubilden; dadurch erzielte er große Fortschritte, und an dem letzten Bild, welches er noch in jener Kapelle zu malen hatte, bewies er deutlich, dass er nicht minder aus der Natur zu schöpfen verstand als aus Kunstwerken. Doch bei alledem blieb er stets der Meinung, die guten antiken Statuen wären schöner und hätten vollkommenere Formen, als man sie in der Natur finden könnte. Er glaubte nämlich durch das Studium jener Statuen zu erkennen, dass ihre trefflichen Meister die Vollkommenheiten, welche die Natur selten in einem einzigen Körper vereint, aus vielen lebenden Gestalten zusammengetragen hätten; denn die wahre Schönheit könne man nur darstellen, indem man den einen oder anderen Teil dieses oder jenes Menschen nachbilde. Abgesehen davon schienen ihm die Statuen deutlicher und bestimmter in der Darstellung von Muskeln, Adern, Sehnen und anderen Einzelheiten, welche die Natur im Allgemeinen mit weichem Fleisch bedecke und dadurch manche Härten verhülle.

Giorgio Vasari, Lebensläufe der berühmtesten Maler, Bildhauer und Architekten, 6. Aufl., Zürich 1993, S. 301 f.

Fragen und Anregungen

1. Zeichne auf einer Kopie von Q5 selbst die Fluchtlinien ein. Erkläre, was man unter den Regeln der Perspektive versteht. Überlege, wie Leonardo diese Technik einsetzte.
2. Vergleiche die beiden Abendmahlsdarstellungen und zeige die wichtigsten Unterschiede auf (Q4–5).
3. Lies die Abendmahlszene in der Bibel nach (Mk 14, 17–25) und überlege, wie die Künstler das Geschehen verstanden und gedeutet haben (Q4 und 5).
4. Erläutere, inwiefern sich das humanistische Menschenbild besonders in der Porträtkunst widerspiegelt (Q6 und 7, ADS).

Gut angelegtes Geld?

„Obwohl viele denken mögen, wir hätten ein Teil dieser Summe im eigenen Geldbeutel behalten sollen, bedaure ich die Ausgaben nicht, denn ich glaube, dass das Geld in der Förderung bedeutender öffentlicher Gebäude gut angelegt ist." So begründete der Bankier Lorenzo de Medici, warum seine Familie viel Geld für Kunst und Architektur ausgab.

Die Medici waren eine Patrizierfamilie aus Florenz. Anfang des 14. Jahrhunderts wurden sie durch ihre Bankgeschäfte reich. Sie besaßen Filialen in Rom, Venedig und Florenz und verwalteten als Bankiers des Papstes die riesigen Kirchengelder. Der Reichtum machte sie zur mächtigsten Familie in Florenz. Finde nun heraus, warum die Medici viel Geld in Kunst „anlegten".

D1 Wer zahlte wie viel Steuern?

Aus den Steuerlisten der Stadt Florenz, 1457. Der Steuersatz entsprach ca. 0,5 % des jeweiligen Besitzes

Zahl der Haushalte	Steuer / pro Jahr
3000 Arme, ohne Besitz	keine
die nur vom Lohn leben	unter 1 Gulden
5720	1–10 Gulden
1689	10–50 Gulden
216	50–100 Gulden
3	100 und mehr Gulden

Die meisten Steuern zahlen die Medici (576 Gulden), die Benci (132 Gulden) und die Rucellai (102) Gulden).

D2 Was zahlten die Medici für öffentliche Bauten?

1391–1434	36 000 Gulden
1434–1464	400 000 Gulden
1464–1471	263 000 Gulden

D3 Wer schuldete den Medici Geld?

der englische König,1480–1500	30 000 Gulden
die Herzöge von Burgund, 1489	148 000 Gulden
der französische König, 1516	300 000 Gulden

D4 Gewinne der Medici-Bank und ihrer Filialen

Florenz	25 000 Gulden
Avignon	8000 Gulden
London	17 000 Gulden
Rom	88 500 Gulden
Venedig	63 000 Gulden
Wollbetrieb I	5000 Gulden
Wollbetrieb II	5500 Gulden
Seidenbetrieb	19 000 Gulden

Zusammengestellt nach: R. de Roover, The Rise and Decline of the Medici Bank, 1397–1494, Cambridge/Mass. 1963, S. 29 ff., 69.

Q1 Ansicht von Florenz um 1490

Zu erkennen sind der Dom (1), das Rathaus (2), mehrere Paläste reicher Familien, u. a. der Palazzo Medici (3), der Palazzo Spini (4) und der Palazzo Pitti (5), und viele Kirchen. Den Neubau von San Lorenzo (6) und San Marco (7) haben die Medici finanziert. In Santa Maria Novella (8) hing das Bild Q2.

Anbetung der Könige Q2
Sandro Botticelli, 1475
Der Künstler hat die Mitglieder der Medici-Familie in die biblische Szene hineingemalt: Cosimo (1) mit seinen Söhnen Piero (2) und Giovanni (3) und seinen Enkeln Lorenzo (4) und Giuliano (5). Außerdem erkennt man den Künstler Botticelli (6) und den Auftraggeber Gasparre dal Lama (7), der als hoher städtischer Angestellter wegen zwei Unterschlagungen auf Lorenzos Wohlwollen angewiesen war.

Alleinherrscher und Kunstliebhaber
Florenz wurde von einem Rat regiert, in dem Patrizier und Zunftvertreter saßen. Die Patrizier hatten aber das Sagen. Viele Patrizierfamilien fürchteten die Macht der Medici. Deswegen schickten sie 1433 Cosimo (1389–1464) ins Exil. Doch Cosimo hatte auch viele Anhänger, die ihn ein Jahr später nach Florenz zurück riefen. Nun übernahm er die Stadtherrschaft. Auch wenn andere Familien noch mit im Rat saßen, ging ab jetzt nichts mehr gegen den Willen der Medici. Von 1434 bis 1743 regierten die Medici die Stadt fast ununterbrochen.
Cosimo ließ in Florenz viele Gebäude errichten. Er stiftete Kirchen, gab Bilder in Auftrag und schenkte den Armen Geld. Er muss sehr fromm gewesen sein, denn er führte in seinen Bilanzen eine Verrechnungsspalte mit Gott.
Sein Enkel Lorenzo (1449–1492) übernahm 1469 die Leitung der Bank und die Stadtherrschaft in Florenz. Er war humanistisch erzogen und interessierte sich sehr für Kunst. Sein Palast war voll mit antiken Kunstwerken. Er lud viele Künstler und Denker ein, unterstützte sie finanziell und gab ihnen Aufträge.

Fragen und Anregungen

1. Untersuche die Karte von Florenz (s. Historische Karten untersuchen, S. 190–191). Suche eine Ansicht des heutigen Florenz im Internet und beurteile die Größenverhältnisse der Gebäude. Welches Bild vermittelt die Karte von der Stadt?
2. Erkläre, wie die Medici reich wurden (D3, D4).
3. Zeichne ein Schaubild der Stadtgesellschaft, das die Unterschiede zwischen Arm und Reich in Florenz zeigt (D1). Untersuche, inwieweit die Karte Q1 die sozialen Verhältnisse in der Stadt widerspiegelt.
4. Vergleiche Q2 mit einem mittelalterlichen Bild (z. B. Q5, S. 78) und zeige, warum es sich um ein typisches Bild der Renaissance handelt (vgl. S. 165–167).
5. Stelle Vermutungen darüber an, warum Gasparre dal Lama das Bild (Q2) in Auftrag gegeben haben könnte. Überlege, was wohl die Patrizier davon hielten, dass sich die Medici als Könige darstellen ließen. Liste nun die Gründe auf, warum die Medici Geld für Kunstwerke und Bauten (vgl. D2, Q1) ausgaben.
6. Auch heute gibt es Unternehmen, Banken oder einzelne Industrielle, die Kunst fördern. Sammelt Beispiele und überlegt, welche Motive dahinterstehen. Wo seht ihr Parallelen, wo Unterschiede zu den Medici?

4. Regiert Geld die Welt?

Florentiner Gulden, geprägt 1318 Q1
Viele italienische Stadtstaaten hatten ihre eigene Währung – der Floren wurde überall gern angenommen.

Händler treffen sich auf Messen

Seit den Kreuzzügen war in Europa das Interesse an hochwertigen Artikeln aus dem Orient erwacht. Seltene Gewürze, feine Seidenstoffe oder chinesisches Porzellan boten Adligen und reichen Bürgern einen bisher ungeahnten Luxus, für den sie einen hohen Preis zu zahlen bereit waren. So konnten die italienischen Kaufleute, die diesen Handel trieben, stolze Gewinne erzielen. Den nordeuropäischen Handelsraum beherrschten dagegen Kaufleute aus den Niederlanden, Flandern und den Hansestädten. Zahlreiche Verbindungswege verknüpften die beiden Wirtschaftsräume (s. Karte S. 90 f.). Sie waren allerdings mühsam, langwierig und gefährlich. Deswegen fanden es Fernhändler aus Nord und Süd bequemer sich auf halbem Wege entgegenzukommen. Zu festen Terminen versammelten sie sich in günstig gelegenen Städten und hielten eine „Messe" ab, bei der Waren aller Art zum Verkauf kamen. So gelangten Gewürze und andere Luxusgüter aus dem Orient nach Nordeuropa und z. B. flandrische Tuche nach Italien. Die bedeutendsten Messezentren lagen zunächst in der Grafschaft Champagne östlich von Paris, im 15. Jahrhundert verlagerten sich die Geschäfte nach Osten, u. a. nach Genf, Frankfurt am Main und Leipzig.

Banken entstehen

Ein wichtiger Grund für den Erfolg des Handels lag darin, dass Geld als praktisches Zahlungsmittel nach und nach den umständlichen Tauschhandel verdrängte. Aus Silber geprägte Münzen konnten überall in Europa eingesetzt werden. Münzwechsler tauschten sie in einheimisches Geld ein und orientierten sich dabei am Gewicht. Allerdings war es nicht ungefährlich, ständig eine größere Menge Silbergeld bei sich zu tragen. Kluge Kaufleute hinterlegten darum in den wichtigsten Handelszentren einen Teil ihres Bargeldes gegen Quittung für eine geringe Gebühr beim Wechsler. Beim nächsten Aufenthalt konnten sie dann auf ihr Geld zurückgreifen. Damit war der erste Schritt zum Bankwesen und zum bargeldlosen Zahlungsverkehr getan. Eine weitere Vereinfachung waren die Wechsel. Das waren Briefe, in denen der Aussteller dem Empfänger die Auszahlung einer bestimmten Summe Geldes zusagte, Ort und Zeitpunkt waren genau festgesetzt. Ein Dritter, meist eine Bank, konnte dann das Geld in einer anderen Stadt auszahlen.

Q2 **Marinus von Roymerswaele,
Der Bankier und sein Weib, um 1540**
Beschreibe die Tätigkeiten der drei Personen auf dem Bild. Wie werden sie charakterisiert?

Den neuen Umgang mit Geld entwickelten italienische Kaufleute, von denen auch eine andere Neuerung stammte. Diese hatte die Form eines dicken Geschäftsbuches, über das sich im Augsburger Handelshaus Fugger Matthäus Schwarz, der Hauptbuchhalter, beugte. Er musste die Geschäftsvorgänge „verbuchen“. Die neue Methode, die er dabei anwandte, hieß „doppelte Buchführung“. Auf der einen Seite des Hauptbuchs notierte er alle Geldeinnahmen und Warenbestände. Beim Jahresabschluss musste hier auch das sonstige Vermögen der Firma aufgeführt werden: u. a. Lagergebäude, Transportfahrzeuge, Bargeld und noch ausstehende Zahlungen. Kaufleute nennen all das bis heute ihr „Haben“. Auf der anderen Seite listete er die angefallenen Ausgaben auf, z. B. Geldzahlungen für gelieferte Waren oder Rohstoffe; dazu kamen die Schulden. Das bezeichnet man bis heute als „Soll“. Diese Art der Buchführung bot den großen Vorteil, dass der Kaufmann jederzeit einen Überblick über die Situation seiner Firma hatte.
Diese Bilanz sah gut aus im Hause Fugger. Jakob Fugger, den die Zeitgenossen „den Reichen“ nannten, konnte zufrieden sein. In ganz Europa besaß seine Firma Handelsniederlassungen und mit Kaufleuten in vielen Ländern machte er Geschäfte. Jakobs Großvater Hans Fugger, ein Dorfweber, hatte schon früh die Chance erkannt, die die günstige Lage Augsburgs an den Handelswegen zwischen Italien und dem nördlichen Europa einem mutigen Unternehmer bot. Er hatte ein Kaufmannsgeschäft in Augsburg gegründet, das seine Söhne weiterentwickelt und seine Enkel zu einem europaweiten Unternehmen ausgebaut hatten. Zunächst hatten sie sich als Verleger (s. Werkstatt S. 174 f.) auf die Textilherstellung konzentriert, später engagierten sie sich im Fernhandel, im Bergbau und als Bankiers.

„Soll und Haben“ im Hause Fugger

Q3 Jacob Fugger mit seinem Buchhalter, 1520.

Die Fugger als Bergbauunternehmer und Bankiers

In den ersten beiden Jahrzehnten des 16. Jahrhunderts stand das Haus Fugger auf dem Gipfel seiner Wirtschaftsmacht. Entscheidend dafür war sein Engagement im Silber- und Kupferbergbau. Silber war als Münzmetall heiß begehrt und Kupfer benötigte man zum Guss von Geschützen aus Bronze. Bereits Ende des 16. Jahrhunderts hatte der in ständigen Geldschwierigkeiten steckende Erzherzog von Tirol für ein Darlehen von 150 000 Gulden den Fuggern den Ertrag aus seinen ergiebigen Silber- und Kupferbergwerken am Inn abgetreten, was ihnen einen Profit von etwa 50 000 Gulden beschert hatte. Außerdem brachten die Fugger wichtige ungarische und spanische Bergbaugebiete unter ihre Kontrolle und trieben ihre Konkurrenten durch absichtlich niedrig gehaltene Preise in den Bankrott. Schließlich besaßen sie das europäische Monopol (marktbeherrschende Stellung eines einzigen Unternehmens) für Kupfer.

Die Fugger und die Politik

Mit seinem Geld beeinflusste Jakob Fugger auch die deutsche Königswahl nach dem Tod Kaiser Maximilians im Jahre 1519. Die Firma Fugger stellte dem Habsburger Kandidaten Karl einen Kredit zur Verfügung. Damit bestach dieser die Kurfürsten, die ihn dann zum König wählten. (1530 wurde Karl V. dann zum Kaiser gekrönt.) Schon wenige Jahre später machte sich Fuggers Engagement bezahlt. Sein großer Reichtum und sein Geschäftsgebaren hatten nämlich beim Adel und bei den mittelständischen Kaufleuten in Nord- und Mitteldeutschland Neid hervorgerufen. Auch einige Kirchenreformer wie Luther kritisierten die Fugger und andere große Handelshäuser heftig. So wurde Jakob Fugger 1523 auf einem Reichstag öffentlich angeklagt, weil er seine Monopolstellung zuungunsten der Konkurrenz und der Käufer nutze. Doch Karl V. setzte sich für ihn ein und schlug das Verfahren nieder.

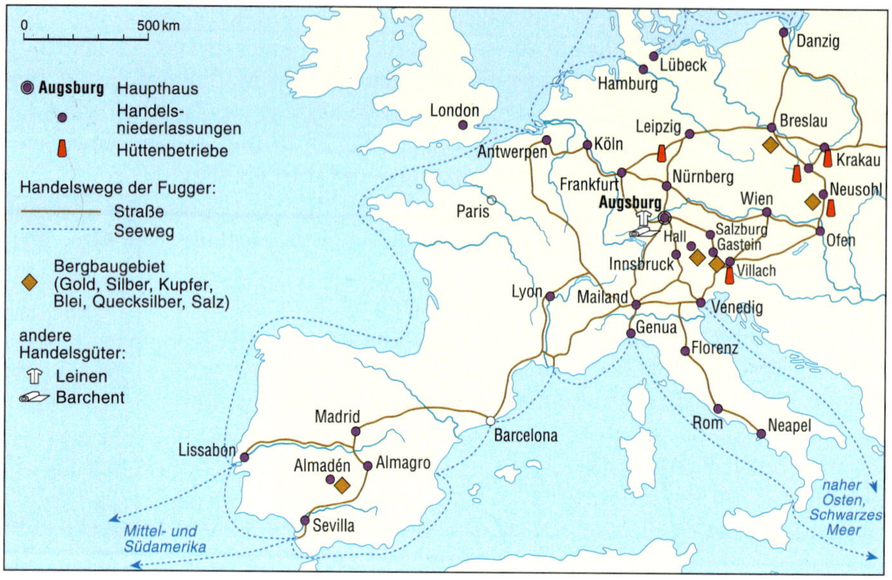

Das Imperium der Fugger D1

Q4 Kaiser von Gottes Gnaden?

Jakob Fugger an Kaiser Karl V., 1523:

Eure Kais. Majestät wissen ohne Zweifel, wie ich und meine Vettern bisher dem Hause Österreich zu dessen Wohlfahrt in aller Untertänigkeit zu dienen geneigt gewesen sind, wodurch wir uns auch mit Kaiser Maximilian, Eurer Kais. Majestät Ahnherrn, eingelassen und Seiner Majestät zu untertänigem Gefallen, um Eurer Königl. Majestät die Römische Krone zu verschaffen, uns etlichen Fürsten gegenüber, die ihr Vertrauen und Glauben auf mich und sonst vielleicht auf niemand setzen wollten, verschrieben, auch den Kommissaren Eurer Majestät zum gleichen Zwecke eine bedeutende Summe Geldes vorgestreckt haben. Es ist auch bekannt, dass Eure Kais. Majestät die Römische Krone ohne meine Hilfe nicht hätten erlangen können, wie ich denn solches mit eigenhändigen Schreiben der Kommissare Eurer Majestät beweisen kann. So habe ich auch hierin auf meinen eigenen Nutzen nicht gesehn. Denn wenn ich hätte vom Hause Habsburg abstehen und Frankreich fördern wollen, so hätte ich viel Geld und Gut erlangt, wie mir denn solches auch angeboten worden ist. Welcher Nachteil aber hieraus Eurer Kais. Majestät und dem Hause Österreich erwachsen wäre, das haben Eure Majestät aus hohem Verstande wohl zu erwägen.

Zit. nach: Harald Scherrinsky und Walter Wulf (Hg.), Renaissance, Reformation und Glaubenskämpfe, Frankfurt 1975 , S. 74. Bearb. d. Verf.

Frühkapitalismus

Die Wirtschaftsweise der großen Handels- und Bankhäuser des 15. und des 16. Jahrhunderts bezeichnet man mit dem Begriff Frühkapitalismus. Im Mittelalter war ein Kaufmann oder Handwerker zufrieden, wenn er einen gerechten Preis für die angebotene Ware erhielt und ein angemessenes Auskommen für sich und seine Familie sichern konnte. Den Großkaufleuten und Bankunternehmern zur Zeit Fuggers aber ging es darum, möglichst großen Gewinn zu erzielen. Die gewünschten Gewinne winkten vor allem im Fernhandel, im Bankwesen, im Verlagssystem (s. S. 174 f.) und im Bergbau, kaum dagegen im Handwerk und Kleinhandel.

Kredit, Zins

Unter Kredit versteht man einen Geldbetrag, den eine Bank zeitlich befristet einer Firma oder einer Einzelperson zum Kauf von teuren Maschinen, Konsumartikeln (heute z. B. Autos) oder Gebäuden zur Verfügung stellt. Dafür müssen die Kreditnehmer der Bank nach Ablauf der Frist einen Zins zahlen. Zinsen sind ein prozentualer Zuschlag zu der geliehenen Geldsumme (auch Darlehen genannt), der vorher vereinbart wird. Im Mittelalter lehnte die Kirche das Erheben von Zinsen als Wucher ab. Zur Zeit der Fugger waren die Zinssätze oft sehr hoch, weil mit dem Geldverleih beträchtliche Risiken verbunden waren.

Q5 Plädoyer für die großen Handelsgesellschaften

Der Rechtsvertreter der Stadt Augsburg, Conrad Peutinger, setzte sich auf dem Reichstag von 1530 mit den Plänen auseinander, die Handelsgesellschaften einzuschränken:

Der erste öffentliche Ratschlag (der Gegner der freien Wirtschaft) ist es ja, dass es weder einer Gesellschaft noch irgendeinem einzelnen Kaufmann erlaubt sein soll, mehr als höchstens 50 000 Gulden Geschäftskapital zu haben und mehr als drei Filialen zu besitzen, dass jeder einzelne Kaufmann zu jährlicher Rechenschaft gezwungen sein und dass es ihm nicht erlaubt sein soll, Kapital mit Zinsen zu vermehren usw. Es muss gewissenhaft vermerkt werden, dass, wenn nur in dieser einen, sehr strengen Art mit dem Kapital umgegangen werden darf, nicht nur die großen deutschen Handelsgesellschaften mit ihren Geschäften aus allen ausländischen Ländern und Provinzen vertrieben werden, sondern auch Reichtümer und Annehmlichkeiten, die etwa unserem deutschen Land und vielen Leuten hohen und niederen Stands zugefallen sind, verloren gehen würden.

Es dürfte niemandem unbekannt sein, dass, je mehr und besser in Geld und Waren Geschäfte gemacht werden, desto größerer Nutzen daraus folgt. Nicht nur für den Kaufmann wegen der reichen Güter, die aufgrund von Geschäften nach Deutschland eingeführt werden, sondern auch für die Heiligen Kaiser und Könige, alle Fürsten und Herren wächst der Gewinn. (...)

Der dritte Vorschlag ist, dass allen Kaufleuten für alle Waren ein bestimmter Höchstpreis taxiert und auferlegt werden müsse. Dies verstößt nicht nur gegen das gemeine Recht, sondern zeugt auch von schlechtem Urteil in allgemeinen Geschäften. Denn das würde bedeuten, dass aller kaufmännische Handel unmöglich wird.

Zit. nach: Grundriss der Geschichte – Dokumente, Bd. 1, Stuttgart, 1986, S. 95 f. Bearb. d. Verf.

Q6 Taschenuhr, 16. Jahrhundert

Erst seit der Erfindung der Spiralfeder zu Beginn des 16. Jahrhunderts ließen sich kleine, tragbare Uhren bauen, die alle 24 Stunden des Tages anzeigen.

Q7 Martin Luther und die Großkaufleute

In der Schrift „Von Kaufshandlung und Wucher" aus dem Jahr 1524 setzt sich Martin Luther mit dem Geschäftsgebaren mancher Großkaufleute auseinander:

Ebenso verkaufen etliche ihr Gut teurer, denn es auf gemeinem Markt gilt und im Kauf gang und gäbe ist und steigern also die Ware aus keiner Ursache, denn dass sie wissen, dass desselbigen Guts keins mehr im Lande ist oder in Kürze keins mehr kommen wird und man es haben müsse. Das ist reine Gier, die die Notlage des Nächsten ausnutzen und an seinem Schaden reich werden will. Das sind alles öffentliche Diebe, Räuber und Wucherer.

Ebenso kaufen etliche ein Gut oder eine Ware in einem Lande oder in einer Stadt ganz und gar auf, auf dass sie alleine solch Gut ganz und gar in ihrer Gewalt haben und diese darnach weitergeben können, so teuer sie wollen oder können. Nun ist droben gesagt, dass die Regel falsch und unchristlich ist, dass jemand sein Gut so teuer gibt, als er will und kann. Viel gräulicher ist das, dass man darauf ein Gut alleine aufkauft, welches auch die kaiserlichen und weltlichen Rechte verbieten und heißen's Monopolia.

Zit. nach: Siegfried Streller (Hg.), Hutten, Müntzer, Luther. Werke in zwei Bänden, Bd. 2, 4. Aufl., Berlin/Weimar 1982, S. 197 f. Bearb. d. Verf.

Fragen und Anregungen

1. Stelle in einer Übersicht die Neuerungen in der Geldwirtschaft und im Zahlungsverkehr zusammen und erläutere ihre Vorzüge (VT).
2. Schlage in einem Fremdwörterbuch nach, was folgende Begriffe bedeuten und woher sie stammen: Bank, Kredit, Giro, Lombard, Agio, Disagio, Diskont.
3. Vergleicht die Argumente für und gegen Großkaufleute und Monopole und diskutiert darüber (Q5 und 7).
4. Informiere dich mithilfe eines Lexikons oder des Internets über die Aufgaben des Bundeskartellamts und kläre, welche Rolle Monopole in unserer heutigen Wirtschaftsordnung spielen.
5. Trage aus den Kapiteln 1 bis 4 zusammen, welche Dinge die Menschen in der Renaissancezeit gemessen und gezählt und was für Berechnungen sie angestellt haben. Stelle dem gegenüber, wie die Menschen im Mittelalter mit diesen Dingen umgegangen sind.

Wandel in der Textilwirtschaft

Schon früh lernten die Menschen das Spinnen und Weben. Ursprünglich benutzte man Wolle oder Leinen (Flachs) und produzierte für den eigenen Bedarf in Heimarbeit auf dem Land. Stadtbürger dagegen mussten die Stoffe für ihre Kleidung meist kaufen. So boten einige Weber ihre Tuche auf dem städtischen Markt an und zogen zum Teil in die Stadt. Mit wachsendem Wohlstand kam bei reichen Bürgern oder Adligen der Wunsch nach leichteren und wertvolleren Textilien auf. Daher entwickelten findige Weber im 14. Jahrhundert eine neue Tuchart, den so genannten Barchent, ein Mischgewebe aus Leinen und Baumwolle. Vor allem in Süddeutschland entstand eine bedeutende Barchentproduktion. Gleichzeitig setzte sich ein neues Produktionssystem durch, der Verlag. Auf diesen beiden Seiten kannst du herausfinden, wie sich die Zusammenarbeit zwischen Kaufmann und Handwerker um 1500 veränderte und wie die Lebensbedingungen der Weber aussahen.

Q1 Leinenherstellung
Vor dem Verspinnen zu Leinen muss man die äußere Hülle der in Öfen gedörrten Flachspflanze durch Schlagen oder Brechen (rechts und Mitte) des Halms zerkleinern und durch Schwingen (links) und Hecheln (Durchziehen durch ein kammartiges Gerät) entfernen. Anschließend kann man aus den im Inneren des Flachshalms enthaltenen elastischen Fasern Leinenfäden spinnen. Holzschnitt, 1583.

Verleger

Kaufmann, der einem Handwerker oder Arbeiter Rohstoffe liefert („vorlegt"), die dieser in seiner Werkstatt zu fertigen Produkten verarbeitet. Der Verleger übernimmt die fertige Ware zu einem vorher festgesetzten Preis und verkauft sie zu einem höheren Preis weiter.

Trittwebstuhl D1
Der Weber tritt abwechselnd auf die Fußschemel (B) und bildet dadurch mit den zwei Schäften (A) das so genannte Fach (D). Durch dieses Fach wirft er das „Schiffchen" (E) mit dem Schussfaden (Baumwolle). Dieser wird mit der frei hängenden Lade (C) an das bereits hergestellte Gewebe angeschlagen. An der Spindel rechts sind die in Längsrichtung verlaufenden Kettfäden (Leinen) befestigt. Rekonstruktionszeichnung.

D2

Herkunft der Rohstoffe		Herstellung der Stoffe	Absatzmärkte
Flachs: Eigenanbau bzw. Lieferung aus dem Umland	Baumwolle: Vorderer Orient (Syrien, Ägypten) über Venedig oder Genua	Ulm, Augsburg, Regensburg, Nürnberg (Stadt und Umland)	Italien, Spanien, nord- und süddeutsche Städte, Flandern, Frankreich, England, Polen

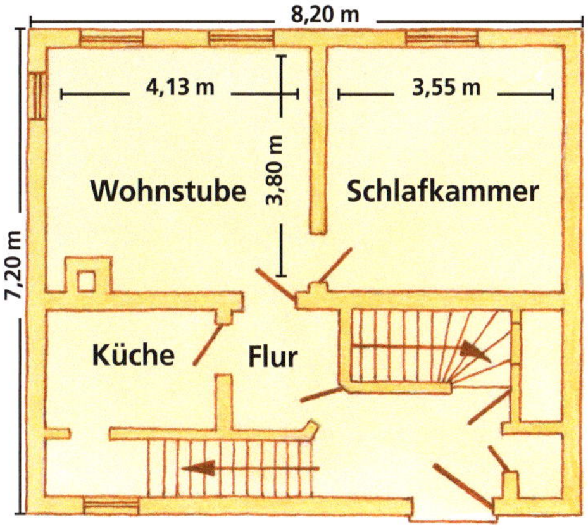

Erdgeschoss

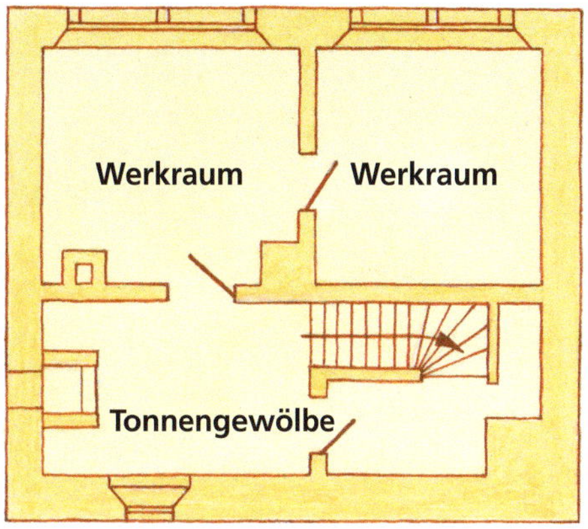

Kellergeschoss

D3 Eine Webersiedlung in Nürnberg

1488 fasste der Rat der Stadt Nürnberg den Beschluss, mehr Weber in die Stadt zu locken, um die Barchentproduktion auszubauen. Zu diesem Zweck ließ er eine Siedlung mit 21 zweigeschossigen Weberhäuschen für jeweils zwei Weberfamilien errichten, die dort zur Miete wohnen sollten. Für jede Familie stand eine Etage zur Verfügung. Die Werkräume befanden sich in den feuchten Kellergewölben, da für die Verarbeitung von Flachs bzw. Leinen feuchte Luft notwendig war. Werte die Grundrisse aus (s. S. 56): Welche Räume gab es? Wie groß waren sie?

D4 Kaufmann und Weberin

Im August 1400 stellte der Kaufmann Mathäus Runtinger in Regensburg der Weberin Wagner 1 Zentner Baumwolle zur Verfügung. Zu Weihnachten sollte sie ihm dafür 10,75 Ballen Barchent liefern. Ein Ballen Barchent war eine Elle breit und etwa 52 Ellen lang und musste – je nach Qualität – 7,5 bis 8 Pfund Baumwolle enthalten. Von der restlichen Baumwolle konnte sie weiteren Barchent herstellen und frei verkaufen. Von dem Erlös musste die „Wagnerin" sich und ihre Familie versorgen, ihr Arbeitsgerät unterhalten und Leinen für die Kettfäden kaufen.

Zit. nach: Wolfgang von Stromer, Die Gründung der Baumwollindustrie in Mitteleuropa, Stuttgart 1978, S. 170 ff. Bearb. d. Verf.

Q2 Tuchhändler in seinem Handelsgewölbe

Holzschnitt, 1518.

Fragen und Anregungen

1. Stelle die einzelnen Arbeitsschritte der Herstellung eines Barchentballens vom Rohstoff (Baumwolle, Flachs) bis zum Endprodukt zusammen (Q1, D1).
2. Nenne die Gründe, warum die Barchentweber ihre Eigenständigkeit aufgaben und mit Kaufleuten zusammenarbeiteten (D2 und D4).
3. Überlege, warum und mit welcher Absicht sich ein Kaufmann als Verleger betätigte (D2 und D4).
4. Diskutiert über die Vor- und Nachteile des Verlagssystems für die Handwerker.
5. Was erfährst du über die Lebensverhältnisse der Weber? Vergleiche D3 mit heutigen Wohnungen.

5. Eine „schöne Kunst" – der Buchdruck

um 1450 Johannes Gutenberg aus Mainz erfindet den Buchdruck mit beweglichen Buchstaben (Lettern).

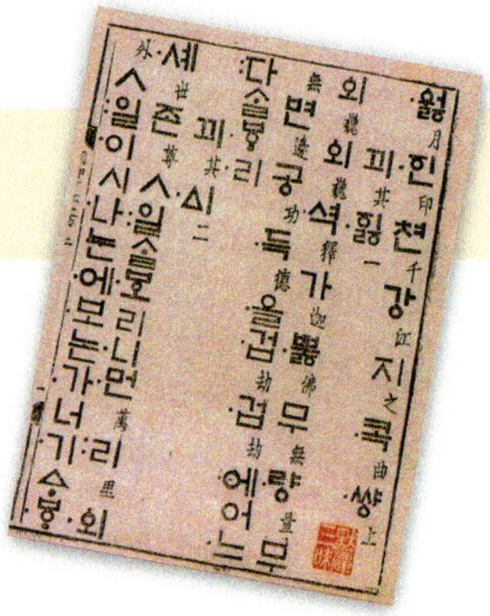

Koreanisches Gedicht, Q1 gedruckt mit beweglichen Lettern, 1447. In Ostasien wurde seit dem 11. Jahrhundert mit dem Letterndruck experimentiert. Ob Gutenberg die koreanische Technik kannte, weiß man nicht.

Eine geheimnisvolle Kunst

Es war ein Geheimprojekt seines Mainzer Mitbürgers Johannes Gutenberg (1397–1468), in das der Kaufmann Johannes Fust viel Geld investiert hatte. Die Einzelheiten dieses Projekts kannte nur der Meister selber; trotzdem versprach sich Fust einen enormen Profit. Gutenberg arbeitete nämlich an einem Verfahren, mit dem man Bücher in hoher Auflage herstellen konnte. Der Bedarf an günstigen Büchern war groß und wuchs weiter, seitdem immer mehr Menschen die antiken Schriftsteller lesen wollten. Gelehrte und Studenten wünschten sich eigene Bücher um sie in Ruhe studieren zu können. Sie wollten die Ergebnisse ihrer Studien auch veröffentlichen. Außerdem brauchte man Bibeln, Rechtsbücher, Grammatiken, Kräuterbücher, medizinische Werke usw. Bisher hatte man noch jedes Buch von Hand abschreiben oder jede einzelne Seite aus einer Holztafel mühsam herausschnitzen müssen, was viel Zeit kostete, nur geringe Auflagen zuließ und die Bücher für die meisten unerschwinglich machte.

Bücher drucken mit beweglichen Lettern

Sieben Jahre dauerte es, bis Gutenbergs Erfindung so weit ausgereift war, dass das erste gedruckte Buch vorlag, eine Bibel. Während dieser Zeit war der Meister ganz auf die Unterstützung seines Geldgebers angewiesen. Doch nun konnte er ihm stolz die Einzelheiten seines neuen Druckverfahrens erklären. Das Entscheidende war eine Gießvorrichtung, mit der man beliebig viele Exemplare eines Buchstabens in immer gleicher Länge und Form aus einer Bleimischung herstellen konnte. Diese wurden dann in Setzkästen sortiert. Wenn die Setzer eine Buchseite erstellen wollten, nahmen sie die nötigen Buchstaben aus den Kästen, fügten sie spiegelverkehrt in einem so genannten „Winkelhaken" zunächst zu Zeilen und dann zu ganzen Seiten zusammen. Diese Druckvorlagen mussten die Gesellen nun mit Hilfe dicker Lederballen mit Druckerschwärze einfärben. Anschließend übertrugen sie mit einer hölzernen Presse den Drucksatz auf ein feuchtes Blatt. Nun musste das Ganze noch trocknen. Zufrieden präsentierte Gutenberg das Ergebnis: einen sauber bedruckten zweispaltigen Bogen, von dem er ohne weiteres eine Vielzahl gleicher Exemplare herstellen konnte. Den finanziellen Erfolg der revolutionären Erfindung heimste allerdings der Geldgeber

Q2 **Mittelalterliche Schreibstube.** Miniatur, 1456.

Q3 **Druckerwerkstatt des 16. Jahrhunderts**
Kupferstich von Philipp Galle (1537–1612).

Johannes Fust ein: Er zerstritt sich nämlich mit Gutenberg und verlangte gerichtlich die Rückzahlung seiner Darlehen. Da dieser noch keine der neuen Bibeln verkauft hatte, zwang ihn das Gericht, Fust seine Werkstatt mit Inventar und allen fertigen Büchern abzutreten. Eine bittere Enttäuschung! Seine letzten Lebensjahre verbrachte Gutenberg in Armut, während Fust durch den Verkauf der prächtigen „Gutenberg-Bibeln" auf den europäischen Messen viel Geld verdiente.

Eine folgenreiche Erfindung

Schon bald nutzten humanistische Forscher und Gelehrte die Möglichkeiten des neuen Mediums. Jetzt konnten sie ihre Texte und Übersetzungen in weitaus größeren Stückzahlen verbreiten. Statt dicker und schwerer Folianten standen auf den Regalen ihrer Studierkammern jetzt kleine und handliche Bände, die man auch auf Reisen mitnehmen konnte. In Windeseile verbreitete sich die neue Technik in Europa, vor allem in Italien, dann auch in den Niederlanden, Frankreich und England. Man schätzt, dass bis zum Jahre 1500 an etwa 270 Druckorten und in ungefähr 1150 Druckereien nahezu 40 000 Titel in zehn Millionen Exemplaren gedruckt wurden. Viele Adlige, Gelehrte und reiche Bürger richteten sich jetzt Bibliotheken ein. Bücher wurden nach und nach zu weit verbreiteten Gebrauchsgegenständen. Das bisher nur wenigen Gelehrten zugängliche Wissen stand nun größeren Kreisen offen, zumal jetzt auch immer öfter die Landessprache statt des Gelehrtenlateins benutzt wurde. In vielen Städten gründeten die Stadtväter Schulen, in denen die Bürgerkinder aus gedruckten Fibeln Lesen und Rechnen lernten. Auch Martin Luthers Kritik an der katholischen Kirche (vgl. S. 202 ff.) hätte sich ohne Gutenbergs Erfindung längst nicht so schnell in ganz Deutschland verbreitet.

Eine Seite aus der Gutenbergbibel Q4
(Jeremia 1 im Alten Testament), gedruckt in Mainz, 1455. Die rote Schrift und die Initialen (große Anfangsbuchstaben) wurden nach dem Druck hineingemalt.

D1 **Gutenbergs Druckverfahren.** Rekonstruktionszeichnung.

Q5 Bonus Accursius, um 1475

(Der Buchdruck) ist eine wahrhaft nutzbringende und gar schöne Kunst, denn Abschriften von Büchern zu verschaffen ist wegen der hohen Preise für jedermann nicht gerade leicht. Aber wenn dies Gott sei Dank für dich auch kein Hinderungsgrund ist, so musst doch auch du den Buchdruck wegen seiner künstlerischen Schönheit hochschätzen; und dann auch deshalb, weil dieser Buchdruck, sobald er einmal richtig feststeht, immer in derselben Weise durch alle Druckbogen fortschreitet, sodass ein Fehler kaum möglich ist, eine Sache, mit der es beim Abschreiben von Büchern ganz anders aussieht.

Q6 Der Nürnberger Hartman Schedel schreibt in seiner „Weltchronik", um 1493

(Durch den Buchdruck) sind die kostbaren Schätze schriftlicher Kunst und Weisheit, die in den alten Büchern lange Zeit verborgen gelegen, an das Licht gelangt. Jetzt konnten viele treffliche und nützliche Bücher ohne große Kosten verbreitet werden. Wäre diese Kunst früher erfunden und in Gebrauch genommen worden, so wären ohne Zweifel viele Bücher des Livius, des Plinius und anderer hochgelehrter Leute nicht verloren gegangen.

Q5 und Q6 zit. nach: Helmut Presser, Johannes Gutenberg mit Selbstzeugnissen und Bilddokumenten, 8. Aufl., Reinbek 1995, S. 123–125.

Q7 Johannes Trithemius, Abt von Sponheim, 1494

Niemand möge denken (...): Wozu muss ich mich noch mit Abschreiben schinden, wo doch die Druckkunst so viele und so große Bücher ans Licht bringt, dass man um billiges Geld eine große Bibliothek einrichten kann? Fürwahr, wer so daherredet, der schickt sich an, durch sein Nichtstun Finsternis einreißen zu lassen. Wer wüsste nicht, wie groß der Unterschied zwischen Schrift und Druck ist? Geschriebenes, wenn man es auf Pergament bringt, wird an die tausend Jahre Bestand haben; Gedrucktes aber, da es auf Papier steht, wie lange wird es halten? Wenn Gedrucktes in einem Band aus Papier an die zweihundert Jahre Bestand haben wird, wird es hoch kommen.

Zit. nach: Nicolette Mout (Hg.), Die Kultur des Humanismus, München 1998, S. 101 f.

Fragen und Anregungen

1. Beschreibe die einzelnen Arbeitsschritte des Buchdrucks (VT, Q3, D1).
2. Nenne Vorteile und Nachteile des von Gutenberg erfundenen Druckverfahrens (VT, Q5–7).
3. Im 18. Jahrhundert schrieb der Göttinger Physiker und Philosoph Georg Christoph Lichtenberg, „mehr als das Blei in den Kugeln (hat) das Blei in den Setzkästen die Welt verändert". Erläutert und diskutiert seine Behauptung.
4. Die moderne Computertechnik und das Internet machen es möglich, Bücher auf elektronischem Wege zu verbreiten und zu konsumieren. Erörtert in einer Diskussion, ob Bücher in absehbarer Zeit dadurch überflüssig werden können.

6. „Die Folter macht die Hexen"

1484	Mit der „Hexenbulle" beginnt die systematische Verfolgung von „Hexen" als Ketzern.
1487	Der „Hexenhammer" erscheint, ein Handbuch zu Verhör und Folter der Hexerei verdächtigter Personen.
1631	In seinem Buch „Cautio criminalis" verurteilt Friedrich von Spee die Hexenjagd.

Wetterzauber. Holzschnitt, 1508. Q1

Hexenwahn im Zeitalter des Humanismus

Im Jahr 1603 wurden zwei Bremer Frauen, Gretke Kramers und ihre Nichte Pellcke Stubben, als Hexen verurteilt und auf dem Scheiterhaufen verbrannt. Unter der Folter hatten sie gestanden, dass sie ein Bündnis mit dem Teufel geschlossen hätten und Zauberkräfte besäßen, mit denen sie anderen Menschen Schaden zufügen konnten. Das Gericht war von ihrer Schuld überzeugt – beide waren offensichtlich Hexen.
Wie konnten die Richter so etwas glauben? Verkündeten die Humanisten nicht schon seit über hundert Jahren ein Zeitalter der Vernunft und der Menschlichkeit? Allerdings hatte sich nur eine kleine Minderheit diese Parolen auf ihre Fahnen geschrieben. Die meisten Menschen dagegen waren nicht zur Schule gegangen, konnten weder lesen noch schreiben und glaubten, dass überall magische Kräfte am Werk waren. Warum gerade in der Frühen Neuzeit besonders viele Menschen der Hexerei und Zauberei verdächtigt wurden, hatte wahrscheinlich mehrere Ursachen. An der Wende vom Mittelalter zur Frühen Neuzeit waren viele Menschen verunsichert: Kritik an der Kirche wurde laut. Die Sicherheit, die die feststehende christliche Weltordnung bisher geboten hatte, schien abhanden zu kommen. Aufstände und Kriege versetzten die Bevölkerung in Angst und Schrecken. Viele Christen fürchteten sich vor einem baldigen Weltuntergang. In Krisenzeiten glaubte man, es sei „der Teufel los" und seine Hilfskräfte, die Hexen, am Werk. Hinzu kamen wirtschaftliche Nöte: Das Klima verschlechterte sich und die Bauern mussten Missernten hinnehmen. Die härteren Lebensbedingungen ließen die Menschen zudem öfter krank werden, auch die Sterberate stieg an. Besonders wenn ihnen Schlimmes widerfuhr – wenn eine Dürre die Ernte vernichtete, ein Unwetter die Felder verwüstete, wenn eine Seuche ausbrach oder jemand an einer unerklärlichen Krankheit starb – suchten die Menschen nach einer Erklärung für ihre Misere. Viele einfache Leute machten für Unglücksfälle den Zauber von Hexen verantwortlich: Menschen mit magischen Fähigkeiten – so glaubten schon die Germanen – konnten zaubern und z. B. das Wetter beeinflussen oder mit Kräutern und geheimnisvollen Beschwörungen Kranke heilen. Und wer auf scheinbar magische Weise heilen konnte, konnte der nicht auch schaden?

Q2 **Liebeszauber**
Ölmalerei, um 1470.

Die Kirche und die Hexen

Die Kirche reagierte zunächst entrüstet auf diese Vorstellungen und bezeichnete sie als unchristlichen Aberglauben. Hexerei gab es nach offizieller Kirchenlehre nicht! Doch im Verlauf des Mittelalters ärgerten sich immer mehr Menschen über die Kirche mit ihren Bischöfen und Priestern, weil diese oft in Saus und Braus und nicht in christlicher Tugend und Armut lebten. Aus Angst, die abergläubische Frömmigkeit in der Bevölkerung könne stärker werden, die Kirche dagegen an Einfluss und Macht verlieren, gingen die kirchlichen Amtsinhaber energisch gegen alle

Teufelsglaube und Hexenverfolgung Q3
Der Titel des Bildes lautet: „Von einer grauenvollen Tat, wie eine Mutter ihre Tochter dem Satan verheiratet.“ Kolorierte Federzeichnung, 1568.

vor, die ihre Stellung bedrohen konnten. Davon betroffen waren Frauen, die man des Schadenzaubers und der Hexerei beschuldigte, aber auch Männer blieben nicht verschont. Es hieß, sie seien Hexen, Feinde Christi und mit dem Teufel im Bunde. Ende des 15. Jahrhunderts stellte die Kirche angebliche Merkmale von Hexen zusammen und legte genaue Regeln für ihre Verfolgung und Verurteilung fest. Danach drohten ihnen ein Ketzerprozess und die Anwendung der Folter, um ein Geständnis zu erlangen. Fast immer stand am Ende eines Hexenprozesses der Feuertod. Etwa 200 Jahre lang wurden Hexen nicht nur in Deutschland, sondern auch in vielen anderen Ländern Europas verfolgt. Unter der Folter verrieten die Gequälten oft Nachbarn, Verwandte oder Freunde, denen dann ebenfalls der Prozess gemacht wurde. So mussten sich in manchen Gegenden hunderte oder gar tausende Frauen und Männer vor den Hexenrichtern verantworten.

Ende des Hexenwahns

Erst im 18. und 19. Jahrhundert, als sich im Zeitalter der Aufklärung die Grundsätze der Vernunft – zumindest unter den Gebildeten – immer mehr durchsetzten, endete der Hexenwahn allmählich. Einen ersten wichtigen Schritt dazu hatte der Pater Friedrich von Spee gemacht. In seiner Eigenschaft als Geistlicher hatte er mit vielen der Hexerei angeklagten Frauen und ihren Richtern gesprochen und war zu der Überzeugung gelangt, dass vor allem die grausamen Folterqualen für die Geständnisse angeblicher Hexen verantwortlich waren. „Die Folter macht die Hexen“, notierte er und forderte 1631 in seiner anonym veröffentlichten Schrift „Cautio criminalis“ die sofortige Abschaffung der Folter als Beweismittel und das Ende der Hexenprozesse. Es dauerte jedoch noch knapp 200 Jahre, bis die Hexenjagd in Europa vollständig eingestellt wurde. In den meisten Gebieten geschah das im Verlauf des 17. Jahrhunderts. In Bremen z. B. waren Gretke Kramers und Pellcke Stubben die letzten Frauen, die als Hexen verbrannt wurden.

Q4 **Folterinstrumente**
Schreckensmaske (links) und Mundsperre (rechts).

Q5 Vorwürfe gegen Hexen

Aus der Hexenbulle von Papst Innozenz VIII., 1484:

Mit sehnlichstem Verlangen wünschen wir, wie es unsere Pflicht als Hirte erfordert, dass der katholische Glaube in unseren Zeiten wachse und blühe, und dass alle ketzerische Verworfenheit weit von den Grenzen der Kirche vertrieben werde. (...) Gewisslich, es ist neulich nicht ohne große Bekümmerung zu unsern Ohren gekommen, dass in einigen Teilen Oberdeutschlandes, wie auch in den Erzbistümern, Städten, Ländern, Orten und Bistümern von Mainz, Köln, Trier, Salzburg und Bremen sehr viele Personen beiderlei Geschlechts ihre eigene Seligkeit vergessen haben und vom katholischen Glauben abgefallen sind. Sie treiben mit den Teufeln, die sich als Männer oder Weiber mit ihnen vermischen, Unzucht und töten mit ihren Bezauberungen, Liedern und Beschwörungen und anderen abscheulichen Zauber- und Hexenkünsten, mit Freveln und Verbrechen die Geburten der Weiber und die Jungen der Tiere, sie verderben die Früchte der Erden, die Weintrauben und die Baumfrüchte und quälen auch die Menschen, die Frauen, die Tiere, das Vieh und andere verschiedene Arten Tiere, außerdem richten sie die Weinberge, Obstgärten, Wiesen, Weiden, Korn und andere Erdfrüchte zugrunde und peinigen die Menschen, die Weiber, allerlei großes und kleines Vieh und Tiere mit grausamen innerlichen und äußerlichen Schmerzen und Plagen und hindern eben dieselben Menschen daran, dass sie zeugen, und die Frauen, dass sie empfangen. Darüber hinaus verleugnen sie den Glauben selbst, welchen sie beim Empfang der heiligen Taufe angenommen haben, mit eidbrüchigem Munde.

Zit. nach: W. G. Soldan/H. Heppe, Geschichte der Hexenprozesse, Bd.1, hg. von Max Bauer, Hanau o. J., S. 248 f. Bearb. d. Verf.

Q6 Ein Hexenprozess

Auszüge aus dem Protokoll des Hexenprozesses gegen Gretke Kramers und Pellcke Stubben in Bremen im Jahre 1603:

Gretke: Ihr Buhle hieß Federbusch, sei schwarz gekleidet, trug einen schwarzen Hut mit weißer Feder. Bei ihrem Bündnis mit dem Satan habe sie nachfolgende Worte gebraucht: „Ich will mich von dem himmlischen Vater abgeben. Tritt zu mir und verlass den himmlischen Vater. Man muss ihm folgen und verlassen den himmlischen Vater. Man muss ablassen von dem Herrn. Lass von dem Herrn Christo und hange mir an. Ich will folgen, wo er mich haben will. So lange als ich lebe will ich dem Teufel treu und hold sein."

Pellcke: Sie bekennt, dass sie (eine) Salbe an einem Pferd versucht, dem sie sie auf die Lippen geschmiert habe, das sei davon gestorben. Das Pferd sei braun gewesen. Sie bekennt weiter, dass sie Dirich von Lubbeken fünf Kühe und zwei Ochsen mit der Salbe umgebracht habe. Hierzu habe sie die Salbe auf das Heu geschmiert und dem Vieh in die Krippe gegeben, so wären die besten Tiere eins nach dem anderen gestorben, es wären rote und bunte Tiere gewesen.

Pellcke: Sie habe junge Knaben auch gelehrt, dass sie das Harte und das Blut einer Fledermaus nehmen sollten, dies zur Galle eines Hundes fügen und damit auf Blei schreiben. Wenn sie all dies in des Teufels Namen vor ein Schloss halten würden, so würde es aufspringen. (...) Dass der Teufel ihr angegeben habe, sie solle junge Knaben verführen, was sie mit den Knaben auch getan habe.

Zit. nach: Gunda Schröck, „So ich aber mit dem Satan auf der Domsheide buhlte", Bremen 1983, S. 79, 87 f. Bearb. d. Verf.

Q7 Die Folgen der Folter

Der Pater Friedrich von Spee aus Trier in seinem anonym veröffentlichten Buch „Cautio criminalis. Rechtliches Bedenken wegen der Hexenprozesse", 1631:

So nun eine ein falsches Geständnis ablegt, weil sie die Marter nicht ertragen kann, so geht das Elend erst los, denn hier gibt es überhaupt kein Mittel freizukommen, sondern die Beschuldigte muss andere, auch wenn sie von ihnen nichts Böses weiß, anzeigen und oftmals die, welche ihr von den Inquisitoren oder Schergen in den Mund gegeben werden, oder von denen sie wissen, dass sie einen schlechten Ruf haben, oder früher beschuldigt oder im Gefängnis gewesen und wiederum entlassen seien. Werden dann diese auch gefoltert, so müssen sie wieder andere benennen und die wieder andere, und ist hier also kein Ende oder Aufhören. Und auf solche Manier kann es so weit kommen, dass die Richter entweder den Prozess abbrechen (...) oder aber ihre Angehörigen, ja sich selbst und alle Leute verbrennen müssen. Denn da fehlet's nicht, die falschen Beschuldigungen werden sie endlich alle miteinander treffen, und werden sie auch, wann's nur zum Foltern mit ihnen kommt, alle schuldig machen. Da kommen dann deren viele mit ins Spiel, die anfangs so hart gerufen und getrieben, dass man brennen und brühen sollte, und haben die guten Herren im Anfang sich nicht besinnen können, dass die Reihe auch an sie kommen würde, und die haben denn ihren gerechten Lohn von Gott, weil sie uns mit ihren giftigen Zungen so viel Zauber gemacht und so viele unschuldige Menschen dem Feuer hingegeben haben.

Zit nach: W. G. Soldan/H. Heppe, Geschichte der Hexenprozesse, Bd. 2, hg. von Max Bauer, Hanau o. J., S. 199. Bearb. d. Verf.

Q8 Schließlich töteten sie den Hexer

Aus der Frankfurter Allgemeinen Zeitung, 5. 3. 1976:

Nahezu alle 680 Einwohner des französischen Dorfes Hesloup hielten ihn für einen Hexer, und zwei Brüder im Alter von 20 und 28 Jahren zogen daraus die Konsequenz: Sie erschossen den 49 Jahre alten Jean Camus, der, wie alle glaubten, mit dem Teufel im Bunde stand. Die Brüder gestanden, den „Hexenmeister", der sich selbst gerühmt hatte, den Tod herbeizaubern zu können, mit einer Schrotladung in seinem Bett getötet zu haben. Die Bewohner des 200 Kilometer westlich von Paris gelegenen Dorfes machten den „Hexer" für Trockenheit, Viehsterben und alle anderen Schicksalsschläge verantwortlich. Und die beiden Täter glaubten, er habe drei Wochen zuvor auch den Autounfall ihrer Schwester herbeigeführt. Kurz vor der Tat hatten sich die Brüder eine Fernsehsendung über Hexerei angesehen. Das gab den unmittelbaren Anstoß zu der Tötung des Mannes. Die Mutter der Täter zeigte Verständnis für die Handlungsweise ihrer Söhne. Sie sagte: „Camus war der Teufel. Er gab allen Krebs, die sich über ihn lustig machten."

Zit. nach: Manfred Hammes, Hexenwahn und Hexenprozesse, Frankfurt/Main 1989, S. 262.

Q9 Ohnmächtige Vernunft – böse Welt?

In einer Erzählung aus dem 18. Jahrhundert kommt ein Fabelwesen, der Riese „Micromegas" („Kleingroß") vom Stern Sirius auf die Erde. Bem ersten Kontakt mit den Menschen hält Micromegas ein Schiff mit einer Gruppe von Gelehrten in der Hand, die er durch ein Mikroskop betrachtet. Dabei entwickelt sich folgender Dialog:

„Nirgendwo habe ich das wahre Glück gesehen, aber hier bei Euch Gelehrten muss es zweifellos sein." Die Philosophen schüttelten die Köpfe, und einer von ihnen, offenherziger als die anderen, gestand rundheraus, dass, abgesehen von einer kleinen Zahl von Erdenbewohnern, die sehr wenig geschätzt würden, alles andere eine Ansammlung von Verrückten, Bösartigen oder Unglücklichen sei. Wissen Sie, zum Beispiel, dass es in dem Augenblick, wo ich zu ihnen spreche, hunderttausend Verrückte unserer Art mit Hüten auf dem Kopf gibt, die hunderttausend andere Lebewesen töten, die Turbane tragen, oder von ihnen massakriert werden? Und dass dies seit undenklichen Zeiten auf dieser Welt der Brauch ist?"

„O Ihr Unglücklichen!" schrie der Siriusbewohner mit Empörung, „kann man sich einen solchen Ausbruch von tollwütigem Wahnsinn vorstellen! Ich habe nicht übel Lust, drei Schritte zu machen und mit drei Fußtritten diesen ganzen Ameisenhaufen lächerlicher Mordbestien zu zerstampfen."

„Diese Mühe könnten sie sich sparen", antwortete man ihm, „sie arbeiten schon selbst genug für ihren Untergang. Wissen Sie, daß in zehn Jahren kaum ein Hundertstel dieser Elenden überlebt? Selbst wenn sie nicht das Schwert gezogen hätten, würden fast alle an Hunger, Erschöpfung oder ihrer eigenen Unmäßigkeit zugrundegehen. Außerdem sollte man nicht sie bestrafen, sondern jene Barbaren im bequemen Sessel, die in ihren Kabinetten, so zur besseren Verdauung, ein Massaker an einer Million Menschen anordnen und anschließend feierliche Dankgottesdienste abhalten lassen." Der Reisende empfand Mitleid mit der winzigen Menschenrasse, in der er derartige Gegensätze entdeckte.

Zit. nach: Voltaire, Micromegas. Die Bibliothek von Babel, Bd. 28, hg. v. J. L. Borges: Stuttgart 1984, S. 39 f.

Fragen und Anregungen

1. Überlege, wie die Menschen dazu kamen, an die Existenz von Hexen zu glauben (VT, Q2, Q3, Q8).
2. Stelle mithilfe der Hexenbulle die Kennzeichen zusammen, die nach der Meinung vieler Menschen früher eine Hexe ausmachten (Q5).
3. Erkläre, warum die Kirche die angeblichen Hexen als Ketzer verfolgte und warum davon vor allem Frauen betroffen waren (VT, Q2, Q3, Q5 und Q6).
4. Begründe, warum die Folter eine wesentliche Rolle bei der Hexenverfolgung gespielt hat (Q7).
5. Lest Q8 und diskutiert, warum viele Menschen auch heute noch zur Erklärung von Unheil und Krankheiten einen „Sündenbock" suchen.
6. In der Renaissancezeit waren die Menschen optimistisch gestimmt. Sie waren selbstbewusst und glaubten an ihre Fähigkeiten. Eigenständigkeit, Leistung, Wissen und Vernunft zählten vor allem (s. Kap. 1). Viele Probleme, mit denen die mittelalterlichen Menschen zu kämpfen hatten, schienen nun lösbar, eben weil man sich für fortschrittlicher hielt. Nennt Beispiele, die das belegen. Lest dann die Erzählung „Micromegas" (Q9). Zeigt, wie der Erzähler die Fähigkeit der Menschen vernünftig zu handeln beurteilt. Diskutiert, ob die Menschen in der Renaissance zu optimistisch waren und sich überschätzt haben.

Ein Schaubild zeichnen

Komplizierte Dinge einfach zu ordnen, hast du schon mithilfe der Mind Map gelernt. Willst du sie dir aber auch gut merken, machst du dir am besten ein Bild von ihnen: Ein gezeichnetes Schaubild, das ein Thema übersichtlich macht, prägt sich besser ein als zusammenhanglos auswendig gelernte Begriffe.

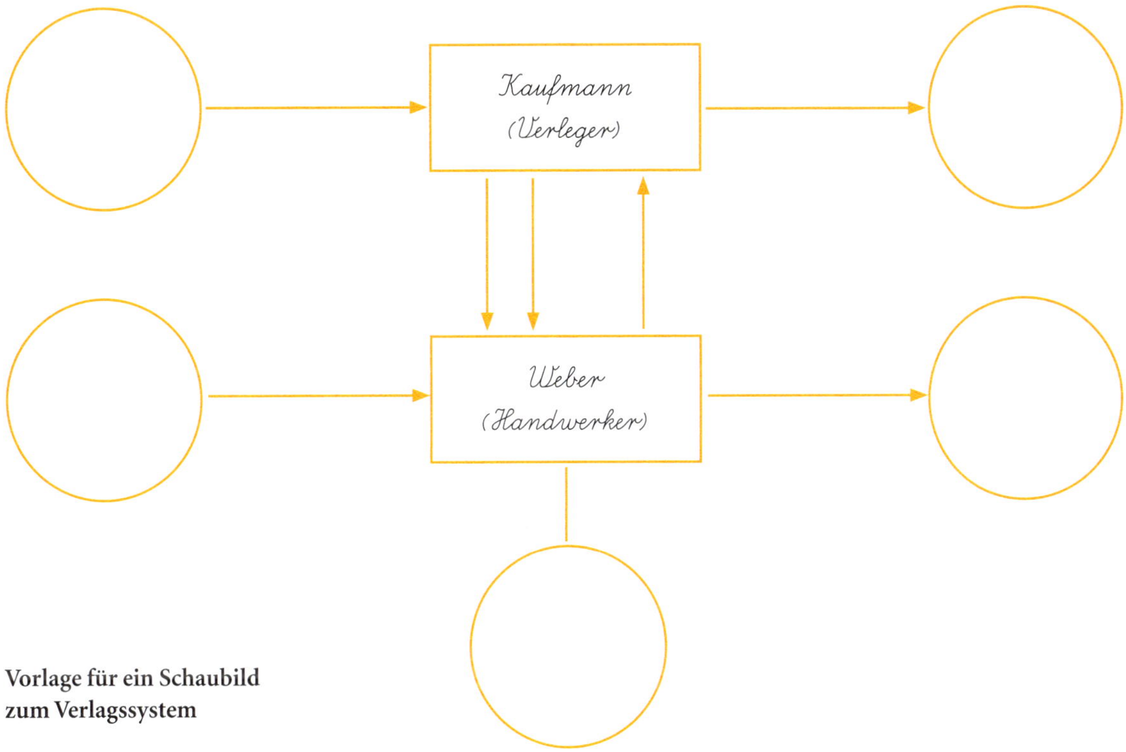

Vorlage für ein Schaubild zum Verlagssystem

Schaubilder sind da sinnvoll, wo Sachverhalte in einem Zusammenhang dargestellt werden sollen, der sonst nicht sichtbar ist. Es soll klar aufgebaut sein, nur das für das Thema Nötigste zeigen und es dadurch vereinfachen. Alle Details werden weggelassen, weil sie für die Übersicht überflüssig sind. Man kann mit Bildern arbeiten, aber auch mit eingerahmten Kästen, in denen für das Thema wichtige Begriffe stehen, und Pfeilen oder Linien, die diese Begriffe verbinden.

Auf den Werkstattseiten hast du viel über das Verlagssystem erfahren. Die Beziehungen zwischen den Beteiligten und die Wege der Rohstoffe und der fertigen Produkte lassen sich am besten durch Pfeile darstellen. Somit kannst du auf einen Blick die Struktur des Verlagswesens erkennen.

Zeichne dein Schaubild am besten so, dass du es zum Lernen benutzen kannst. Oben siehst du die Grundlage eines möglichen Schaubilds zum Verlagssystem. Der Kaufmann und der Weber sind bereits in ein Kästchen eingetragen. Du sollst nun dieses Schaubild in dein Heft übertragen und ergänzen. Dazu beschriftest du die noch leeren Kreise und verbindest die sechs Teile des Schaubilds so mit Pfeilen, dass ein sinnvoller Überblick über das Verlagssystem entsteht. Benutze dazu folgende Textstücke. Fünf Begriffe gehören in die Kreise: Baumwolle, Barchentballen, Leinenfäden, Fertigwaren, Tuch. Acht Textstücke gehören an die Pfeile bzw. die Linie: „kauft ein“ (2x), „verkauft“, „verkauft auf eigene Rechnung“, „stellt Baumwolle zur Verfügung“, „liefert fertiges Tuch“, „bezahlt den Weber“, „webt“.

Wenn du fertig bist und alles stimmt, hast du einen guten Überblick über das Verlagssystem in deinem Heft, das du dir jederzeit wieder in Erinnerung rufen kannst.

EUROPA EROBERT DIE WELT – VON DEN ENTDECKUNGEN ZUR KOLONIALHERRSCHAFT

1492 landete Kolumbus in Amerika, der „Neuen Welt" – zur gleichen Zeit bestanden rund um den Erdball mindestens sieben große Reiche mit einer hoch entwickelten Kultur; von den meisten wussten die Europäer kaum etwas. Doch das änderte sich rasch: Bald eroberten und besiedelten sie Amerika, errichteten Handelsstützpunkte an den afrikanischen Küsten und gründeten Kolonien in Indien und Südostasien. Warum begannen die Europäer ihre Eroberungszüge gerade in Amerika? Welche Folgen hatte das für die besiegten Völker?

Kolumbus begegnet den „Indianern"
So stellte man sich in Europa die erste Begegnung zwischen Kolumbus und den Einheimischen Mittelamerikas vor. Holzschnitt mit der ersten europäischen Darstellung der „Indianer", Basel, 1493.

Das Silberbergwerk von Potosí (Bolivien)
lieferte große Silbermengen nach Spanien. Durch die unmenschlichen Arbeitsbedingungen starben hier Zehntausende von Menschen. Kupferstich, 18. Jahrhundert.

Außereuropäische Großreiche um 1500 und der europäische Kolonialbesitz um 1750

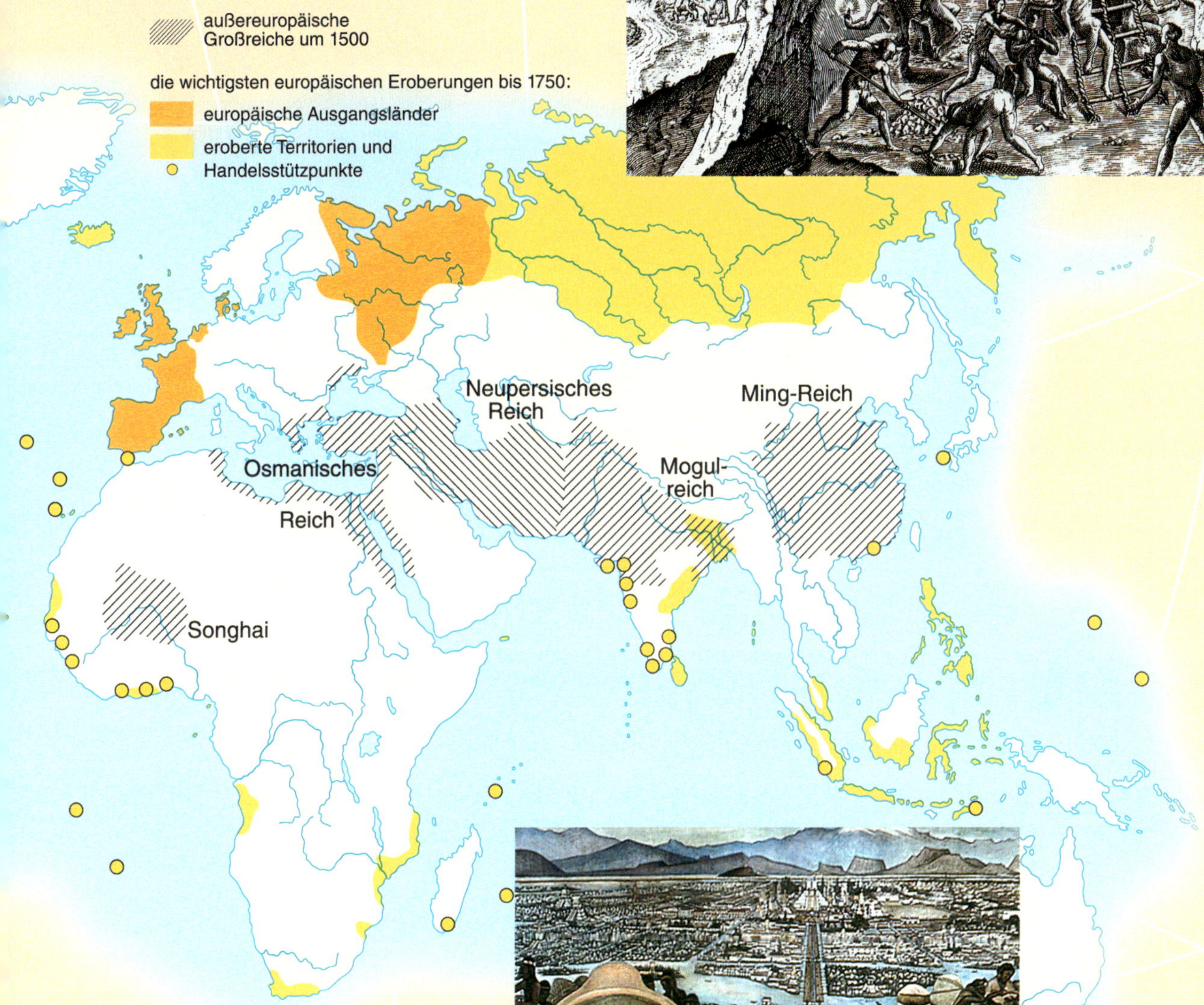

Blick auf Tenochtitlan
So könnte Tenochtitlan, die Hauptstadt des Aztekenreichs, vor der Eroberung durch die Spanier ausgesehen haben. Rekonstruktion des mexikanischen Malers Diego Rivera (1886–1957) auf einem Fresko im Nationalpalast in Mexiko City.

1. Der Aufbruch in die neue Welt

1488	Nach einem Jahrhundert des langsamen Vordringens der Portugiesen an der afrikanischen Küste umrundet Bartholomeo Diaz die Südspitze Afrikas.
1492	Christoph Kolumbus landet in Amerika.
1498	Vasco da Gama umrundet Afrika und erreicht als Erster auf diesem Weg Indien.
1519–1521	Erste Weltumseglung unter Magellan, der auf der Fahrt umkommt.

Orientierung auf See Q1

Um sich auf hoher See orientieren zu können, benötigten die Seefahrer neue Instrumente: Mit dem Astrolabium (oben), einer arabischen Erfindung, bestimmten sie ihren Standort mithilfe der Sterne. Mit dem weiterentwickelten Kompass (unten) konnten die Seefahrer auch bei stürmischer See die Fahrtrichtung festlegen.

Westwärts nach Osten?

Lissabon um 1480: Die portugiesische Hafenstadt schwirrt von Gerüchten und Plänen abenteuerlicher Seefahrer, die alle nur ein Ziel haben: die reichen „Ostländer", also Indien und China, möglichst rasch per Schiff zu erreichen. Auch Christoph Kolumbus aus Genua ist mit diesem Plan nach Lissabon gekommen.
Die meisten portugiesischen Seefahrer hatten vor, Afrika in Richtung Osten zu umrunden. Doch Kolumbus war davon überzeugt, dass man auch zu den „Ostländern" gelangen könnte, indem man westwärts segelte. Seit dem 13. Jahrhundert hatte sich die Vorstellung von der Kugelgestalt der Erde immer mehr durchgesetzt. Wenn man nur lange genug in Richtung Westen segelte, dann – so überlegte Kolumbus – müsste man schließlich bei den „Ostländern" ankommen.
Warum suchten die Seefahrer so fieberhaft nach einem Weg über das Meer in den Osten? 1453 hatten die Türken Konstantinopel erobert. Dadurch war den italienischen Kaufleuten der Handel mit Indien und China versperrt oder doch enorm verteuert. Denn die Türken verlangten als Zwischenhändler hohe Abgaben.

Wie Kolumbus plante

Kolumbus war Sohn eines Webermeisters, hatte sich aber bald der Seefahrt und dem Handel zugewandt. Er galt als hervorragender Kapitän und besaß neueste Kenntnisse über Navigation und Geografie. So hatte er eigene Berechnungen angestellt um seinen Plan, westwärts zu den Gewürz- und Goldschätzen des Ostens zu gelangen, in die Tat umzusetzen: Die Kugelgestalt der Erde, die Entfernungsangaben des antiken Geografen Ptolemäus, der Bericht des Chinareisenden Marco Polo aus dem 13. Jahrhundert – all das fügte er mit weiteren Informationen zu einer eigenen Berechnung zusammen. Das Ergebnis: Zwischen den Kanarischen Inseln und den „Ostländern" seien es nur 2400 Seemeilen (1 sm = 1,85 km) – statt tatsächlich rund 11 000!

Unterstützung durch das spanische Königspaar

Kolumbus bat den spanischen Königshof, ihn bei seinem Vorhaben zu unterstützen, doch dieser lehnte zunächst ab: Erst als 1492 die letzte islamische Herrschaft in Granada gefallen war, sah sich Spanien in der Lage, sich neuen Aufgaben zuzuwenden: Das Königspaar Isabella und Ferdinand unterstützte nun Kolumbus' Pläne.

Die erste Entdeckungsreise des Kolumbus

Mit drei Schiffen und gut 90 Mann Besatzung brach Kolumbus von der Insel Gomera aus nach Westen auf. Er rechnete mit einer Fahrtdauer von etwa drei Wochen. Doch die Zeit verging, ohne dass sie Land sahen. In sein Bordbuch trug Kolumbus nun bewusst kürzere Entfernungen ein, als er selbst glaubte zurückgelegt zu haben, um seine Besatzung nicht in Furcht zu versetzen. Trotzdem konnte er nur mit Mühe eine Meuterei verhindern.

Die erste Begegnung mit den „Indianern"

Endlich, nach 36 Tagen, landeten sie auf der Insel Guanahani, später auch auf Kuba und Haiti. Kolumbus glaubte sich am Ziel – in Indien. Überall nahm er das Land für die spanische Krone in Besitz. Denn von Anfang an vertraten die Europäer die Auffassung, dass das christliche Recht dem heidnischen übergeordnet sei. Die einheimischen Bewohner wurden daher als Untertanen des spanischen Königs behandelt. Kolumbus nannte sie „Indianer", da er annahm, die kleine Insel Guanahani sei Indien vorgelagert. Auf den Gedanken, dass die Insel den Einwohnern gehörte, kam Kolumbus nicht. Dennoch wurden die Ankömmlinge zunächst freundlich begrüßt. Erst später kam es wegen der spanischen Goldgier und der rücksichtslosen Ausbeutung der Arbeitskraft der „Indianer" zu gewaltsamen Auseinandersetzungen.

„Amerika" – ein neuer Kontinent

Von seiner ersten Fahrt kehrte Kolumbus im Triumph zurück. Drei weitere Reisen verliefen nicht so erfolgreich, vor allem weil die erwarteten riesigen Goldfunde ausblieben. Bis zu seinem Tode (1506) aber glaubte Kolumbus, den Westweg nach Indien gefunden zu haben.
Erst die Reisen späterer Entdecker zu Beginn des 16. Jahrhunderts bestätigten, dass Kolumbus einen neuen Kontinent erreicht hatte. In den Jahren 1499 bis 1501 erkundete Amerigo Vespucci aus Florenz die Küste Südamerikas. Nach seinem Vornamen bezeichnete der deutsche Kartograf Martin Waldseemüller 1507 auf seiner Weltkarte Südamerika als „America". Der neue Kontinent hatte seinen Namen.

D1 Europäische Entdeckungsreisen im 15. und 16. Jahrhundert. Eine dynamische Karte findest du auf der CD-ROM „Geschichte und Geschehen multimedial".

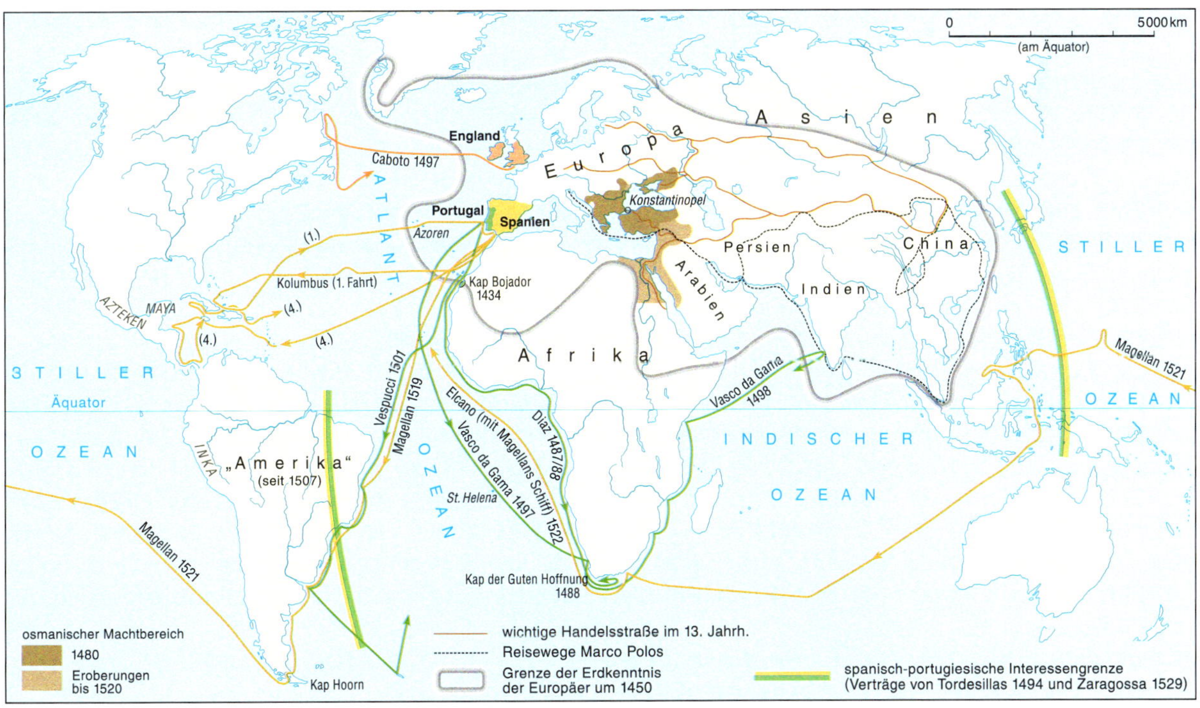

D2 Schnitt durch die Santa Maria, das Schiff des Kolumbus

Rekonstruktionszeichnung. Die neuen, nur ca. 20 bis 25 Meter langen, schlanken Schiffstypen der hochseetüchtigen, besonders schnellen und wendigen Karracken und Karavellen wurden seit etwa 1400 in Spanien und Portugal gebaut.

1 Admiralskajüte **2** Steuerruder **3** Kompass **4** Luke zum Schiffsladeraum **5** Kanone **6** Entwässerungspumpe **7** Hebevorrichtung für Anker und Segel **8** Pökelfleisch **9** Schiffszwieback **10** Fässer **11** Ölvorrat **12** Wasservorrat **13** Schiffsladeraum **14** Weinfässer **15** Zwiebeln und Knoblauch **16** Mehlsäcke **17** Waffen- und Munitionskammer **18** Abstellkammer für Segel **19** Lagerraum für Taue

Q2 „Land in Sicht“

Während der gesamten ersten Reise trug Kolumbus täglich die Ereignisse in sein Bordtagebuch ein, das an das spanische Königspaar gerichtet war. Das Original dieser wichtigen Quelle ist verloren gegangen. Eine Zusammenfassung mit z. T. wörtlichen Übernahmen aus dem Tagebuch hat der Bischof Bartolomé de Las Casas (1474–1566) angefertigt:

12. Oktober 1492:
Zwei Stunden nach Mitternacht tauchte das Land vor ihnen auf, von dem sie etwa zwei Meilen entfernt sein mochten. Sie holten alle Segel ein (...) und drehten bei; so brachten sie die Zeit bis zum Freitag, an dem sie dann eine kleine Insel der Bahamas erreichten, die in der Sprache der Indios Guanahani heißt. Schon bald sahen sie nackte Leute am Strand. Der Admiral ging mit dem bewaffneten Boot an Land. (...) An Land angekommen, sahen sie Bäume von sehr kräftigem Grün und viele Wasserläufe und allerlei Früchte. Der Admiral rief die beiden Kapitäne und die anderen, die an Land gegangen waren, zu sich; ebenso Rodrigo Descovedo, den Notar der Flotte, und Rodrigo Sánchez aus Segovia, und sagte, sie sollten bestätigen und rechtlich bezeugen, dass er vor aller Augen von der Insel Besitz ergriff, wie er es dann auch im Namen des Königs und der Königin, seiner Herren, tat. (...) Das Folgende sind wörtliche Äußerungen des Admirals in seinem Buch über die erste Fahrt und die Entdeckung dieser Indien: „Da ich (sagte er) ihre Freundschaft gewinnen wollte, und bemerkte, dass es Leute waren, die sich eher durch Liebe für unseren heiligen Glauben gewinnen und zu ihm bekehren ließen, gab ich einigen von ihnen ein paar bunte Mützen und einige Ketten aus Glasperlen, die sie sich um den Hals hängten, und allerhand andere Dinge von geringem Wert, an denen sie großes Vergnügen fanden, und uns derart zugetan waren, dass es ein wahres Wunder war. (...) Sie sind sicher hervorragende Arbeitskräfte; sie haben einen aufgeweckten Verstand, denn ich sehe, dass sie sehr schnell alles nachsagen können, was man ihnen vorspricht.“

12. November 1492:
Und so sollten sich Eure Hoheiten entschließen, sie zu Christen zu machen, denn ich glaube, wenn man damit beginnt, wird man nach kurzer Zeit eine Vielzahl von Völkern vollends zu unserem heiligen Glauben bekehrt haben und zugleich große Gebiete und Reichtümer und alle diese Völker für Spanien gewinnen, denn zweifellos gibt es in diesen Gebieten riesige Mengen Gold. (...) Außerdem gibt es Edelsteine und Perlen und unendlich viele Gewürze.

Zit. nach: Eberhard Schmitt (Hg.), Dokumente zur Geschichte der europäischen Expansion, Bd. 2, München 1984, S. 112 f., 114, 119.

Q3 Westwärts nach Osten

Der Gelehrte Paolo Toscanelli aus Florenz schrieb um 1481 an Kolumbus:

Von deinem mutigen und großartigen Plan, auf dem Westwege (...) zu den Ostländern zu segeln, nahm ich Kenntnis. Besser hätte es sich noch anhand einer runden Kugel klar machen lassen. Es freut mich, dass du mich recht verstanden hast. (...) Eine derartige Reise führt zu mächtigen Königreichen, berühmten Städten und Provinzen, die alles im Überfluss besitzen, was wir benötigen, auch alle Arten von Gewürzen in reicher Fülle sowie Edelsteine in großer Menge aufweisen.

Zit. nach: Eberhard Schmitt (Hg.), Dokumente zur Geschichte der europäischen Expansion, Bd. 2, München 1984, S. 99.

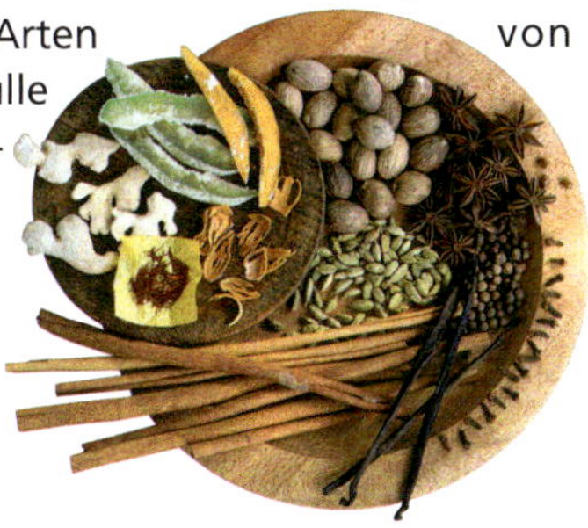

Q4 Der Vertrag von Santa Fé

Am 17. April 1492 schloss Kolumbus einen Vertrag mit dem spanischen Königspaar. Er enthielt folgende Bestimmungen:

1. Kolumbus wird zum Admiral der von ihm entdeckten Inseln und Festlande ernannt.
2. Kolumbus wird zum Vizekönig und zum Gouverneur der eroberten Gebiete ernannt.
3. Kolumbus erhält von allen Waren und Produkten eine Abgabe von zehn Prozent.
4. Kolumbus kann sich an der Ausrüstung von Schiffen und dem Gewinn bis zu einem Achtel beteiligen.

Zusammengest. nach: Eberhard Schmitt (Hg.), Dokumente zur Geschichte der europäischen Expansion, Bd. 2, München 1984, S. 105 ff.

Q5 Verschiedene Gewürze

Damals teure Luxuswaren: Ingwer, Vanille, Zimt, Muskatnuss, Pfeffer, Nelken, Safran, Anis, Pistazien u. a.

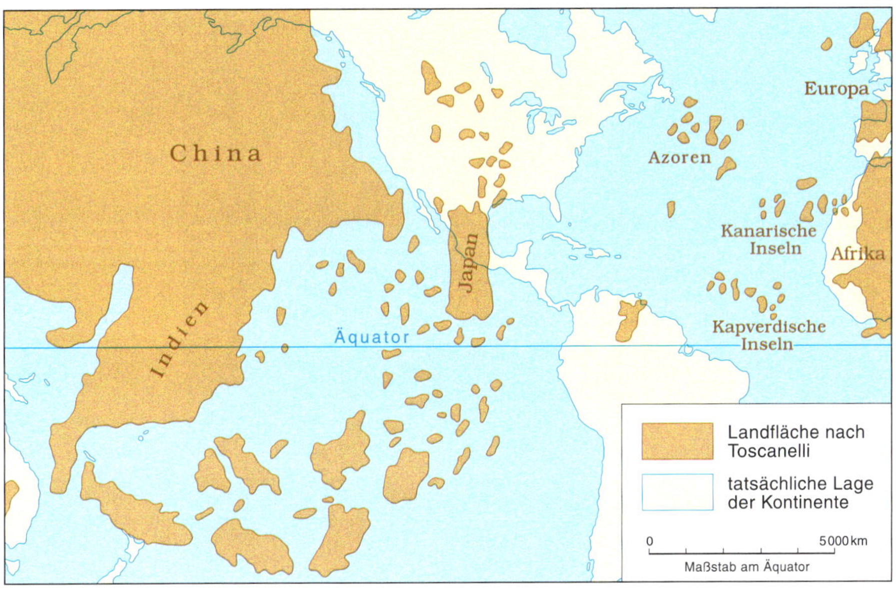

D3 Europa und die Lage der „Ostländer“

Rekonstruktion nach Toscanelli, 1474. Kolumbus orientierte sich an den geografischen Vorstellungen Toscanellis: Bei der Landung in Amerika glaubte er die „Ostländer“ erreicht zu haben.

Fragen und Anregungen

1. Stelle dir vor, du hättest an der Fahrt des Kolumbus teilgenommen: Beschreibe deine Lebensbedingungen und die der anderen Besatzungsmitglieder (VT, D2).
2. Vergleiche die Santa Maria mit der Größe heutiger Schiffe (D2).
3. Untersuche die Gründe, die Kolumbus bewogen, eine so gefährliche und ungewisse Expedition zu unternehmen (Q2 und 4, VT).
4. Stelle dar, wie Kolumbus die Indianer sah und welche Pläne er mit ihnen hatte (Q2).
5. Erkläre anhand der Karte und des Briefes von Toscanelli Kolumbus' Überlegungen und Berechnungen (Q3 und D3, VT).
6. Vergleiche Toscanellis Karte (D3) mit einer heutigen Weltkarte: Welche Länder und Kontinente fehlen? Was erfährst du über das Weltbild um 1470?

Geschichtskarten und historische Karten

Geschichtskarten erlauben eine rasche Orientierung über räumliche Zustände und Entwicklungen einer bestimmten historischen Epoche. Sie sind immer aus heutiger Sicht und nach dem heutigen Kenntnisstand erstellt. Ganz anders dagegen historische Karten: Sie entstanden in früheren Zeiten und stellen daher eine besondere Sorte von Quellen dar. Richtig befragt, geben sie Auskunft darüber, wie die Menschen in vergangenen Zeiten die Welt gesehen haben, was sie von ihr wussten und welche Vorstellungen sie von der Gestalt der Erde besaßen.

Q1 **Karte aus einem englischen Gebetbuch**
Sie stellt das Wirken Jesu Christi in der Welt in den Mittelpunkt. Ø 10 cm, 13. Jahrhundert.

Portolankarte Q2
(von lat. „portus“, d.h. Hafen).
Sie wurde von Seefahrern im Mittelmeer zur Orientierung über den Küstenverlauf und die Hafenorte benutzt. Ausschnitt aus einem Atlas, 16. Jahrhundert.

Q3 **Der erste Globus**
Der „Erdapfel“ (Ø 80 cm) des Nürnberger Geografen Martin Behaim entstand 1492 und ist die älteste Darstellung der Erde als Kugel. Amerika ist nicht verzeichnet. Europa, Afrika und Asien sind nach dem Reisebericht des Marco Polo und den Entdeckungsfahrten der Portugiesen gestaltet.

Methodische Arbeitsschritte:

1. Welches Thema behandelt die Karte?
2. Welcher Raum und welche Zeit sind dargestellt?
3. Welche geografischen Kenntnisse enthält die Karte?
4. Was wird hervorgehoben bzw. weggelassen? Vergleiche mit einem heutigen Atlas.
5. Welche religiösen, kulturellen oder politischen Vorstellungen lassen sich aus der Karte ablesen?
6. In welcher Absicht, zu welchem Zweck ist die Karte angefertigt?
7. Welches Weltbild wird in der Karte deutlich?
8. Welche Bedeutung hat der Raum/die räumliche Darstellung für den Kartenhersteller besessen?

Fragen und Anregungen

1. Stelle fest, welche Länder und Erdteile auf beiden Karten verzeichnet sind (Q1 und 2).
2. Vergleiche mit heutigen Karten und beschreibe die Unterschiede (Q1 und 2).
3. Überlege, wer beide Karten benutzte (Q1 und Q2): Warum galten sie für die Benutzer als „richtig“?
4. Nimm die Kopie einer Weltkarte und versuche sie einer Kugel anzupassen: Was passiert? Welche Probleme tauchen auf?
5. Erkundige dich bei deinem Erdkundelehrer, wie die Kartografen (Kartenmacher) diese Probleme heute lösen.

2. Zwei Welten prallen aufeinander – die Spanier zerstören das Aztekenreich

1325/1345 Die Azteken gründen ihre Hauptstadt Tenochtitlan auf Inseln im Texcoco-See.

1519–1521 Die Spanier unter Hernán Cortés erobern das Aztekenreich.

Kunsthandwerk der Azteken Q1
Künstler fertigten Schmuckstücke an wie diese goldene Halskette (Anhänger jeweils 8 cm lang, 3 cm breit).

Eine Weltstadt auf den Trümmern Tenochtitlans

Wer heute auf den großen Straßen von Mexiko-City unterwegs ist, fährt meist auf den zugeschütteten Kanälen oder auf den Durchgangsstraßen Tenochtitlans, der ehemaligen Hauptstadt der Azteken. An vielen Stellen, wo jetzt Kirchen stehen, liegen darunter die Reste alter Tempelanlagen. Wo heute der mexikanische Staatspräsident residiert, befand sich der Palast Montezumas, des letzten Herrschers der Azteken: Auf den Trümmern des Aztekenreiches errichteten die spanischen Konquistadoren ihre Herrschaft.

Kriegerische Tributherrschaft

In vielen Kriegen hatte Tenochtitlan zusammen mit anderen Städten die meisten mexikanischen Völker unterworfen und hohe Abgaben (Tribute) von ihnen eingefordert. Die aztekischen Herrscher nutzten diese Einnahmen für die Versorgung ihrer Städte, aber auch als Belohnung der Krieger, für Feste und den prächtigen Ausbau der Tempel und Paläste. Ohne das Tributsystem wäre das Aztekenreich zusammengebrochen.

Menschenopfer

Kriegszüge hatten noch ein weiteres, in den Augen der Azteken geheiligtes Ziel: Opfergefangene. Denn die Azteken lebten in steter Furcht vor dem Weltuntergang, der die Erde bereits viermal verschlungen habe. In den aztekischen Sagen hatten sich die Götter selbst geopfert, um den drohenden Untergang zu verhindern. Jetzt mussten die Menschen nach diesem Vorbild sich selbst oder eben Gefangene in den Tempeln opfern.

Eine hoch entwickelte Gesellschaft

Zwar lebten wie in allen Völkern dieser Zeit die meisten Azteken als Bauern, in den Städten wohnten aber auch Händler und Handwerker, von denen einige auf komplizierte Gold- und Federarbeiten spezialisiert waren. Andere Azteken schufen kunstvolle Bilderhandschriften oder bauten großartige Tempelpyramiden. Unter ihnen standen noch Lastenträger und Menschen, die aufgrund von Verschuldung wie Sklaven lebten. Sie alle mussten Abgaben und Kriegsdienst leisten.
Rund zehn Prozent der Bevölkerung waren reiche Edelleute. Nur sie besaßen Land. Als Priester, Verwalter oder militärische Anführer unterstützten sie den aztekischen Herrscher bei seinen Aufgaben. Vor allem adlige Azteken lernten das Lesen und Schreiben einer ausgefeilten Bilderschrift. Sie stellten mathematische und astronomische Berechnungen an, um ihr kompliziertes Kalendersystem zu verstehen, das 18 „Monate“ mit je 20 Tagen und fünf Schalttagen umfasste.

„Goldschätze“ locken die Spanier

Ein großes Reich mit unermesslichen Goldschätzen – so lauteten die Gerüchte auf Kuba über das Aztekenreich! Mit gut 500 Soldaten, 14 Geschützen und 16 Pferden brach Hernán Cortés im Jahr 1519 auf, um dieses Land zu finden. Sein gesamtes Vermögen hatte er für diese Expedition eingesetzt, aber bald gewann er auch einheimische Verbündete, die froh waren die aztekische Tributherrschaft abschütteln zu können. Montezuma, der Herrscher der Azteken, empfing die Spanier feierlich in Tenochtitlan. Durch die Erscheinung eines Kometen und andere Vorzeichen waren Montezuma und sein Volk zutiefst verunsichert: Nahte das Ende ihrer Herrschaft durch die fremden Herren, die manche nach einer alten Sage für Götter hielten?

Die Spanier zerstören Tenochtitlan

Cortés nahm Montezuma fest und drang in sein Schatzhaus ein, um Gold zu finden. Bald durchstreiften die Spanier das gesamte Reich nach Gold, zerstörten die aztekischen Götterstatuen und errichteten Kreuze an ihrer Stelle. Warum rächten sich ihre Götter nicht, fragten die Azteken ratlos. Verzweifelt sahen sie, wie Tausende von ihnen an eingeschleppten Infektionskrankheiten wie den Pocken starben. Erst nach einer Reihe von Massakern und immer schärferen Tributforderungen leisteten die Azteken Widerstand. Doch nach langen Kämpfen eroberten die Spanier 1521 Tenochtitlan; schätzungsweise 300 000 Azteken waren gefallen. Tenochtitlan glich – so der Augenzeuge Bernal Díaz – einem gepflügten Acker. Hernán Cortés wurde zum neuen Herrn über das Aztekenreich ernannt, das jetzt Neuspanien hieß. Auf den Trümmern von Tenochtitlan entstand die neue Hauptstadt Mexiko.

Tenochtitlan Q2
„Die schönste Stadt der Welt“, sagte Cortés; die Europäer verglichen sie mit Venedig. Das Bild zeigt die Stadt vor der völligen Zerstörung durch die Spanier. Ursprünglich wohnten in den vier Stadtteilen 200 000–300 000 Menschen. Schematisierte Darstellung von 1572.

Konquista/Konquistadoren

Mit Konquista (span., d. h. Eroberung) bezeichnet man die Eroberung Mittel- und Südamerikas im 16. Jahrhundert. Spanier und Portugiesen errichteten dort eine Herrschaft und rotteten die einheimischen Indianer weitgehend aus. Die bekanntesten Konquistadoren sind Hernán Cortés, der das Aztekenreich, und Francisco Pizarro, der das Inkareich unterwarf. Der Begriff ist abgeleitet von der „Rekonquista“ (span., d. h. Rückeroberung): Die christlichen Könige und Ritter eroberten das von den Arabern seit 711 besetzte Spanien bis 1492 zurück. Dieser Kampf gegen die „Ungläubigen“ und die christliche Mission wurde nach Auffassung der Zeit in der Konquista fortgesetzt.

Q3 Montezuma und Cortés – die Dolmetscherin Malinche übersetzt. Illustration, 16. Jahrhundert.

Q4 Der Blick auf Tenochtitlan

Nach der Ankunft in Tenochtitlan führt Montezuma Cortés mit seinem Gefolge auf die höchste Tempelpyramide. Der Hauptmann Bernal Díaz schildert:

Dieser Teufelstempel beherrschte wirklich die ganze Gegend. Wir sahen die drei Dammstraßen, die nach Mexiko führten. (...) Wir sahen die große Wasserleitung, die von Chapultepec kommt und die ganze Stadt mit süßem Wasser versorgt, und die langen hölzernen Brücken, von denen die Dammstraßen unterbrochen waren, um die Verbindung zwischen den vielen Teilen des Sees zu ermöglichen. Auf dem See wimmelte es von Fahrzeugen, die Waren und Lebensmittel aller Art geladen hatten. Wir stellten einwandfrei fest, dass man Mexiko nur über die Zugbrücken oder in Kähnen erreichen konnte. Aus allen Orten ragten die weißen Opfertempel wie Burgen über die Häuser mit ihren Söllern, über kleinere kapellenartige Bauten und über die Befestigungstürme hinaus. Es war ein einmaliger Blick. (...) Dann besahen wir uns von hier oben aus noch einmal den Marktplatz mit seinem Gewimmel von Menschen, die einen Lärm machten, den man über eine Stunde weit hören konnte. Leute, die Konstantinopel und Rom gesehen hatten, erzählten, dass sie noch nirgendwo einen so großen und volkreichen Marktplatz gefunden hätten.

Zit. nach: Eberhard Schmitt (Hg.), Dokumente zur Geschichte der europäischen Expansion, Bd. 2, München 1984, S. 330.

Q5 Spanier belagern eine aztekische Stadt
Illustration in einer Bilderhandschrift, 16. Jahrhundert.

Q6 Götzendienst und Mission

Ein spanischer Geistlicher berichete 1525:

Aber neben all den schrecklichen Berichten erregte einer unseren Jubel. Alle Götzenbilder, die auf den Höfen standen, ließ Cortés umwerfen, dann zerbrechen, in Stücke schlagen und schließlich über die hohen Treppenstufen hinabwerfen. Nur das eine große Marmorbild blieb stehen, weil es zu gewaltig war und nicht so leicht zerstört werden konnte. Über den Bildersturz geriet Montezuma, der dabei war, in große Erregung; und auch alle Höflinge entsetzten sich und klagten: „Oh wir Unglücklichen, wir Armen! Die Götter werden uns in ihrem Zorn die Feldfrüchte nehmen, von denen wir leben, und uns Hungers sterben lassen; auch alle Arten von Krankheiten werden über uns kommen, wie es schon oft geschah, wenn die Götter nicht versöhnt waren."

Peter Martyr von Anghiera, Acht Dekaden über die neue Welt, übers. von Hans Klingelhöfer, Bd. 2, Darmstadt 1975, S. 53 f.

Q7 Wie die Azteken die Spanier sehen

Montezuma hatte Boten ausgesandt, die ihm 1519 über die Ankunft der Spanier berichteten:

Erschrocken hörte Montezuma davon, wie die Kanone brüllt, wie ihr Donner trifft, dass man taub und ohnmächtig wird. Die Gesandten sagten: „Ein Ding wie ein Ball aus Stein fliegt aus ihrem Bauch heraus, sprüht Funken und regnet Feuer. (...) Wenn sie den Baum trifft, verweht er in Splittern, als ob ein Zauberer in seinem Innern ihn fortgeblasen hätte." (...) Und die Gesandten berichteten weiter: „Ihre Kriegstracht und ihre Waffen sind ganz aus Eisen gemacht. Sie kleiden sich ganz in Eisen, mit Eisen bedecken sie ihren Kopf, aus Eisen sind ihre Schwerter, ihre Bogen, ihre Schilde und Lanzen. Sie werden von Hirschen auf dem Rücken getragen, wohin sie wollen. Herr, auf diesen Hirschen sind sie so hoch wie Dächer. Ihr Körper ist ganz verborgen, nur ihre Gesichter sind nicht bedeckt. Ihre Haut ist weiß, wie aus Kalk gemacht. (...)" Als Montezuma diesen Bericht gehört hatte, griff die Furcht ihn an. Sie schwächte sein Herz bis zur Ohnmacht, es schrumpfte zusammen. Und die Verzweiflung eroberte ihn.

Miguel León-Portilla/Renate Heuer (Hg.), Rückkehr der Götter, München 1965, S. 32 f.

Der Sonnen- oder Kalenderstein Q8 wiegt 24 Tonnen und hat einen Durchmesser von 3,58 Metern. Ursprünglich befand er sich als Opferstein vor der Tempelpyramide von Tenochtitlan, heute steht er im Nationalmuseum in Mexiko. Er gilt als Symbol für die aztekische Weltordnung.

Sonnengott Tonatiuh, Symbol der jetzigen fünften Welt. Die Klauen rechts und links halten menschliche Herzen als Nahrung, um den bereits viermal geschehenen Weltuntergang zu verhindern.

Datumszeichen „13 Rohr“ (Tageszeichen und dreizehn Scheiben). Es gibt den Zeitpunkt der Entstehung der fünften Welt an.

Sonnenstrahlen, daneben weitere Schmuckelemente, z. T. Blutstropfen.

Das Olin-Zeichen symbolisiert in den vier Quadraten die vier vergangenen Welten (jeweils mit Symbol für das Zeitalter und dessen Untergangsursache, z. B. Wassergott und Sintflut). Das Olin-Zeichen insgesamt steht für Erdbeben (= Ursache des künftigen Weltuntergangs) und nennt den Tag des Untergangs.

Zwei sich bekämpfende Schlangen mit flammenden Körpern umgeben den Stein: Symbole für den ewigen Kampf der Götter, der Schöpfung und Zerstörung bedeutet.

Kreis, der die 20 Tageszeichen (darunter auch „Olin“) des aztekischen „Monats“ enthält.

Fragen und Anregungen

1. Schreibe einen Brief über einen Besuch in Tenochtitlan. Stelle alle Informationen zusammen, die du aus der Rekonstruktionszeichnung (ADS), der Darstellung von 1572 (Q2) und der Schilderung von Bernal Díaz (Q4) entnehmen kannst.
2. Vergleiche Tenochtitlan mit einer mittelalterlichen Stadt in Europa: Größe/Einwohnerzahl, Bauweise, Versorgung (ADS, Q2 und 4).
3. Beschreibe die Teile des Kalendersteins (Q8): Welche Vorstellung hatten die Azteken vom Ablauf der Weltgeschichte? Wie wirkten sich diese Vorstellungen auf das Leben der Azteken aus? Welche Rolle spielten dabei die Menschenopfer?
4. Untersuche, wie das Verhalten der Spanier auf die Azteken wirkte (Q7).
5. Finde die unterschiedlichen Motive der Spanier für ihren Eroberungszug heraus. Diskutiert, welches Gewicht sie im Einzelnen besaßen (VT, Q6).
6. Rund 500 Spanier besiegten das mächtige Aztekenreich: Suche nach Gründen für die Überlegenheit und stelle eine Liste zusammen (VT, Q5 und 7).
7. Die Spanier verabscheuten die aztekischen Menschenopfer – doch zur gleichen Zeit wurden in Spanien Menschen wegen ihres Glaubens auf dem Scheiterhaufen verbrannt: Versuche hierfür Erklärungen zu finden.

3. Die Europäer erobern die Welt

um 1500	Die Portugiesen erobern Brasilien.
1532/33	Die Spanier unter Francisco Pizarro erobern das Reich der Inka.
um 1550	Die indianische Bevölkerung wird weitgehend vernichtet.
um 1600	England, Frankreich und Niederlande gründen Kolonien und Handelsstützpunkte.
ab 1810	Unabhängigkeitskriege beenden die spanische und portugiesische Kolonialherrschaft in Lateinamerika.

Ein Kolonialreich entsteht

„Ich kam um Gold zu holen, nicht um den Boden zu pflügen wie ein Bauer", soll Cortés gesagt haben. Damit sprach er aus, was die Eroberung Mittel- und Südamerikas kennzeichnete. Ab 1531 eroberte der Spanier Francisco Pizarro das zweite große Reich in der „Neuen Welt", das Inkareich: Pizarro handelte wie Cortés und erpresste vom Herrscher der Inka ein Lösegeld in Gold und Silber im heutigen Wert von rund 150 Mio. Euro – und tötete ihn dennoch anschließend.
Auch die spanischen Könige waren an der Ausbeutung der in ihrem Auftrag eroberten Länder interessiert: Ein Fünftel aller Erträge musste als Steuer abgeführt werden. 1524 entstand in Madrid eine zentrale Behörde, der Indienrat, der den staatlichen Aufbau des Kolonialreichs organisierte und überwachte. Spanisch wurde die offizielle Sprache – und ist es bis heute in großen Teilen Lateinamerikas geblieben.

Vernichtung der Indianer

Außer den Edelmetallen erschlossen die Spanier bald eine weitere gewinnträchtige Einnahmequelle: die Plantagenwirtschaft mit Kaffee, Kakao, Tabak, Baumwolle und vor allem Zuckerrohr. Die Ernte und Verarbeitung erforderte härteste Arbeit – Spanier waren dazu genauso wenig bereit wie zur schweren und gefährlichen Arbeit in den Silberbergwerken der Anden (s. ADS). Sie hatten deshalb das System der „Encomienda" eingeführt: Indianer wurden zur Arbeit und zur Zahlung von Steuern gezwungen, dafür sollten sie versorgt und in der christlichen Lehre erzogen werden. Doch die Indianer waren nach ihrer Lebensweise die harte Sklavenarbeit nicht gewöhnt, unzählige starben an den Folgen. Hinzu kam, dass die Europäer Pocken, Masern und andere Krankheiten einschleppten, gegen die die Indianer keine Abwehrkräfte besaßen. Rund 50 Jahre nach der Eroberung lebte schätzungsweise nur noch ein Zehntel der ursprünglichen Bevölkerung in den Kolonien.

Las Casas und die Mission

Mit der Eroberung kamen die christlichen Missionare. Nach ihren Vorstellungen konnten die Seelen der Indianer nur errettet werden, wenn sie den rechten Glauben annahmen, also Christen wurden. Das führte vielfach dazu, dass die Mission die mörderischen Verhältnisse in den Kolonien duldete oder gar unterstützte. Schon früh hatten

Kolonialismus

Seit dem 16. Jahrhundert eroberten die europäischen Staaten Gebiete auf anderen Kontinenten, um Siedlungskolonien oder Handelsstützpunkte zu errichten. Die wichtigsten Kolonialmächte waren im 16. Jahrhundert Spanien und Portugal (v. a. Mittel- und Südamerika), im 17. und 18. Jahrhundert die Niederlande (v. a. Südostasien), England und Frankreich (v. a. Nordamerika und Indien) sowie Russland (Sibirien).

Missionare auch dagegen protestiert, allen voran Bartolomé de Las Casas (1474–1566), der „Apostel der Indianer" und spätere Bischof von Chiapas (Mexiko). Aber selbst die „Neuen Gesetze" des spanischen Hofes (1542), die eine Versklavung der Indianer verboten und ihre Lebensbedingungen verbessern sollten, änderten nichts. Denn die Kolonisten waren oft erbarmungslose Abenteurer und auf schnellen Gewinn aus.

Europäisierung der Erde

Dem spanischen Beispiel folgten andere Länder. Mit Portugal hatte es im Vertrag von Tordesillas (s. Karte S. 187) bereits 1494 eine vom Papst abgesegnete Einigung gegeben: Die Portugiesen eroberten ab 1500 das heutige Brasilien. Rund hundert Jahre später drangen die Niederländer, Engländer und Franzosen auf fast allen Kontinenten vor. So entstanden in Nordamerika Siedlungskolonien, in Afrika und Asien gründeten private Handelsgesellschaften mit staatlicher Hilfe ihre Stützpunkte. Europa bestimmte die Welt durch seine Wirtschaft, Herrschaft und Lebensweise – oft mit zerstörerischen Folgen für einheimische Verhältnisse. Diese Folgen prägen bis heute das Verhältnis der so genannten Dritten Welt zu den Industrieländern.

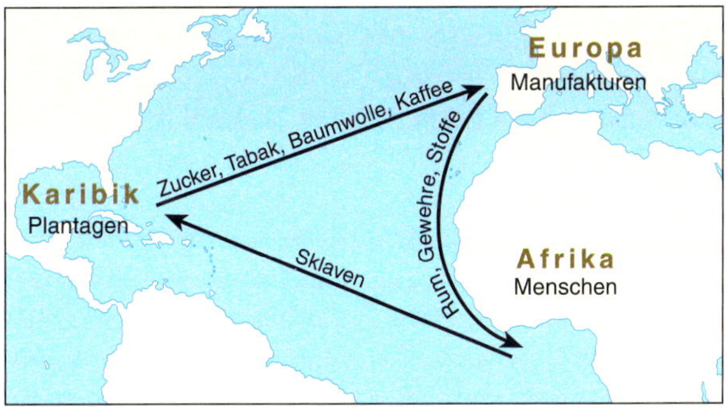

D1 Der so genannte Dreieckshandel
Etwa zehn Millionen Farbige wurden als Sklaven bis ins 19. Jahrhundert aus Afrika nach Amerika verschleppt.

D2 Lateinamerika
Indianische Reiche vor der Eroberung, die Kolonialherrschaft und ihre Folgen. Die Bevölkerungszahlen beruhen auf Schätzungen.

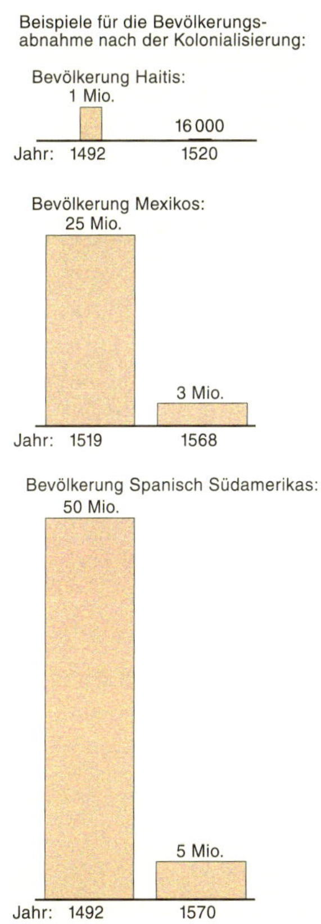

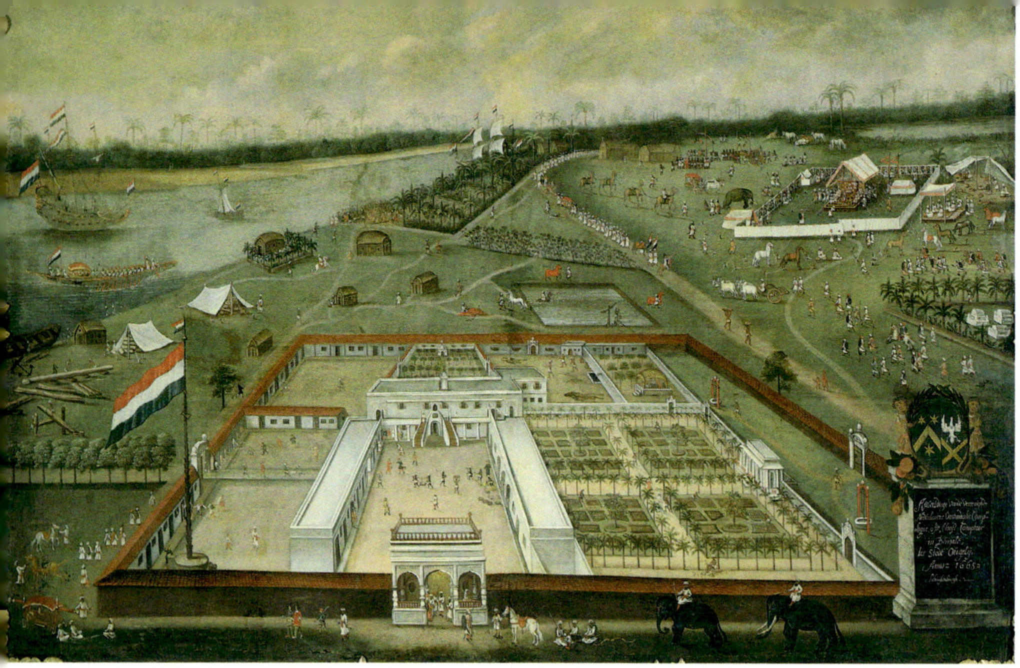

Q1 Das Hauptkontor der niederländischen Vereinigten Ostindischen Compagnie (VOC) am Golf von Bengalen. Gemälde (2,03 m x 3,16 m), Hendrik van Schuylenburgh, 1665.

Q2 Ein fairer Vertrag?

Die niederländische VOC, gegründet 1602, schloss Verträge mit zahlreichen Herrschern, hier mit dem Fürsten von Jakarta (Indonesien), 1610/11:

Erstens wird der Fürst von Jakarta den Untertanen der holländischen Generalstaaten (…) in Jakarta den freien Handel und einen angemessenen Wohnplatz verleihen, wo ihre Personen und Güter gut aufgehoben sein werden. (…) Für diesen genannten Platz werden wir dem König 1200 Realen (span. Silbermünze) (…) bezahlen. Er wird uns darauf nach unserem Belieben zimmern und ein steinernes Gebäude errichten lassen, so groß oder klein, wie es uns zupass kommt; und er wird auch gehalten sein, (unsere) Häuser, Personen und Güter gegen alle Angriffe von Feinden, wer diese auch sein sollten, beschützen zu helfen. (…) Und damit später betreffs des Handels oder der Handelswaren keine Differenzen aufkommen, durch die eine Entfremdung der Parteien entstehen könnte, sind wir miteinander übereingekommen und haben Folgendes vereinbart: (Bestimmungen über Zölle und Abgaben auf Pfeffer, Sandelholz, andere Gewürze und chinesische Waren wie Seide und Porzellan.) (Die Holländer) werden auch auf allen umliegenden Ländereien und Inseln des Königs ohne Behinderung und Belästigung zum Bau von Schiffen und anderem mehr Holz schlagen oder schlagen lassen dürfen. (…) Der König wird sich auch nicht dazu verstehen, irgendwelche Portugiesen oder Spanier zu irgendeinem Handel in seinem Land zuzulassen, sondern dieselben gänzlich daraus abwehren.

Eberhard Schmitt (Hg.), Dokumente zur Geschichte der europäischen Expansion, Bd. 3, München 1987, S. 156 f.

D3 Entschädigung für Sklaverei und Kolonialismus?

Aus Anlass des „Internationalen Jahres gegen Rassismus“ (2001) verlangten afrikanische Staaten, den Sklavenhandel als Verbrechen gegen die Menschlichkeit anzuerkennen. Von den Europäern und den USA forderten sie 777 Billionen Dollar als Entschädigung für 400 Jahre Sklaverei und Kolonialismus.

Zusammengest. nach: www.uni-kassel.de/fb10/frieden/themen/Rassismus/un-konferenz2.html (28. Januar 2004)

Fragen und Anregungen

1. Suche nach Gründen für die unterschiedlichen Verhaltensweisen der Spanier gegenüber der indianischen Bevölkerung (VT).
2. Suche auf einer Weltkarte die Orte des Vertrags und des Kontors der VOC (Q1 und 2). Welche Funktionen des Kontors sind erkennbar? Welche Ziele verfolgten die Niederländer mit dem Vertrag?
3. Spanische und niederländische Kolonialherrschaft: Nenne Unterschiede und Gemeinsamkeiten.
4. Ziehe eine Bilanz der spanischen Kolonialherrschaft. Stelle positive und negative Folgen für Europa und die Kolonien gegenüber (D2, VT).
5. Diskutiert: Welche Argumente sprechen für und gegen Entschädigungsforderungen (D1 und 3, VT)?

Informationen im Internet finden

Auch in dieser Themeneinheit hast du viel Neues gelernt. Wer viel weiß, möchte oft noch mehr wissen. Um Informationen zu finden, eignet sich das Internet. Hier erfährst du zu allen möglichen Stichwörtern Wissenswertes. So kannst du Gelerntes vertiefen und offene Fragen klären.

Im Internet kannst du auf verschiedenen Wegen Informationen finden:

1. Am schnellsten kommst du zum Ziel, wenn du direkt eine **Internetadresse** anwählst.
2. Wenn du die Adresse nicht kennst, suche in einem **Katalog,** z. B. von Museen, Archiven, Bibliotheken oder Bildungseinrichtungen. Kataloge haben den Vorteil, dass meist sachkundige Personen schon eine Auswahl getroffen haben. Zuverlässige Organisationen bieten auch Linklisten an, über die man gezielt weitersuchen kann.
3. In **Suchmaschinen** kannst du nach Stichwörtern suchen. Suche zuerst mit verschiedenen Suchbegriffen etwas Spezielles, z. B. Kolumbus + Spanien + Entdeckung + Indianer. Wenn du so zu wenig findest, lass nach und nach ein Stichwort weg und suche allgemeiner. Am Ende wirst du unglaublich viele Treffer erhalten.
4. **Surfen** ist zeitaufwändig. Indem du von einer Adresse zur nächsten klickst, stößt du vielleicht auf wichtige Informationen. Vergiss aber nicht, wonach du suchst: Sonst landest du auf Seiten, die zwar interessant sind, aber mit deinem ursprünglichen Thema nichts zu tun haben.

Mach nun selbst eine Internetrecherche zu einem der drei vorangegangenen Kapitel: Lege zuerst genau fest, wonach du suchen willst. Entscheide dich für einen der vier Suchwege. Damit du deine Suche später nachvollziehen kannst, protokolliere deinen Weg: Welche Seiten hast du besucht? Wann hast du die Information gefunden? Zum Beispiel http://www.indianerwww.de (30. März 2005). Weil du auch auf falsche oder ungenaue Informationen stoßen kannst, überprüfe, wie Vertrauen erweckend die Informationsquelle ist. Folgende Fragen helfen dabei:

- Wer ist für die Seite verantwortlich? Kannst du Namen und Adresse einer Person oder einer Institution nennen? Wer verbirgt sich hinter dem Anbieter – eine Privatperson, eine wissenschaftliche Einrichtung, eine Firma?
- Ist ein Datum ersichtlich, wann die Seite ins Internet gestellt oder aktualisiert wurde?
- Mit welcher Absicht wurde die Seite ins Internet gestellt? Will jemand etwas verkaufen, andere beeinflussen oder allgemein informieren?
- Wer garantiert für die Qualität der Seite? Ist sie mit anderen Seiten verlinkt?

Wenn sich diese Fragen nicht beantworten lassen, musst du skeptisch bleiben.

Damit dir Informationen aus dem Internet wirklich nützen, darfst du sie nicht einfach herunterladen oder ausdrucken, sondern musst sie verarbeiten: Fasse die gefundenen Informationen in eigenen Worten zusammen. Oder kopiere die Texte oder Bilder in eine eigene Datei und schreibe persönliche Gedanken dazu. Vergleiche die Informationen aus dem Internet mit denen in Büchern. Überlege nach der Suche, ob du geschickt vorgegangen bist. Wenn du jedes Mal überlegst, wie du deine Suche verbessern könntest, wirst du ein Internetprofi.

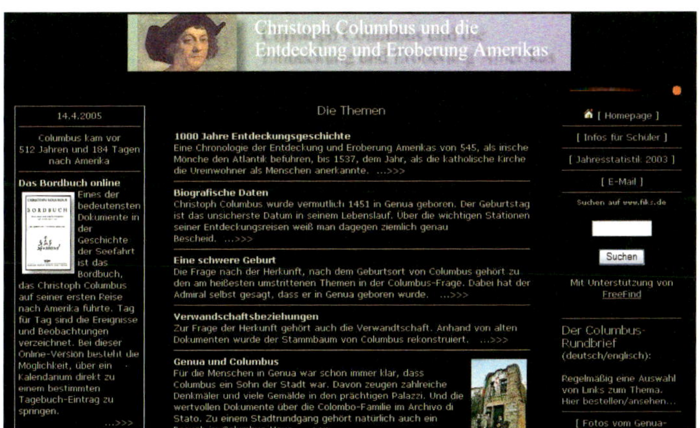

Suche mit einer Suchmaschine
Bei der Suche nach Stichwörtern – hier: Kolumbus Entdeckung Eroberung – kann man z. B. auf diese Internetseite gelangen: www.ewetel.net/~norbert.fiks/columbus (14. April 2005).

REFORMATION – GLAUBENSSPALTUNG – GLAUBENSKÄMPFE

Vielleicht gehst du bald zur Konfirmation oder hast du schon vor ein paar Jahren die Kommunion empfangen? Welches der beiden Ereignisse dich betrifft, hängt davon ab, ob du katholisch oder evangelisch bist. Obwohl sich beide Glaubensgemeinschaften zum Christentum bekennen, gibt es doch katholische und evangelische Christen. Warum aber hat sich die Kirche gespalten? Welche Personen haben in dieser Geschichte eine Rolle gespielt? Und welche Folgen hatte der religiöse Aufbruch im 16. Jahrhundert – zum Teil bis heute?

Papst Leo X.
In seiner Amtszeit (1513–1520) verbrauchte er viel Geld für seine Elefantenwärter, Musiker und Dichter, für Jagden und Karneval, für den Kauf antiker Handschriften und Aufträge an Baumeister und Maler.
Gemälde (1,53 x 1,19 Meter) von Raffael, 1517/18.

Martin Luther
kritisierte den prunkvollen Lebensstil der Kirche und ihrer Päpste sowie den Ablasshandel, durch den man sich angeblich von seinen Sünden freikaufen könne.
Porträt des jungen Luther von Lucas Cranach d. Ä., um 1522.

Einheit
„Christus mit der Weltkugel" symbolisiert die Einheit der Kirche.
Ölgemälde eines unbekannten Künstlers, frühes 16. Jahrhundert.

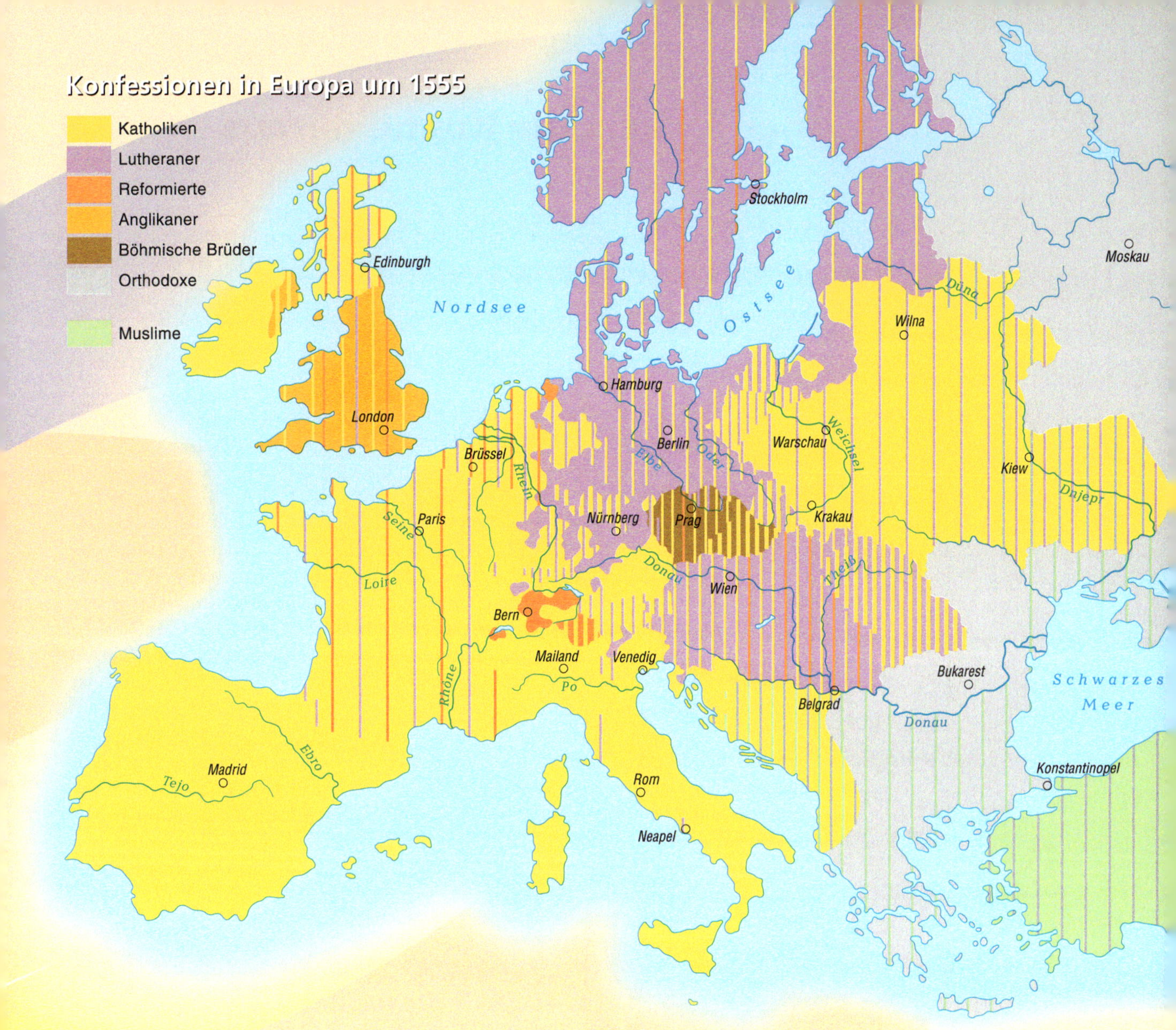

Spaltung
Was wiegt mehr? Die Reformatoren (rechts) wiegen die Bibel gegen die ganze katholische Kirche mit dem Papst, den Bischöfen, Nonnen und Mönchen (links) auf. Zeitgenössischer Kupferstich.

1. Martin Luther fordert die Kirche heraus

1517	Martin Luther (1483–1546) veröffentlicht 95 Thesen gegen den Ablasshandel.
1518	Der Papst leitet ein Ketzerverfahren gegen Luther ein.
1519–1556	Karl V. regiert als König und Kaiser.

Frömmigkeit im Volk ...

Der Alltag der Menschen des Mittelalters wurde in heute kaum vorstellbarer Weise vom Christentum bestimmt. Der Glaube an Gott, an die Erlösung im Jenseits und an ein Leben nach dem Tod gab ihnen die Kraft, die Mühen des Alltags zu bewältigen. Im Mittelpunkt stand für jeden Christen die Frage nach dem eigenen Seelenheil: Was würde geschehen, wenn Gott am Tag des Jüngsten Gerichts über ihre guten und vor allem bösen Taten richten würde? Würde man in der Hölle oder dem Fegefeuer büßen müssen? Aus dieser Angst vor einem unbarmherzig richtenden Gott waren die Menschen bereit, die Gebote von Bibel und Kirche zu beachten: Überall im Lande hatten Prediger, die zu Reue und Bußübungen aufriefen, großen Zulauf. Wer es sich leisten konnte, unternahm als Pilger beschwerliche Wallfahrten nach Rom oder ins spanische Santiago de Compostela, sammelte Reliquien oder stiftete Hospitäler und Armenhäuser.

... und Missstände in der Kirche

Obwohl die Menschen fromm waren, waren sie mit der Kirche unzufrieden. Gläubige und Theologen kritisierten, wie es bei der Verwaltung kirchlicher Ämter zuging: Verwandtschaftliche Beziehungen, adlige Herkunft und die Zahlung großer Geldsummen waren den kirchlichen Würdenträgern wichtiger als die persönlichen Qualitäten. Die Päpste lebten ganz wie andere Fürsten: Macht und Prachtentfaltung bestimmten ihr Handeln, nicht aber Glaube und Frömmigkeit. Bei den Kardinälen, den geistlichen Fürsten und Bischöfen war es nicht besser. Auch die Lebensführung vieler Priester und Ordensleute erregte Anstoß. Häufig besaßen sie nur eine mangelhafte oder gar keine theologische Bildung. Ihr Ansehen bei den Menschen wurde vollends zunichte gemacht, wenn sie sich als Krämer oder Wirt etwas dazuverdienten, um ihren Lebensunterhalt zu sichern.

Q1 **Das Schiff der Kirche geht unter**
Holzschnitt, 1508.
Welche Einstellung gegenüber der Kirche macht der Künstler in seiner Darstellung deutlich?

Q2 „Gesetz und Gnade – Sündenfall und Erlösung“
Altarbild von Lukas Cranach d. Ä. und Werkstatt, 1535. Ölgemälde auf Holz. Später wurde es in zwei Teile zersägt: 71,9 x 59,6 cm und 72,6 x 60,1 cm.
Die linke Seite zeigt Christus als Weltenrichter und Moses mit den 10 Geboten des Alten Testaments. Der sündige Mensch wird von Tod und Teufel in die Hölle getrieben. Rechts ist die Verkündigung, Kreuzigung, Auferstehung und Himmelfahrt Christi dargestellt. Der Mensch erkennt (unter Anleitung Johannes des Täufers), dass er durch die Gerechtigkeit Gottes beschenkt und „allein durch die Gnade Gottes“ erlöst wird.

Martin Luther – ein „treuer Sohn der Kirche“?

In dieser widersprüchlichen Situation zwischen dem Zustand der Kirche und der tiefen Frömmigkeit im Volk sehnten sich viele Gläubige nach Veränderung, nach Verbesserung – nach einer „Reform der Kirche an Haupt und Gliedern“. Wie alle Christen seiner Zeit dachte und fühlte auch der Augustinermönch Martin Luther. Er lebte in tiefer Angst, Gott könnte ihm seine Sünden nicht verzeihen, und er werde trotz aller Bußleistungen das ewige Seelenheil nicht erreichen. Luther zog nach Wittenberg, beendete 1512 an der dortigen Universität sein Theologiestudium und wurde Professor für Altes und Neues Testament.
Beim intensiven Studium der Bibel in seinem Turmzimmer im Wittenberger Kloster wurde ihm klar: Der sündige Mensch kann sich die ewige Seligkeit nicht durch gute Werke verdienen, sondern ausschließlich durch die „Kraft des Glaubens“ mit Gott ins Reine kommen.

Reformation

In der Zeit vor Luther verstand man unter „Reformation“ (lat., d. h. Umgestaltung, Verbesserung) eine Reform, also Erneuerung der einen Kirche. Die Reformer wollten den ursprünglichen Zustand wiederherstellen, den sie als gut ansahen. Später meinte man mit „Reformation“ die religiöse Erneuerungsbewegung, die von Luther ausgelöst wurde und schließlich zur Spaltung zwischen Katholiken und Protestanten führte.

Luther: 95 Thesen gegen den Ablass

Derweil zogen im Auftrag des Papstes Mönche und Priester durch das Reich, die Ablassbriefe anboten. Kauften Gläubige diese „Briefe", waren sie nach Aussage der Kirche von den Strafen für ihre Sünden befreit, d. h. ihr Seelenheil war gerettet. Die einfachen Leute glaubten dem eingängigen Spruch: „Sobald das Geld im Kasten klingt, die Seele aus dem Fegefeuer springt." Das stand im krassen Gegensatz zu Luthers Auffassung, dass allein der Glaube helfe. Am 31. Oktober 1517 protestierte Luther mit der Veröffentlichung von 95 Thesen gegen den „Schacher der Ablassprediger". Er wollte damit ein Streitgespräch unter Theologen auslösen, doch durch den Buchdruck wurden die Thesen rasch in der gesamten deutschen Öffentlichkeit verbreitet. Das Jahr 1517 gilt als Beginn der Reformation.

Wie reagiert der Papst?

Die Kirche leitete 1518 einen Ketzerprozess gegen Luther ein. Hier verfuhr der Papst nicht anders als rund hundert Jahre früher im Fall des Böhmen Johannes Hus. Schon Hus hatte den Reichtum der Kirche kritisiert und gefordert, dass sich ein Christ nur vor seinem Gewissen zu verantworten habe. Luther war also nicht der erste Reformator. Aber Hus hatte als „Ketzer" auf dem Scheiterhaufen sterben müssen, dieses Schicksal blieb Luther erspart.

Im Verlauf der Auseinandersetzungen wurden Luthers Vorwürfe gegen die Kirche konkreter; da jeder Mensch unmittelbar vor Gott stehe, benötige man die Priester nicht mehr. Gültigkeit habe allein das Evangelium, das reine Wort der Bibel, daher könnten auch Papst und Konzilien irren. Diese Ansichten hätten in früheren Jahrzehnten gereicht, um dem „Ketzer" schnell den Prozess zu machen. Doch Luthers Landesherr, Kurfürst Friedrich von Sachsen, stellte sich hinter den Reformator.

Wie reagiert der Kaiser?

Der Kaiser aber, Karl V., setzte alles daran, um die Einheit des Christentums zu bewahren. Daher war er fest entschlossen, Luthers abweichende Ansichten nicht zu dulden. Doch Karl V. musste auf die Fürsten Rücksicht nehmen, die Luther bereits teilweise unterstützten. Auf den Kirchenbann Luthers hätte eigentlich die sofortige Ächtung durch den Kaiser folgen müssen, aber Karl zögerte. Man einigte sich, einen Reichstag in Worms einzuberufen und die Sache dort zwischen Kaiser und Fürsten zu entscheiden.

Q3 **Ablasshandel**
Holzschnitt von Hans Holbein d. Ä., um 1524.

Kontrovers

Kann man das Seelenheil kaufen?

Die Reformation entzündete sich an der Frage, ob man durch den Kauf von Ablässen selig würde. Im so genannten Ablassstreit standen sich der Dominikanermönch Johann Tetzel und Martin Luther gegenüber.

Q4 *Aus einer Ablasspredigt Tetzels, 1517:*

Überlege, dass du in das wütende Meer dieser Welt, große Ungewitter und Gefahren gestellt bist, und du weißt nicht, ob du im Stande bist, den Hafen des Heils zu erreichen. Weißt du nicht, dass alle Dinge der Menschen so verstanden werden, als ob sie (nur) an einem Faden hingen und das ganze Leben auf der Erde nur ein Kampf sei?! Folglich lasst uns kämpfen (...) für das Heil unserer Seele. (...) Wisse, dass ein jeder, der gebeichtet, bereut und Almosen in den Schrein getan hat, so viel ihm der Beichtvater geraten hat, eine volle Vergebung aller seiner Sünden haben wird. Was steht ihr also müßig? Eilet alle zum Heil eurer Seele. (...) Habt ihr nicht die Stimmen eurer Eltern und anderer Verstorbener gehört, die rufen und sagen: „Erbarmt euch, erbarmt euch wenigstens meiner (...) denn wir leiden sehr harte Strafen und Foltern, von denen ihr uns durch ein geringes Almosen loskaufen könnt – und ihr wollt es nicht?" (...) Ihr könnt nun Beichtzettel haben, durch deren Kraft ihr im Leben und in der Sterbestunde (...) Vergebung der Strafen für (eure) Sünden habt.

Zit. nach: Helmar Junghans (Hg.), Die Reformation in Augenzeugenberichten, 2. Aufl., München 1980, S. 43 ff.

Q5 *Aus Luthers 95 Thesen vom 31. Oktober 1517:*

11. Die Lehre, dass man kirchliche Bußstrafen in Strafen des Fegefeuers umwandeln könne, ist ein Unkraut, das augenscheinlich gesät wurde, als die Bischöfe schliefen. (...)
21. Deshalb irren alle Ablassprediger, die sagen, dass durch die Ablässe des Papstes der Mensch von jeder Strafe befreit und selig wird.
32. Wer glaubt, durch Ablassbriefe seines Heils sicher zu sein, wird auf ewig mit seinen Lehrmeistern verdammt werden. (...)
43. Man soll die Christen lehren, dass es besser sei, den Armen etwas zu schenken und den Bedürftigen zu leihen, als Ablässe zu kaufen. (...)
62. Der wahre Schatz der Kirche ist das allerheiligste Evangelium der Herrlichkeit und Gnade Gottes.

Zit. nach: Kurt Aland (Hg.), Martin Luthers 95 Thesen, Hamburg 1965, S. 53 ff.

Q6 **Tetzels Ablasskiste**
Darin wurden die Gelder für die Ablassbriefe gesammelt. Die Schlüssel zu den Schlössern waren auf die drei Nutznießer des Geldes verteilt: das Fugger'sche Bankhaus, die Römische Kurie und den Erzbischof bzw. einen anderen Landesherrn.

Fragen und Anregungen

1. Erkläre, welche Stimmung der Menschen um 1500 in dem Holzschnitt deutlich wird (VT, Q1).
2. Der Maler Lukas Cranach war ein Anhänger Luthers. Erkläre, wie er Luthers Lehre von Gott auf seinem Bild dargestellt hat (Q2). Was war ihm besonders wichtig?
3. Beschreibe die drei Szenen links, in der Mitte und rechts auf dem Holzschnitt (Q3).
4. Stell dir vor, du kommst als Bittsteller in die dargestellte Kirche, um einen Ablassbrief zu kaufen. Schreibe einen Bericht über dieses Erlebnis.
5. Mit welchen Argumenten begründet Tetzel den Ablasshandel (Q4)? Vergleiche, wie Luther zum Ablasshandel steht. Was rät er den Gläubigen (Q5)?
6. Urteile selbst: „Kann man das Seelenheil kaufen?" (VT, Q2–5)

Flugschriften aus der Reformationszeit

Durch den Buchdruck konnten sich die Ideen der Reformation schnell verbreiten. Neben teuren Büchern wurden auch kostengünstige Flugschriften gedruckt, um möglichst viele Leser zu erreichen – zwischen 1501 und 1530 fast 10 000 Ausgaben. Besonders wichtig wurden die Holzschnitte der Flugblätter: Sie bildeten die wichtigsten Ideen ab und erreichten auch diejenigen, die nicht lesen konnten. Im Mittelpunkt standen oft Personen oder Erscheinungen, die lächerlich gemacht wurden – daher werden sie Spottbilder genannt. Die zeitgenössischen Betrachter verstanden die Aussage der Spottbilder, wir dagegen müssen sie erst entschlüsseln, um ihren Sinn zu erkennen.

Q1 Anonymes Flugblatt, 1521

Methodische Arbeitsschritte:

Beschreiben

1. Welche Personen und Gegenstände sind dargestellt? Was machen die einzelnen Personen?
2. Beschreibe, wie die Szene dargestellt wird: Stilmittel, Größe, Kleidung, Anordnung der Personen und Gegenstände.

Zusammenhänge untersuchen

3. In welchem Verhältnis stehen Personen zueinander? Lassen sich zusammengehörige Gruppen oder Einzelpersonen erkennen?
4. Was bzw. wer steht im Mittelpunkt des Bildes?

Die Aussage des Spottbildes formulieren

5. Spottbilder auf Flugschriften wurden oft mit Begleittexten versehen. Welche Aussagen kannst du aus entsprechenden Beschriftungen ablesen? In welchem Zusammenhang stehen Bild und Text?
6. Um die Aussage des Spottbildes zu entschlüsseln, brauchst du weitere Informationen: Wann wurde es hergestellt? Wer ist der Künstler? Manches erfährst du aus der Bildlegende.
7. Kläre, auf welche Situation oder welches Ereignis sich das Spottbild bezieht.
8. Wie beurteilt der Künstler die Ereignisse? Wie urteilt er über Personen? Vergleiche dazu das Spottbild mit anderen zeitgenössischen Bildern oder Texten oder mit Darstellungen aus heutiger Zeit.
9. Erkläre, welche Übertreibungen in dem Bild verwendet werden.
10. Wen wollte der Künstler mit seiner Darstellung ansprechen? Was wollte er damit erreichen?

Untersuche nun selbst das abgebildete Spottbild. Dazu einige Hinweise:

Über einigen Personen stehen in lateinischer Sprache Tiernamen. Alle Personen waren Gegner Martin Luthers. Bis auf die Figur am linken Bildrand tragen die beschriebenen Personen Ornate, d. h. Professorenkleidung. Emser, Eck und Lemp waren als Professoren an den Universitäten Leipzig, Ingolstadt und Tübingen tätig. Thomas Murner gehörte dem Orden der Franziskaner an und trägt deshalb eine Mönchskutte. Außerdem tragen alle die Bezeichnung „Doctor“ – es handelt sich also um Universitätslehrer. Einzige Ausnahme ist Papst Leo X. in der Mitte.

Ganz links ist Thomas Murner aus Straßburg dargestellt. Er bekämpfte Luther mit einer Folge von 32 Flugschriften. Auf der katholischen Seite war er der wirksamste Verfasser von Flugschriften.

Daneben findet sich Hieronymus Emser aus Leipzig, gezeichnet als Bock – ein Bock war auch Teil seines Familienwappens. Emser setzte die Arbeit Murners für die katholische „Partei“ erfolgreich fort. Er war einer der eifrigsten literarischen Gegner der Reformation.

Bei der Person in der Mitte handelt es sich um Papst Leo X. (1513–1521), der als „Antichrist“ bezeichnet wird. Leo X. drohte Luther 1519 den Kirchenbann an, den Ausschluss aus der christlichen Gemeinschaft. 1521 wurde dieser dann auch verhängt.

Neben ihm steht Johannes Eck aus Ingolstadt, Theologieprofessor und wortgewandter Gegner Luthers. 1519 lieferte er sich mit Luther in Leipzig ein öffentliches Streitgespräch.

Ganz rechts ist Johannes Lemp aus Tübingen zu sehen.

Tiere als Symbole

In Spottbildern werden Personen oft als Tiere dargestellt. Mit jeder Tierart verbindet man bestimmte Eigenschaften.

Kater: Katzen sind wachsame Tiere, können aber auch feindselig gestimmt sein. Darum sagt man ihnen List und Heimtücke nach, mit denen sie ihre Gegner überwältigen.

Bock: Böcke gelten als störrisch.

Schwein: Obwohl Schweine intelligente Tiere sind, wird ihnen Dummheit nachgesagt. Außerdem sieht man das Schwein als Tier, das im Dreck wühlt.

Hund: Hunde gelten als gehorsam. Darum sagt man ihnen auch Unterwürfigkeit nach.

Löwe (von lat. „leo“): Der Löwe wird als „König der Tiere“ bezeichnet. Er gilt als Sinnbild herrschaftlicher oder göttlicher Macht und symbolisiert Tapferkeit und Stärke. Der Löwe steht aber auch für Selbstgerechtigkeit und Willkür.

Antichrist

Nach christlicher Auffassung ist der Antichrist der Gegenspieler Christi, der das kommende Reich Gottes bekämpfen will. Die Menschen glaubten aber, dass Christus schließlich über den Antichristen siegen werde. Häufig wurde er in Verbindung mit dem Teufel gebracht. Als Antichrist wurden vielfach politische und theologische Gegner charakterisiert und so aus der Gemeinschaft der Gläubigen ausgeschlossen. Oft wurde der Antichrist in unterschiedlicher Form bildlich dargestellt. Auf Abbildungen erscheint er z. B. als Teufel, Monster, falscher Prophet o. ä.

Fragen und Anregungen

1. Überlege, warum die Personen gemeinsam auf einem Spottbild abgebildet werden. Wie verhalten sie sich zueinander, was tun sie?
2. Finde heraus, auf welche historische Situation sich die Szene bezieht. Achte auf das Erscheinungsjahr des Flugblatts.
3. Charakterisiere die einzelnen Personen. Verwende dabei alle Informationen, die dir zur Verfügung stehen. Berücksichtige, welche Rückschlüsse von der jeweiligen Darstellung als Tier auf den Charakter gezogen werden können.
4. Ermittle nun die Gesamtaussage des Spottbildes.

2. Der Bauernaufstand – Freiheit für den „gemeinen Mann"?

1524/25	Der Widerstand der Stühlinger Bauern im Südschwarzwald weitet sich im Frühjahr 1525 zum deutschen Bauernkrieg aus.
1526	Die letzten Aufständischen werden im Erzstift Salzburg und in Tirol besiegt.

Fähnrich mit einer Forderung der Bauern, 1522 Q1

Die Bauern wollen frei sein …

1495 war Hans Lueprecht als junger Mann nach Dottenried gekommen, einem Einödhof hinter Kempten im Allgäu. Zu dieser Zeit war der Hof ein stattliches Anwesen und hatte ihm, seiner ersten und zweiten Frau und 14 Kindern ein geregeltes Auskommen gesichert. Aber solange Lueprecht zurückdenken konnte, hatte es Ärger mit seinem Herrn, dem Abt des Klosters Kempten, gegeben. Schließlich ging der Abt sogar dazu über, ihn als Leibeigenen zu betrachten, der das Gebiet des Klosters nicht verlassen durfte. Er nahm Lueprecht gefangen und zwang ihn, eine Urkunde zu unterschreiben, die ihn zum „Eigenmann" machte. Auch Lueprechts Frau und Kinder wurden zu Leibeigenen des Klosters.

… und ihr „gutes, altes Recht"

Wie in unserem Beispiel den Lueprechts die „Freiheit" genommen wurde, so geschah es vielerorts auf dem Land. Viele Grundherren erpressten von den Bauern höhere Abgaben und mehr Frondienste. Manche sperrten ihnen den Zutritt zur Allmende – also zu den Gewässern, Wäldern und Weiden, die bisher von der gesamten Dorfgemeinde genutzt werden durften. Diese Praxis verstieß gegen das Rechtsverständnis der Bauern, die sich auf das mündlich überlieferte Gewohnheitsrecht verließen und dies als „gutes, altes Recht" forderten.

Der Bauer – ein freier Christenmensch?

Den Anstoß zum allgemeinen Aufruhr gab aber erst die Reformation. Sie verschaffte dem Bauernprotest die nötigen Argumente. Die Bauern beriefen sich nun auf die Bibel, wenn sie Reichtum und Privilegien von Adel und Kirche kritisierten. Hatte Luther nicht geschrieben: „Ein Christenmensch ist ein freier Herr über alle Dinge und niemand untertan?" Mit ihrem Protest fanden die Bauern Unterstützung in den Städten bei Handwerkern und Tagelohnern. Sogar Adlige stellten sich ihnen als Anführer zur Verfügung. Im Juni 1524 kam es im Südschwarzwald zu ersten Aufständen. Seit Februar 1525 war Schwaben im Aufstand, gefolgt vom Elsass und Franken. Schließlich war das Reich bis nach Thüringen im Norden und Tirol im Süden von der Empörung erfasst.

Thomas Müntzer – ein Revolutionär?

Die radikalsten Formen nahm der Bauernkrieg in Thüringen an, wo der Prediger Thomas Müntzer die Bauern anführte. Er selbst sah sich als auserwählter Prophet. Für ihn konnte nur der gewaltsame Sturz der Fürsten zur Abschaffung der Armut und zur Errichtung einer gerechten, von Gott gewollten Ordnung führen. Das Volk lief ihm zu Tausenden zu. Vor Frankenhausen in Thüringen zogen sie dem Fürstenheer entgegen. Nach der Schlacht lagen 5000 von Müntzers Anhängern tot auf dem Feld. Er selbst wurde gefangen genommen und 1525 in Mühlhausen enthauptet.

Die Adligen reagierten mit Gegengewalt auf den Bauernaufstand. Im Schwäbischen Bund schlossen sich süddeutsche Adlige, Klöster und Reichsstädte zusammen. Weil das Bauernheer ihnen überlegen war, machten sie Ostern 1525 ein Verhandlungsangebot. Doch das war nur ein Trick, um die Bauern zu beschwichtigen – mit Erfolg: Das Bauernaufgebot war zu einer vertraglichen Regelung bereit.
Die Fürsten nutzten dies aus und warben Landsknechte zur Verstärkung an, schlugen die einzelnen Bauernheere nacheinander und bestraften die Überlebenden grausam. Insgesamt starben 70 000 bis 75 000 Menschen.
Die siegreichen Fürsten konnten nun ihre landesherrliche Macht über Adlige, Städter und Bauern festigen. Dennoch war der Aufstand für die Bauern nicht vergebens gewesen: Fast überall wurden die Abgaben und sonstigen Verpflichtungen jetzt genau festgelegt.

Das Strafgericht der Fürsten

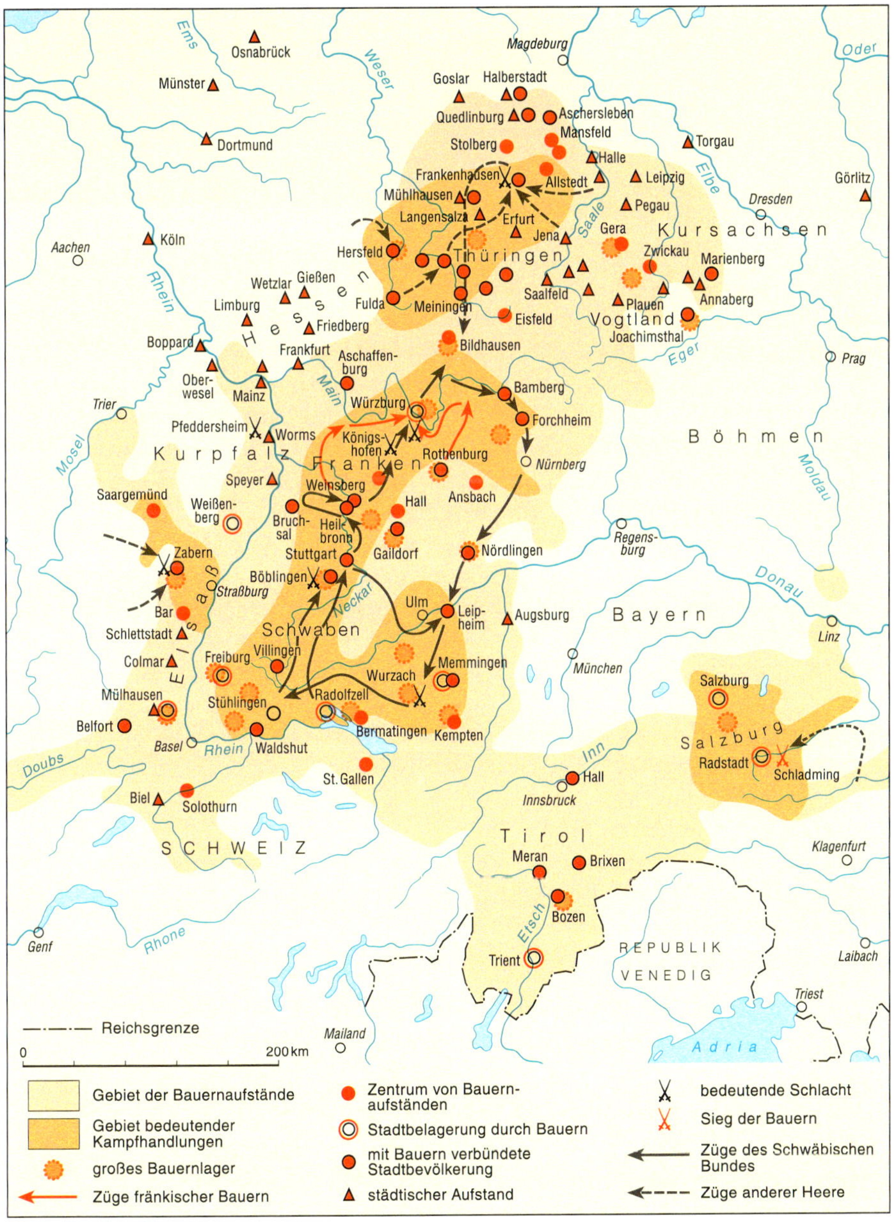

D1 Der Bauernkrieg 1524–1526
Zur Auswertung der Karte sind die methodischen Arbeitsschritte „Geschichtskarten verstehen“ hilfreich (Methodenglossar).

Q2 Die Zwölf Artikel der Bauern

Der Kürschnergeselle und Laienprediger Sebastian Lotzer und der Stadtpfarrer von Memmingen, Christian Schappeler, fassten die Forderungen der Bauern schriftlich zusammen. Als gemeinsames Programm der Bauern wurden sie im Februar und März 1525 gedruckt und weit verbreitet:

Zum Ersten ist unsere demütige Bitte (...), dass wir in Zukunft Gewalt und Macht haben wollen, durch die ganze Gemeinde den Pfarrer zu wählen (...) Dieser gewählte Pfarrer soll uns das Evangelium unverfälscht und klar predigen.

Zum Zweiten wollen wir den rechten Kornzehnt gerne geben, da er im Alten Testament enthalten und im Neuen erfüllt ist. (...) Den kleinen Zehnt wollen wir nicht geben, denn Gott hat das Vieh dem Menschen zur freien Verfügung erschaffen. (...)

Drittens ist es bisher üblich gewesen, dass man uns als Eigenleute angesehen hat, was zum Erbarmen ist, wenn man bedenkt, dass uns alle Christus mit seinem kostbaren Blutvergießen erlöst und freigekauft hat. (...)

Viertens (...) ist unser Begehren: Wenn einer ein Wasser besitzt und schriftlich beweisen kann, dass er das Wasser gekauft hat, wollen wir es ihm nicht mit Gewalt nehmen. (...) So er es nicht kann, soll er es der Dorfgemeinde überlassen.

Fünftens sind wir auch belastet wegen der Holzung; denn unsere Herrschaften haben sich die Wälder alle angeeignet. (...) Unsere Meinung ist, dass alle Waldungen, die nicht redlich gekauft worden sind, der gesamten Dorfgemeinde wieder anheim fallen sollen. (...)

Sechstens sind wir wegen der Dienste hart belastet, welche von Tag zu Tag vermehrt werden. (...) Wir begehren, dass man ein gebührendes Einsehen damit habe, uns nicht so hart zu belasten. (...)

Siebtens: (...) Der Herr soll den Bauern nicht weiter zwingen, mehr Dienste oder andere von ihm umsonst zu verlangen. (...)

Neuntens werden wir bedrückt, dass man nämlich stets neue Verordnungen macht. (...) Unsere Meinung ist, man soll uns nach den alten geschriebenen Strafgesetzen bestrafen, (...) und nicht nach Gunst und Laune.

Zit. nach: Fritz Dickmann (Bearb.), Geschichte in Quellen: Renaissance, Glaubenskämpfe, Absolutismus, 2. Aufl., München 1976, S. 144 ff. Bearb. d. Verf.

Q3 Die Hinrichtung des radikalen Bauernführers Jacob Rohrbach
am 21. Mai1525 in Neckargartach bei Heilbronn. Zeichnung von 1550. Der Text lautet:
„Jacob Rohrbach hatt auffruhr geraten / des muß er werden gebratten / bey Neckargartach an einr weyden / must er des feurs flam leyden / Bis er sein leben Endt / Sein leib zu pulver wardt verbrendt / Jacob Rohrbach von / Böckingen, des / auffrührers endt."
Die Odenwälder Bauern unter der Führung von Jacob Rohrbach eroberten an Ostern 1525 die Festung Weinsberg und jagten die adligen Verteidiger durch die Spieße und erstachen sie. Obwohl diese Gewalttat eine Ausnahme bei der Erhebung der Bauern blieb, war sie doch auch ein Wendepunkt. Gegner und Kritiker der Aufständischen, u. a. auch Luther, forderten von da an bedingungslose Härte im Vorgehen gegen die Bauern.

Weinende Bäuerin Q4
Zeichnung von Albrecht Dürer, um 1515.

Q5 Luthers Ermahnung an die Bauern

1525 wandte sich Luther an die Bauernschaft:

Ich bekenne, (...) dass die Fürsten und Herren, wenn sie das Evangelium zu predigen verbieten und die Leute so unerträglich beschweren, es (...) wohlverdient haben, dass sie Gott vom Stuhl stürze, da sie gegen Gott und die Menschen sich hoch versündigen. Sie haben auch keine Entschuldigung. (...) Zweitens sage ich aber auch, dass ihr diejenigen seid, die Gottes Namen missbrauchen und ihn damit schänden. Das ist leicht zu beweisen, denn hier steht Gottes Wort, und es spricht durch den Mund Christi: „Wer das Schwert nimmt, der soll durch das Schwert umkommen." (...)

(Ihr schreibt): Die Zehnten sollen an den Pfarrherrn und die armen Leute ausgeteilt werden. Das übrige soll für Notzeiten des Landes behalten werden etc. Dieser Artikel ist eitel Raub und öffentliche Strauchdieberei, denn da wollen sie den Zehnten, der nicht ihnen, sondern der Obrigkeit gehört, an sich reißen und damit machen, was sie wollen. Nicht so, liebe Freunde, das hieße, die Obrigkeit ganz absetzen. (...)

(Ihr schreibt weiter): Es soll kein Leibeigener sein, weil Christus uns alle befreit hat. Was ist das? Das heißt, die christliche Freiheit ganz fleischlich machen. (...) Es will dieser Artikel alle Menschen gleichmachen und aus dem geistlichen Reich Christi ein weltliches, äußerliches Reich machen, was unmöglich ist.

Zit. nach: Adolf Laube / Hans Werner Seiffert (Hg.), Flugschriften der Bauernkriegszeit, 2. Aufl., Köln 1978, S. 203 ff.

Q7 **Aufständische Bauern.** Holzschnitt 1525.

Q6 Mit Schwertern gegen die Herren

Thomas Müntzer in einem Brief an die Gemeinde Allstedt, 26./27. April 1525:

Wie lange schlaft ihr? (...) Wenn ihr nicht für Gottes Willen leiden wollt, müsst ihr Märtyrer des Teufels sein. Darum (...) fangt an und kämpft den Kampf des Herrn! (...) Das ganze deutsche, französische und italienische Land ist wach. (...) Die Bauern im Klettgau und Hegau im Schwarzwald sind aufgestanden, dreimal Tausend stark, und der Haufen wird immer größer. (...) Dran, dran, dran! Es ist Zeit. Die Bösewichter sind verzagt wie die Hunde. (...) Dran, dran, dran! Lasst euch nicht erbarmen. Seht nicht an den Jammer der Gottlosen, wenn sie auch freundlich bitten, weinen, flehen wie die Kinder. (...) Dran, dran, solange das Feuer heiß ist! Lasset euer Schwert nicht kalt werden, erlahmt nicht! Man kann euch von Gott nichts sagen, solange sie über euch regieren. Dran, dran, solange es hell ist, Gott geht voran, folgt, folgt, folgt!

Zit. nach: Günther Franz, Quellen zur Geschichte des Bauernkrieges, München 1963, S. 502 f.

Fragen und Anregungen

1. Stelle aus dem VT und der Karte (D1) den Verlauf des Bauernkrieges zusammen.
2. Stelle in einer Liste die Forderungen der Bauern zusammen. Überlege, an welchen Stellen der Einfluss der Reformation deutlich wird (Q2).
3. Diskutiert, ob die Verfasser der zwölf Artikel eine friedliche Verständigung oder Krieg suchten (Q2).
4. Findest du die Forderungen der Bauern gerechtfertigt (VT, Q2)? Begründe deine Meinung.
5. Schildere, wie Luther die Forderungen der Bauern beurteilt und nimm dazu Stellung. Gehe auch auf seine Haltung zu den Fürsten ein (Q5).
6. Formuliere Antworten an Luther a) aus Sicht der Fürsten, b) aus Sicht der Bauern.
7. Vergleiche die Ansichten Müntzers und Luthers gegenüber der Obrigkeit (Q5 und 6).
8. Welche Haltung gegenüber den Bauernaufständen kommt in den Bildern zum Ausdruck (Q1, 3, 4, 7)?

Ängste vor dem Ende der Welt

Die religiösen Auseinandersetzungen in der Zeit der Reformation beunruhigten und verunsicherten die Menschen sehr. Sie wussten nicht, wem sie glauben sollten, um vor der Hölle bewahrt zu werden. Angst und Unsicherheit steigerten sich zur Erwartung eines nahenden Weltendes. Unter den zahlreichen Flugschriften, die in jener Zeit veröffentlicht wurden, griffen viele das Thema „Endzeit" auf.

Auf dieser Seite kannst du herausfinden, welche Ängste die Menschen bedrängten und wie sie ihr Handeln beeinflussten.

Q1 Prophezeiung außergewöhnlicher Ereignisse für das Jahr 1524

Für dieses Jahr hatten Astrologen eine ungewöhnliche Stellung der Planeten berechnet, die sie für besonders gefährlich hielten. Aus der Konstellation der Sterne im Zeichen der Fische erwartete man eine große Wasserflut, das Herannahen des Weltendes und einen Aufstand des „gemeinen" Mannes im Jahre 1524. Auf dem Bild treffen Saturn und Jupiter aufeinander. Links steht Saturn mit geschulterter Sense und der Fahne in der Hand. Rechts sieht man den gekrönten Jupiter. Holzschnitt von Erhard Schoen, Titelblatt einer Flugschrift, Nürnberg, 1523.

Lehre von den Planeten

Seit der Antike wurden Planeten bestimmte Eigenschaften zugeschrieben, die auf Menschen und einzelne Gruppen übertragen wurden, zum Beispiel:

Jupiter (gut, gerecht): Papst, hoher Klerus, Kaiser und Adel, Richter und Räte …

Saturn (böse, alt, Tod, Elend): Alte Menschen, außerdem alle, die mit „niederen" Arbeiten beschäftigt sind, vor allem die Bauern …

Jüngstes Gericht

Das jüngste Gericht oder Weltgericht ist das nach christlicher Theologie am Ende der Zeit stattfindende Gericht Gottes, in dem Christus die Menschen nach ihren Taten in Selige und Verdammte scheidet.

„Das Kommen des Antichristen“ Q2
Oben kämpfen Engel Gottes mit einem Drachen. Rechts warnt ein Prediger die Menschen vor falschen Propheten (links). Druckgrafik aus Hartmann Schedels Weltchronik, Nürnberg 1493.

Q3 Der Antichrist in der Bibel

Aus der Johannes-Offenbarung:

Und ich sah ein Tier aus dem Meer auftauchen, das hatte zehn Hörner und sieben Köpfe. Auf jedem Horn trug es eine Krone, und auf seine Köpfe waren Herrschertitel geschrieben, die Gott beleidigten. Das Tier sah aus wie ein Leopard, hatte Füße wie Bärentatzen und einen Rachen wie ein Löwe. (...) Das Tier durfte unerhörte Reden halten, mit denen es Gott beschimpfte, und es konnte 42 Monate seinen Einfluss ausüben. Es machte Gott und seinen Namen verächtlich, ebenso sein Heiligtum und alle, die im Himmel wohnen.
Gott ließ zu, dass es mit seinem Volk Krieg führte und es besiegte. Alle Völker und Nationen, Menschen aller Sprachen mussten dem Befehl des Tieres gehorchen. Alle Menschen auf der Erde werden es anbeten.

Neues Testament, Die Offenbarung des Johannes, Kap. 13.

Q4 Gericht im Namen des Herrn

Thomas Müntzer sah die Zeit von Gottes Endgericht gekommen und die Bauern als Vollstrecker göttlichen Willens. Er schrieb am 12. Mai 1525 einen offenen Brief an den Grafen Ernst von Mansfeld, hier ein sprachlich vereinfachter Ausschnitt:

Damit du weißt, dass wir sofortigen Befehl haben, sage ich: Der ewige lebendige Gott hat aufgetragen, dich mit der Gewalt, die uns gegeben ist, vom Stuhl zu stoßen; denn du bist der Christenheit nichts nütze. (...) Der Prophet Obadia sagt (im Alten Testament), dein Nest muss zerrissen und zerschmettert werden. Wir wollen deine Antwort noch heute Nacht haben oder dich im Namen Gottes der Scharen heimsuchen; richte dich danach. Wir werden (...) tun, was Gott uns befohlen hat. (...) Thomas Müntzer mit dem Schwert Gideons (Richter im Alten Testament).

Zit. nach: Joachim Kettel (Hg.), Der deutsche Bauernkrieg 1524–1526, Stuttgart 1983, S. 79. Bearb. d. Verf.

Fragen und Anregungen

1. Informiere dich über die biblische Vorstellung des „Antichristen“ (Begriff S. 207 und Q3). Zeige auf, in welchen verschiedenen Gestalten der „Antichrist“ auf dem Bild (Q2) zu sehen ist.
2. Wie verhalten sich die Menschen gegenüber dem „Antichristen“ (Q2)? Warum wurde er wohl als Bedrohung empfunden (Begriff „Jüngstes Gericht“)?
3. Beschreibe, was du in den einzelnen Teilen des Bildes erkennen kannst (Q1).
4. Kläre mithilfe der Bildlegende, welche Bedeutung die Bildelemente haben (Q1). Ziehe die Informationen über die Lehre von den Planeten hinzu.
5. Lies den VT über den Bauernkrieg und stelle einen Bezug zu dem Bild (Q1) her.
6. Fasse zusammen, welche Stimmung die Menschen um 1500 geprägt hat.
7. Überlege, welche Auswirkungen diese Stimmung auf den Bauernkrieg hatte (Q1 und S. 211, Q6).

3. Eine neue Konfession entsteht – ... und stärkt die Macht der Obrigkeit

1521	Luther rechtfertigt auf dem Reichstag in Worms seine Kritik an der Kirche. Daraufhin wird die Reichsacht über ihn ausgesprochen (Wormser Edikt).
1555	Katholiken und Lutheraner beschließen den Augsburger Religionsfrieden.

Martin Luther – gebannt und geächtet

Noch vor den Bauernkriegen war Luther zum Reichstag in Worms geladen worden. Doch war Luther gegenüber dem Kaiser nicht zum Widerruf seiner Lehre bereit. Deshalb erließ der Kaiser das Wormser Edikt: Über Luther und seine Anhänger wurde die Reichsacht verhängt und seine Schriften verboten. Kurfürst Friedrich von Sachsen versteckte den gebannten und geächteten Luther zehn Monate lang auf der Wartburg bei Eisenach. Dort übersetzte der Reformator das Neue Testament ins Deutsche.

... doch seine Lehre findet in den Städten ...

Luther und seine Anhänger waren nun „vogelfrei", d.h. sie konnten straffrei von jedermann getötet werden – doch seine Lehre breitete sich trotzdem aus. Drei Viertel aller deutschen Städte bekannten sich zur Reformation. Die Städte entschieden nun selbstständig über religiöse Fragen. Sie setzten evangelische Pfarrer ein, die das „reine Wort Gottes" in deutscher Sprache verkünden sollten. Kirchen, Klöster und Kapellen gingen in den Besitz der Stadt über und wurden abgerissen oder etwa zu Schulen oder Lagerräumen umfunktioniert. Der Stadtrat übernahm Aufgaben, die vorher der Kirche zugefallen waren, z.B. die Versorgung der Armen und Kranken. Die Städte gründeten außerdem neue Schulen, denn: Wer sich auf die Bibel berufen wollte, musste sie lesen können.

... und unter den Landesfürsten Anhänger

1529 protestierte eine Minderheit von vierzehn Reichsstädten und fünf Fürsten gegen die Aufforderung des Kaisers, das Wormser Edikt von 1521 zu befolgen. „Wir sind nach Gottes Befehl um unseres Gewissens willen verpflichtet, Gott als den höchsten Herrn aller Herren anzusehen", so rechtfertigten sie ihren Widerstand. Von da an bezeichnete man die Lutheraner als „Protestanten". Die evangelisch gewordenen Fürsten bauten in ihren Ländern protestantische Landeskirchen auf. Die Geistlichen waren nun Bedienstete des Landesherrn und wurden streng kontrolliert. Theologische Streitigkeiten wurden von der Obrigkeit geschlichtet. Wie der Rat in den Städten, so richteten auch die Landesfürsten neue Schulen ein, ordneten die Versorgung der Armen neu und zogen das Vermögen der Klöster ein. Die Kirche war dem Staat untergeordnet. Der Landesherr war nun oberster Kirchenherr.

Der Augsburger Religionsfrieden

Kaiser Karl V. hatte sich in Europa und Südamerika ein Reich aufgebaut, „in dem die Sonne niemals untergeht". Er war in fernen Landen so beschäftigt, dass er den Übertritt vieler Städte und mächtiger Fürsten zur Reformation nicht verhindern konnte. Schließlich ging Karl V. doch militärisch gegen die Protestanten vor und besiegte sie im Schmalkaldischen Krieg (1546/47). Doch sein triumphaler Sieg änderte die Lage nicht grundsätzlich. Seine Gegner unter den Fürsten taten sich mit dem französischen König zusammen, sodass Karl flüchten musste und schließlich abdankte. Seinem Bruder und Nachfolger Ferdinand gelang es, auf dem Augsburger Reichstag 1555 einen Kompromiss zwischen den Konfessionen zu erreichen. Nach dem „Augsburger Religionsfrieden" waren Katholiken und Lutheraner gleichberechtigt. Die Fürsten legten die Konfession in ihrem Land fest, die Untertanen mussten sie annehmen – oder auswandern.

Q1 Auf dem Reichstag zu Worms, 1521
Luther vor Kaiser Karl V. und den Kurfürsten. Der Text auf dem Bild lautet: „Intitulentur libri (Die Bücher sollen mit ihren Titeln genannt werden.) Hier stehe ich, ich kann nicht anders, Gott helfe mir, Amen." Kolorierter Kupferstich, 1557. Vergleiche den Wortlaut, mit dem Luthers Äußerungen in Text (Q2) und Bild überliefert sind.

Q2 „… widerrufen kann ich nichts"

Auf dem Reichstag in Worms wurde Luther vom Kaiser und den Fürsten gefragt, ob er seine Kritik an Papst und Kirche weiterhin vertreten oder widerrufen wolle. Luther antwortete, 1521:

Wenn ich nicht durch Schriftzeugnisse oder einen klaren Grund widerlegt werde – denn allein dem Papst oder den Konzilien glaube ich nicht; es steht fest, dass sie häufig geirrt und sich auch selbst widersprochen haben –, so bin ich durch die mir aufgeführten Schriftworte (der Bibel) überwunden. Und da mein Gewissen in den Worten Gottes gefangen ist, kann und will ich nichts widerrufen, weil es gefährlich und unmöglich ist, etwas gegen das Gewissen zu tun. Gott helfe mir. Amen.

Zit. nach: K. Bornkamm/G. Ebeling (Hg.), Martin Luther, Ausgewählte Schriften, Bd. 1: Aufbruch zur Reformation, Frankfurt/Main 1995, S. 268 f.

Konfession

(lat.: „confessio", d.h. Bekenntnis) Innerhalb einer Religion gibt es oft unterschiedliche Ansichten über den Glauben. Die Lutheraner formulierten ihre Glaubensgrundsätze 1530 im Augsburger Bekenntnis, die Katholiken 1564 im Tridentinischen Glaubensbekenntnis. Innerhalb des Christentums gibt es mehrere Konfessionen, die orthodoxe, die römisch-katholische, die evangelisch-lutherische oder die reformierte.

Q3 Augsburg um 1530

Wie in anderen Städten hatte Luther seit dem Wormser Parteitag in Augsburg ein breite Anhängerschaft gefunden: zunächst unter den humanistischen Gelehrten, den Bettelmönchen und den Druckern, dann unter den Handwerkern. Die Patrizier zögerten, schließlich schlossen sich die meisten Familien, aber nicht alle der neuen Lehre an. Am 25. Oktober 1530 stimmten im Rat 175 von 220 Ratsherren für die Einführung der neuen Glaubenslehre. Das Bild gibt keine Hinweise auf dieses wichtige Ereignis. Stelle Vermutungen darüber an, wer der Auftraggeber gewesen sein könnte und warum das reformatorische Geschehen auf dem Bild der Stadt nicht thematisiert wird. Es gibt darauf keine eindeutige Antwort. Gemälde, 16. Jahrhundert.

Q4 Streitgespräch zwischen Chorherr und Schuster

Flugschrift aus Ulm, 1524:

Ch.: Für einen Schuster gehört es sich, mit Leder und Schwärze umzugehen, aber nicht mit der Heiligen Schrift!

Sch.: Wie wollt ihr denn aus der Bibel beweisen, dass ein getaufter Christ nicht darin lesen, forschen und darüber nachdenken soll?

Ch.: Seht ihr Laien lieber zu, wie ihr Weib und Kinder ernährt!

Sch.: Es heißt aber im Evangelium: Der Mensch lebt nicht vom Brot allein, sondern von jedem Wort, das aus Gottes Mund kommt.

Ch.: Ja, ja, ja, ihr Lutherischen redet viel vom Wort Gottes, euer Leben bessert sich aber nicht dadurch.

Sch.: Ein gottgefälliges Leben ist nicht an äußerlichen Werken zu erkennen, alles kommt auf die Gesinnung, auf die Herzen der Menschen an. Ein rechter Christ tut Gutes, um Gott zu danken und seinem Nächsten zu dienen. Aber er hängt's nicht an die große Glocke.

Ch.: Sagt, was haltet ihr von Luther?

Sch.: Ich halte ihn für einen christlichen Lehrer, wie es ihn seit der Zeit der Apostel nicht mehr gegeben hat.

Ch.: Ja, aber was hat er der Christenheit denn genützt?

Sch.: Er hat uns die Augen geöffnet, dass Gebote, Lehren und Satzungen der Kirche bloß von euch Geistlichen ausgedacht wurden, und davor hat er uns gewarnt. Zum Zweiten hat er uns mit der Bibel vertraut gemacht.

Ch.: Ihr redet wie die Narren im Wirtshaus und auf dem Markt daher. Ich seid halt unnützes Volk. Ich hoff aber, dass man euch bald dafür eine Tracht Prügel verpasst.

Sch.: Wer zum Schwert greift, wird durch das Schwert umkommen! (...)

Köchin: Mich wundert gar sehr, wie viel die Laien heutzutage wissen.

Q5 Bildersturm, Holzschnitt von 1530

Es war den Eigentümern möglich, ihre Gemälde oder Altäre mit den Heiligenfiguren wieder an sich zu nehmen.

Ch.: Eben darum gilt die Geistlichkeit nichts mehr. Wenn man nur die evangelischen Prediger zum Schweigen bringen könnte! Aber wenn man ihnen das Wort verbietet, dann kommen diese unwürdigen Gesellen und wollen mit dem Papst und den Bischöfen disputieren. Geh du jetzt auf den Markt und kauf gut ein. Ich erwarte etliche Herren. Trag die Bibel aus der Stube und schau, ob die Würfel und Stein fürs Brettspiel bereit sind.

Zit. nach: R. Benzinger (Hg.), Die Wahrheit muss ans Licht! Dialoge aus der Zeit der Reformation, Leipzig 1982, S.354f. Bearb. d. Verf.

Q6 Ein Heiligenbildnis wird verbrannt

Thomas Platter (1499–1582) berichtet in seinen Lebenserinnerungen von folgendem Ereignis in Zürich 1525:

Da ich nun Küster war, hatte ich oft kein Holz, einzuheizen. Eines Morgens, als man zur Predigt läutete, dachte ich: „Du hast kein Holz und sind so viele Götzenbilder in der Kirche", und dieweil noch niemand da war, ging ich in die Kirche zum nächsten Altar, erwischt einen Johannes und fuhr mit ihm in die Schule und in den Ofen. Und sprach zu ihm: „Jäcklein, nun bück dich, du musst in den Ofen." Als er anfing zu brennen, gab es wüste, große Blasen, nämlich von der Ölfarbe. Ich dachte: „Nun halt still! Rührst du dich, was du aber nicht tun wirst, so will ich das Ofentürlein zutun; er darf nicht heraus, der Teufel trag ihn denn fort!" Mein Herr kam in einer Stunde und sprach: „Du hast heute gutes Holz gehabt." Ich dacht: „Johannes hat das Best getan." Kurze Zeit später gerieten zwei Geistliche in der Kirche aneinander. Der, dem der Johannes gehörte, sprach zum anderen: „Du lutherischer Schelm, du hast mir meinen Johannes gestohlen." Das trieben sie eine gute Weile. Der Johannes ward nicht mehr gefunden. Ich hab das auch keinem Menschen gesagt, erst ein paar Jahre später, als mein Herr in Basel Prediger wurde, habe ich davon erzählt.

Zit. nach: Th. Platter, Lebenserinnerungen, hg. von Rosa Schudel-Benz, Zürich 1955, S. 29. Bearb. d. Verf.

D1 Die Einführung der Reformation in Ulm

3.–8. November 1530: Abstimmung über die Einführung der Reformation in der Stadt: 1621 von 1865 Bürgern stimmten dafür. Das Ulmer Bürgerrecht besaßen außer den Patriziern alle Zunftmitglieder, also selbstständige Kaufleute und Handwerker. Im Rat der Stadt saßen sowohl Patrizier als auch Zunftvertreter. Die unselbstständigen Stadtbewohner (Knechte, Mägde, Dienstboten, Gesellen) waren keine Vollbürger und wurden als „Beiwohner" bezeichnet.

Mai 1531: Der Rat beauftragt drei evangelische Theologen mit der kirchlichen Neuordnung.

2. Juni 1531: Der Rat billigt die von den Theologen erarbeiteten 18 Glaubensartikel, die Grundlage des weiteren reformatorischen Vorgehens werden.

5.–7. Juni 1531: Examen (Befragung über die 18 Artikel) der Pfarrer und Ordensleute in der Stadt und im Ulmer Territorium

16. Juni 1531: Abschaffung der Messe

19. Juni 1531: Erste evangelische Taufen und Trauungen. Bildersturm.

16. Juli 1531: Erste evangelische Abendmahlsfeier

31. Juli 1531: Unterrichtung der Reichsstände über die kirchlichen Neuerungen in Ulm

6. August 1531: Veröffentlichung der Ulmer Kirchenordnung (vgl. Q11)

12. September 1531: Ausweisung der Dominikaner

3. Oktober 1531: Abzug der Franziskaner

Zusammengestellt nach: H.-E. Specker/G. Weig (Hg.), Die Einführung der Reformation in Ulm, Stuttgart 1981, S. 166ff. Bearb. d. Verf.

Q7 Kurfürst Johann Friedrich von Sachsen im Kreise seiner Reformatoren. Rechts mit erhobenem Zeigefinger Philipp Melanchton, der Luther (ganz links) bei der Übersetzung der Bibel half. Johann Friedrichs Vater hatte die lutherische Kirchenordnung in Sachsen eingeführt. Johann Friedrich führte zusammen mit Philipp von Hessen (s. Q12) die protestantischen Fürsten an. Ausschnitt aus einem Gemälde (72,8 x 39,7 cm) von Lukas Cranach d. Ä., 1532/39.

Q8 Eine neue Gottesdienstform

Über den ehemaligen Mönch Gabriel Zwilling aus Eilenburg (Sachsen) wird berichtet, 1522:

In der Pfarrkirche hält man noch Gottesdienst, aber ohne große Feierlichkeiten und ohne Orgel. Nach dem Evangelium hat ein entlaufener Mönch angefangen zu predigen. Er hatte keine Tonsur, sondern die Haare waren nur ganz kurz über den Kamm geschnitten, und er sah aus wie der Teufel.

Er sagte, dass es zwei Wege gebe, einer davon sei enge und führe uns zum Himmel, und das sei der Weg des Glaubens, der andere sei breit und führe uns zur Hölle, und das seien die guten Werke, wie Messe halten, Beten, Fasten, Almosen geben und solch unnützes Zeug. (...) Der Mönch selbst hatte keine Messgewänder an. Er hat den Menschen die Hostien in die Hand gegeben und gesagt, er wolle die niemand in den Mund geben, damit sie selbst sehen und fühlen können, was sie nähmen. Den Wein hat er in zwei großen Bechern mit den deutschen Worten gesegnet und den Menschen zu trinken gegeben.

Joh. K. Seidemann, Erläuterungen zur Reformationsgeschichte durch bisher unbekannte Urkunden, Dresden 1844, S. 37 ff.

Q9 Überwachung der Pfarrer durch den Landesherrn

Die Pfarrer wurden durch Visitationen (lat. „visitare", d.h. besuchen) kontrolliert. Hier Berichte aus dem Amt Tenneberg, wo 1526 aus jeder Pfarre zwei Männer vorgeladen wurden, um über ihre Pfarrherrn auszusagen:

a) Wahlwinkel

„Die Männer geben ein gutes Zeugnis über Lehre und Lebenswandel. Sie sind wohl zufrieden und lassen sich an dem genügen, was ihnen Gott durch ihn (den Pfarrer) gibt. Er ist ehelich geworden."

b) Leina, Herr Sebastian

„Er ist nicht gelehrt, er geht lieber mit Vögeln und Jagd um als mit Studieren. Der Lebenswandel geht so hin. Er gibt vor, seine Köchin sei seine Frau, wir wissen es aber nicht. Er ist nicht allzu tüchtig in seinem Amt. Er ist dazu ein Mietling, die Pfarre aber gehört einem Papisten (Anhänger des Papstes) zu Erfurt, Herrn Johann Rudolf, dem muss er Pfarreinkommen geben."

c) Laucha

„Diese Männer wollte ihr Grundherr Andreas von Teutleben zunächst nicht kommen lassen, bis der Hauptmann den kurfürstlichen Ernst im Befehl anzeigte. Sie sagten mit großer Furcht vor ihrem Grundherrn, (...) er (...) halte alle Dinge wie zuvor, nur neulich habe er angefangen, deutsch zu taufen, doch macht er es manchmal noch lateinisch, wie sie es haben wollten. Er hängt den Mantel nach dem Wind. Er ist papistisch und evangelisch."

d) Boilstedt, Herr Johann Engel

„An dem hat die arme Gemeinde immer großen Mangel gehabt. Er hat alle Dinge gemacht und gehalten, wie es sein Grundherr haben wollte. Er ist ganz ein Papist, eines bösen Lebenswandels. Im Grunde ungelehrt und wider das Evangelium hat er seine Köchin noch, aber nicht geehelicht. Sie begehren, dass sie einen anderen hätten."

Zit. nach: H. Junghans, Die Reformation in Augenzeugenberichten, München 1973, S. 368 f. Bearb. d. Verf.

„Die Werke der Barmherzigkeit“ Q10
Mit dem Beginn der Reformation übernahmen weltliche Obrigkeiten Aufgaben, die vormals die Kirchen übernommen hatten. Ölgemälde von Pieter Bruegel d. J., nach 1616.

Q11 Der Fürst übernimmt die Kirche

Aus der Kursächsischen Neuen Religions- und Kirchenordnung (1529), die für viele Städte und Territorien Vorbild wurde:

1. Prediger, die Irrtümer verbreiteten, wurden abgeschaft. Dem gemeinen Mann, der zu solchen Irrtümern hielt, wurde geboten, das Seinige zu verkaufen und dann aus dem Land zu wandern; zum Teil wurde er auch ins Gefängnis gebracht, damit die verführerisch Lehr nicht weiter einreiß.
2. Der Mönche und Nonnen, die aus dem Kloster gegangen, hat man eine Pension gegeben. Die Einkünfte der Klöster aber haben die Visitatoren in den gemeinen Kasten getan.
3. Den Pfarrern wurde ihr Einkommen auf einen gewissen Tag angewiesen, an Geld und Getreide.
4. In religiösen Sachen soll es überall gleich gehalten und zur Erhaltung der Gleichheit Superattendenten angestellt werden, die die Unordnungen an die kurfürstliche Obrigkeit berichten sollen.
5. Die Amtleute sollen die Laster, besonders die Hurerei, Gotteslästerung, Völlerei, das Spiel, den Müßiggang, die Schandlieder, den Ungehorsam der Kinder, das Verheiraten und Verloben hinter den Eltern steuern und strafen.
6. Priester, Mönche und Nonnen können ehelichen.
7. Winkelmessen, Seelmessen, Heiligenverehrung und Wallfahrten wurden abgeschafft (...)

Zit. nach: Stadtarchiv Ulm, H. Schmid, Nr. 24/1.

Q12 Fürsten widersetzen sich dem Kaiser

Der Landgraf Philipp von Hessen begründet das Widerstandsrecht der Fürsten:

1. Im Neuen Testament ist kein Fall geschrieben, dass eine Obrigkeit, die ein Land erblich innehat und den Glauben wechselt, deswegen von einer übergeordneten Obrigkeit verfolgt wird.
2. Mit den deutschen Fürsten verhält es sich anders als mit den welschen (französischen). Diese haben seit altes her solche Freiheiten nicht gehabt wie wir Deutschen. Noch nie hat bei uns ein Kaiser die Macht gehabt, gegen die Untertanen eines Fürsten gewalttätig zu verfahren. So ist es auch meiner Meinung nach recht und billig, dass wir unsere Prediger gegen kaiserliche Verfolgung schützen.
3. Es ist offenbar wahr, dass kein Kaiser je in deutschen Landen die Macht gehabt hat, einem Fürsten mit Gewalt einen einzigen Gulden abzufordern. Nur was mit Billigung der Stände vom Kaiser erlangt wurde, war rechtens.
4. Ebenso wahr ist, dass der Kaiser uns ebenso Treue gelobt hat wie wir ihm. Wir haben jedoch nicht nur ihm geschworen, sondern auch dem ganzen Reich. So nun der Kaiser sein Wort nicht hält und gegen unsere Freiheit verstößt, kann er nicht mehr als ein rechter Kaiser, sondern als ein Friedensbrecher angesehen werden, zumal er kein Erbkaiser, sondern ein gewählter Kaiser ist.

Zit. nach: Landgraf Philipp von Hessen in einem Brief an Luther, in: Luther, Werke [WA], Briefwechsel, Bd. V, S. 653ff. Bearb. d. Verfasser.

Q13 Übergabe des Augsburger Bekenntnisses an Kaiser Karl V. im Jahr 1530

Ausschnitt des Gemäldes von Andreas Herneisen im Rathaus von Bad Windsheim (Franken), 1601. Dargestellt werden als Merkmale der evangelisch-lutherischen Konfession u. a. die Taufe und die Austeilung des Abendmahls in beiderlei Gestalt (d.h. als Brot und Wein), Predigt des Evangeliums, Katechismusunterricht, Kirchengesang und Eheschließung.

Q14 Der Religionsfriede

zwischen Katholiken und Protestanten wurde 1555 auf dem Reichstag in Augsburg verabschiedet :

1. Die Landesherren können wählen, ob sie den katholischen oder evangelischen Glauben annehmen wollen. Zwinglianer, Calvinisten (s. Kap. 4) und Täufer bleiben ausgeschlossen.
2. Die Untertanen müssen den Glauben ihres Landesherren annehmen (Wer herrscht, darf die Religion bestimmen). Wer widerstrebt, darf auswandern.
3. Die evangelischen Landesherren dürfen die Kirchengüter behalten, die sie vor 1552 eingezogen haben.
4. In den Reichsstädten, die konfessionell gemischt sind, dürfen Angehörige beider Konfessionen weiterhin nebeneinander leben.
5. „Geistlicher Vorbehalt": Tritt ein geistlicher Fürst zum evangelischen Glauben über, muss er auf sein Amt verzichten.

Zit. nach: H. G. Rönnefarth, Konferenzen und Verträge, Teil 2, Bd. 3, Würzburg 1958, S. 23 f. Bearb. d. Verf.

Fragen und Anregungen

1. Erfindet ein Streitgespräch zwischen dem Kaiser und Martin Luther auf dem Wormser Reichstag 1521 (Q1, Q2). Vergleicht mit dem mittelalterlichen Denken: Was ist an Luthers Argumenten neuartig?
2. Belegt anhand des Textes, dass der Schuster ein Lutheraner ist (Q4). Wer ist wohl der Verfasser der Flugschrift? Zu welchem Zweck sind solche „Streitgespräche" unters Volk gebracht worden?
3. Thomas Platter als Bilderstürmer (Q5, Q6): Wie hätte er wohl sein Tun gerechtfertigt?
4. November 1531 in Ulm: Ein Patrizier, ein Handwerker, ein Geistlicher und ein „Beiwohner" diskutieren darüber, ob die Einführung der Reformation in der Stadt Vor- oder Nachteile gebracht hat (Q3–Q6, D1). Spielt das Gespräch.
5. Mit welchen Argumenten verteidigt der Landgraf von Hessen das Recht der deutsche Fürsten auf Widerstand (Q12)? Wie könnte Karl V. geantwortet haben?
6. Luther legte viel Wert auf die Freiheit der Christen von der Bevormundung durch die alte Kirche. Diskutiert, ob diese Freiheit in der neuen Landeskirche noch gesichert war (Q8–Q11). Sammelt Gründe, warum der Landesherr die Kirche leiten wollte.
7. Diskutiert, ob der Religionsfriede von Augsburg 1555 echte Religionsfreiheit, Gleichberechtigung und Toleranz mit sich brachte (Q13, Q14).
8. Wie siehst du das Verhältnis zwischen den Konfessionen in deiner Stadt oder Gemeinde? Frage deine Großeltern nach ihrem Verhältnis zu Angehörigen anderer Konfessionen.

4. Die Reformation macht europäische Geschichte

1541 Johannes Calvin (1509–1564) macht Genf zur Zentrale der Calvinisten.

1549 Die Calvinisten in der Schweiz vereinigen sich mit den Anhängern Zwinglis. Zur Unterscheidung von den Lutheranern nennen sie sich „Reformierte".

Q1 **Johannes Calvin.** Gemälde, 16. Jahrhundert.

Calvins Lehre – Der Genfer „Gottesstaat"

In der zweiten Hälfte des 16. Jahrhunderts war Europa in zwei große Lager gespalten: Den Katholiken standen die Protestanten gegenüber. Neben Martin Luther war es vor allem der Reformator Johannes Calvin, dessen Lehren Spuren in der europäischen Geschichte hinterließen. Calvin führte die Reformation in der französischsprachigen Schweiz ein, wirkte aber hauptsächlich in Genf. In der Genfer Kirchenordnung von 1541 schuf Calvin eine demokratische, von unten nach oben aufgebaute Gemeinde. In der calvinistischen Kirche wählten die Gläubigen ihre Pfarrer selbst. Für Calvin gab es keine Trennung zwischen dem Bereich der Regierung und dem Glauben. Die Stadt wurde von einem aus Pfarrern und Laien zusammengesetzten Kirchenvorstand („Konsistorium") geleitet. Vergnügungen wie Tanz, Theater, Kartenspiel oder der Besuch von Wirtshäusern wurden verboten. Toleranz existierte in Calvins „Gottesstaat" nicht: Gegner und Andersgläubige ließ er brutal ausschalten.
Für den Genfer Reformator stand fest, dass Gott allein vorherbestimmt habe, ob die Menschen nach dem Tod das ewige Leben erlangen oder verdammt würden (Prädestination). Die Calvinisten glaubten, dass es sich im Lebenswandel der Menschen zeige, ob jemand zu den Auserwählten Gottes oder zu den Verdammten gehörte.

Q2 **Calvinistischer Gottesdienst** in der Kirche in Stein bei Nürnberg. Kupferstich, 16. Jahrhundert.

Calvinisten lehnen sich gegen Obrigkeiten auf

Nach Calvins Lehre war es erlaubt, sich einer Obrigkeit zu widersetzen. Dieses Widerstandsrecht galt, wenn die weltliche Obrigkeit gegen Gottes Auftrag verstieß, d.h. „maßlos wütete“, das „niedere Volk quälte“ und ihre Herrschaft „zügellos“ erschien. Darauf beriefen sich Calvinisten in Europa immer wieder, wenn sie sich gegen andersgläubige Obrigkeiten erhoben. In den Niederlanden und in Frankreich brachen bald blutige Bürgerkriege aus. In Osteuropa – Polen, Böhmen und Ungarn – regte sich ein heftiger Widerstand gegen katholische Landesherren. Einer davon sollte dann von Böhmen aus zum Dreißigjährigen Krieg führen. Der Calvinismus hatte auch in England und Schottland, später in Nordamerika besonders viele Anhänger.

Die Niederlande erkämpfen sich die Freiheit

In den Niederlanden spitzte sich der Konflikt zu, als der spanische König Philipp II., ein Sohn Karls V., dazu überging, die ständischen Freiheiten der 17 Provinzen einzuschränken und die bisher geduldeten Protestanten durch die Inquisition zu verfolgen. 1566 kam es zum Aufstand des niederen, überwiegend calvinistischen Adels, dem sich allmählich viele Bürger und einfache Leute aus dem Volk anschlossen. 1581 erklärte die Utrechter Union, ein Zusammenschluss der Nordprovinzen (heutige Niederlande), ihre Unabhängigkeit und setzte den spanischen König ab. Begründet wurde dieser Schritt mit dem Recht der Stände auf Widerstand gegen einen Herrscher, der Privilegien verletze und Eide breche. Die Calvinisten setzten die alleinige Zulassung ihres Glaubens durch. Die Südprovinzen (Belgien) blieben bei Spanien.

Reformation in Frankreich – Die Hugenotten

In Frankreich versuchte der katholische König Heinrich II. (1547–1559) mit brutalen Mitteln, den Calvinismus zu bekämpfen. Zahlreiche Adlige traten zu den Hugenotten, wie man die Calvinisten in Frankreich nannte, über. Sie wollten damit ihre Unabhängigkeit gegenüber dem katholischen Königtum stärken. Ein Bürgerkrieg begann, der in der Nacht vom 23. auf den 24. August 1572 – der Bartholomäusnacht – einen grausamen Höhepunkt fand: Als sich der hugenottische Adel bei einer Hochzeitsfeier fast geschlossen am Königshof aufhielt, ließ die Königinmutter Katharina von Medici die Protestanten ermorden.
Beendet wurden die Kämpfe erst nach 30 Jahren durch den Hugenottenführer Heinrich von Navarra. Um König zu werden, trat er 1593 zum Katholizismus über. Im Edikt von Nantes sicherte er 1598 seinen ehemaligen Glaubensgenossen Gleichberechtigung zu.

Die katholische Jesuitenkirche Q3 in Antwerpen. Gemälde (52 x 71 cm) von Sebastian Vrancx (1573–1647).

Q4 **Massaker der Bartholomäusnacht im August 1572**
Gemälde, 1595. Der Maler François Dubois war Augenzeuge des Massakers in Paris.

Q5 Calvinistische Sittenzucht

Aus einem Brief Calvins vom 25. November 1560:
Zum heiligen Abendmahl darf keiner kommen, der nicht seinen Glauben bekannt hat. Deshalb werden jährlich vier Prüfungen abgehalten, an denen die Kinder befragt und eines jeden Fortschritte festgestellt werden. (…) Was die Erwachsenen angeht, so wird jährlich eine Inspektion jeder Familie abgehalten. (…) Der Pfarrer ist von einem Ältesten begleitet. Dabei werden dann die neu Zugezogenen auch geprüft.
Die Sittenzucht wird folgendermaßen gehandhabt: Jährlich werden zwölf Älteste gewählt. (…) Vor das kirchliche Gericht wird nur vorgeladen, über wen dies eindeutig beschlossen wird. (…) So werden Flucher, Trunkenbolde, Hurer, Raufbolde und Streitsüchtige, Tänzer und Reigenführer und dergleichen Leute vorgeladen. Wer nur leicht gefehlt hat, wird mit freundlichen Worten zurechtgewiesen und entlassen. Bei schweren Sünden ist die Rüge strenger, der Pfarrer tut sie dann nämlich in den Bann, wenn auch nur für kurze Zeit; dadurch werden sie vom Abendmahl ausgeschlossen, bis sie um Verzeihung bitten. (…) Verachtet jemand verstockt die kirchliche Macht und lässt nicht innerhalb eines Jahres von seinem Trotze, so wird er vom Rat auf ein Jahr ausgewiesen.

Zit. nach: Karl Heinrich Peter (Hg.), Briefe zur Weltgeschichte, München 1964, S. 59 ff.

Fragen und Anregungen

1. Vergleiche das Innere des calvinistischen Gotteshauses mit der Jesuitenkirche (Q2, Q3).
2. Stelle die Kernpunkte der Lehre Calvins dar (VT). Wie gelang es Calvin, durch seine Lehre die Menschen zu besonderem persönlichen Ehrgeiz und Einsatz anzuspornen?
3. Zeige, wie der Calvinismus in das Alltagsleben der Menschen eingriff (Q5). Warum fanden sie sich trotzdem von ihm angesprochen?
4. Diskutiert darüber, ob und wann man gegen einen „ungerechten" Regenten mit Gewalt Widerstand leisten darf.
5. Erarbeitet in Gruppen jeweils die Geschichte der Calvinisten in der Schweiz, in den Niederlanden und in Frankreich (VT, Q4). Ermittelt anhand eines Lexikons oder mit Hilfe des Internet, wo heute die meisten Calvinisten leben.

5. Wie reagiert die „alte Kirche"?

1534	Der spanische Adlige Ignatius von Loyola gründet den Jesuitenorden als katholische Kampforganisation.
1545–1563	Ein Konzil der katholischen Kirche, das in Trient tagt, beschließt Reformen.

Das Konzil von Trient

Die Erfolge der Reformation hatten innerhalb weniger Jahrzehnte dazu geführt, dass die katholische Kirche in vielen Ländern Europas an Einfluss verloren hatte. Schon 1518 hatte Martin Luther die Einberufung eines Konzils gefordert, um die Kirche zu reformieren. Auch Kaiser Karl V. verlangte nach einem allgemeinen Konzil und hoffte, so die Spaltung der Christenheit zu überwinden.
1545 eröffnete Papst Paul III. das Konzil in Trient (Italien). Wunsch des Kaisers war es, dass sich das Konzil zunächst mit den Missständen in der Kirche beschäftigen sollte. Damit wollte er auf die Protestanten zugehen. Stattdessen beharrte das Konzil auf Abwehr und Abgrenzung zu Luther und seiner Lehre. 1563 wurden in einer feierlichen Schlusssitzung alle Verordnungen verlesen, die das Konzil in seinen drei Sitzungsperioden seit 1545 beschlossen hatte. Damit war dem Katholizismus eine umfassende Kirchenreform gelungen, um die in seinen Augen „wahre Lehre" des katholischen Glaubens gegen die „Irrlehren" Luthers, Calvins und Zwinglis zu behaupten. War die Kirche erst wieder glaubwürdig geworden, wollte man in einem zweiten Schritt selbstbewusst gegen die Reformation vorgehen.

Das Konzil von Trient Q1
wurde im Jahr 1545 von Papst Paul III. eröffnet. Fresko (Wandmalerei) der Brüder Zuccari im Palazzo Farnese von Caprarola (Italien), 1560.

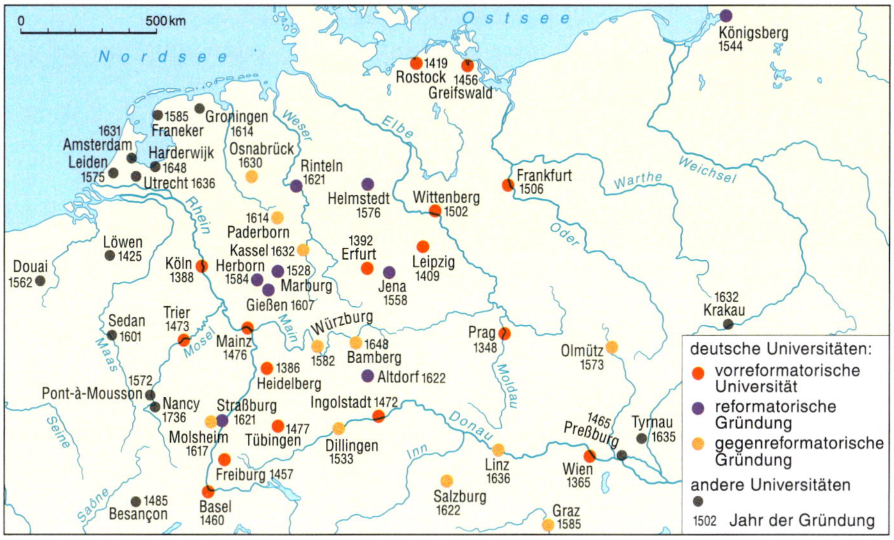

D1 Universitäten in der Frühen Neuzeit

Die Ergebnisse des Konzils

Nach den Beschlüssen des Konzils war die Grundlage des Glaubens nicht allein die Bibel, sondern auch die kirchliche Tradition, also zum Beispiel die Konzilsbeschlüsse und die Schriften der Kirchengelehrten. Damit sich die Kirche und ihre Pfarrer nicht weiter der Welt anpassten und die Tradition der Kirche verwässert würde, wollte man die Priesterausbildung verbessern und erließ einschneidende Disziplinarmaßnahmen: Das Eheverbot für Priester (Zölibat) wurde erneuert, der Kauf von Ämtern verboten. Ein kirchliches Amt sollte man ausüben, um Gott zu dienen – und nicht, um reich zu werden. Gegen die Volkssprachen in Gottesdienst und Heiliger Schrift betonte die katholische Kirche die Bedeutung des Latein. Gegen die Aufwertung der Laien bestätigte sie die besondere Stellung des Klerus, der zwischen Gott und den Gläubigen vermittle. Außerdem wurde der Ablasshandel mit Geld untersagt.

Die „Gesellschaft Jesu"

Auf dieser erneuerten Grundlage ging das Papsttum in die Offensive, um die Reformation rückgängig zu machen (Gegenreformation). Entscheidende Unterstützung erhielt es durch die neuen Orden, vor allem durch die „Gesellschaft Jesu", den so genannten Jesuitenorden. Dessen Angehörige verpflichteten sich zu uneingeschränktem Gehorsam gegenüber dem Papst. Die Jesuiten konzentrierten sich auf die Erziehung der Adelssöhne an Gymnasien und Universitäten und waren als Beichtväter der Fürsten tätig. Dadurch sollte die Führungsschicht für die katholische Erneuerung und Gegenreformation gewonnen werden. Da der Augsburger Religionsfriede die Wahl der Konfession den Fürsten überlassen hatte, wollte man moglichst viele Fürsten (und damit auch deren Untertanen) für die katholische Sache gewinnen.

Die katholische Erneuerung – auch mit Gewalt

Ein zweites wichtiges Instrument der Gegenreformation wurde die Inquisition. Sie verfolgte alle Abweichungen von der katholischen Lehre. Mit dem Glaubensgericht gegen Ketzer schaffte es die katholische Kirche, Klerus und Gläubige wirksam zu kontrollieren. Viele katholische Herrscher setzten dieses Mittel ein, um mit Druck Untertanen für die alte Kirche zurückzuholen. Um in den einzelnen katholischen Ländern präsent zu sein, wurden auf Initiative des Papstes Nuntiaturen geschaffen, das waren ständige Vertretungen bei den Staatsregierungen. Auf diese Weise gelang es den „Altgläubigen", den Protestantismus einzudämmen.

Q2 Beschlüsse in Trient

Auf den Tagungen des Konzils in Trient entstand am 8. April 1546 ein Erlass über die Ausgaben und den Gebrauch der Heiligen Schriften:

Die heilige Synode (...) bestimmt und erklärt, dass die alte allgemein verbreitete Ausgabe, die durch den Gebrauch so vieler Jahrhunderte in der Kirche selbst gebilligt wurde, in öffentlichen Lesungen, Disputationen (Streitgesprächen), Predigten und Auslegungen für authentisch (echt) gehalten werden soll und dass niemand, unter welchem Vorwand es auch sei, sie zu verwerfen wage. (...)

Außerdem beschließt sie, um die frechen Geister zu bändigen, dass niemand sich auf seine Klugheit berufen und in Dingen des Glaubens und der zur Erbauung der christlichen Lehre dienenden Sitten die heilige Schrift nach seinem Sinn auslege entgegen dem Sinn, den die heilige Mutter Kirche festhielt und festhält, der das Urteil über den wahren Sinn und die Auslegung der Heiligen Schrift zukommt. Auch soll es niemand wagen, gegen die einmütige Übereinstimmung der Väter die Heilige Schrift selbst auszulegen.

Zit. nach: Robert Stupperich, Melanchthon, Berlin 1960.

Q3 Beschlüsse über Glaube und Werke

Ebenso verabschiedete die „alte Kirche" auf dem Trienter Konzil einen Erlass über die Frage der Rechtfertigungslehre:

Denn der Glaube verbindet nicht mit Christus und macht nicht zu seinem lebendigen Gliede, wenn nicht Hoffnung und Liebe hinzukommen. In diesem Sinn wird sehr wahr gesagt, dass der Glaube ohne Werke tot und wirkungslos ist. (...)

(Man) muss (...) sagen, dass niemandem, der Glauben und Gewissheit der Sündenvergebung vorgibt und darin beharrt, die Sünden vergeben werden oder sind, wie das bei den Ketzern und Schismatikern (Spaltern, gemeint sind die Protestanten) besonders zu unseren Zeiten geschehen kann und wie dieser eitle Glaube, der keine Frömmigkeit kennt, mit großem Kampf gegen die katholische Kirche gepredigt wird.

Zit. nach: Robert Stupperich, Melanchthon, Berlin 1960. Bearb. d. Verf.

Q4 Innere Ordnung des Jesuitenordens

Aus der durch Papst Paul III. bestätigten Regel der Gesellschaft Jesu, 1540:

Wer in unserer Gesellschaft, die wir mit dem Namen Jesu bezeichnet wissen wollen, unter dem Banner des Kreuzes Gott Kriegsdienste leisten will und nur dem Herrn und seinem irdischen Statthalter, dem römischen Bischof, dienen, der möge außer dem feierlichen Gelübde beständiger Keuschheit (Enthaltsamkeit) bedenken, dass er einer Gesellschaft angehört, die vor allem dazu begründet ist, auf Förderung der Seelen in christlicher Lebensführung und Lehre, auf Ausbreitung des Glaubens durch öffentliche Predigten und Dienst am Worte Gottes, durch geistliche Übungen und Werke der Liebe sowie namentlich durch Unterweisung der Knaben und Ungebildeten im Christentum, auch durch geistliche Tröstung der Gläubigen Christi beim Hören der Beichte vornehmlich hinzuarbeiten. (...) Wir haben beschlossen, uns alle einzeln durch ein besonderes Gelübde zu verpflichten, dass wir, was immer der jetzige oder jeweilige römische Bischof (Papst) zur Förderung der Seelen und Ausbreitung des Glaubens befehlen und in welche Provinzen er uns schicken mag, ohne irgendeine Zauderei oder Entschuldigung (...) sofort Folge leisten werden – mag er uns zu den Türken oder zu irgendwelchen Häretikern (Ketzern) oder Schismatikern (Spaltern) oder auch zu beliebigen Gläubigen senden. (...) Jeder Einzelne soll geloben, in allem, was er zu Beobachtung dieser unserer Regel tut, dem Oberen der Gesellschaft gehorsam zu sein.

Zit. nach: Horst Rabe, Katholische Reform und Gegenreformation, Stuttgart 1960.

Q5 Mission in aller Welt

Jesuitenpater Ricci (1552–1616) mit einem chinesischen Mitbruder. Die Jesuiten missionierten auch in Japan und Südamerika. Dort gründeten sie einen eigenen Staat – Paraguay.

Fragen und Anregungen

1. Erläutere, warum im Zeitalter von Reformation und Gegenreformation zahlreiche Universitäten gegründet wurden (VT, D1).
2. Arbeite heraus, wie die Jesuiten die „Ausbreitung des Glaubens" fördern wollten (VT, Q4 und 5).
3. Erkläre, warum die Jesuiten in ihrem Kampf für den Katholizismus so erfolgreich waren (VT, Q4).
4. Nenne die Beschlüsse des Trienter Konzils mit eigenen Worten und zeige, inwieweit sie Luthers Lehre widersprechen (Q2 und 3).

6. Glaube und Macht – die Verwüstung Deutschlands im Dreißigjährigen Krieg

1618	Mit dem „Prager Fenstersturz" beginnt der Dreißigjährige Krieg in Europa.
1618–1623	Im böhmisch-pfälzischen Krieg siegt die katholische „Liga".
1625–1629	Die „Liga" siegt erneut im niedersächsisch-dänischen Krieg.
1630–1635	Im Schwedischen Krieg rückt der protestantische König Gustav Adolf bis München vor. Nach seinem Tod 1632 gewinnt die katholische Seite wieder Vorteile.
1635–1648	Schweden und Franzosen führen Krieg gegen den habsburgischen Kaiser.
1648	Die Krieg führenden Staaten schließen den Westfälischen Frieden.

Bettelnder Kriegsinvalide nach dem Dreißigjährigen Krieg Q1

Kampf um Glauben und Macht

Nach dem Augsburger Religionsfrieden versuchten sowohl Katholiken als auch Protestanten, die Situation zu ihren Gunsten zu verändern. 1608 schlossen sich einige protestantische Fürsten in einer bewaffneten „Union" zusammen. Als Antwort gründeten katholische Fürsten ein Jahr später ein eigenes Bündnis, die „Liga". Der Kampf um den Glauben wurde zu einem Kampf um Macht, in dem sich zwei Blöcke gegenüberstanden: der katholische, habsburgische Kaiser Ferdinand II. und seine verbündeten katholischen Fürsten auf der einen und die evangelischen Fürsten auf der anderen Seite.

Q2 **Der Prager Fenstersturz**
Der kaiserliche Statthalter und seine Beamten überlebten den 15 Meter tiefen Sturz, da sie auf einem Misthaufen landeten und fliehen konnten. Kupferstich von Matthäus Merian, 1635.

Der Galgenbaum Q3
Die Radierung von Jacques Gallot gehört zu einer Folge von 18 Bildern mit dem Titel „Die Schrecken und das Unglück des Krieges“, 1633.

Der Prager Fenstersturz

Als Ferdinand 1617/18 König von Böhmen wurde und das Recht der freien Religionsausübung zurücknahm, zogen die protestantischen Adligen empört auf die Prager Burg und warfen den Statthalter des Kaisers aus dem Fenster.
Damit begannen die böhmischen Adligen ihren Aufruhr gegen den Kaiser. Doch bereits 1620 gelang es Ferdinand, das böhmische Heer zu schlagen. Deren gewählter König, der Calvinist Friedrich V. von der Pfalz, floh ins niederländische Asyl. Alle protestantischen Adligen und Geistlichen in Böhmen wurden ausgewiesen, Bürger und Bauern mussten katholisch werden oder auswandern.

Krieg in Norddeutschland

Ferdinand und die siegreiche Liga wollten die günstige Gelegenheit nutzen, um vor allem in Norddeutschland die Gegenreformation durchzusetzen. Der katholischen Partei trat 1625 der protestantische König Christian IV. von Dänemark entgegen. Ihm ging es nicht nur um die Sache seiner Glaubensbrüder in Deutschland: Sein Ziel war die Vorherrschaft in Norddeutschland. Aus England und den Niederlanden flossen Unterstützungsgelder an die Protestanten – aus dem deutschen Bürgerkrieg war nun endgültig ein europäischer Krieg geworden. Dabei ging es nicht nur um Glaubensfragen, sondern auch um Machtpolitik. Der Dänenkönig wurde zurückgedrängt. Der siegreiche Kaiser Ferdinand II. und die Liga befanden sich 1629 auf dem Höhepunkt ihrer Macht. Beinahe ganz Deutschland von den Alpen bis an die Nord- und Ostseeküste befand sich unter ihrer Kontrolle.

Q4 Albrecht Wenzel Eusebius von Wallenstein (1583–1634)
Wallenstein war durch die Beschlagnahme protestantischer Güter in Böhmen reich geworden. Vom Kaiser in den Fürstenstand erhoben, bot er dem Reichsoberhaupt an, auf eigene Kosten eine Armee aufzustellen. Da alle Aufträge für die Ausrüstung der Truppen an Manufakturen in seinem Herzogtum gingen, konnte Wallenstein über Steuern und Abgaben hiervon profitieren. Für den Unterhalt des Söldnerheeres hatten die Besiegten in den besetzten Gebieten aufzukommen. So wurde der General Wallenstein zum militärischen Großunternehmer und wichtigsten Geldgeber des Kaisers.

Q5 Im Soldatenlager lebten oft auch Frauen und Kinder. Ölgemälde (36,8 cm x 50 cm) von Sebastian M. Bourdon, 1643.

Schweden und Frankreich greifen ein

1630 landete der schwedische König Gustav Adolf an der deutschen Ostseeküste, um für die protestantische Sache zu kämpfen und die schwedische Führungsrolle in der Ostsee zu sichern. Er konnte mit seinem Heer bis nach München vorstoßen, starb jedoch 1632 in der Schlacht bei Lützen.
Nach der vollständigen Niederlage des schwedischen Heeres gegen kaiserliche Truppen 1634 griff Frankreich offen in den Krieg auf schwedisch-protestantischer Seite ein.
Keiner der Parteien gelang es jedoch, den Krieg zu gewinnen. 1641 schließlich einigten sich Schweden und Franzosen mit dem Kaiser auf Münster und Osnabrück als Verhandlungsorte für einen allgemeinen Frieden – doch es dauerte noch einmal sieben Jahre, bis der komplizierte Friedenskongress zum Abschluss kam und der „Westfälische Frieden" geschlossen werden konnte.

Der Krieg ernährt den Krieg

Weil beiden Seiten das Geld zur Ausrüstung einer eigenen Armee fehlte, wurden Heerführer beauftragt, Soldaten anzuwerben. Diese Söldnerheere wurden zu einer großen Plage für die Landbevölkerung: Blieb der Sold aus, mussten die Bauern die Versorgung der Soldaten sicherstellen. Häufig sah dies so aus, dass man den Menschen alles raubte, was sie für ihr Leben benötigten. Mord und Vergewaltigung waren an der Tagesordnung. Auf beiden Seiten gab es eine Vielzahl freier Kriegsunternehmer und Abenteurer, die an den eigentlichen Fragen des Krieges nicht interessiert waren und nur an den eigenen Vorteil dachten. Nicht selten wechselten diese skrupellosen Söldnerführer die Seiten, wenn es ihren Zwecken dienlich war.

Die Folgen von 30 Jahren Krieg

In weiten Teilen Deutschlands hinterließ der Dreißigjährige Krieg ein Trümmerfeld. Zählte man in Deutschland um 1600 ca. 16 Millionen Menschen, so waren es um 1650 gerade noch 10 Millionen. Es brauchte fast 100 Jahre, bis der Rückgang der Bevölkerungszahl wieder aufgeholt war. Die Verluste verteilten sich sehr ungleich. Sie waren dort am höchsten, wo die Armeen durchgezogen waren oder Quartier bezogen hatten. Auf dem Land lagen sie höher als in den Städten, die sich vor den Soldaten schützen konnten. Riesige Schäden hatte der Krieg in der Landwirtschaft, aber auch in Handel und Gewerbe hinterlassen. Deutschland wurde in allen Bereichen weit hinter seine Nachbarn zurückgeworfen.

Q6 Soldaten – „unbarmherzige Bauernreiter“?

In einer anonym erschienenen Flugschrift beklagte sich ein Bauer über die Soldaten:

Die Häuser seind verbränt / die Kirchen seind zerstört /
Die Dörffer seind verkehrt / der Vorrhat ist verzehrt /
Man siht der Länder trost die grossen Stätt verbrennen /
Die Herrligkeit deß Lands mag keiner mehr erkennen /
Durch Krieg / raub / mord und brand wird es zur wüsteney /
Das freye Römisch Reich wird jetzt zur Barbarey /
Trägt schon der acker frucht / und meinen wir zuschneiden /
So dörffen wir nicht hin / und müssen solches leyden /
Das sie der Reuter nimt / und uns noch drüber schmiert /
Daß wir nit mehr gesät / weil ihm noch mehr gebürt;
Wir werden auff das blut und marck gantz außgesogen /
Ja gar bis auff die Haut / gantz nackend außgezogen /
Es geht Gut / Blut und Muth / mit sambt dem Leben auff /
Es herrschet über uns der mehr als Höllen hauff /
Das schwerd frist weib und kind; nach dem die pferd gestohlen /
Und nichts mehr übrig ist / das die Soldaten holen /
So muß der arme Baur o übergrosse pein!
Mit einem Maul-Gebiß das Roß und Esel sein /
Der Reuter dummelt ihn / gibt im die scharpffe sporen /
Meint wann er nicht so renn, er hät die sach verloren.

Zit. nach: Heinz Schilling, Aufbruch und Krise. Deutschland 1517–1648, S. 421.

Q7 Kriegsabgaben um das Jahr 1645

Die Stadt Ulm musste täglich zur Ernährung abgeben: für einen Obristen: 70 Pfund Brot, 40 Pfund Fleisch, 30 Maß Bier, 20 Maß Wein, 70 Gulden 30 Kreuzer; für einen Kaplan: 8 Pfund Brot, 4 Pfund Fleisch, 3 Maß Bier, 1 Maß Wein, 36 Kreuzer; für einen Reiter: 2 Pfund Brot, 2 Pfund Fleisch, 1 Maß Bier, 12 Kreuzer.

Zit. nach: Gerd Zillhardt (Hg.), Der Dreißigjährige Krieg in zeitgenössischer Darstellung, Ulm 1975, S. 161 f.

Q8 Kriegszerstörungen

Ein protestantischer Geistlicher schrieb:

Wie jämmerlich sehen die Städte aus! Wo zuvor tausend Gassen waren, sind nun nicht mehr hundert. (...). Wie elend sehen die kleinen Städte aus! Da liegen sie verbrannt, zerfallen, zerstört, dass weder Dach, Türen noch Fenster zu sehen sind. Was haben die Soldaten aus den Kirchen gemacht! Sie haben sie verbrannt, zu Pferdeställen oder Kneipen gemacht. (...). Ach Gott, wie jämmerlich sind die Dörfer! Man wandert zehn Meilen und sieht nicht einen Menschen, nicht ein Stück Vieh, nicht einen Sperling, nur manchmal sieht man einen alten Mann oder ein paar alte Frauen.

Zit. nach: W. Menzel, Geschichte der Deutschen, Bd. 2, 1885, S. 32.

Die Söldnerarmeen des Dreißigjährigen Krieges Q9 bestanden oft aus mehreren 10 000 Mann, Katholiken wie Protestanten, Bauernsöhne aus Deutschland, aber auch aus Kroatien, Polen, Schottland und vielen anderen Ländern. Als Reiter, Musketiere und Pikeniere erhofften sie sich ein sorgenfreieres Leben als das der Zivilbevölkerung, die den Gewalttaten der Söldner ausgeliefert war. Doch auch die „Soldateska“ war oft schlecht ernährt. Darum zogen ausgemusterte Soldaten durchs Land und mordeten die Landbevölkerung um an deren letzte Habseligkeiten zu kommen.

LITERATURTIPP

Leben im Dreißigjährigen Krieg

Februar 1645: Landsknechte verwüsten das Heimatdorf von Els und lassen sie ohne Familie zurück. Als Magd kommt sie in das Haus eines Kannengießers in Frankfurt am Main. Els freundet sich mit seiner Enkelin Mariezebill an. Als Mariezebills Familie an der Pest stirbt, sollen die Mädchen getrennt werden. Sie verlassen die Stadt und müssen sich in den Wirren des Krieges selbst zurechtfinden.

Dörte Damm, Die Els und ich. Zwei Mädchen in den Wirren des Dreißigjährigen Krieges, Wien (Ueberreuter Verlag) 2002, 252 Seiten.

Q10 Die Rache der Bauern
Radierung, 1643.

Q11 Plünderungen und Diebstahl

Ein Söldner schilderte den Kriegsalltag, 1634:

Sind gezogen nach Freising, über die Isar, nach Landshut. Das haben wir beschossen und mit stürmender Hand eingenommen. Hier sind wir 8 Tage stillgelegen, haben die Stadt ausgeplündert. Hier habe ich als meine Beute ein hübsches Mädelein bekommen und 12 Taler Geld, Kleider und Weißzeug genug. Wie wir sind aufgebrochen, habe ich sie wieder nach Landshut geschickt. (...)

Unterwegs ist mir mein Junge (gemeint ist der Bursche) krank in Aalen zurückgeblieben. Wie er wieder gesund ist und will zu mir, hat man ihm alles genommen. Denn er hat all mein Weißzeug, welches ich zu Landshut bekommen habe, bei sich gehabt. Es ist in der Nacht, wie wir haben schlafen wollen, weil wir alle in Bereitschaft stehen mussten, gestohlen worden, samt dem Passport und alles, was ich hatte.

Zit. nach Jan Peters (Hg.), Ein Söldnerleben im Dreißigjährigen Krieg, Berlin 1993, S. 145.

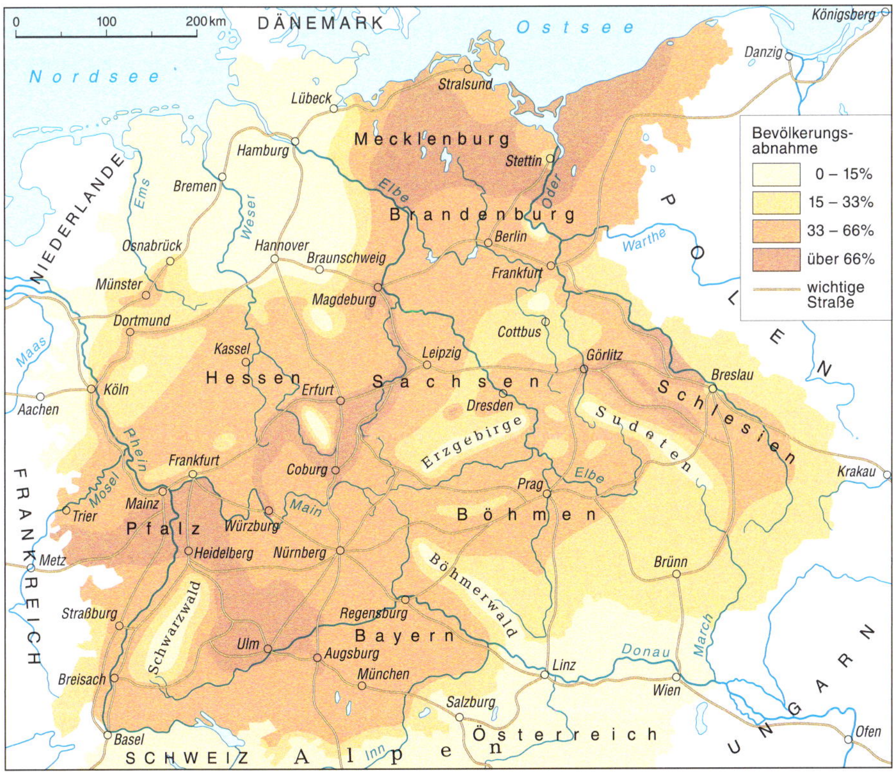

D1 Bevölkerungsverluste
in Deutschland während des Dreißigjährigen Krieges 1618–1648. Zu dieser Zeit grassierte auch die Pest in Teilen des Reiches.

D2 Das „Heilige Römische Reich Deutscher Nation" nach 1648
Reitende Boten verkündeten die Bestimmungen des Westfälischen Friedens in ganz Deutschland. Überall wurden sie bejubelt und der Frieden mit Dankgottesdiensten, Friedensgeläut und Freudenschüssen gefeiert.

D3 Der Westfälische Frieden vom 24. Oktober 1648

Konfessionelle Bestimmungen:
Der Augsburger Religionsfriede von 1555 wird bestätigt. Der Besitzstand der Konfessionen entspricht dem „Normaljahr" 1624, d.h. die Protestanten dürfen alle Besitzungen, die vor 1624 eingezogen wurden, behalten. Davon ausgenommen ist die inzwischen bayerisch gewordene Oberpfalz. Auch die Calvinisten erhalten Religionsfreiheit.
Bestimmungen in Bezug auf die Reichsverfassung:
Die kaiserliche Gewalt wird auf ein Minimum beschränkt. Die Fürsten erhalten alle ihre Freiheiten und Rechte bestätigt. Sie können untereinander und mit dem Ausland Bündnisse schließen, sofern diese nicht gegen Kaiser und Reich gerichtet sind. Bayern behält die Kurwürde. Der Pfälzer erhält eine neue achte Kur.
Territoriale Bestimmungen:
Schweden erhält: Vorpommern (Odermündung), Wismar, das Erzbistum Bremen und das Bistum Verden (Weser- und Elbemündung).
Frankreich erhält: Metz, Toul, Verdun und die habsburgischen Besitztümer im Elsass.

Zusammengefasst und vereinfacht nach: Geschichte in Quellen, Bd. 3, München 1976, S. 346ff. Bearb. d. Verf.

Fragen und Anregungen

1. Schildere den Verlauf des Dreißigjährigen Krieges, indem du ihn in vier Phasen einteilst und jede Phase stichwortartig beschreibst (Zeittafel, VT).
2. Beschreibe, welche Fürstentümer sich als Hauptstützen der jeweiligen Partei darstellten. Besaß ein Bündnis ein Übergewicht (VT)?
3. Erläutere, wie ein Söldnerheer eines Kriegsunternehmers funktionierte (VT, Q1 und 9).
4. Suche nach Gründen für die Bevölkerungsverluste. Beachte, welche Gebiete besonders betroffen waren. (D1, VT)
5. Untersucht in drei Gruppen die Auswirkungen des Krieges auf die Bevölkerung:
   Gruppe 1: Q5 und 10; Gruppe 2: Q3, 7 und 8;
   Gruppe 3: Q6 und 11. Tragt eure Ergebnisse in der Klasse zusammen.
6. Erläutere die Bestimmungen des Westfälischen Friedens (D3) anhand der Karte (D2).

Ein Bild gestalten

In dieser Themeneinheit sind dir Ereignisse begegnet, die den Verlauf der Geschichte geprägt haben, z.B. der Wormser Reichstag oder der Augsburger Religionsfriede. Damit sie dir nicht nur als Schlagworte im Kopf bleiben, sondern du später noch weißt, worum es damals ging und welche Personen beteiligt waren, kannst du selbst ein Bild gestalten. So behältst du den Inhalt langfristig im Gedächtnis.

Schülerzeichnung zum Handel mit Ablässen, 2003

Es gibt viele Möglichkeiten, selbst ein Bild anzufertigen: Du kannst etwas abzeichnen, z.B. ein Gebäude; dann wirst du dir besser merken können, warum dieser Ort wichtig war oder du bekommst ein Gespür für den Baustil. Indem du Symbole nachmalst, kannst du ermessen, warum sie früher eine Bedeutung für die Menschen hatten. Du kannst auch Bilder zu einem historischen Ereignis oder einem wichtigen Gegenstand gestalten.

Beim Thema Reformation und Glaubenskämpfe bieten sich verschiedene Möglichkeiten an. Bevor du mit einem Bild beginnst, musst du zwei Entscheidungen treffen: Welches Thema soll das Bild behandeln? Wie soll der Inhalt dargestellt werden? Die folgenden Anregungen sind Vorschläge. Es bleibt natürlich dir überlassen, auch andere Themen auszuwählen:

- Stelle eine bestimmte historische Szene im Bild nach, z. B. Martin Luther vor Karl V. auf dem Wormser Reichstag oder den Prager Fenstersturz.
- Gestalte ein Bild zu einer Situation, wie sie sich an vielen Orten zugetragen haben könnte, z. B. radikale Calvinisten beim Bildersturm auf eine Kirche oder Söldner überfallen ein Dorf während des Dreißigjährigen Krieges. Das Bild links thematisiert den Verkauf von Ablassbriefen.
- Skizziere eine Folge von Ereignissen in einer Bildergeschichte, z. B. Leben und Wirken Martin Luthers.
- Vielleicht versuchst du auch, ein Spottbild anzufertigen, d. h. du stellst ein Ereignis aus einer bestimmten Sichtweise dar und drückst so deine eigene Meinung zum Thema aus. Wenn du dich für diese Variante entscheidest, musst du einiges beachten: Bevor du mit dem Zeichenstift beginnst, entscheide dich, welches Problem dargestellt oder welcher Widerspruch aufgedeckt werden soll. Kläre, aus welcher Perspektive du das Thema darstellen möchtest und lege fest, gegen wen sich das Bild richten soll. Welche Übertreibungen oder Verzerrungen willst du benutzen, um die Eigenheiten, Fehler oder Schwächen von Personen oder Gruppen darzustellen? Achte darauf, dass trotz Verzerrung die Wirklichkeit noch erkennbar bleiben muss. Vielleicht versiehst du am Schluss dein Bild mit einem Zusatztext (vgl. zu Spottbildern S. 206).

Wie du dein Bild auch gestaltest – achte immer darauf, dass du bei aller Fantasie und Kreativität das Thema nicht aus den Augen verlierst. Darum: Bevor du mit dem Bild beginnst, lies noch einmal die Informationen, die das Kapitel im Verfassertext und den Materialien liefert.
„Ein Bild sagt mehr als tausend Worte." Wenn es dir gelingt, dieses alte chinesische Sprichwort umzusetzen, wirst du nicht nur viel Spaß haben, sondern auch dein Lernen verbessern.

DER ABSOLUTISMUS IN EUROPA

Als der Leichnam Ludwigs XIV. durch die Straßen von Paris getragen wurde, soll niemand geweint haben. Frankreich schien über den Tod seines Königs erleichtert zu sein. Dabei prägte sein Vorbild Europa im 17. und 18. Jahrhundert. Unter seiner Herrschaft wurden Frankreichs Staat, Wirtschaft und Militär neu organisiert und auf seine Person ausgerichtet. Seine prunkvolle Hofhaltung beeinflusste Kunst und Architektur. Fast alle europäischen Herrscher ahmten ihn nach. Mancher sprach sogar von einem „Zeitalter Ludwigs XIV.". Und Frankreich war erleichtert über seinen Tod? Bilde dir dein eigenes Urteil!

Bauern vor ihrem Haus
Gemälde von Ludwig Le Nain, 17. Jahrhundert.

Ludwig in seinen Memoiren an seinen Sohn, um 1670:
Denn schließlich mein Sohn, müssen wir das Wohl unserer Untertanen weit mehr im Auge haben als unser eigenes (...). Die Macht, die wir haben, darf uns nur dazu dienen, mit umso größerem Eifer für ihren Wohlstand zu arbeiten.
Zit. nach: Leopold Steinfeld (Hg.), Ludwig XIV., Memoiren, Basel 1931, S. 81.

Francois Fénelon, Erzbischof von Cambrai und Prinzenerzieher, 1694:
Sire, Ihr Volk (...) stirbt vor Hunger. Die Felder werden kaum noch bestellt, die Städte und das Land entvölkern sich, die Berufe liegen allesamt danieder und können die Arbeiter nicht mehr ernähren. (...) Ganz Frankreich ist nur noch ein großes Hospital, verödet und ohne Unterhalt.
Zit. nach: F. Fénelon, Lettres à Louis XIV, hg. von H. Guillemin, Neuchâtel 1961, S. 66f. Übers. d. Verf.

Kanalbau
Abbildung aus der „Encyclopédie".

Schloss und Stadt Versailles
von der Gartenseite aus gesehen
nach dem Ausbau durch Ludwig XIV.
Zeichnung von Israel Silvestre.

Ludwig XIV.
als Feldherr. Ausschnitt aus einem
Gemälde von Hyacinthe Rigaud

Ein reicher Bürger
Stich von 1701.

Spiegelsaal im Schloss von Versailles

Adlige beim Austernfrühstück
Gemälde von Jean-François de Troy,
1735.

1. Wie mächtig soll ein König sein? – Ludwig XIV. von Frankreich

1643 Ludwig XIV. wird fünfjährig zum König gekrönt. Seine Mutter Anna von Österreich führt mit Kardinal Mazarin für ihn die Regentschaft.

1661 Ludwig übernimmt nach dem Tod Kardinal Mazarins selbst die Regierung.

1715 Ludwig stirbt kurz vor Vollendung des 77. Lebensjahres.

Kostümentwurf für Ludwig, Q1
der die Rolle des römischen Sonnengottes tanzt.
Zum Leben am Hof gehörten aufwändige Theateraufführungen.

Versailles – ein Schloss als Symbol

So ein Schloss hatte Europa noch nicht gesehen: Versailles. Bis zu 36 000 Menschen, unterstützt von 6000 Pferden, hatten am Bau des Schlosses mit seinen über 2000 Räumen gearbeitet. Als Gipfel des Luxus galt die 73m lange und von Licht durchflutete Galerie mit ihren 17 kostbaren Spiegeln gegenüber den Fenstern. Die 580 m lange Gartenfront hatte 375 Fenster. Sie öffneten den Blick auf den aufwändig bepflanzten Park mit seinen Kanälen, Seen und rund 1400 von Pumpwerken betriebenen Springbrunnen, für den 15 000 ha (ca. 21 000 Fußballfelder) Sumpfland entwässert worden waren. Schon bald nach seiner Regierungsübernahme 1661 hatte der bereits als Kind zum König von Frankreich gekrönte Ludwig XIV. diese neue Residenz bauen lassen. Gut zwanzig Jahre später bezog er mit seinem Hof das rund 20 km von der Hauptstadt Paris entfernte und inmitten von Wäldern gelegene Schloss. Es blieb aber bis zu seinem Tod eine Baustelle. Rund 20 000 Menschen, darunter mehrere tausend Leibwächter, 338 Köche, 125 Sänger, Pagen, Geistliche, Ärzte, lebten dort. Die Anlage wurde von der Oberschicht Europas bewundert und nachgeahmt. Was machte diese Residenz für Ludwig so wichtig, dass er jährlich ca. 11 % der staatlichen Einnahmen für sie ausgab?

Der Adel feiert in Versailles

Ludwig benutzte das Schloss, um den Hochadel am königlichen Hof in Versailles zu versammeln, ihn mit prachtvollen Festen zu unterhalten – und so zu beschäftigen. Anwesenheit war Pflicht, wollte man etwas gelten. Der von Ludwig auch im Alltag verlangte verschwenderische Lebensstil zwang die Adeligen bald, bezahlte Hofämter zu übernehmen. Diese verliehen ihrem Inhaber Ansehen, waren aber ohne politische Funktion, wie zum Beispiel das Amt des königlichen Kerzenleuchterträgers. So machte Ludwig XIV. den Adel von sich abhängig, und die Adligen wurden hinsichtlich ihres Machtverlustes geblendet. Allerdings beließ ihnen Ludwig Privilegien (Vorrechte) wie Steuerbefreiung und eine eigene Gerichtsbarkeit sowie das Jagdrecht und den Anspruch auf Abgaben aus ihren Gütern. Ähnliche Vorrechte besaß der Klerus, dessen hohe Mitglieder ebenfalls aus dem Adel stammten. Aufstieg war aber nur noch im Dienste des Königs und nicht mehr gegen ihn möglich. Das Schloss Versailles diente Ludwig also als Machtinstrument gegen den Adel.

Q2 **Schaumünze aus der Regierungszeit Ludwigs XIV.**
Die Inschrift lautet frei übersetzt „Alles Andere überragend".

Q3 Die Schlossanlage von Versailles
Der Ausschnitt aus einem Gemälde von Pierre-Denis Martin zeigt den Zustand im Jahre 1722. Im Zentrum der Anlage lag nach Osten das Schlafzimmer des Königs. Wie die Sonne die Erde und Ludwig weckte, so sollte mit Ludwigs Aufwachen das höfische Leben beginnen.

Die Entmachtung des Adels

Warum der König den Adel entmachten wollte, hat mit einem Kindheitserlebnis zu tun, das das Denken des Königs stark geprägt hat. Als Ludwig zehn Jahre alt war, begann ein Bündnis unter adliger Führung einen bewaffneten Aufstand, der die Königsfamilie zur Flucht aus Paris zwang. Die Adligen machten auf das Mittelalter zurückgehende Rechte geltend, um den königlichen Herrschaftsanspruch in Frage zu stellen. Ursprünglich besaßen die mit Adligen besetzten Gerichtshöfe in Paris und weiteren Städten das Recht, königliche Erlasse und Gesetze in einem Register festzuhalten. So erlangten Gesetze erst Gültigkeit. Diese so genannten Parlamente hatten daraus das Recht abgeleitet, Gesetze auch blockieren zu können. Das war der Ansatz einer parlamentarischen Mitregierung in Frankreich. Aber schon Ludwigs Vater hatte sich dieser Entwicklung entgegengestellt. Die Aufständischen kämpften dafür, die Entscheidungen des Königs wieder stärker beeinflussen zu können, scheiterten aber 1653.
Ludwig fürchtete seither das Machtstreben der Adligen. Die vom Adel dominierte Versammlung der „Generalstände“, die eigentlich jeder neuen Steuer zustimmen musste, berief er nie ein. In ihm wuchs der Wille, alle Macht im Staat auf sich allein zu konzentrieren und so „ordre“, Ordnung, wieder herzustellen, wie er selbst es formulierte.

„Der Staat bin ich!“

Schon als Kind war Ludwig gelehrt worden, dass er von Gott als König eingesetzt sei und als dessen Diener und Statthalter von „Gottes Gnaden“ regieren werde. Dabei stehe er über den von Menschen erlassenen Gesetzen und sei nicht an sie gebunden (lat. „legibus absolutus“, von den Gesetzen losgelöst). In Anlehnung an diese Formel bezeichnete man die Herrschaftsform später als „Absolutismus“.
Neu war, dass Ludwig herrschte, indem er die Verwaltung des Staates von Beamten durchführen ließ, die überwiegend aus dem Bürgertum stammten. Sie waren nur ihm verantwortlich und er konnte sie jederzeit entlassen. Seinen Anordnungen verlieh er als oberster Richter mit besonderen Haft- und Verbannungsbefehlen Nachdruck. Ludwig wird die Äußerung „L'état c'est moi“ – „Der Staat bin ich“ zugeschrieben. Sie charakterisiert treffend seine Machtfülle und seine Einstellung dazu. Als Symbol für seine Herrschaft wählte er die Sonne. Man hielt sie damals für das Zentrum des Alls und so wie sie, so wollte auch Ludwig Zentrum seines Staates sein.

Gegner werden diszipliniert

Anspruch und Wirklichkeit klafften aber auseinander. Adlige und ihre Institutionen konnten sich in einigen Regionen Frankreichs weiterhin Einflussmöglichkeiten bewahren. Insbesondere die Gerichtsbarkeit vor Ort unterstand ihnen. Da Ludwig nur über ca. 1000 Beamte bei einer Bevölkerung von ca. 20 Millionen verfügte, war er auch weiterhin auf die Mitarbeit der Adligen angewiesen. Er musste ständig mit ihnen verhandeln. Dem Versuch, sich dem königlichen Willen zu widersetzen, begegnete Ludwig aber mit allen Machtmitteln, die ihm seine starke Position gab.

Versteckte Botschaften entdecken

Obwohl man Ludwig erkennt: Herrscherbilder wollen mehr, als nur das Gesicht des Herrschers, sein Porträt zeigen. Sie sollen sein Selbstbild und sein Herrschaftsverständnis ausdrücken. Der Maler hat dafür Hinweise im Bild verteilt. Die meisten Menschen verstanden damals sofort, was ein Maler über den dargestellten Herrscher sagen wollte. Wir als heutige Betrachter haben da mehr Schwierigkeiten. Vieles auf den Bildern ist uns fremd. Man kann deshalb sagen, dass historische Herrscherbilder ein wenig wie Bilderrätsel sind, die man „knacken" kann. Hier könnt ihr lernen, wie man solche Herrscherbilder entschlüsselt.

Ludwig XIV. Q4
Gemälde von Hyacinthe Rigaud, 1702. Das Bild ist heute im Louvre von Paris ausgestellt. Es hat die Maße 277 x 194 cm und ist mit Ölfarben auf Leinwand gemalt.

Methodische Arbeitsschritte:

Beschreiben

1. Notiere erste Eindrücke vom Bild.
2. Stelle Fragen an das Bild und notiere sie ebenfalls.

Untersuchen (Analysieren)

3. Stelle eine Liste mit Bilddetails (Einzelheiten) zusammen. Denke an
   - Mimik des Herrschers
   - Gesten des Herrschers
   - Körperhaltung und Position des Herrschers
   - Kleidung und Schmuck des Herrschers
   - das Gleiche für weitere Personen im Bild
   - Umgebung
   - Gegenstände
   - Farben
   - Perspektive (Blickwinkel)
   - Bildkomposition (Aufbau des Bildes)
4. Informiere dich über Maler, Entstehung, Größe, Format, Material und Verwendung des Bildes.

Deuten (Interpretieren)

5. Notiere, wie die Bilddetails auf den Betrachter wirken. Entschlüssele dann ihre Bedeutung. Dabei können das Geschichtsbuch, Lexika oder das Internet weiterhelfen.
6. Formuliere zusammenfassend die Aussagen, die das Bild des Herrschers für den Betrachter haben sollte.
7. Vergleiche deine Ergebnisse mit deinen ursprünglichen Eindrücken und Fragen.

Auch wenn Ludwig in einem Schloss wohnte, als Merkwort für die drei Arbeitsschritte hilft dir „BUDe": Beschreiben, Untersuchen, Deuten.

Der französische Maler Hyacinthe Rigaud (1659–1743) komponierte als Hofmaler 1702 dieses lebensgroße Repräsentationsporträt, das ursprünglich für den spanischen König Philipp V., einen Enkel Ludwigs, gedacht war. Es gefiel dem Monarchen jedoch so gut, dass er es behielt und in Rigauds Werkstatt eine Kopie anfertigen ließ. Das Bild wurde in Versailles im Thronsaal, dem Ort besonders offizieller Anlässe am Hof, aufgehängt.
Ludwigs mit Hermelin geschmückter Mantel und andere mit demselben Stoff bezogene Gegenstände zeigen das Symbol der Königsfamilie, die Lilie. Hermelin war nur allerhöchsten Adeligen vorbehalten. Der rote, über dem Thron aufgespannte Stoff wird Baldachin genannt und symbolisiert das Himmelsgewölbe. Die verwendeten Farben (Lapislazuli-)Blau und (Purpur-)Rot galten, wie auch Gold, als sehr wertvoll. Blau wurde ursprünglich durch Zusatz von Edelsteinen, Purpurrot sehr aufwändig aus tausenden Purpurschnecken gewonnen. Die gekünstelte Pose des Königs, der so genannte „Tanzmeisterschritt", weist Ludwig als vornehmen Mann aus. Das Schwert ist das Schwert Karls des Großen. Die Hand in Schwurgeste am liegenden Stab ist aus Gold und wird „Hand der Gerechtigkeit" genannt. Sie weist Ludwig als obersten Richter aus. Auf der Brust trägt Ludwig den „Orden vom Heiligen Geist", einen der höchsten Orden Europas.

Fragen und Anregungen

1. Stelle die Pose Ludwigs genau nach. Überlege auch, wie hoch du stehen musst, damit deine Betrachter den gleichen Blickwinkel wie vor dem Bild haben. Berichte selbst und lass deine Betrachter berichten, wie die Pose wirkt.
2. Lass den Maler Rigaud einem neugierigen Atelierbesucher erläutern, was die versteckten Anspielungen im Bild Ludwigs (Q4) über den König aussagen sollen. Entschlüssele dazu das Bild mit Hilfe der Arbeitsschritte. Der Verfassertext hilft dir bei einigen, heute nur schwer verständlichen Bilddetails. Weitere Details musst du selbst entdecken und deuten.
3. Finde aussagekräftigere Titel für das Bild als „Ludwig XIV.".
4. Im Geschichtsbuch findest du Bilder früherer Herrscher. Wähle eines aus und entschlüssele es zum Training. So kannst du auch gut dein Wissen zur gewählten Epoche überprüfen und wiederholen.
5. Auch moderne Politiker inszenieren sich manchmal auf Abbildungen, z. B. im Wahlkampf. Suche so ein inszeniertes Bild, also keinen Schnappschuss, und interpretiere es für deine Mitschüler.

Das Schlafzimmer des Königs Q5
im Schloss zu Versailles.

Q6 Ein Beispiel für das Hofzeremoniell

Der Herzog von Saint-Simon (1675–1755), seit 1691 am Hofe Ludwigs, schreibt in seinen Erinnerungen über das sog. Lever (Aufstehen) des Königs:

Um acht Uhr früh weckte der erste Kammerdiener den König, worauf der Aufstehende Weihwasser nahm und ein Gebet sprach. Inzwischen waren die Prinzen des königlichen Hauses und danach einige Vertreter des höchsten Adels eingetreten. Es kamen die vier Minister, die Vorleser, Apotheker, Ärzte, die Silberbewahrer, einige Offiziere und Kammerdiener. Nachdem der König eine kleine Perücke aufgesetzt hatte, erschienen die Kammerherren, die ihrem Herrn die Namen der bedeutenderen, begehrenden Persönlichkeiten ins Ohr flüsterten, und sofort traten die anwesenden Kirchenfürsten und Kardinäle, Gesandten, Marschälle und andere Großwürdenträger ein, denen der breite Schwarm der Höflinge folgte. Der König zog sein Nachthemd aus, übergab die Reliquien, die er während der Nacht auf dem bloßen Leib trug, dem ersten Kammerdiener und verlangte sein Taghemd. Die Darreichung dieses Kleidungsstücks bildete den Höhepunkt der ganzen Zeremonie. Das Recht, dem König das Hemd zu reichen, stand Monsieur (dem Bruder des Königs) oder wenn dieser abwesend war, den Söhnen und Enkeln des Königs zu. Wenn er angezogen war, betrat er das anliegende Gemach, wo er Ministerrat zu halten pflegte, und verkündete das Programm des Tages.

Zit. nach: Th. Stendel, Der Fürstenstaat, Berlin 1933, S. 1 ff. Bearb. d. Verf.

D1 Alltag am königlichen Hof

Der Wissenschaftler Peter Burke beschreibt:

Die königlichen Mahlzeiten (...) waren Aufführungen vor einem Publikum. Es war eine Ehre, dem König beim Speisen zusehen zu dürfen, eine größere Ehre, während des Essens von ihm angeredet zu werden, doch am ehrenvollsten war die Einladung, ihm aufzutragen oder mit ihm zu speisen. (...) Auch auf die anderen Elemente des königlichen Alltags wäre das zu beziehen – auf die tägliche Messe, auf die Besprechungen mit seinen Ratgebern, ja sogar auf seine Feldzüge, auf die Jagd und seine Spaziergänge im Garten. (...)

Es war (...) untersagt einem Bildnis des Königs den Rücken zuzukehren, das leere Schlafzimmer des Königs zu betreten ohne das Knie zu beugen, oder in dem Raum, wo der Tisch für den König gedeckt war, den Hut aufzubehalten.

Peter Burke, Ludwig XIV. Die Inszenierung des Sonnenkönigs, Berlin 1993, S. 111 ff.

Q7 Der König fordert Geld

Als die Ständeversammlung der Provence 1671 unter Berufung auf ihr traditionelles Recht zur Steuerbewilligung dem König die Mittel zur Kriegsfinanzierung zu verweigern versuchte, schrieb sein Finanzminister Colbert dem zuständigen Intendanten:

25. Dezember 1671

Ich habe dem König über das fortgesetzt schlechte Betragen der Ständeversammlung der Provence berichtet, und da seine Majestät nicht länger geneigt ist, dies zu dulden, hat er die nötigen Befehle gegeben, sie nach Hause zu schicken und zugleich zehn Lettres de cachet [geheime Haftbefehle] zu erlassen, um die am übelsten Gesinnten unter den Deputierten nach Grandeville, Cherbourg, St. Malo, Morlaix und Concarneau zu verschicken. Sie erhalten diese Erlasse und Befehle mit der nächsten Post und ich brauche Ihnen wohl nicht zu empfehlen, sie pünktlich und genau auszuführen.

Zit. nach: Geschichte in Quellen, Band 3, München 1966, S. 435. Bearb. v. F. Dickmann.

Q8 Der neue Regierungsstil des Königs

Ludwig XIV. schilderte für den Thronfolger seine Amtsauffassung:

Ich begann meine eigene Regierung damit, dass ich die vier Staatssekretäre nichts mehr unterzeichnen ließ, worüber sie mit mir nicht vorher gesprochen hatten. Ebenso stand es mit dem Finanzintendanten. (...)
Ich bin über alles unterrichtet, ich leihe dem Geringsten meiner Untertanen Gehör, ich kenne zu jeder Stunde die Zahl und den Wert meiner Truppen, den Zustand meiner befestigten Plätze. Ich treffe dauernd meine Anordnungen für alle Bedürfnisse der Truppe, ich verhandle direkt mit den fremden Gesandten, ich empfange und lese die Depeschen, ich verfasse selbst einen Teil der Antworten und erkläre bei den übrigen meinen Sekretären kurz den Inhalt des Antwortschreibens. Ich regele selbst Einnahmen und Ausgaben des Staates, ich lasse mir von den Männern, denen ich wichtige Posten anvertraut habe, direkt Rechenschaft ablegen. (...)
Die zu große Machtstellung der Parlamente [königliche Gerichtshöfe, besetzt mit Adligen] war während meiner Minderjährigkeit dem ganzen Königreiche gefährlich geworden. (...) Sie machten sich zu Verteidigern dieser angeblichen Volksrechte, ohne zu bedenken, dass es hier nicht zwei Interessen, sondern nur eines geben kann. (...) Denn über die Könige ist Gott allein Richter, und wenn sie gegen das allgemeine Gesetz zu verstoßen scheinen, so beruht ihr Handeln zumeist auf der Staatsraison [Staatsinteresse], die, wie allgemein zugegeben wird, das höchste aller Gesetze ist, aber sie ist zugleich für alle diejenigen, die nicht regieren, das am wenigsten bekannte und dunkelste Gesetz.

Leopold Steinfeld (Hg.), Ludwig XIV., Memoiren, Basel 1931, S. 25 f., 33 f., 45, 47, 51.

Q9 Der Ursprung der königlichen Gewalt

Der Theologe Jacques Bénigne Bossuet, seit 1670 Erzieher des Thronfolgers, später Bischof, erklärte seinem Schüler den Ursprung der königlichen Gewalt so:

Wenn man Staaten gründet, will man sich vereinigen; niemals aber ist die Einheit besser gewahrt als unter einem einzigen Oberhaupt. (...)
Wir haben also mit der Schrift [= Bibel] begründet, dass die königliche Gewalt ihren Ursprung in der Gottheit selber hat; dass Gott sie seit der Erschaffung der Welt sichtbar über die Menschen ausgeübt hat; dass er diese übernatürliche und wundersame Herrschaft über das Volk Israel fortdauernd ausgeübt hat bis zu der Zeit der Einsetzung der Könige; dass er darauf die Staatsform der erblichen Monarchie als die natürlichste und dauerhafteste unter allen ausgewählt hat. (...)
Die Fürsten handeln also als Gottes Diener und Statthalter auf Erden. Durch sie übt er seine Herrschaft aus. (...) Deshalb ist, wie wir gesehen haben, der königliche Thron nicht der Thron eines Menschen, sondern Gottes selber. (...) Aus alledem ergibt sich, dass die Person der Könige geheiligt ist. (...)
Kommt ihre Gewalt von oben, so dürfen sie doch nicht glauben, sie seien Herren über sie um nach ihrem Belieben davon Gebrauch zu machen. Vielmehr sollen sie sich ihrer mit Scheu und Zurückhaltung bedienen, als einer ihnen von Gott anvertrauten Sache, über die Gott von ihnen Rechenschaft fordern wird. (...)
Der Fürst blickt von einem höheren und weiteren Standort aus; man darf darauf vertrauen, dass er weiter sieht [als wir]; deshalb muss man ihm ohne Murren gehorchen, denn das Murren ist schon so viel wie eine Neigung zur Empörung.

Zit. nach: Geschichte in Quellen, Band 3, München 1966, S. 450 ff.

Fragen und Anregungen

1. Schreibe einen geheimen Tagebucheintrag, in dem Ludwig darüber berichtet, welche Absicht er mit dem Lever und anderen höfischen Zeremonien und Bräuchen verfolgt (Q3, Q5, Q6, D1, VT).
2. Verfasse einen Brief im Namen Bossuets an die Ständeversammlung. Entwirf eine Antwort der Ständeversammlung (Q7, Q9).
3. Fertige ein Schaubild an, das Ludwigs Regierungssystem darstellt (Q8, Q9, VT), s. ein Schaubild zeichnen (S. 183).
4. Inszeniert ein Streitgespräch über den Machtanspruch Ludwigs zwischen Ludwig und Vertretern des Adels. Überlegt vorher, welche Interessen ihr jeweils vertreten wollt. Notiert Argumente. Überlegt auch, welche Durchsetzungsmöglichkeiten ihr für eure Interessen habt (Q8, Q9, VT).
5. Ein mittelalterlicher König und Ludwig vergleichen ihre Regierungssysteme. Stelle Unterschiede und Gemeinsamkeiten zusammen (VT, Q8; siehe S. 24–38).
6. Der Philosoph Voltaire beurteilte 1751 die neuartige Regierungsweise Ludwigs positiv: „Unter dem Sonnenkönig gab es keinen Bürgerkrieg mehr. Die Pracht der Zeremonien ersetzte die Unruhe der Aufstände.“ Verfasse eine kleine Rede, in der du der Klasse deine eigene Bewertung der Regierungsweise Ludwigs mitteilst und sie mit Argumenten begründest.

2. Frankreich im Absolutismus – ein moderner Staat?

Wettbewerb um Ehre und Vorrang

Niedergeschossene Kutschpferde, sechs tote und 33 verletzte Franzosen. Das war 1661 das Ergebnis eines Streits zwischen den Gesandten Frankreichs und Spaniens bei einem Empfang in London. Der spanische Botschafter hatte sich die Ehre des Vortritts erkämpft. Diese Szene zeigt, worum es im Zeitalter des Absolutismus ging: Wettbewerb um Ehre, Vorrang und Größe. Wie veränderte Ludwig Frankreich, um diesen Wettbewerb im eigenen Land und unter den Herrschern Europas zu gewinnen?

Das stehende Heer

Ludwig organisierte das Heer neu. Aus dem Dreißigjährigen Krieg (1618–1648) hatten seine Kriegsminister gelernt, dass auf Zeit angeworbene Söldner oft schlecht ausgebildet waren. Auch sollten nicht mehr wie im Mittelalter Vasallen mit ihrer Gefolgschaft in den Krieg ziehen. Nur der König allein sollte als Oberbefehlshaber jederzeit auf gut ausgebildete Truppen zugreifen können, die ständig unter Waffen standen, einheitlich ausgerüstet und gekleidet (uniformiert) sowie in Kasernen untergebracht waren. Statt eigene Truppen anzuführen, sollten die Adligen nur noch in höheren Offiziersrängen im königlichen Militär Beschäftigung finden. In diesem „stehenden Heer" stieg die Zahl der Soldaten von 45 000 Mann im Jahr 1664 auf das Neunfache in Kriegszeiten.

Die Außenpolitik Ludwigs XIV.

Das Heer sollte nicht nur die innere Ordnung bewahren, sondern auch durch Eroberungen die königliche Macht ausbauen. Ludwig versuchte, umstrittene Erbansprüche seiner Verwandten gegen seine Nachbarn in zahlreichen Kriegen durchzusetzen, so um das heutige Belgien und die Pfalz. Unter Berufung auf ehemalige französische Lehnszugehörigkeit ließ er Gebiete von seinen Soldaten besetzen. So wurde Straßburg 1681 Frankreich einverleibt und das Elsass zur französischen Provinz erklärt. Nach anfänglichen Erfolgen zeigte sich jedoch, dass Frankreich die angestrebte Vormachtstellung nicht erringen konnte: Die anderen europäischen Herrscher verbündeten sich und zwangen Frankreich, einen Teil der eroberten Gebiete zurückzugeben.

Zu Ludwigs Außenpolitik gehörte auch, in den Hauptstädten anderer Länder diplomatische Vertretungen mit Gesandten einzurichten. Sie sollten die politischen Standpunkte Frankreichs vor Ort vertreten und Einfluss auf die dortigen Entscheidungen nehmen. Wie die Neuerungen beim Militär wurde auch dieses Vorbild von den anderen europäischen Mächten übernommen.

Q1 **Gedenkmünze** zu den Zerstörungen in der Pfalz, 1688.

Absolutismus

Herrschaftsform, bei der ein Monarch den Anspruch auf Unabhängigkeit von Gesetzen (lat. legibus absolutus) und Institutionen erhebt. Sein Ziel ist es, die Macht nicht mehr mit den Ständen, insbesondere dem Adel, teilen zu müssen. Zur Verwirklichung seines Anspruchs versucht er, einen einheitlichen Herrschaftsapparat aufzubauen: Ein stehendes Heer und ein diplomatischer Dienst werden eingerichtet. Die Staatsfinanzen sollen systematisiert, die Wirtschaft staatlich gelenkt, Verwaltung und Justiz zentralisiert und von ihm abhängig gemacht werden. Seinen Herrschaftsanspruch rechtfertigt er durch göttlichen Auftrag. Seine Politik begründet er mit „Staatsinteresse". Es sollte wirken, als wären Staat und Monarch eins.

Q2 **Neubreisach im Elsass (Frankreich)**
Erbaut 1698 nach den Plänen des Marschalls und Festungsbaumeisters Vauban. Das Luftbild zeigt den heutigen Zustand der Stadt.

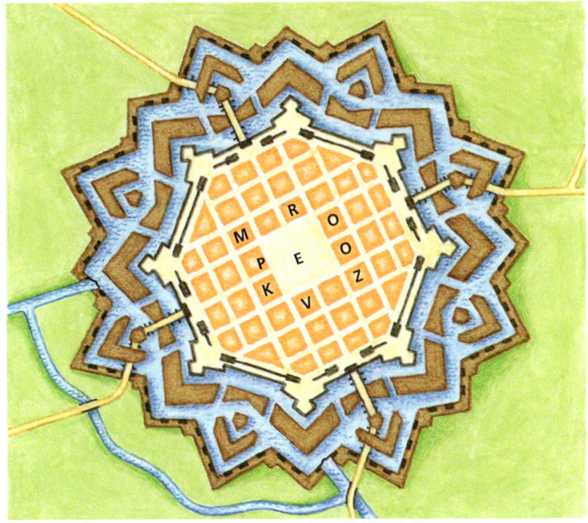

D1 **Grundriss der Festung Neubreisach, 18. Jahrhundert**
E Exerzierplatz, **K** Kirche, **M** Marktgebäude, **O** Offiziersunterkünfte, **P** Pfarrei, **R** Rathaus, **V** Zivilverwaltung, **Z** Zeughaus.

Eine zentral organisierte Verwaltung

Um seine Herrschaft abzusichern modernisierte Ludwig XIV. auch die Verwaltung. Er wollte Frankreich alleine und zentral regieren. Bereits bei seinem Regierungsantritt 1661 verzichtete er auf einen Premierminister und übernahm persönlich die Leitung aller Regierungsgeschäfte. Als Berater wählte er bürgerliche Fachleute anstelle von adligen oder kirchlichen Würdenträgern aus. Der Staatsrat wurde von ihm auf drei bis fünf Minister mit genauen Aufgabengebieten begrenzt. Ludwig konnte sich selber nur um die wichtigsten Angelegenheiten kümmern. Dennoch wurden alle Ratsbeschlüsse als persönliche Entscheidungen des Königs ausgegeben, um den Eindruck der persönlichen Herrschaft zu bestärken.
An die Spitze der neu zugeschnittenen Verwaltungsbezirke traten anstelle adliger Gouverneure 30 bürgerliche Beamte, so genannte Intendanten. Als Fachleute sorgten sie mit weiteren Beamten für die Umsetzung königlicher Befehle, übernahmen die Rechtsprechung und zogen die Steuern ein. Immer häufiger wurde der Einzug der Steuern jedoch an Privatleute verpachtet, die gegen Vorauszahlung der Steuern an den König eine noch größere Summe eintreiben und behalten konnten. Auch andere Ämter und Adelstitel konnten reiche Bürger unter Ludwig XIV. kaufen. So entstand ein „Amtsadel". Dem König brachte dieses System dringend benötigte Einnahmen, den Amtsinhabern einträgliche Geschäfte und den sonst kaum möglichen gesellschaftlichen Aufstieg.

„Ein Glaube, ein Gesetz, ein König"

In religiösen Fragen sollte der Grundsatz gelten: „Ein Glaube, ein Gesetz, ein König". Ludwig verkündete seine Unabhängigkeit vom Papst in weltlichen Angelegenheiten und setzte selbst die Bischhöfe ein. Sein Großvater Heinrich IV. hatte 1598 im Toleranzedikt von Nantes protestantischen Franzosen die freie Religionsausübung gewährt. Ludwig hob dieses Edikt auf und versuchte mit brutaler Gewalt die so genannten Hugenotten zum katholischen Bekenntnis zu zwingen. Trotz Verbots verließen ca. 200 000 Menschen das Land. Dank ihrer Fähigkeiten und ihres Pflichtbewusstseins waren sie den Herrschern der Nachbarländer willkommen. Tausende Hugenotten fanden in deutschen Ländern Zuflucht, so z. B. in Brandenburg-Preußen und in Württemberg.

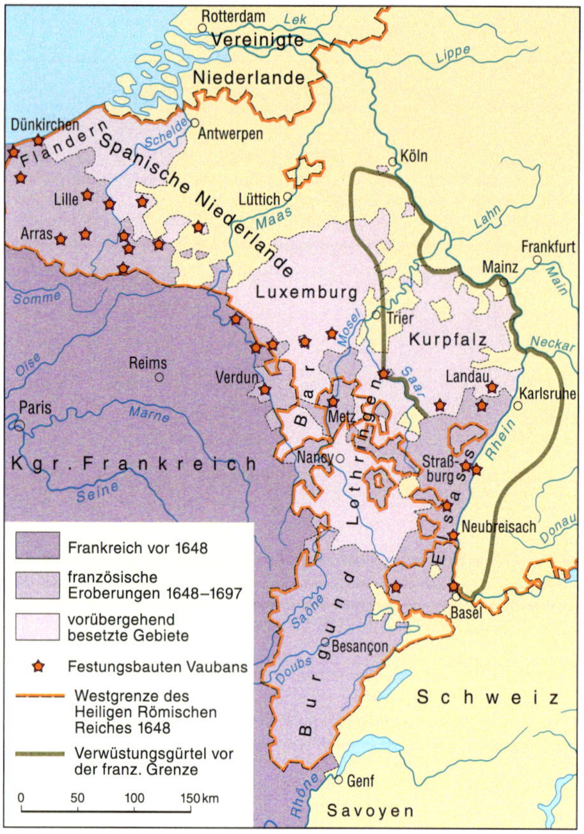

D2 Grenze Frankreichs zum Reich

Q3 Über den Umgang mit Verträgen

Ludwig XIV. schrieb für den Thronfolger:

Die Lage der beiden Kronen von Frankreich und Spanien ist heute noch die gleiche wie in der Vergangenheit; wenn die eine an Macht zunimmt, muss die andere entsprechend an Macht verlieren. Dies führt zwischen beiden Ländern zu einer Eifersucht, die, wenn ich so sagen darf, ihnen wesentlich ist, zu einer Art von Erbfeindschaft, die durch Verträge verhüllt werden, aber niemals zum Erlöschen gebracht werden kann. (...) Alle die schönen Bestimmungen über Bündnisse, Freundschaftsbeteuerungen, das Versprechen, einander alle möglichen Vorteile zukommen zu lassen, bedeuten nach der Erfahrung der Jahrhunderte, so wie es die beiden Vertragschließenden verstehen, nichts anderes, als dass sie sich lediglich bewaffneter Übergriffe und öffentlicher Feindseligkeiten enthalten wollen. Geheime Vertragsverletzungen, die nicht an die Öffentlichkeit dringen, erwartet jeder vom anderen.

L. Steinfeld (Hg.), Ludwig XIV., Memoiren, Basel 1931, S. 25 f., 33 f., 45, 47, 51, 69, 81.

Q4 Die Erziehung hugenottischer Kinder

Königliches Edikt von 1686:

Wir haben durch unser Edikt [von 1685] befohlen, dass die Kinder, die künftig von Unseren Untertanen von der vorgeblich reformierten Religion geboren werden, in der römisch-katholischen apostolischen Religion zu erziehen sind. Wir halten es für notwendig, Uns nunmehr auch mit demselben Nachdruck um das Heil derer zu bemühen, die vor Erlass dieses Gesetzes geboren sind und so an ihnen die Stelle ihrer Eltern zu vertreten, die unglücklicherweise noch an der Häresie [Irrlehre] anhängen und deshalb von ihrem natürlichen Recht auf Erziehung nur einen schlechten Gebrauch machen würden. Daher wollen und befehlen Wir, dass (...) alle Kinder Unserer Untertanen, die sich noch zu der vorgeblich reformierten Religion bekennen, soweit sie sich im Alter von 5 bis 6 Jahren befinden, (...) in die Obhut von Großvätern, Onkeln und anderen katholischen Anverwandten – sofern diese dazu bereit sind – gegeben werden, um in deren Häusern oder anderswo, aber jedenfalls unter deren Aufsicht, in der römisch-katholischen apostolischen Religion erzogen zu werden. (...) Falls diese Kinder keine katholischen Verwandten haben (...), sollen sie solchen katholischen Personen anvertraut werden, die die Richter bestimmen werden (...).

Zit. nach: W. Lautemann/M. Schlenke (Hg.), Geschichte in Quellen, Bd. III, München 1966, S. 456.

Moderner Staat

Der moderne Staat bildet sich in der frühen Neuzeit heraus. Es wird strikt zwischen Person und Amt getrennt, d.h. ein Amt kann nicht wie ein Eigentum besessen, gekauft oder vererbt werden. Auch wird genau zwischen öffentlichen und privaten Geldern unterschieden. Der moderne Staat ist bestrebt über ein größeres Territorium eine einzige Herrschaftsgewalt zu errichten. Er stützt sich dabei auf die besondere Gruppe der Beamten in einer öffentlichen Verwaltung. Er vereint bei sich Rechtssetzung und Strafgewalt, um auf diese Weise Rechtssicherheit und den öffentlichen Frieden zu garantieren. Möglichst viele Lebensbereiche werden der vom Staat vorgegebenen Ordnung unterworfen.

Q5 „Bekehrung“ der Hugenotten

Karikatur aus dem Jahr 1686. Ludwig hatte Dragoner bei Hugenotten einquartieren lassen. Das brutale Auftreten der Soldaten sollte sie zum Glaubenswechsel zwingen. Im oberen Textkasten des Bildes heißt es: „Der neue Missionar, gesandt durch Ludwig den Großen für das gesamte Königreich Frankreich, um die Häretiker (Ketzer) zum katholischen Glauben (...) zurückzuführen.“

Q6 Verfolgung der Hugenotten

Ein Augenzeuge aus Metz berichtete:

Dann gab der oberste Gerichtshof den Befehl, unsere Kirche zu zerstören, nebst allen Gebäuden, die zu ihr gehören. Sofort machte sich ein großer Volkshaufen daran, das gottlose Werk auszuführen. (...) Am Abend desselben Tages war schon keine Spur der Kirche mehr übrig. Während die Papisten [Katholiken] sich solchen Belustigungen hingaben und einige von uns diesem Schauspiel mit Tränen in den Augen zusahen, packten andere, was sie Wertvolles hatten, zusammen und machten sich mit ihren Frauen und Kindern unter dem Beistand des Heiligen Geistes auf den Weg nach Deutschland. Gott gab, dass sie das Ziel erreichten und dort eine Zuflucht fanden, deren sie sich noch heute erfreuen. Aber schon am folgenden Morgen hatte man auf Betreiben der katholischen Geistlichkeit überall Wachen aufgestellt. (...) Auch kam einige Tage danach der Befehl des Königs, wenn jemand ergriffen werde in Ausführung der Absicht, das Königreich zu verlassen, der soll zu den Galeeren verurteilt, den Frauen und Kindern aber sollte erst das Haupt kahl geschoren und dann sollten sie in ein Kloster gesteckt werden.

Zit. nach: H. Schulze/J. U. Paul (Hg.), Europäische Geschichte, München 1994, S. 849.

Fragen und Anregungen

1. Schreibe einen Stadtführer für Neubreisach, in dem du an Gebäuden und Gestalt der Stadt ihren neuartigen Zweck zeigst (Q2, D1).
2. Vergleiche Anlage und Zweck Neubreisachs mit denen einer mittelalterlichen Stadt.
3. Du bist Berater am Hof des deutschen Kaisers Leopold I. Erkläre und belege ihm Methoden und Ziele der Außenpolitik Ludwigs (Q2, D1, D2, Q3), s. Geschichtskarten verstehen (Glossar).
4. Bildet Staatsräte aus drei Ministern und dem König. Sammelt Pro und Kontra der Maßnahmen Ludwigs gegen die Hugenotten (VT, Q4–Q6).
5. Hugenotten schreiben einen Brief an den Staatsrat, in dem sie ihre Sicht der Religionspolitik Ludwigs darstellen (Q4–Q6).
6. Forsche nach, ob damals auch in deiner Region Hugenotten zugezogen sind. Berichte über die Geschichte der Hugenotten in deiner Region, s. ein Kurzreferat halten (S. 39).
7. Du bist Verfasserin oder Verfasser eines Geschichtsbuchs. Untersuche und entscheide mit Hilfe des historischen Grundbegriffs (S. 244), ob in deinem Geschichtsbuch das absolutistische Frankreich als „moderner Staat“ bezeichnet werden soll. Begründe deine Entscheidung (VT, Grundbegriff).

3. Der Merkantilismus – die Entdeckung der Wirtschaftspolitik

Finanzielle Probleme

Nur ein wohlhabender König kann auch ein starker König sein! Diese Überzeugung vertrat der Tuchhändlerssohn Jean-Baptiste Colbert, der 1665 Generalkontrolleur der Finanzen wurde. Aber wie ging der König mit seinem Geld um?
Ludwig traf kostspielige Entscheidungen, ohne den Folgekosten viel Aufmerksamkeit zu schenken. Der Bau und die Unterhaltung von Versailles und die aufwändige Hofhaltung waren teuer, dazu kamen das stehende Heer, die Kriegsflotte, der Bau der Festungen und die Kriegszüge. Für die Übernahme aller Kosten reichten die Steuern nicht aus. Finanzielle Krisen drohten besonders dann, wenn wegen der Schulden vergangener Jahre zusätzliche Kreditzinsen entrichtet werden mussten. Colbert versuchte zu sparen, scheiterte aber an Ludwigs Weigerung, seine Ausgaben einzuschränken. Deswegen nahm er sich vor, die staatlichen Einnahmen zu verbessern. Wie bewirkt man das?

Colbert lenkt die Wirtschaft

Steuern lassen sich nicht beliebig erhöhen. Aber wenn viel gekauft und viel verkauft wird, dann füllt sich die Staatskasse über die Steuern. Deshalb wollte Colbert die Wirtschaft so ankurbeln, dass mehr Geld in die Staatskasse floss. Er betrieb eine neue Wirtschaftspolitik, die später „Merkantilismus" genannt und bestimmend für den Absolutismus wurde.

Q1 **Colbert**
Finanzminister Ludwigs XIV.

Colbert griff lenkend in das wirtschaftliche Geschehen ein. Er führte ein, dass über Einnahmen und Ausgaben des Staates genau Buch geführt wurde. Dann ließ er günstigere Voraussetzungen für Handel und Gewerbe schaffen. Der Bau neuer Straßen, Brücken und Kanäle verbesserte die Verkehrswege und erleichterte den Austausch von Waren. Auch gelang es, viele, wenn auch nicht alle Zollgrenzen im Land zu beseitigen sowie Maße und Gewichte zu vereinheitlichen. Die Gründung von Handelsgesellschaften mit Niederlassungen unter anderem in Nordamerika und Indien und der Ausbau der Handelsflotte sollten die Versorgung mit Rohstoffen sicherstellen. Eigene Rohstoffe sollten das Land möglichst nicht verlassen. Die Einfuhr ausländischer Fertigwaren wurde durch hohe Zölle erschwert, damit die Waren einheimischer Unternehmer und Kaufleute gekauft wurden, die in Frankreich Steuern zahlten. Schließlich wurden spezialisierte Arbeitskräfte aus dem Ausland angeworben, die mit ihren Kenntnissen begehrte Waren in Frankreich herstellen sollten.
Ein wichtiges Ziel Colberts bestand darin, im Handel mit dem Ausland Überschüsse zu erzielen, das heißt mehr ins Ausland zu verkaufen als dort wieder einzukaufen. Vom Überschuss dieses Exports sollte ein möglichst großer Vorrat an Gold und anderen knappen Edelmetallen angelegt werden. Man nahm damals fälschlicherweise an, dass die Menge an Gold und Geld insgesamt begrenzt sei. Und deshalb war man überzeugt, dass der Reichtum, den Frankreich erstrebte, nur zu Lasten anderer Länder erreicht werden könnte. Darin ist auch eine Erklärung für Ludwigs Kriege zu sehen.

Manufakturen produzieren anders

Wesentlich zum Wachsen der Wirtschaft sollten Manufakturen beitragen, die sich von den herkömmlichen Handwerksbetrieben deutlich unterschieden. Eine Person stellte nicht mehr allein ein gesamtes Werkstück her, sondern daran waren jetzt viele beteiligt. Die zur Herstellung notwendigen Arbeitsschritte wurden auf verschiedene Arbeitskräfte aufgeteilt, die immer die gleichen Handgriffe ausführten. Diese Spezialisierung führte zu einer deutlichen Steigerung der Produktion. Die ersten Manufakturen stellten im Auftrag des Königs luxuriöse Waren wie Teppiche, Spiegel, Kutschen und Uniformen her.

Q2 Spielkartenmanufaktur in Paris um 1680
1 Mit Öl getränktes Papier pressen; **2** Trocknen; **3** Verleimen von drei Papierlagen; **4** Erneutes Trocknen; **5** Kolorieren mit Hilfe von Schablonen; **6** Nachkolorieren von Hand; **7** Lackieren; **8** Aufwärmen; **9** Polieren; **10** Zerschneiden; **11** Qualitätskontrolle; **12** Zusammensortieren zu Spielen; **13** Verpacken; **14** Verkauf.

Das Prinzip wurde schon bald von bürgerlichen Unternehmern für die Herstellung anderer Waren übernommen. Solche Betriebe beschäftigten nicht selten mehrere hundert Arbeitskräfte. Die aus den lateinischen Wörtern „manu" (mit der Hand) und „facere" (machen) gebildete Bezeichnung „Manufaktur" verdeutlicht, dass überwiegend in Handarbeit produziert wurde. Mit ihnen beginnt die moderne Arbeitswelt, die sich u. a. durch Vereinheitlichung von Arbeitsvorgängen und Produkten, die Spezialisierung der Mitarbeiter und die Trennung von Wohnen und Arbeiten auszeichnet.

Wohlhabende Bürger profitieren

Vom wirtschaftlichen Aufschwung profitierte vor allem die kleine Gruppe der wohlhabenden Bürger. Als Unternehmer betrieben sie die Manufakturen und als Kaufleute organisierten sie den Austausch der Waren. Viele wurden reicher als die Mehrheit der Adligen. Mit repräsentativen Häusern zeigten sie ihren Wohlstand der Öffentlichkeit. Man traf sich zu gelehrten Gesprächsabenden, denn Bildung wurde hoch geschätzt. Aus diesen bürgerlichen Familien entstammten bedeutende Künstler, Wissenschaftler und besonders Juristen. Der König nahm die Dienste solcher Fachleute gern in Anspruch.
Im krassen Gegensatz dazu stand ihre gesellschaftliche Rolle als Angehörige des „Dritten Standes", der im Unterschied zu Geistlichkeit und Adel keinerlei Vorrechte, sondern nur Pflichten besaß. Da jeder in seinen Stand hineingeboren wurde, war gesellschaftlicher Aufstieg kaum möglich. Nur sehr wenige konnten sich Ämter oder Adelstitel kaufen. Kritische Philosophen, die oft selbst dieser Gruppe entstammten, brachten die Unzufriedenheit mit diesen Zuständen zum Ausdruck. Sie war später mit ausschlaggebend für die Französische Revolution.

Bürgerliches Ehepaar Q3
aus dem 18. Jahrhundert.

Die Mehrheit der Städter lebt ärmlich

Die große Mehrheit der Stadtbewohner lebte jedoch in ärmlichen Verhältnissen. Die Löhne der einfachen Arbeiter in den Manufakturen und im Handwerk blieben trotz langer Arbeitszeiten niedrig, damit hohe Gewinne erzielt werden konnten. Stiegen die Preise an, dann kam es in den Städten schnell zu Hungersnöten.

Die bäuerliche Mehrheit verelendet

Colberts Wirtschaftspolitik vernachlässigte ganz die Landwirtschaft, in der die meisten Franzosen arbeiteten. Viele Bauern und Tagelöhner verelendeten. Wenn die Ernte ausfiel und in Kriegszeiten die Preise anstiegen, waren Massenarmut, Seuchen, Hunger und Tod die Folge. Gegen Ende von Ludwigs Regierungszeit sank die Bevölkerungszahl immer wieder von 20 Millionen auf 18 oder 19 Millionen.
Ludwigs Festungsbaumeister Vauban schätzte, „dass fast ein Zehntel der Bevölkerung sich tatsächlich durch Betteln erhält; dass von den übrigen neun Zehnteln fünf nicht in der Lage sind, das erste Zehntel durch Almosen zu unterstützen, weil sie selber diesem Elendszustand um Haaresbreite nahe sind und dass von den verbleibenden vier Zehnteln drei außerordentlich schlecht gestellt sind."

Die Ergebnisse der Wirtschaftspolitik Colberts

Colberts Finanzplanung und seine staatliche Lenkung der Wirtschaft führte zu einem Anwachsen der staatlichen Einnahmen. Sie konnten aber die hohen Ausgaben Ludwigs, insbesondere für seine Kriege, nicht ausgleichen. Als der König 1715 starb, war das modernisierte Frankreich zwar Vorbild Europas geworden, aber bei privaten Geldgebern hoch verschuldet und nahezu bankrott. Hatte Ludwig verdient, dass bei seinem Tod niemand um ihn trauerte?

Die Wirtschaft Frankreichs D1 im späten 17. Jahrhundert.

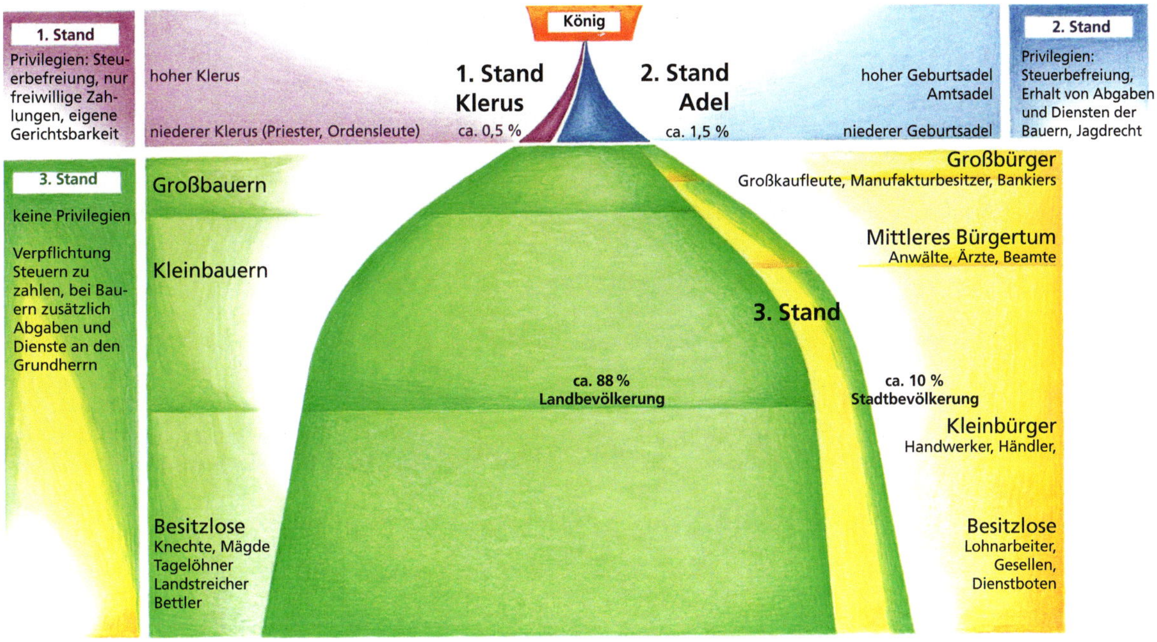

D2 **Die französische Ständegesellschaft zur Zeit Ludwigs XIV.**

Q4 Die neue französische Wirtschaftspolitik

Aus einer Denkschrift Jean-Baptiste Colberts vom 3. August 1664:

Würden stattdessen diese Manufakturen [gemeint sind die niederländischen] bei uns wieder eingerichtet, so hätten wir nicht nur deren Erzeugnisse für unseren Bedarf (...), sondern wir hätten auch noch Überschüsse für die Ausfuhr, die uns wiederum einen Rückfluss an Geld einbrächten. Dies aber ist, mit einem Wort gesagt, das einzige Ziel des Handels und das einzige Mittel, Größe und Macht dieses Staates zu vermehren. (...)

Ich glaube, man wird ohne weiteres in dem Grundsatz einig sein, dass es einzig und allein der Reichtum an Geld ist, der die Unterschiede an Größe und Macht zwischen den Staaten begründet. Was dies betrifft, so ist sicher, dass jährlich aus dem Königreich einheimische Erzeugnisse (Wein, Branntwein, Weinessig, Eisen, Obst, Papier, Leinwand, Eisenwaren, Seide, Kurzwaren) für den Verbrauch im Ausland im Wert von 12 bis 18 Millionen Livres hinausgehen. Das sind die Goldminen unseres Königreiches, um deren Erhaltung wir uns sorgfältig bemühen müssen. (...)

Je mehr wir die Handelsgewinne, die die Holländer den Untertanen des Königs abnehmen, und den Konsum der von ihnen eingeführten Waren verringern können, desto mehr vergrößern wir die Menge des hereinströmenden Bargeldes und vermehren wir die Macht, Größe und Wohlhabenheit des Staates. (...) [Außerdem] wird sicherlich durch die Manufakturen eine Million zur Zeit arbeitsloser Menschen ihren Lebensunterhalt gewinnen. Eine ebenso beträchtliche Anzahl wird in der Schifffahrt und in den Seehäfen Verdienst finden, und die fast unbegrenzte Vermehrung der Schiffe wird im gleichen Verhältnis Größe und Macht des Staates vermehren. Dies sind die Ziele, nach denen der König meines Erachtens aus guter Gesinnung und Liebe zu seinem Volk streben sollte. (...)

Alle Verwaltungsvorschriften im Königreich bezüglich der Wiederherstellung der Manufakturen sollten erneuert, die Ein- und Ausfuhrtarife überprüft (...) und es sollte jährlich eine bedeutende Summe für Wiederherstellung der Manufakturen und die Förderung des Handels (...) ausgeworfen werden. Desgleichen bezüglich der Schifffahrt: Zahlung von Gratifikationen [Prämien] an alle, die neue Schiffe kaufen oder bauen oder große Handelsreisen unternehmen. Die Landstraßen sollten ausgebessert, die Zollstationen an den Flüssen aufgehoben, die kommunalen Schulden weiterhin abgelöst werden. Man bemühe sich unablässig, die Flüsse im Innern des Königreiches schiffbar zu machen, so weit sie es noch nicht sind; man prüfe sorgfältig die Frage einer Verbindung der Meere.

Zit. nach: Geschichte in Quellen, Bd. 3, München 1982, S. 446 ff.

Q5 **Bau einer Hauptstraße.** Gemälde von Joseph Vernet, 1775.

Q6 Ein Botschafter übt Kritik

Der Botschafter der Republik Venedig in Frankreich von 1665 bis 1668, Marco Antonio Giustiniani, äußerte über Colberts Wirtschaftspolitik:

Herr Colbert möchte das ganze Land allen anderen an Wohlstand, Handelsgütern, Kunstfertigkeiten und allen möglichen Gütern überlegen machen, sodass es nichts von anderen bedarf, sondern alles an die anderen Länder liefern kann. (...) Er versäumt nichts, um Gewerbe anderer Länder in Frankreich heimisch zu machen. Was an Besonderem in England hergestellt wird, was die Natur dort an Seltenem liefert, bemüht er sich, ins Königreich einzuführen. Für die Herstellung gewisser Produkte ist man so weit gegangen, (...) eine königliche Residenz in einen Gewerbebetrieb [umzuwandeln.] (...) Aus Holland hat man Techniken der Tuchproduktion übernommen, ebenso auch die Herstellung von Käse, Butter und anderer Spezialitäten. 5000–6000 Frauen sind in den meisten Provinzen mit dieser Arbeit beschäftigt. (...) Aus Deutschland hat man die Produktion von Hüten, Weißblech und vieler anderer Gewerbeerzeugnisse geholt, von unserem Land die Spitzenklöppelei und die Spiegelherstellung. Was es an besten Waren in aller Welt gibt, das wird zur Zeit in Frankreich hergestellt, und so groß ist das Ansehen dieser Waren, dass von überall Bestellungen kommen. (...)

Um eine Belastung der Handelsbeziehungen zu vermeiden, muss man Geld in das Königreich senden. Das geschieht zur vollen Zufriedenheit Herrn Colberts, der nichts anderes im Sinn hat, als die anderen Staaten auszuplündern, um Frankreich reich zu machen.

Zit. nach: E. Lavisse, L'histoire de France, Bd. 4, Paris 1906, S. 229f. Übersetzung Geschichtsbuch 2, Frankfurt 1987, S. 159f.

Q7 Manufakturarbeiter setzen sich zur Wehr

Der Schriftsteller Boisguillebert (1646–1714) berichtete über das Verhalten der Manufakturarbeiter:

Wenn die Getreidepreise steigen, gibt es unter den Arbeitern eine bei diesen Gelegenheiten sehr verbreitete Aufruhrgesinnung gegen die Justiz. (...) Man sieht, wie in den Handelsstädten 700 bis 800 Arbeiter einer einzigen Manufaktur sich plötzlich und auf einmal entfernen und ihre unvollendeten Arbeiten verlassen, weil man ihren Tageslohn um einen Sous kürzen wollte, während der Preis für ihre Erzeugnisse bereits um das Vierfache gesunken war; die Anführer gebrauchen Gewalt gegen die, die vernünftig hätten sein können. Es gibt sogar Abmachungen unter ihnen, (...) dass einem, der es unternimmt, den gewöhnlichen Preis zu senken, sofort die Berufsausübung untersagt wird; und abgesehen von der Gewalt, die sie bei diesen Gelegenheiten gebrauchen, bekommt der Unternehmer dies zu spüren durch ein allgemeines Verbot für alle Arbeiter, jemals bei ihm zu arbeiten: Man hat angesehene Kaufleute Bankrott machen sehen aus dem einzigen Grund, dass sie zwei oder drei Jahre lang niemand finden konnten, um ihre Arbeiten zu machen, obwohl es am Ort eine Menge Leute vom Fach gab, die keinen Arbeitgeber fanden.

Zit. nach: A. Moser, Politische Weltkunde I, 3. Das Werden einer neuen Zeit, Stuttgart 1980, S. 54.

[Ein durchschnittliches Tageseinkommen im 17. Jahrhundert bewegte sich zwischen 10 und 20 Sous. Ein Weißbrot kostete 1 bis 2 Sous, eine Pinte (0,6 l) Wein 2 bis 3 Sous, ein Pfund Butter 5 bis 8 Sous, ein Paar Holzschuhe 2 Sous und ein Pfund Kerzen 6 bis 10 Sous.]

Q8 Königliche Unterstützung für einen Fabrikanten

Privileg Ludwigs XIV. für den holländischen Textilfabrikanten van Robais, 1665:

Wir gestatten und erlauben dem genannten van Robais, sich in der Stadt Abbeville mit fünfzig holländischen Arbeitern niederzulassen und dort eine Manufaktur für feine Tuche einzurichten von der Art, wie man sie in Spanien und Holland herstellt, und zu diesem Zweck dreißig Webstühle dorthin zu transportieren und dort aufzustellen. (...) Wir wollen, dass er und seine bei der Manufaktur tätigen ausländischen Gesellschafter und Arbeiter als wahre ansässige und naturalisierte [eingebürgerte] Franzosen eingestuft und angesehen werden. Sie werden auch während der Laufzeit dieser Konzession [Genehmigung] von allen übrigen Abgaben, Steuern, Soldateneinquartierungen, städtischen Diensten, Frondiensten und sonstigen öffentlichen Lasten befreit sein. (...) Und damit sie in der gleichen Religionsfreiheit leben können, in der sie aufgewachsen sind, gestatten wir (...), sich weiterhin zur angeblich reformierten Religion zu bekennen. (...) Und um (...) unsere Genugtuung über ihr Unternehmen noch mehr zu bezeugen, haben wir angeordnet und ordnen wir an, (...) dass dem Unternehmer die Summe von 12 000 Livres bar bezahlt und ausgehändigt werde. (...) Und damit der Antragsteller in voller Freiheit den Gewinn seiner Arbeit genießen kann, haben wir (...) verboten, während der Zeit von zwanzig Jahren diese Tuchsorte nachzuahmen oder nachzumachen oder in dieser Stadt und im Umkreis von zehn Meilen ähnliche Webstühle aufzustellen.

Zit. nach: A. Moser, Politische Weltkunde I, 3. Das Werden einer neuen Zeit, Stuttgart 1980, S. 52.

Q9 Von Adel und Bürgertum

Der Schriftsteller Jean de La Bruyère charakterisierte wichtige Bevölkerungsgruppen zur Zeit Ludwigs XIV.:

Während die Großen verabsäumen, sich mit den Interessen der Fürsten und des Staates, ja selbst mit ihren persönlichen vertraut zu machen; während sie nichts vom Wirtschaften und Sorgen eines Familienvaters wissen und sich ihrer Unkenntnis sogar rühmen; während sie sich von ihren Verwaltern ausbeuten und beherrschen lassen; während sie sich damit begnügen, Feinschmecker und Weinkenner zu sein (...), unterrichten sich Bürger über die inneren und äußeren Angelegenheiten eines Reiches, machen sich mit der Regierungskunst vertraut, gewinnen Einsicht und politischen Sinn, lernen die Stärke und die Schwäche eines Staates kennen, trachten danach, ihre Stellung zu verbessern, verbessern sie, steigen immer weiter empor, werden mächtig und entheben den Fürsten der Sorge um einen Teil der Staatsgeschäfte. (...)

Zit. nach: G. Hess (Hg.), Jean de La Bruyère, Die Charaktere oder die Sitten des Jahrhunderts, Leipzig o. J., S. 193 f., S. 272 f.

Fragen und Anregungen

1. Auf der Karte D1 zur Wirtschaft Frankreichs wurden Informationen vergessen! Vergleiche die Karte mit der Beschreibung des Merkantilismus im Verfassertext und finde das Fehlende. Zeichne eine vereinfachte Karte mit den nötigen Ergänzungen.
2. Fertige ein Schaubild zur Gesellschaft Frankreichs an. Die Größe der Flächen soll dabei nicht den Bevölkerungsanteil der Stände zeigen wie in D2, sondern die Bedeutung der einzelnen Bevölkerungsgruppen ausdrücken. Je mehr Bedeutung oder Macht, desto mehr Fläche (VT, D2). Mehrere Lösungen sind möglich.
3. Du bist Besitzer einer Spielkartenmanufaktur und erklärst einem Besucher bei einer Führung die neuartige Funktionsweise und Vorteile einer Manufaktur (Q2).
4. Suche im Buch die Abbildung eines mittelalterlichen Handwerksbetriebs und vergleiche seine Arbeitsweise mit der einer Manufaktur (Q2).
5. Bildet Gruppen von Manufakturarbeitern und -besitzern. Schildert jeweils aus ihrer Sicht die Probleme in den Manufakturen (Q7). Erwägt Lösungsmöglichkeiten. Vergleicht die Lösungsvorschläge von Besitzern und Arbeitern.
6. Fertige eine Liste der Zugeständnisse an, die Ludwig XIV. dem holländischen Unternehmer macht (Q8). Ein Konkurrent (Mitbewerber) beschwert sich in einer Rede bei Colbert über Ludwigs Unterstützung für diesen Unternehmer. Colbert antwortet ihm. Verfasse und halte die beiden Reden.
7. Colbert (Q4) unterhält sich mit dem Botschafter Giustiniani (Q6) über die Ziele seiner Wirtschaftspolitik und die Kritik daran. Führe das Gespräch und fasse das Ergebnis zusammen.
8. Mache dir als wohlhabender Bürger in deinem Tagebuch Gedanken über die Möglichkeiten, die dir Frankreich in Wirtschaft und Gesellschaft bietet (Q9, VT).

4. „Wir von Gottes Gnaden …" – der Absolutismus im deutschen Südwesten

Eine geheimnisvolle Reise

Im Frühjahr 1700 bricht der junge Herzog Eberhard Ludwig von Württemberg (1693–1733) mit seinem Gefolge zu einer „Besichtigungstour" besonderer Art auf. Er will auf seiner Reise, die ihn rheinabwärts nach Holland und dann nach England führt, möglichst viele Schlösser im neuen Barockstil besichtigen. Zwischendurch unterbricht er seine Reise, um sich allein und unerkannt in der Nähe von Paris aufzuhalten. Sein Ziel ist die eindrucksvollste barocke Schlossanlage der Zeit, die er unbedingt kennen lernen möchte: Versailles (siehe S. 237).Warum unternimmt der württembergische Herzog diesen geheimnisvollen Abstecher und warum will er, der zu den großen Fürsten des Reiches zählt, in Versailles unerkannt bleiben?

Frankreich – der Feind des Reiches

Ludwig XIV. und die Franzosen waren im deutschen Südwesten verhasst. Der französische König hatte während des Pfälzischen Erbfolgekriegs (1688–1697) das Land verwüsten lassen, bevor es sich von den Zerstörungen des Dreißigjährigen Krieges hatte erholen können. Zahlreiche Städte wie Baden-Baden, Durlach oder Heidelberg ließ Ludwig in Schutt und Asche legen (s. Karte D2, S. 244). Verständlich, dass Eberhard Ludwig nicht in Verbindung mit dem größten Feind des Reiches gebracht werden wollte. Er war dem Kaiser treu ergeben. Im Spanischen Erbfolgekrieg, der 1701, ein Jahr nach seiner Reise, begann, kämpfte er für den Kaiser erfolgreich gegen Frankreich und wurde dafür 1713 zum Generalfeldmarschall ernannt.

Versailles – „das Maß aller Dinge"

Doch Ludwig XIV. wurde in den deutschen Ländern nicht nur gehasst, sondern auch bewundert. Viele deutsche Fürsten wollten es ihm gleichtun und ein wenig Glanz in ihr Land holen, sei es auch noch so klein. Wie die Pilze schossen Barockschlösser und Residenzstädte nach 1700 in Südwestdeutschland aus dem Boden: In Rastatt baute Markgraf Ludwig Wilhelm von Baden-Baden als der erste deutsche Landesherr eine groß angelegte Residenz, nachdem sein altes Schloss in Baden-Baden im Krieg zerstört worden war. In Karlsruhe folgte der Markgraf von Baden-Durlach seinem Beispiel und in Mannheim und Schwetzingen der Kurfürst von der Pfalz. In diesem Wettbewerb um das schönste Schloss und den prachtvollsten Hof durfte Eberhard Ludwig nicht zurückstehen, wollte er beim Kaiser und unter den Fürsten etwas gelten. Schließlich wollte er im Reich noch viel erreichen. Er hoffte vom Kaiser die Kurfürstenwürde verliehen zu bekommen, der dann aber die Welfen in Hannover vorzog.

Mit großem Pomp wurde 1704 der Grundstein gelegt: In 29-jähriger Bauzeit entstand an der Stelle eines einfachen Jagdschlosses eine der größten Barockanlagen in Deutschland: Ludwigsburg, das „Versailles in Württemberg". Das alte, burgähnliche Schloss in Stuttgart hatte Eberhard Ludwig als Residenz schon lange nicht mehr gefallen. Deshalb verlegt er 1724 seine Residenz endgültig nach Ludwigsburg. Mit ihm zog der gesamte Hof in das neue Zentrum des Landes. Bald entfaltete sich dort ein prachtvolles Hofleben. Weit über 1000 Diener sorgten sich um das Wohl der herzoglichen Familie und der Gäste, für die 452 Zimmer bereitstanden.

Q1 **Standbild Eberhard Ludwigs** auf dem Ludwigsburger Marktplatz.

Q2 Die barocke Residenz Ludwigsburg
Seit dem späten 17. Jahrhundert wurden Schlösser und Kirchen in ganz Europa und Lateinamerika im Stil des Barock gebaut, der im päpstlichen Rom entstanden war. Die Schlösser wirken mit ihren verzierten und gegliederten Fassaden monumental und prunkvoll. Die Innenräume sind reich und farbenfroh ausgeschmückt. Geschwungene und verspielte Formen prägen das Bild. Vieles erinnert an eine große Theaterkulisse, vor der die absolutistischen Fürsten ihre Macht zeigen konnten. Alles wirkt sorgfältig geplant, wie am Reißtisch entworfen: Mensch und Natur sollen dem Willen der Fürsten vollständig unterworfen sein.

Mit noch größerem Prunk umgab sich einer seiner Nachfolger, der Herzog Karl Eugen (1744–1793). Große Jagden, Paraden und rauschende Feste fanden statt, Opern, Schauspiele und Ballettaufführungen zogen die Gäste in ihren Bann. „Zu jener Zeit war der Hof des Herzogs von Württemberg der glänzendste in Europa", berichtet ein Zeitgenosse. Doch dies genügte dem Herzog noch nicht. Er gönnte sich noch ein neues Schloss in Stuttgart und die Schlösser Solitude, Hohenheim und Monrepos. Diese fürstliche Prachtentfaltung stand in krassem Gegensatz zur ärmlichen Lebensweise der Bevölkerung.

Absolutismus im deutschen Südwesten

Frankreich war sowohl in Architektur und Hofhaltung als auch in Politik und Verwaltung das große Vorbild für die Fürsten im deutschen Südwesten. Auch Eberhard Ludwig und vor allem Karl Eugen strebten eine persönliche, auf den Fürsten ausgerichtete Herrschaft an. Grundsätzlich sollte alles auf den Fürsten zulaufen und von ihm ausgehen. Anders als in Frankreich konnte der Herzog von Württemberg aber nicht schalten und walten, wie er wollte. Der Landtag, in dem die „Landschaft"

Q3 **Herzog Karl Eugen mit seiner Hofgesellschaft**
Zeitgenössische Zeichnung.

Q4 **Spiegelkabinett**
im Ludwigsburger Schloss

vertreten war, d.h. die Vertreter der Städte, der Ämter und die Kirche, hatte seit dem Tübinger Vertrag von 1514 die Möglichkeit, politisch ein Wort mitzureden. Zwar versuchte Eberhard Ludwig den Landtag auszuschalten, indem er selbst nach Ludwigsburg zog und den Landtag in der alten Residenz Stuttgart zurückließ. Ihn ganz kalt zu stellen, wie es Ludwig XIV. in Frankreich vorgemacht hatte, gelang ihm aber nicht. Da der Landtag die Steuern bewilligen musste, konnte der Herzog von Württemberg nicht im gleichen Maße wie Ludwig XIV. in Frankreich das Geld seiner Untertanen eintreiben. Schlossbau und Hofhaltung aber verschlangen riesige Summen von Geld! Dazu kam der Aufbau eines modernen stehenden Heeres. Wie konnte der Herzog dies alles bezahlen, welche Einnahmen hatte er?
Der württembergische Herzog schaute sich die merkantilistische Politik Frankreichs ab. Das Ziel war, das rückständige Land zu modernisieren und auf diese Weise schließlich das Steueraufkommen zu erhöhen. Besonders Karl Eugen bemühte sich, die staatlichen Manufakturen auszubauen, die Landwirtschaft zu fördern, das Erziehungswesen und die Verwaltung zu verbessern. Da der Erfolg nur mäßig war, griff Karl Eugen auch zu drastischen Mitteln. Er scheute nicht davor zurück, seine „Landeskinder", die er wahllos aufgreifen ließ, an auswärtige Fürsten als Soldaten zu verkaufen. Doch dies reichte nicht aus. Der Schuldenberg war in Württemberg bis 1770 auf 4 Millionen Gulden angewachsen, was einem Steueraufkommen von 5 Jahren entsprach.

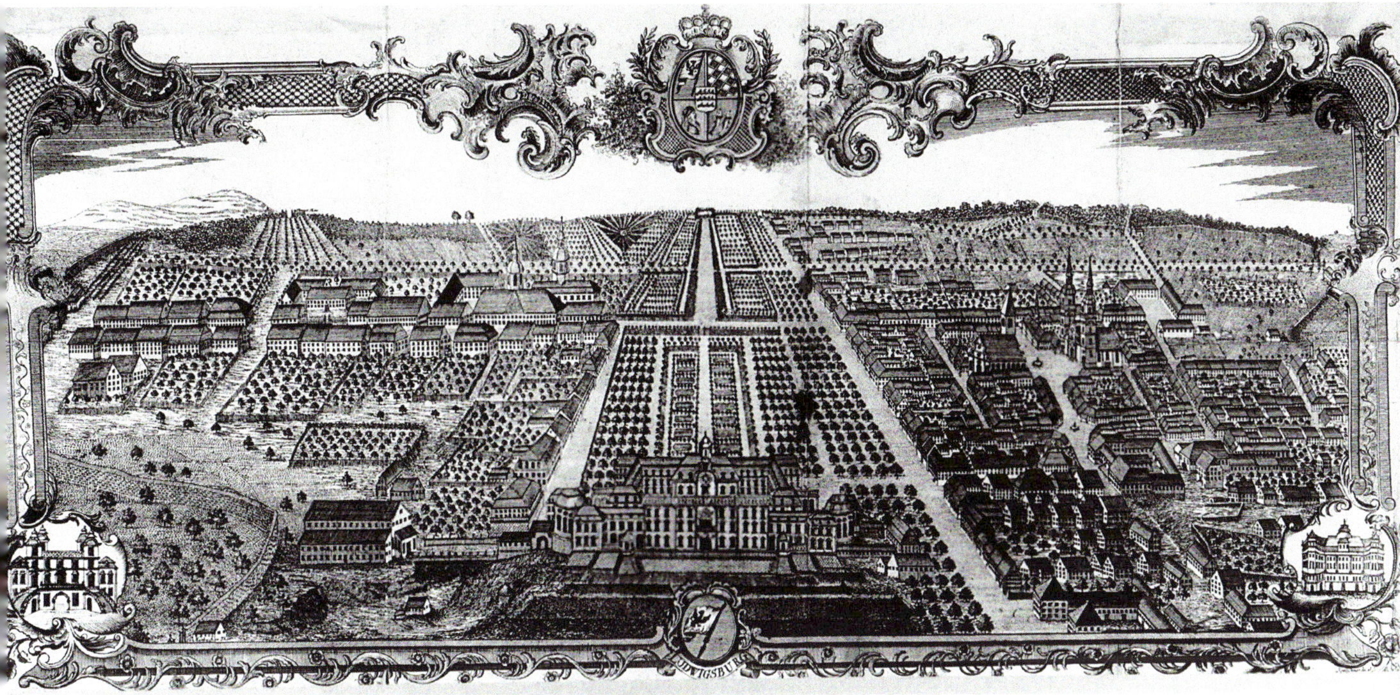

Q5 **Schloss und Stadt Ludwigsburg.** Kupferstich von 1770.

Q6 Wozu diente die höfische Pracht?

Aus einem „Musterbuch" über den fürstlichen Hof, 1719:

Die meisten Menschen, vornehmlich aber der Pöbel, sind von solcher Beschaffenheit, dass bei ihnen die sinnliche Empfindung und Einbildung mehr als Witz und Verstand vermögen. Sie werden daher durch solche Dinge, welche die Sinne kitzeln und in die Augen fallen, mehr als durch die bündig- und deutlichsten Motive angesprochen. Wenn man dem gemeinen Volk hundert und aber hundert Mal mit auserlesensten Worten und Gründen vorstellte, dass es seinem Regenten deswegen gehorchen sollte, weil es dem Göttlichen Befehl und der gesunden Vernunft gemäß wäre, dieser aber sich in Kleidung und sonsten in allem so schlecht als ein gemeiner Bürger aufführte, so würde man wenig damit ausrichten. Allein man stelle demselben einen Fürsten vor, der prächtig gekleidet, mit vielen Hofleuten umgeben, von verschiedenen auswärtigen Prinzen und Gesandtschaften verehrt, auch von einer ansehnlichen Garde bedeckt ist, so wird es anfangen, sich über dessen Hoheit zu verwundern. Diese Verwunderung aber bringt Hochachtung und Ehrfurcht zuwege, von welcher Untertänigkeit und Gehorsam herkommen.

Zit. nach: Schloss Ludwigsburg. Gedichte einer barocken Residenz, hg. von den Staatlichen Schlössern und Gärten Baden-Württembergs, Tübingen 2004, S. 96. Bearb. d. Verf.

Q7 Ein Hof der Superlative

In William Thackerays Roman „The Luck of Barry Lyndon" (1844) reist der Held Lyndon in Europa von Hof zu Hof und schwärmt besonders von einer Residenz im Südwesten Deutschlands, deren Vorbild Ludwigsburg unter Karl Eugen ist:

An keinem Hofe Europas wurde ein Fremdling herzlicher empfangen als an dem Hof des edlen Herzogs X …, an keinem wurde dem Vergnügen gieriger nachgejagt und wurde es großartiger genossen. Der Fürst residierte nicht in seiner Hauptstadt S. …, sondern hatte sich, um in jeder Hinsicht den Hof von Versailles nachzuahmen, einige Meilen von seiner Hauptstadt entfernt einen prächtigen Palast bauen und ihn mit einer aristokratischen Stadt umgeben lassen, die ausschließlich die Edelleute, Offiziere und Beamten seines luxuriösen Hofstaates bewohnten. Seine Untertanen wurden allerdings hart bedrückt, damit er sich diese Pracht leisten konnte, denn das Land seiner Hoheit war klein, und so schloss er sich (…) aufs Strengste von seinen Landeskindern ab. (…) Die Hofoper wurde nur noch von der französischen übertroffen, und das glänzende Ballett, für das seine Hoheit (…) Unsummen ausgab, war in Europa einzigartig. Ich glaube, ich habe nie wieder in meinem Leben so viel Pracht auf einer Bühne bewundern können (…)!

Zit. nach: Karl-Heinz Wagner, Herzog Karl Eugen von Württemberg, Stuttgart 2001, S. 7f.

Q8 Plan der Residenz Karlsruhe

Stich von 1739. 1715 begann der Markgraf von Baden-Durlach, Karl Wilhelm, mitten in einem großen Waldgebiet in Baden, dem Hardtwald, ein neues Schloss zu bauen: Carols-Ruhe. In der alten Residenzstadt Durlach lag er mit den Bürgern in Streit. Über die Gründung von Karlsruhe wurde bald folgende Legende erzählt: Eines Tages soll Karl Wilhelm, müde von der Jagd, mitten im Hardtwald eingeschlafen sein und einen Traum gehabt haben. Er, der Markgraf, sei die Sonne und von diesem Zentrum gingen kreisförmig unzählige Strahlen aus. Diesen Traum habe er dann unverzüglich beim Bau des Schlosses und der neuen Residenzstadt umgesetzt.

Seiner Aufforderung, sich in Karlsruhe anzusiedeln, leisteten bald viele Untertanen Folge, gab es doch zahlreiche Erleichterungen wie Steuerfreiheit für die neuen Stadtbewohner. Doch die Bauvorschriften waren streng. Von dem dreistöckigen Schloss durch eine Parkanlage getrennt, durften die Mitglieder des Hofstaats noch zweistöckig bauen. Die eigentliche Stadt mit dem Marktplatz und der Konkordienkirche als Mittelpunkt war von dem adligen Bereich durch eine große, gerade Straße abgetrennt. Die Häuser der Handwerker und Kaufleute durften hier nur ein Stockwerk hoch sein.

Fragen und Anregungen

1. Trage in eine Karte von Baden-Württemberg die barocken Schlösser aus dem Kapitel ein. Ergänze diese Karte durch Hinweise aus dem Internet (www.historisches-wuerttemberg.de).
2. Beschreibe den Plan von Schloss und Stadt Ludwigsburg (Q5, vgl. auch Q7) und das Standbild von Eberhard Ludwig (Q1).
3. Woran kann man erkennen, dass Eberhard Ludwig sich beim Bau seines Schlosses Versailles zum Vorbild genommen hat? Vergleiche Schloss Ludwigsburg (Q2, Q4, Q5) und das Standbild (Q1) mit dem Schloss von Versailles und dem Bild Ludwigs XIV. (ADS; Kapitel 1, Q3, Q4).
4. Überlege, wie die Empfehlungen aus dem Musterbuch (Q6) gegenüber den Untertanen in Versailles und Ludwigsburg umgesetzt wurden.
5. Stelle dir die Regierungsweise Ludwigs XIV. und Karl Eugens vor (VT). Vergleiche dazu auch die beiden Länder in einem historischen Atlas. Kannst du Unterschiede erkennen?
6. Betrachte und deute den Plan von Karlsruhe (Q8) und fasse dabei dein Wissen über den Absolutismus zusammen. Gehe darauf ein, wie Karl Wilhelm seine Herrschaft verstand, wie er herrschte und wie die Gesellschaft geordnet war. Zeige auch, inwieweit Versailles und Ludwig XIV. ihm Vorbild waren.

Ein Quiz zum Absolutismus erstellen

In der Schule spricht man meist vom „Test", wenn es um Wissensüberprüfungen geht, und nicht selten ist das Angelernte bald vergessen. Wenn ihr jedoch die Fragen für ein Quiz selbst erstellt und auch Musterlösungen schreibt, befasst ihr euch gründlich mit den Sachverhalten und festigt damit fast spielerisch den Lernstoff.

Ein solches Quiz könnt ihr in verschiedenen Formen durchführen. Allen ist gemeinsam, dass sie aus der Aufgabenstellung bzw. Frage und zugehöriger Antwort bestehen, die erarbeitet werden müssen. Besonders eignen sich die Definitionen der historischen Grundbegriffe, deren Inhalte man immer behalten sollte, und die Verfassertexte, in die auch weniger wichtige Informationen aufgenommen sind. Aber auch Quellen und Darstellungen kommen in Frage, denn auch sie vermitteln allgemeingültige Informationen.

Wählt unter den folgenden Möglichkeiten, ein Quiz zu erstellen, aus:

a) Die gestellte Frage wird mit einem eindeutigen Lösungswort beantwortet.
Hierzu bietet sich der so genannte „Lückentext", bei dem der gesuchte Begriff im Satz fehlt und eingesetzt werden muss, oder ein Kreuzworträtsel an.

Der .... war die Wirtschaftsform, die sich zur Zeit des Absolutismus herausbildete.

b) Zur gestellten Frage werden mehrere Antworten zur Auswahl vorgelegt.
Bei diesem Multiple-Choice-Verfahren unterscheidet der Getestete zwischen richtigen und falschen Antworten. Wenn vorher nicht bekannt gegeben wird, wie viele richtige und falsche Antworten unter den angebotenen Lösungen sind, steigt der Schwierigkeitsgrad. Besonders wichtig ist, dass die unrichtigen Antworten wahrscheinlich klingen, sonst wird diese Form recht einfach.

Der Finanzminister Ludwigs XIV. war,
a) Voltaire d) Colbert
b) Bossuet e) Vernet

c) Die gestellte Frage wird in einem Zusammenhang beantwortet.

Für die Auswertung erstellt ihr am besten eine in Teilinformationen aufgegliederte Lösung und vergebt darin Punkte, wobei zentrale Aussagen mehr Punkte erhalten als andere.
Für die Formen zu a) und b) kann man auch Software nutzen. Zur Zeit der Drucklegung des Buches ist u. a. „Hot Potatoes" ein empfehlenswertes und für Schulen gratis nutzbares Programm.

Wenn ihr unterschiedliche Quizformen erarbeitet und gegenseitig erprobt, lernt ihr gleich doppelt: bei der Erstellung des eigenen und der Beantwortung des Quiz eurer Mitschüler. Da wird der Lernerfolg nicht ausbleiben!

1. …
2. Hofmaler Ludwigs XIV.
3. …
4. …
5. …
6. …
7. …
8. …
9. Schlossanlage in der Nähe von Paris
10. Einteilung der frz. Gesellschaft zur Zeit des Absolutismus

Das Lösungswort ist eine Bezeichnung für französische Protestanten, die unter Ludwig XIV. verfolgt wurden.

5. Jh. Das Christentum hat sich in großen Teilen Europas ausgebreitet. Seit 400 führt der Bischof von Rom als **Papst** die katholische Kirche.

Um 529 gründet Benedikt von Nursia ein **Kloster** auf dem Berg Montecassino in Süditalien.

Um 600 entsteht auf der arabischen Halbinsel unter dem Prediger Mohammed eine neue Religion – der **Islam**.

7.–10. Jh. Das **Byzantinische Reich** erlebt seine Blüte.

711 In Spanien beginnt die **muslimische Herrschaft**.

754 Pippin wird als erster fränkischer König vom Papst gesalbt.

768–814 Karl der Große regiert das Frankenreich. Im Jahr **800** wird er vom Papst zum **Kaiser** gekrönt.

936–973 Otto I. ist König des Ostfränkischen Reiches. Im Jahr **962** wird er zum Kaiser gekrönt.

1054 Die christliche Kirche trennt sich in die griechisch-orthodoxe und die lateinisch-römische Kirche (Schisma).

1076/77 Im **Investiturstreit** ringen Kaiser und Papst um Einfluss.

1095 Papst Urban II. ruft zum **Kreuzzug** auf.

1099 erobern christliche Kreuzfahrer Jerusalem.

1122 Im **Wormser Konkordat** wird das Machtverhältnis zwischen Kaiser und Papst geregelt.

1152–1190 Friedrich I. Barbarossa regiert als König und Kaiser.

bis zum 11. Jh. entstehen jüdische Gemeinden in ganz Europa.

500 — 800 — 1000

Seit dem 8. Jh. leben die meisten Menschen als abhängige Bauern in der **Grundherrschaft**. Das **Lehnswesen** bildet sich heraus.

um 800 Karl der Große unterstellt die Juden seines Reiches seinem Schutz.

11.–14. Jh. In Europa entstehen zahlreiche **Städte**.

11.–14. Jh. Deutsche siedeln sich in Ostmitteleuropa an.

10.–12. Jh. In Europa wird im romanischen Stil gebaut.

ZEITTAFEL

GESCHICHTE GESCHEHEN

12. Jh. Norditalienische Handelsgesellschaften erobern das Mittelmeer.

Papsttum – Judentum – unfrei und frei – Adel – Klerus – Laien – Ketzer – Heiliger Krieg – Kreuzzug – Toleranz

Markt – Bürger – Patrizier – Zunftzwang – Gilde – Privileg

1216 Die **Magna Carta Libertatum** wird als Herrschaftsvertrag zwischen dem englischen König, dem Hochadel und der Stadt London geschlossen.

12. und 13. Jh. Katharer und andere reformorientierte Glaubensgemeinschaften werden als Ketzer verfolgt. Die Amtskirche setzt Inquisitionsgerichte ein.

13.–16. Jh. In Mittel- und Südamerika bestehen die Reiche der Azteken, Maya und Inka.

1339–1451 Im **Hundertjährigen Krieg** mit Frankreich verliert England seinen Festlandbesitz.

1356 Die **„Goldene Bulle"** gibt den Kurfürsten die Macht der Königswahl.

1453 Osmanische Türken erobern Konstantinopel; das Byzantinische Reich geht unter.

Christliche Könige erobern Spanien von den Arabern zurück. **1492** hört das letzte muslimische Königreich Granada auf zu bestehen.

1484 Mit der „Hexenbulle" des Papstes beginnt die systematische Verfolgung von angeblichen Hexen als Ketzern.

1519–1556 Karl V. regiert als König und Kaiser.

1519–1533 erobern die Spanier das Azteken- und das Inkareich. Große Teile der indianischen Bevölkerung werden ermordet.

1517 veröffentlicht Martin Luther 95 Thesen gegen den Ablasshandel und gibt damit den Anstoß zur **Reformation**.

1530/1549 Neue Konfessionen entstehen – **Lutheraner und Reformierte**.

1555 Katholiken und Lutheraner beschließen den **Augsburger Religionsfrieden**.

1618 Mit dem „Prager Fenstersturz" beginnt der **Dreißigjährige Krieg** in Europa.

1648 schließen die kriegführenden Staaten den **Westfälischen Frieden**.

1200 – 1400 – 1600

13. Jh. Die Patrizier entmachten die Stadtherren und regieren die Städte selbst.

1347/48 Die Pest erfasst große Teile Europas.

14. Jh. Die Zünfte fordern Beteiligung an der Stadtherrschaft.

1435 Juden werden aus vielen mittel- und westeuropäischen Städten vertrieben.

15.–18. Jh. Die Medici herrschen in Florenz und fördern dort die Kunst.

1524/25 Aufstände gegen die schlechte Lage der Landbevölkerung weiten sich zum **Bauernkrieg** aus.

12.–15. Jh. Der gotische Baustil setzt sich durch.

14.–16. Jh. Renaissance und Humanismus erleben ihre Blüte.

13.–15. Jh. Der Städtebund der **Hanse** beherrscht den nordeuropäischen Handel.

um 1450 Johannes Gutenberg erfindet den **Buchdruck** mit beweglichen Buchstaben.

Europäische Seefahrer erkunden die Welt:
1492 landet **Christoph Kolumbus** in Amerika.
1498 umrundet Vasco da Gama Afrika und erreicht als Erster auf dem Seeweg Indien.

1510 Der Astronom **Kopernikus** behauptet: Die Sonne, nicht die Erde, ist Mittelpunkt des Kosmos.

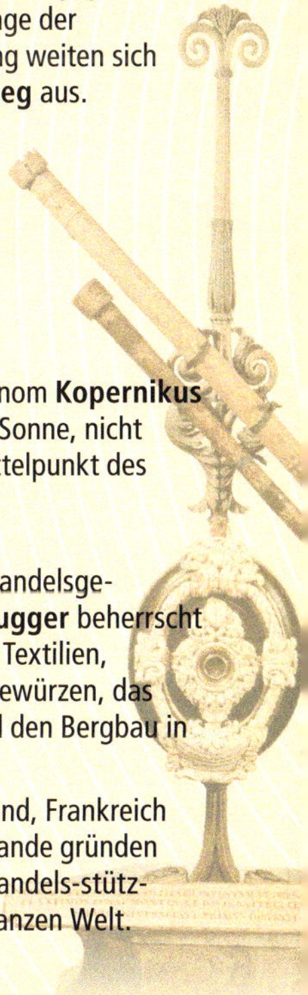

um 1500 Die Handelsgesellschaft der **Fugger** beherrscht den Handel mit Textilien, Metallen und Gewürzen, das Bankwesen und den Bergbau in Europa.

um 1600 England, Frankreich und die Niederlande gründen Kolonien und Handels-stützpunkte in der ganzen Welt.

Mittelalter – Renaissance – Neuzeit – Frühkapitalismus – Kredit – Zins – Verleger

Konquista – Kolonialismus – Reformation – Antichrist – Jüngstes Gericht – Konfession

Herrschaft und Gesellschaft im Mittelalter

Der Aufstieg des Papstes

Seit 391 n. Chr. war das Römische Reich christlich. Kurz darauf wurde es in ein oströmisches und in ein weströmisches Reich geteilt. Als zur gleichen Zeit germanische Völker den Westen des Reichs eroberten, war Westrom ohne politische Führung. In Rom verblieb nur der römische Bischof, der sich in der Nachfolge der Apostel Petrus und Paulus sah und in den wirren Zeiten auch politische Verantwortung übernahm. Er führte seit dieser Zeit den Amtstitel Papst.

Der Aufstieg des Frankenreiches

Von allen Germanenreichen auf weströmischem Boden überdauerte nur das Frankenreich. Von mächtigen Königen regiert, näherte es sich dem Papsttum an und wurde christlich. Seine Könige begründeten ab etwa 750 ihre Herrschaft mit dem christlichen Gedanken des Gottesgnadentums. Der König war wie einst König David ein „Gesalbter des Herrn“ und er übernahm die Aufgabe, die Kirche und den Papst zu schützen. Als Schutzherr der Christenheit sah sich auch der Kaiser in Byzanz, doch er war fern. Immer wieder mussten die mächtigen Frankenkönige in Italien zugunsten des Papstes eingreifen. Weil der Frankenkönig Karl der Große (768–814) der mächtigste Herrscher im ehemaligen weströmischen Reich war und die Kirche zu schützen versprach, krönte der Papst ihn im Jahre 800 zum Kaiser.

Eine Welt im Kleinen: Die Klöster

Als christlicher König und Kaiser sah sich Karl der Große einer doppelten Aufgabe im Frankenreich verpflichtet: die Heiden zu missionieren, auch mit Gewalt, und die Gründung von Klöstern zu fördern. Die Mönche und Nonnen einer Klostergemeinschaft hatten sich verpflichtet, arm und keusch zu leben sowie Gott und ihrem Abt oder ihrer Äbtissin zu gehorchen. Ihr Leben im Kloster richteten sie nach der von Benedikt von Nursia aufgestellten Regel „ora et labora“ aus, ihr strenger Tagesablauf war daher vom regelmäßigen Gebet und von der Arbeit bestimmt. Alles, was die Klostergemeinschaft zum Leben brauchte, stellten die Mönche und Nonnen auf dem Bauernhof und in den Handwerksbetrieben im Kloster selbst her. Sie kümmerten sich um Arme, Kranke und Behinderte, sie verpflegten Reisende und Pilger, sie lehrten und lernten in den Klosterschulen und sie kopierten wertvolle Handschriften in den Schreibstuben. Ein Kloster war eine kleine abgeschlossene Welt in sich: Es war ein geistig-religiöses Zentrum, ein Wirtschaftsbetrieb, eine Fürsorgeeinrichtung und ein Ort der Kultur und der Bildung. So wurden die Klöster zu wichtigen Stützen der Herrschaft der Könige. Die Äbte wurden nicht nur zu politischen Aufgaben herangezogen, großzügige Schenkungen hatten sie auch zu mächtigen Herrn über große Ländereien und viele Leute gemacht.

Bauern dienen Grundherren

Karl der Große herrschte über ein so großes Reich, dass er dieses nur regieren konnte, wenn er ständig kriegsbereit war. Über Jahrzehnte hinweg rief der König fast jährlich zum Feldzug auf. Für die Bauernkrieger wurde der ständige Kriegsdienst und die lange Abwesenheit von Haus und Hof zur Last. Freiwillig oder gezwungen gaben sie das Recht – oder die Pflicht – Waffen zu tragen und damit ihre Freiheit auf und begaben sich in die Abhängigkeit eines Grundherrn. Dies konnte ein Adliger oder ein Kloster sein. Der Grundherr bot den waffen- und wehrlosen Bauern Schutz und lieh ihnen Land. Die Bauern mussten dafür Arbeitsdienste leisten und Abgaben liefern. Dieses System nennen wir Grundherrschaft. Im Laufe der Jahrhunderte entstand so ein vielfältig abhängiger, an den Boden gebundener Bauernstand.

Herrschaft und Gesellschaft im Mittelalter

Der König und seine Vasallen
Die Größe des Reichs zwang Karl den Großen, mit seinem Hofstaat von Pfalz zu Pfalz zu ziehen, um seine Herrschaft vor Ort zu zeigen und durchzusetzen. Doch trotz dieses Reisekönigtums brauchte der König Helfer, die ihn in Friedenszeiten in der Regierung unterstützten und die in Kriegszeiten für ihn als Panzerreiter kämpften. Für ihre Dienste wurden diese adligen Amtsträger und Berufskrieger vom König entlohnt: Er lieh ihnen Land und die darauf lebenden Leute. Dieses System, Land und Leute sowie Schutz für Dienste und Treue zu geben, nennt man Lehnswesen. An der obersten Stelle einer solchen Lehnspyramide stand der König, darunter seine unmittelbaren Lehensträger, die Kronvasallen, darunter deren Vasallen, die wiederum ebenfalls Untervasallen haben konnten. Jeder Adlige war also Diener und Herr, aber nur seinem unmittelbaren Herrn zur Treue verpflichtet. Mächtige Kronvasallen konnten durchaus dem König die Gefolgschaft verweigern.

Deutsche Könige werden Kaiser
Auch König Otto I. (936–673) musste erkennen, dass seine Kronvasallen ihre eigenen Machtinteressen verfolgten. Seine Herrschaft im ostfränkischen Reich wurde immer wieder von Aufständen der Herzöge erschüttert. Erst als Otto mit seinem Reiterheer die heidnischen Ungarn besiegt hatte, war seine Vorrangstellung als König vor allen Herzögen und vor allen anderen Königen Europas unbestritten. König Otto I. hatte sich der Verpflichtung als würdig erwiesen, die ihm mit den christlichen Herrschaftszeichen, den Reichsinsignien, auferlegt worden war. Er war der Schutzherr der Christen des Abendlandes.
Wie einst Karl den Großen krönte daher im Jahre 962 der Papst Otto den Großen zum Kaiser. Seit dieser Erneuerung des Kaisertums erhielt immer der deutsche König die Kaiserkrone. Die deutsche Kaiserzeit des Mittelalters hatte begonnen.

Städte im Mittelalter

Städte entstehen

Im frühen Mittelalter gab es noch keine Städte, so wie wir sie heute kennen. Die ersten größeren Siedlungen entstanden im 11. Jahrhundert. An den Überresten alter Römerstädte, in der Nähe von Burgen und Pfalzen, Klöstern und Bischofssitzen, an Handelswegen oder Flussübergängen ließen sich Kaufleute nieder, zu ihnen gesellten sich Handwerker. Könige, Fürsten und Bischöfe verliehen als Stadtherrn solchen Siedlungen das Recht, Markt abzuhalten, Münzen zu prägen und Zölle zu erheben. So wurden aus den Siedlungen Städte.
Viele Bauernfamilien führten ein ärmliches Leben als Leibeigene. Manche wollten sich nicht mit ihrer Lage abfinden und zogen daher in Städte. Wenn sie länger als ein Jahr und einen Tag dort lebten, ohne dass ihr Grundherr sie zurückforderte, konnten sie als Freie in der Stadt bleiben („Stadtluft macht frei“).

Patrizier erkämpfen sich die Macht

Der Stadtherr – der König, ein Fürst oder ein Bischof – verlangte von den Bürgern Steuern und setzte einen Vertreter (Ministerialen) ein, der Recht sprach und Gesetze erließ. Seit dem 13. Jahrhundert wollten die Patrizier, die durch den Fernhandel reich gewordenen Kaufleute, aber selber die Geschicke ihrer Stadt bestimmen. Sie drängten die Macht des Stadtherrn zurück, manchmal vertrieben sie ihn sogar aus der Stadt. Dann gaben sie sich eine Verfassung und bildeten den Stadtrat, der Gesetze (z.B. Marktordnungen) erließ, die Politik bestimmte und einen Bürgermeister einsetzte. Der Bürgermeister verwaltete die Stadt, vertrat sie nach außen und sprach Recht.

Bürger und Einwohner

Neben der kleinen Gruppe der Patrizier waren die meisten Bürger Handwerker. Sie schlossen sich je nach Beruf zu Zünften zusammen. Diese legten die Zahl der selbstständigen Meister, der auszubildenden Gesellen, der herzustellenden Waren und die Preise fest. In der Zunft unterstützte man sich auch gegenseitig in Notfällen, und man feierte und trauerte zusammen. Seit dem 14. Jahrhundert erkämpften sich die Zünfte in vielen Städten eine Beteiligung an der Stadtherrschaft. Zunfthandwerker saßen dann neben Patriziern im Rat.
Nicht alle Einwohner der Stadt besaßen auch das Bürgerrecht. Bürger konnte nur sein, wer Grundbesitz hatte, also außer den Patriziern selbstständige Handwerker und Händler. Gesellen, Lehrlinge, Knechte, Mägde, Tagelöhner und „Ehrlose“ waren keine Bürger und hatten kein politisches Mitspracherecht.

So sahen mittelalterliche Städte aus

Wer sich einer mittelalterlichen Stadt näherte, nahm zunächst die Stadtmauer mit Türmen und Toren wahr. Sie grenzte die Stadt nach außen ab und bot Schutz und Sicherheit. In der Stadtmitte lag der Markt, das wirtschaftliche Zentrum, daneben meist das Rathaus, der Sitz des Stadtrats, und die Hauptkirche. In vielen Städten fiel der Sitz des Stadtherrrn ins Auge: der Dom des Bischofs, die Burg eines Adligen oder des Königs. Am Markt oder in den Hauptstraßen hatten die Patrizier ihre reich geschmückten Häuser. Die Handwerker einer Zunft lebten in einer Straße. Juden mussten in einem eigenen Viertel wohnen. Am Rande oder außerhalb der Stadt hatten kleine Krämer, Tagelöhner, Arme und „Ehrlose“ ihre Behausungen.

Die Hanse

Fernhandelskaufleute betrieben seit dem frühen Mittelalter ihre Geschäfte quer durch Europa. Um sich auf den beschwerlichen Reisen in der Fremde gegenseitig zu unterstützen, schlossen sie sich in Gilden zusammen. Norddeutsche Kaufleute, die im Nord- und Ostseehandel tätig waren, gründeten im 12. Jahrhundert eine solche Kaufmannsvereinigung, die Hanse. Da diese Kaufleute in ihren Städten als Ratsherren die Politik bestimmten, wurde aus der Hanse ein Städtebund. Vertreter aus rund 150 Hansestädten trafen sich regelmäßig in Lübeck und stimmten ihre Interessen ab. Mit der Endeckung Amerikas verlor die Hanse an Macht, weil sich die Handelszentren an den Atlantik verschoben. Westeuropäische Kaufleute wurden reich und mächtig und verdrängten die Hansekaufleute.

Vom Mittelalter zur Neuzeit

Städte verändern sich

Am Ende des 14. Jahrhunderts begann sich die mittelalterliche Gesellschaftsordnung zu verändern. Der Impuls kam aus den großen italienischen Städten wie Florenz, Mailand und Venedig. Sie waren durch ihre intensiven Handelsbeziehungen im Mittelmeerraum reich und mächtig worden. Dabei waren die Unterschiede zwischen Arm und Reich stark angewachsen. Während viele Einwohner einem Verleger zu schlechten Bedingungen zuarbeiten mussten und nur das Nötigste zum Leben hatten, sammelten Fernkaufleute, Verleger und Bankiers einen immensen Reichtum an. Ihr Ziel war, Geld zu vermehren anstatt nur das Notwendigste für das Leben zu erwirtschaften, wie es die mittelalterlichen Zunfthandwerker taten. Die Medici wurde im 15. Jahrhundert die reichste Familie in Florenz und übernahmen dort schließlich die Stadtherrschaft. Nicht mehr ein von den Bürgern eingesetzter Stadtrat entschied nun über die Politik, sondern eine fürstengleiche Familie. Auch nördlich der Alpen gab es ähnliche Entwicklungen: Die Augsburger Fugger wurden als Kaufleute und Verleger reich und gewannen als Gläubiger des Kaisers politischen Einfluss.

Ein neues Bild des Menschen

Gleichzeitig veränderte sich das Bild des Menschen. Gelehrte begannen, wieder antike Autoren zu lesen und antike Kunstwerke zu bewundern, die im Mittelalter als heidnisch abgelehnt worden waren. Dabei lernten sie ein neues Bild des Menschen kennen: Der Mensch erschien als freies und selbstbewusstes Wesen, das von seinen geistigen und körperlichen Fähigkeiten unbeschränkten Gebrauch machen sollte, das mithilfe seines Verstandes und seiner Sinne die Welt und die Natur erforschen solle. Aus diesen Erkenntnissen entwickelte sich eine geistige Bewegung, die „Renaissance“ (dt. Wiedergeburt) genannt wird. Künstler stellten den Menschen in ihren Werken nun wirklichkeitsgetreu dar, Forscher studierten die Natur und den Menschen, Gelehrte übersetzten und deuteten antike Texte. Die Voraussetzung dafür, dass sich diese „Humanisten“ untereinander austauschen konnten, war die Erfindung des Buchdrucks um 1450. Der Mainzer Johannes Gutenberg hatte ein Verfahren entwickelt, Bücher mit beweglichen Lettern zu drucken. So konnten Bücher vervielfältigt und Ideen schnell verbreitet werden.

Ein neues Bild der Erde

Der neue Forschergeist beschränkte sich nicht nur auf den Menschen und die Natur, sondern drang auch in den Kosmos vor. Nikolaus Kopernikus, ein Domherr aus Frauenburg in Ostpreußen, waren Zweifel gekommen, ob die Erde tatsächlich der Mittelpunkt des Kosmos sei. Nach jahrelangen Himmelsbeobachtungen und Berechnungen stand für ihn fest, dass sich die Erde vielmehr um die Sonne drehe. Doch kaum jemand glaubte ihm zunächst. Das neue heliozentrische Weltbild wollte dann Galileo Galilei etwa 100 Jahre später beweisen, wurde aber von der Kirche als Ketzer angeklagt. Das neue Weltbild widerspreche der Bibel, so die kirchliche Auffassung.

Eine „Neue Welt“

Auch andere strebten danach, die bekannte Welt hinter sich zu lassen: Wagemutige Kapitäne suchten einen neuen Handelsweg nach Indien, nachdem Konstantinopel 1453 von den Türken erobert worden war. Seit dem 13. Jahrhundert glaubten viele, dass die Erde eine Kugel sei. Deswegen fuhr Kolumbus nach Westen. Doch er erreichte nicht Indien, sondern entdeckte 1492 einen neuen Kontinent, den man in Europa die „Neue Welt“ und später Amerika nannte. Die Europäer stießen in Mittel- und Südamerika auf Indiovölker wie die Azteken und Inkas, die als Ackerbauern, Händler und Handwerker in Dörfern und Städten lebten. Ihre Wissenschaft, Kultur und Technik war hoch entwickelt. Die Entdecker zerstörten mit dem Azteken- und Inkareich diese Kultur, raubten das Gold und nutzten die Bodenschätze für sich. Außerdem wollten die Europäer die Einheimischen zum Christentum bekehren – häufig mit Gewalt. Mit ihrer Religion verloren diese auch ihre Sprache und Kultur.

Im 16. und 17. Jahrhundert entstanden in Übersee Kolonien, deren Reichtum nach Europa floss. Eingeschleppte Krankheiten und die oft unmenschliche Behandlung durch die Europäer führten dazu, dass zwischen 1492 und 1570 etwa 90 % der Bevölkerung starb.

Reformation und Glaubensspaltung

Martin Luther fordert die Kirche heraus

Mit Martin Luther (1483–1546) begann die Reformation. Seine scharfe Kritik am Ablasswesen und am Papsttum, die er in 95 Thesen formulierte und am 31.10.1517 in Wittenberg veröffentlichte, stand am Anfang seines Kampfes gegen die mittelalterliche Kirche. Für ihn führte allein der auf das Bibelwort gestützte Glaube zu göttlicher Rechtfertigung und Gnade. Er bestritt hingegen, dass äußere fromme Werke wie käuflich erworbene Ablässe, Wallfahrten und Heiligenverehrung das Seelenheil retten konnten. Damit war die mittelalterliche Kirche als Mittlerin zwischen Gott und den Gläubigen in Frage gestellt. Luther lehnte auch die Autorität des Papstes und der Bischöfe, die Mönchsorden und die bevorzugte Stellung der Priester in der Kirche ab. Nach seiner Auffassung konnte jeder Laie, der sich auf die Bibel und den Glauben stützte, seinen Weg zu Gott ohne die Vermittlung der Kirche finden. Der Papst reagierte und leitete einen Ketzerprozess gegen Luther ein. Kaiser Karl V. erklärte ihn auf dem Reichstag zu Worms 1521 für vogelfrei.

Die Reformation gewinnt Anhänger

Die Lehre Luthers von der Freiheit eines Christenmenschen wurde von den Bauern auf dem Lande wörtlich genommen. Sie versuchten in den Bauernkriegen (1524/1525), sich ihrer Abhängigkeit und Unterdrückung durch die adeligen Grundherren zu entledigen. Luther erschrak angesichts der in seinem Namen eingesetzten Gewalt. Er schlug sich auf die Seite der Grundherren – ein wichtiger Grund für das Scheitern der Bauern.

Um der Reformation zum Sieg zu verhelfen, stützte sich Luther vor allem auf die Landesfürsten und die Städte, in denen die evangelische Begeisterung groß war. Auf dem Reichstag zu Speyer protestierten 1529 die lutherisch gesinnten Fürsten und Städte (Protestanten) gegen Kaiser und Papst. Beim Aufbau der neuen Kirche gewannen die Stadträte wie auch die Landesfürsten an Macht. Sie schützten, verwalteten und kontrollierten die neuen Kirchen und übten damit auch eine beträchtliche Macht aus auf ihre Untertanen, das Kirchenvolk.

Die konfessionelle Spaltung Deutschlands und Europas

Nach kriegerischen Auseinandersetzungen zwischen den protestantischen Fürsten und Städten und dem Kaiser kam es schließlich zu einem Kompromiss: Im Augsburger Religionsfrieden (1555) wurde der neue Glaube neben dem katholischen als grundsätzlich gleichberechtigt anerkannt. Den Landesherren stand fortan das Recht zu, die Religion ihrer Untertanen zu bestimmen. Damit war die mittelalterliche Einheit im Glauben zerbrochen und die konfessionelle Spaltung Deutschlands festgeschrieben. Auch außerhalb Deutschlands konnten die neuen Lehren Fuß fassen. In England entstand unter Heinrich VIII. die Anglikanische Staatskirche (1534). Von Genf aus organisierte Calvin (1509–1564) eine reformatorische Bewegung, die sich zur reformierten Konfession ausbildete. In den Niederlanden konnte die Herrschaft des spanischen Königs Philipp II. abgeschüttelt werden. Die in Deutschland entstandene Reformation hat somit die konfessionelle Landkarte Europas geprägt.

Der Kampf der Konfessionen

Die katholische Kirche reagierte schließlich und begann sich zu reformieren, ohne sich jedoch den Protestanten anzunähern. Für Katholiken galten neben der Bibel weiterhin die kirchlichen Auslegungen und die Autorität des Papstes, die Priester spendeten Sakramente, die die göttliche Gnade vermitteln sollten, Latein blieb die Sprache des Gottesdienstes. Durch die Reformen wollte die Papstkirche ihre Glaubwürdigkeit zurückgewinnen und die Reformation zurückdrängen. Doch nicht nur der Kaiser und katholische, auch protestantische Fürsten versuchten nach dem Augsburger Religionsfrieden ihren Einfluss zu vergrößern. Dieser Machtkampf mündete in den Dreißigjährigen Krieg (1618–1648), der im Reich begann und dann große Teile Europas ergriff. Keine der beiden Parteien konnte siegen. Im Westfälischen Frieden (1648) einigte man sich darauf, die Gebietsverteilung des Augsburger Religionsfriedens von 1555 wiederherzustellen.

Der Absolutismus

Ludwig will allein herrschen

Als zehnjähriger musste Ludwig XIV. von Frankreich fliehen. Der Adel hatte sich gegen die Krone erhoben, um mehr mitbestimmen zu können. Diese Erfahrung prägte Ludwigs Denken. Er war im Bewusstsein erzogen worden, dass allein dem König die Macht im Staate zustünde. Als Stellvertreter Gottes solle er Gesetze erlassen können, ohne selbst an sie gebunden zu sein (legibus absolutus). Wie die Sonne im All wollte Ludwig Zentrum und Ursprung des Staates sein. Der „Sonnenkönig" machte es sich daher zum Ziel, die Macht der Krone gegen mitregierende Stände auszubauen.
Bei seinem Regierungsantritt im Jahr 1661 verkündete er als Erstes, von jetzt an alleine regieren zu wollen. Er ließ sich im Kronrat nur noch von wenigen Ministern beraten. Gesetze wurden als persönliche Befehle des Königs ausgegeben. Um sie durchzusetzen, richtete Ludwig eine auf die Krone ausgerichtete Beamtenschaft ein. Minister und Beamte stammten aus dem Bürgertum, also aus dem Dritten Stand. Einige verdankten ihm ihren Aufstieg in den „Amtsadel".

Ludwig baut seine Macht aus

Um seinen Anspruch auf die Macht nach innen und außen durchsetzen zu können, benötigte Ludwig Militär. Früher wurden Soldaten von Adligen gestellt oder Söldner gemietet. Jetzt ließ er ein Heer einrichten, das nur ihm zur Verfügung stand. Es stand dauernd unter Waffen, war uniformiert und wohnte in Kasernen.
Um den Anspruch seiner Herrschaft sichtbar zu machen und um den Adel weiter zu entmachten, ließ Ludwig das Schloss zu Versailles ausbauen und richtete dort eine aufwändige Hofhaltung ein. Wollte man als Adliger etwas gelten, musste man dauernd am Hofleben teilnehmen. Der absichtlich verschwenderische Lebensstil zwang viele Adlige dazu, bezahlte Hofämter anzunehmen oder sich beim König zu verschulden. Klangvolle Titel und ehrenvolle, aber funktionslose Hofämter täuschten sie über ihren Machtverlust.
Ludwig beanspruchte auch in der Religion die Führung. Es sollte in seinem Reich nur ein Bekenntnis, das katholische, geben. Die Hugenotten versuchte er deshalb zum Glaubenswechsel zu zwingen.

Die Wirtschaft wird gelenkt

Stehendes Heer, Hofhaltung und die zahlreichen Kriege, die Ludwig führte, erforderten enorme Geldsummen. Deshalb mussten die Steuereinnahmen erhöht werden. Der Wirtschafts- und Finanzminister Colbert entwickelte die Idee, durch staatliche Lenkung die Wirtschaft des Landes anzukurbeln und damit die Steuerkraft zu erhöhen. Zu dieser später „Merkantilismus" genannten Politik gehörten Rohstoffeinfuhren, Begrenzung der Einfuhr ausländischer Waren, die Förderung des Exports, eine Zollvereinheitlichung und die Verbesserung der Transportwege im Land. Besonders förderte Colbert die Manufakturen. Ihre arbeitsteilige Produktionsweise sollte die Produktion von Gütern beschleunigen, die Produktionsmenge erhöhen und die Produkte billiger machen. All diese Maßnahmen erhöhten die staatlichen Einnahmen, konnten aber die enormen Ausgaben nicht decken. Bei Ludwigs Tod 1715 war Frankreich hoch verschuldet.

Eine Ständegesellschaft

Die Gesellschaft Frankreichs war in drei Stände gegliedert. Erster (Klerus) und Zweiter Stand (Adel) besaßen im Gegensatz zum Dritten Stand (alle anderen Bevölkerungsgruppen) Privilegien. Man wurde in seinen Stand hineingeboren und konnte ihn nicht verlassen. Gesellschaftlicher Aufstieg in den Adelsstand war attraktiv, aber kaum möglich. Den Kauf von Adelstiteln oder Ämtern konnten sich nur sehr wenige Reiche aus dem Dritten Stand leisten. 90 % der Bevölkerung lebte auf dem Land. Die Landwirtschaft wurde nicht gefördert. Missernten und Preissteigerungen führten bei Kleinbauern und Besitzlosen auf dem Land und auch in der Stadt immer wieder zu Hunger, Verelendung und Tod.

Ludwig als Vorbild in Europa

Ludwig gelang es bei weitem nicht, den Staat perfekt auf sich auszurichten. Aber sein Bemühen um die Sicherung der Macht führte zu den Anfängen eines modernen Staatswesens mit Verwaltung und Zentralmacht. Viele europäische Staaten eiferten ihm nach.

Amt und Würde des Kaisers

Kaiser Otto III. (983–1002) schenkte dem Dom zu Aachen ein Evangeliar, das der Mönch Liuthar in seinem Auftrag angefertigt hatte. Ein mittelalterliches Evangeliar ist ein reich ausgeschmücktes Buch, das alle vier Evangelien enthält. Das Widmungsbild dieser kostbaren Handschrift siehst du unten. In einem Widmungsbild ließen Herrscher ihre Vorstellungen von der Würde, der Bedeutung, den Aufgaben ihres Amtes ausdrücken und rechtfertigen. Dazu dienten Bildzeichen, die im Laufe der Jahrhunderte immer wieder gleich oder ähnlich angeordnet wurden und die eine bestimmte Bedeutung trugen. Versuche die Bildzeichen dieses Widmungsbildes zu „lesen" und dir so die Lebenswelt und die Weltsicht der mittelalterlichen Menschen ins Gedächtnis zu rufen.

Kaiserbild Ottos III. Q1
Luithar-Evangeliar des Aachener Domschatzes, um 990.
Otto III. war der Enkel Ottos des Großen und Sohn Kaiser Ottos II. und der byzantinischen Prinzessin Theophanu.
Die Flügelwesen sind die Symbole der vier Evangelisten. Der Mensch ist dem Apostel Matthäus und der Löwe dem Apostel Markus zugeordnet, der Stier verweist auf Lukas und der Adler auf Johannes. Die kauernde Frauengestalt verkörpert Terra, die Erde.

So kommst du zum Ziel

1 Gehe anhand der Fragen vor und male bei jedem Arbeitsschritt die entsprechenden Teile in der Skizze (D1) nach der Vorlage (Q1) an. (Benutze dazu eine vergrößerte Kopie von D1.) Du kannst so die Interpretation des Bildes schrittweise sichtbar machen und die Weltordnung des Mittelalters für dich selbst „erschaffen".
– Nenne die Gegenstände und Symbole, die den dargestellten Personen zugewiesen werden. Gehe dabei systematisch von oben nach unten vor. Versuche mit Hilfe dieser Attribute die dargestellten Personen und ihre Aufgaben zu bestimmen.
– Die Menschen auf dem Bild sind unterschiedlich groß dargestellt. Für einen mittelalterlichen Künstler entschied die Wichtigkeit, die einer Person zukam, über deren Größe in der Darstellung (=Bedeutungsperspektive). Setze die Personen auf dem Widmungsbild in Hinblick auf ihre Größe zueinander in Beziehung. Beschreibe dann die Anordnung und die Körperhaltung der Personen.
– Untersuche die Farbgebung im Bild: Was weißt du über die Bedeutung der Farben Purpur und Gold?

2 Dein Herrscherbild sollte jetzt vollständig ausgemalt sein. Deute nun das Bild: Welche Aspekte seiner Herrscherwürde wollte Kaiser Otto III. darstellen lassen? Dazu musst du das Bild mit deinem Wissen über mittelalterliche Herrschaft in Zusammenhang bringen. Finde heraus und erkläre,
– wie der König und Kaiser seine Herrschaft rechtfertigt und wann und in welchem Zusammenhang diese Erhöhung von Herrschaft ihren Anfang nahm;
– was die Insignien seiner Herrschaft hierüber aussagen;
– woran wir erkennen, dass der Kaiser sich in der Nachfolge der römischen Kaiser sieht;
– wer nicht dargestellt ist, obwohl er bei einer mittelalterlichen Kaiserkrönung maßgeblich beteiligt war. Was soll damit ausgesagt werden? Erinnere dich in diesem Zusammenhang an die Kaiserkrönung Karls des Großen im Jahre 800.

3 Das Bild liefert Hinweise auf die Herrschaftsweise des Königs. Finde heraus und erkläre,
– wer die Herrschaft des Königs und Kaisers stützt, leite daraus eine beschriftete Strukturskizze des mittelalterlichen Lehnswesens ab und überlege dir, wie du die Veränderungen im Lehnswesen unter den Ottonen in dieser Strukturskizze veranschaulichen kannst;
– wie der König seine Herrschaft im Reich ausübte und durchsetzte;
– warum Geistliche, insbesondere Bischöfe und Äbte, wichtige Stützen der Herrschaft des Königs waren und lege die Bedeutung der Klöster dar.

4 Das Bild vermittelt eine bestimmte Sicht der mittelalterlichen Gesellschaft. Finde heraus, welche Gruppe der mittelalterlichen Gesellschaftsordnung nicht dargestellt ist, obwohl sie maßgeblich diese Ordnung aufrechterhielt. Was soll damit ausgesagt werden? Erinnere dich in diesem Zusammenhang, wo und wie neun von zehn Menschen im Mittelalter lebten.

5 Am meisten lernst du, wenn du alles Erarbeitete in einem kurzen Vortrag zusammenfasst und deinen Eltern, deinen Großeltern oder deinen älteren Geschwistern die Welt des Mittelalters anhand dieses Herrscherbildes erklärst.

D1 **Skizze des Kaiserbildes Ottos III.**

Städte verändern das Leben

Die meisten deutschen Städte entstanden im Mittelalter. Seit dem 11. Jahrhundert breitete sich diese Siedlungsform aus. Zuvor lebten fast alle Menschen als Bauern auf dem Land. Einige zogen nun in die Städte, arbeiteten als Handwerker und Kaufleute und wurden Bürger. Nürnberg war mit 23000 Einwohnern eine der größten deutschen Städte im 14. Jahrhundert. Das Stadtbild verrät noch heute einiges über seine Geschichte. Lies die Stadtpläne und finde heraus, wie Nürnberg entstand und wie die Menschen in der Stadt zusammenlebten.

Q1 **Nürnberg, historische Altstadt**

D1 **Nürnberg heute**

Diese vereinfachte Karte zeigt Straßen und wichtige Sehenswürdigkeiten aus Mittelalter und Früher Neuzeit.

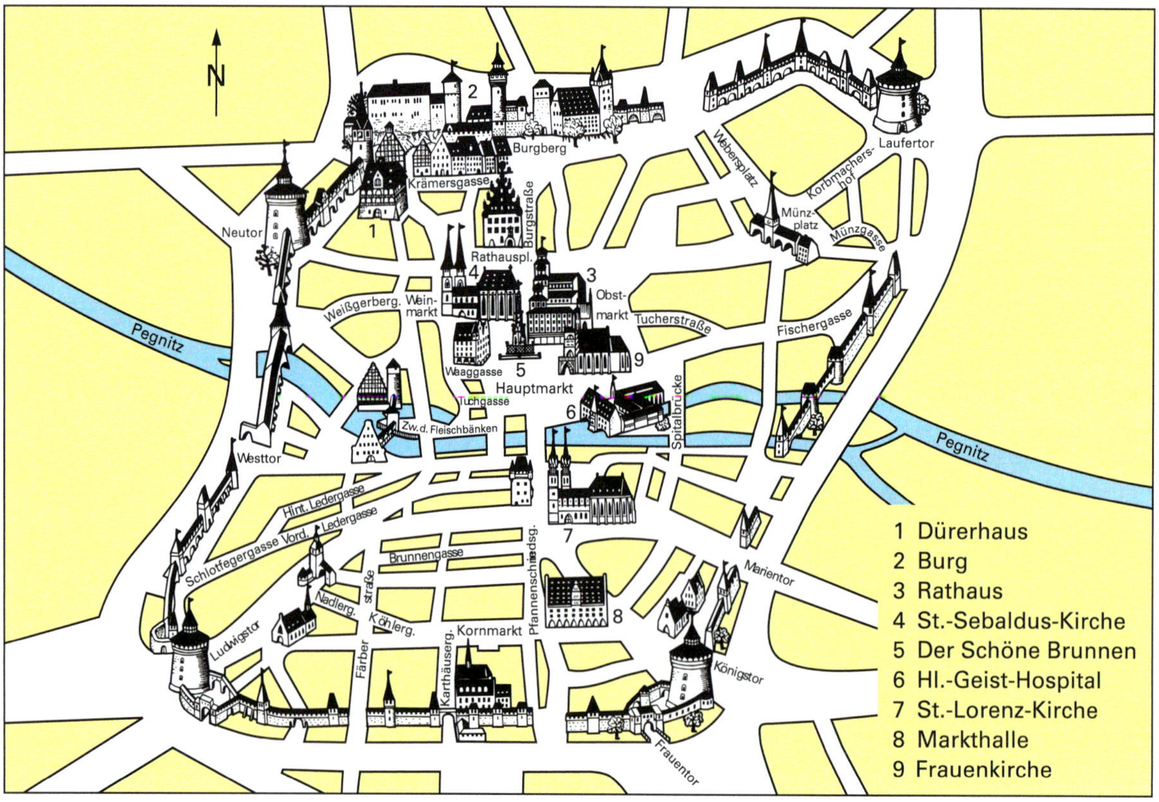

So kommst du zum Ziel

1. Finde heraus, warum Nürnberg an diesem Ort gegründet wurde und wo die ältesten Siedlungskerne Nürnbergs lagen (D2). Berücksichtige dabei auch seine geographische Lage. Erkläre dann, wie die Stadt zusammenwuchs. Beschreibe auch den Verlauf der Stadtmauer, die es um 1250 in Nürnberg gab.
2. Ordne die Straßennamen (D1) zu Gruppen und erkläre, was sie über das Leben in der mittelalterlichen Stadt aussagen.
3. Beschreibt die Aufgaben, die die Zünfte in der mittelalterlichen Stadt hatten. Welche Kritik würdet ihr – aus heutiger Sicht – üben? Was könnte ein mittelalterlicher Handwerker darauf entgegnen?
4. Nürnberg wurde von einem Rat regiert, in dem nur Patrizier saßen. Zünfte waren an der Stadtherrschaft nicht beteiligt. Beschreibe, wodurch sich Patrizier von den übrigen Bewohnern der mittelalterlichen Städte unterschieden.
5. Die Stadt Nürnberg beauftragt dich, einen Kurzführer „Mittelalterliches Nürnberg" für Touristen zu schreiben (Q1, D1, D2, s. auch Ansicht Nürnberg auf S. 91). Lege eine Route fest, an der die wichtigen Gebäude der mittelalterlichen Stadt liegen. Schreibe dann den Text zu den einzelnen Sehenswürdigkeiten. Lege dabei den Schwerpunkt auf die Funktion der Gebäude in der mittelalterlichen Stadt.

D2 Nürnberg im Mittelalter

Im Norden liegt auf dem Felsen die Kaiserburg. Die beiden Hauptkirchen sind nördlich der Pegnitz St. Sebald mit den Gebeinen des Heiligen (eine Wallfahrtstätte), südlich des Flusses St. Lorenz. Im Stapelhaus mussten fremde Kaufleute ihre Waren einige Tage zum Verkauf anbieten. Im Zeughaus wurden städtische Waffen gelagert.

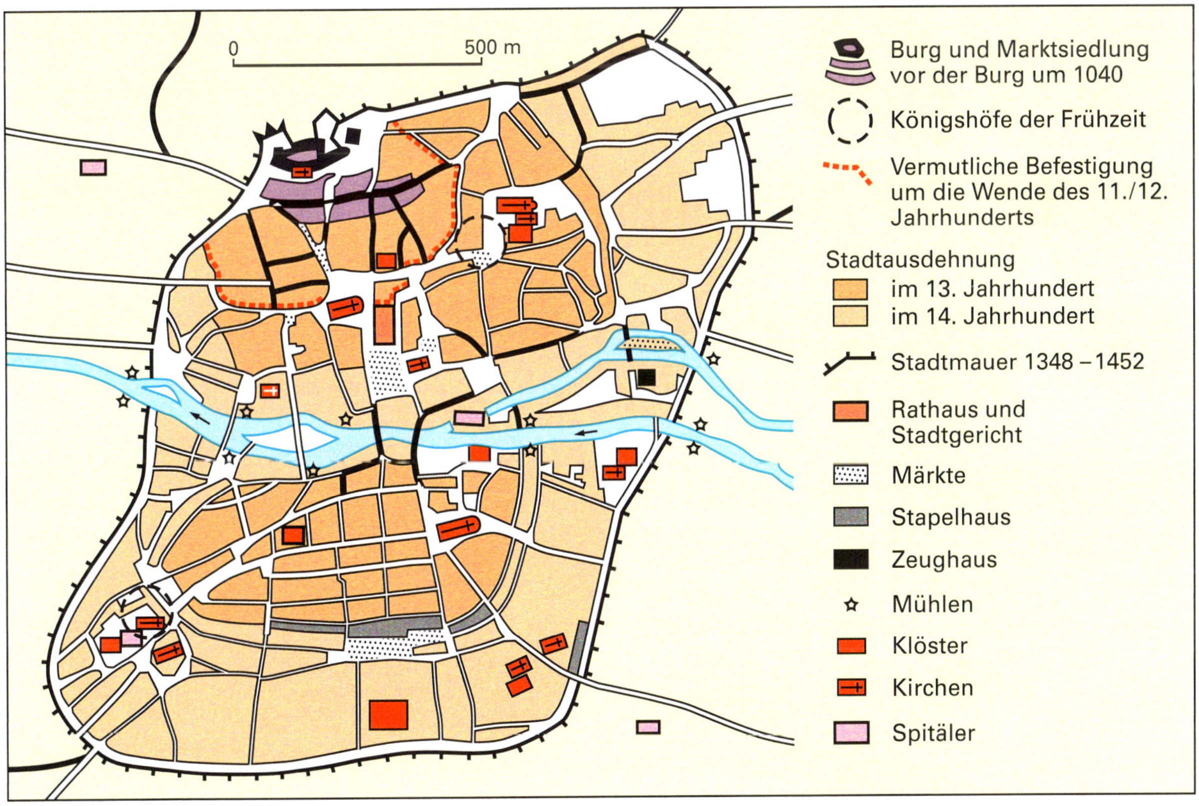

Eine Zeit des Wandels

Vom Mittelalter zur Neuzeit veränderte sich das Denken der Menschen. Gebildete Menschen entwickelten den Willen, den Menschen, die Natur, die Erde und den Kosmos genauer zu erforschen. In Bildern schlug sich das neue Denken nieder, weil die Künstler die Welt neu sahen. Das Bild zweier Freunde von Hans Holbein enthält zahlreiche versteckte Hinweise auf diesen Wandel. Versuche das Bild zu lesen und dir dabei dein Wissen über die Zeit der Renaissance in Erinnerung zu rufen.

So kommst du zum Ziel

1. Zeige, dass es sich um ein typisches Bild der Renaissance handelt. Berücksichtige das Thema und den Aufbau des Bildes sowie die Malweise.

2. Ordne die Gegenstände, die auf dem Regal zwischen den beiden Freunden liegen, den Wissenbereichen Astronomie, Geometrie, Musik und Arithmetik (Rechenkunst) zu (D1). Dies waren die vier höheren der sieben Freien Künste (artes liberales), die zu einem Universitätsstudium seit dem Mittelalter gehörten. (Die drei unteren Künste waren Grammatik, Logik und Redekunst.)

3. Auf dem Bild sind zahlreiche Gegenstände zu sehen, die für eine grundlegende Veränderung des Denkens und Glaubens stehen. Suche drei Gegenstände heraus, die diesen Umbruch vom Mittelalter zur Neuzeit für drei verschiedene Bereiche belegen. Erläutere jeweils, welche Personen und/oder Ereignisse diesen Wandel angestoßen haben, wie sie dies getan haben und wie sich die neue Sichtweise von der mittelalterlichen Auffassung unterschied. Rufe dir dabei in Erinnerung, wie weit der Wandel zum Entstehungszeitpunkt des Bildes vorangeschritten war.

4. Sieh dir nun die beiden Männer auf dem Bild genauer an. Halte fest, welchen Eindruck sie auf dich machen und welche Eigenschaften sie ausstrahlen. Beschreibe ihr Äußeres und bestimme ihre gesellschaftliche Position. Erkläre nun, warum sie sich neben dem Regal mit den Gegenständen darstellen lassen. Welches Menschenbild spricht aus dieser Selbstdarstellung?

5. Im Bild finden sich mehrere Hinweise auf den Tod. Sie verweisen auf einen Wahlspruch des Auftraggebers Dinteville: „memento mori" (Bedenke, dass du sterblich bist). Es sollte die Menschen daran erinnern, dass das Leben vergänglich ist. Finde mindestens einen Hinweis und überlege, ob die Aussage im Widerspruch zur sonstigen Selbstdarstellung der beiden Freunde steht. Begründe deine Meinung.

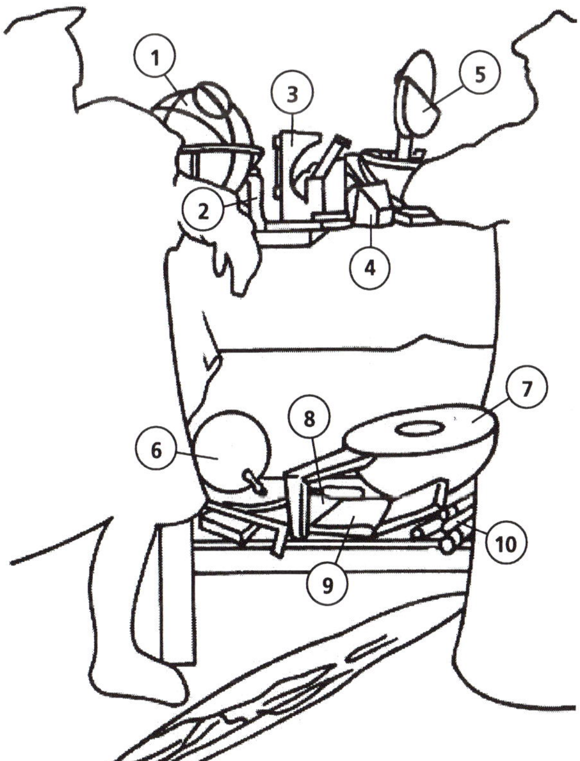

D1 Nachzeichnung des Regals aus Q1

1 Der Himmelsglobus zeigt die Sonne in der Mitte der Planeten. **2** Zylindrischer Kalender **3** Der Quadrant dient zur Höhenmessung von Himmelsobjekten. **4** Sonnenuhr **5** Das Torquetum dient zum Messen der Sternenhöhe. **6** Der Globus liegt verkehrt herum. **7** Die Laute hat eine zerrissene Saite, die gestörte Harmonie symbolisiert. **8** Zirkel **9** Das lutherische Gesangbuch zeigt einen Choral und die zehn Gebote der Bibel. **10** Flöten

Weitere Informationen zu dem Bild findest du auf der CD-ROM „Geschichte und Geschehen multimedial" – Mittelalter / Frühe Neuzeit

Q1 Hans Holbein der Jüngere, Die Gesandten

Öl auf Leinwand (206 x 209 cm), 1533.

Das Bild zeigt Jean de Dinteville (links) und den Bischof Georges de Selve, zwei französische Botschafter am Hof des englischen Königs Heinrich VIII. Das Alter der beiden Freunde ist im Bild versteckt: Dinteville ist 29 Jahre alt, wie eine Inschrift auf dem Prunkdolch in seiner Hand verrät, und Selve 25 Jahre alt, wie auf dem Buch unter seinem Arm zu lesen ist. Jean de Dinteville hat das Bild selbst in Auftrag gegeben und Aussagen und Elemente des Bildes mit dem Künstler, der Hofmaler am englischen Königshof war, abgesprochen.

Flugschriften verbreiten Luthers Ideen

Mit den 95 Thesen, die er am 31. Oktober 1517 veröffentlichte, hatte Martin Luther eigentlich nur ein theologisches Streitgespräch über den Ablasshandel führen wollen. Doch das Thema spaltete die Kirche und die Gläubigen. Während der Papst einen Ketzerprozess gegen Luther vorbereitete, fanden Luthers theologische Vorstellungen unter den Gläubigen immer mehr Anhänger. So führte Luthers Kritik nicht zur Erneuerung der alten Kirche, sondern zu ihrer Spaltung.

Neue Konfessionen entstanden, die Einheit der Christenheit war zerbrochen.

Die reformatorischen Ideen hätten ohne die Erfindung des Buchdrucks nicht so schnell in Umlauf kommen können. Untersuche zwei Flugschriften und rufe dir dabei ins Gedächtnis zurück, was die Gläubigen an Luthers Ideen begeisterte, wie aus der reformatorischen Bewegung eine neue Kirche entstand und wie die Glaubensspaltung die deutsche und europäische Geschichte prägte.

Q1 Spottblatt zum 100. Jahrestag der Reformation, 1617

„Entlauffener Ablaßkramer und helleuchtendes Evangelisches Liecht von Herrn Martino Luthern im 1517. Jahr in der Finsternis des Papsthums aus Gottes Wort angezündet."

Q2 Ein Gespräch mit einem frommen Altmütterlein

Eine Flugschrift des Predigers Heinrich von Kettenbach aus Ulm, 1523:

Altmütterlein: Lieber Bruder Heinrich, ich verbrenne alle Wochen in der Kirche Licht für 7 Pfennig. Auch habe ich erspart 11 Gulden, die hab ich den Predigermönchen gegeben; die sollen mir alle Jahr einen Jahrtag halten.

Bruder Heinrich: Ihr eigensinnigen, abergläubischen Menschen! Was seid ihr anders als eure Vorfahrn, die Heiden gewesen sind. Hörst du Mütterlein? Du brennst viele Kerzen für den Ölgötz Heilige Anna, Heiliger Rotzkolben etc. Warum brennst du solche Lichter nicht den armen Kreaturen, hie zu Ulm, die in Winters Zeit bei Mondlicht spinnen? Ist es so dunkel im Himmel, dass sie eures Licht bedürfen, so ist dort oben gut Blinde-Kuh spielen!

Altmütterlein: Ach lieber Bruder, warum sagt Vater N., es sei recht und gut?

Bruder Heinrich: Ja, ihm ist es gut! Die Mönch und Pfaffen haben Nutzen davon. Wenn die Heiligen in die Kirchen scheissten, sie kehrten den Dreck gerne heraus mit großem Gewinn. Darum sagt Luther zurecht, dass wir in der babylonischen Gefangenschaft sind. Päpste, Prälaten, Mönche und Pfaffen sollten uns erlösen; dagegen schmieden und fesseln sie uns mit eisernen Ketten, geben Ablassbriefe und andere teuflische Betrügerei um ihres Nutzen willen.

Altmütterlein: Was sagt ihr zu dem Jahrtag, den ich gestiftet hab?

Bruder Heinrich: Euren Erben habt ihr die Erbschaft gestohlen! Sie werden euch fluchen bis ins neunte Geschlecht. Und wenn die geistlosen Räuber einmal im Jahr mit Unwillen in der Kirche etwas vor sich hinmurmeln, was ist das denn? Sie wissen nicht, was sie da murmeln und wenn du es verstündest, so würdest du sagen soll ich darum Geld ausgeben?

Altmütterlein: Auch wenn ich den Pfarrer hört etwas lesen, so verstand ich ihn nicht. – Was macht man doch aus uns armen Leuten! Ich bin so blind dahingegangen und hab nie nachgedacht so weit.

Bruder Heinrich: Man hat einen Trödelmarkt und Gewerbe aus der Messe gemacht. Solches hat ein Heiliger erdacht, der heißt „Küss den Pfennig"!

Altmütterlein: Lieber Bruder Heinrich, niemand ist besser bei Leib denn Mönch und Pfaffen. Sie kommen daher mit großen Bäuchen wie die schwangeren Frauen. Wahrlich, wahrlich, die predigen uns wie der Wolf den Gänsen vor dem Wald. – Wie kommt es denn, dass Mönch und Pfaffen frei sind von Steuern und Zoll und ich bin ein armes Weib und bin nit frei?

Bruder Heinrich: Der Papst hat sich solche Gewalt genommen und der weltlichen Gewalt ihre Macht gestohlen.

Und so jemand, wie jetzt Martin Luther, euch und eure Herzen hat wollen erlösen, so ist er verfolgt worden. (...)

Zit. nach: Adolf Laube (Hg.), Flugschriften der Bauernkriegszeit, Berlin 1975, S. 200f.

So kommst du zum Ziel

1. Lies das Gespräch (Q2). Zeige, an welchen Stellen Missstände in der Kirche angeprangert werden, und beschreibe, was im Einzelnen kritisiert wird.
2. Das Altmütterlein sagt an einer Stelle „Ich bin so blind dahingegangen und hab nie nachgedacht so weit". Erläutere diesen Satz. Was ist das Neue an dieser Bemerkung? Untersuche, ob die darin ausgedrückte Einstellung etwas mit dem Entstehen der Reformation zu tun hat.
3. Bruder Heinrich ist ein Geistlicher in der Stadt Ulm. Erkläre, warum gerade in den Städten die neuen Ideen Luthers besonders gut angekommen sind.
4. Schreibe einen Dialog zwischen dem Altmütterlein und einem Mönch, der seine kritische Haltung zu Luthers Ideen zum Ausdruck bringt.
5. Das Gespräch (Q2) ist 1523 erschienen. Untersuche, wo im Text sich dies belegen lässt.
6. Erkläre die Rolle, die die deutschen Fürsten für das Gelingen der Reformation gespielt haben.
7. Schreibe für eine katholische oder eine evangelische Zeitung einen Kommentar über den Augsburger Religionsfrieden von 1555. In dem Artikel solltest du auf die wichtigsten Bestimmungen des Friedens eingehen und Vermutungen über das weitere Zusammenleben der Konfessionen anstellen.
8. Beschreibe das Spottbild (Q1). Achte dabei besonders auf den Papst, Luther und den Ablassverkäufer.
9. Vergleiche die beiden Flugschriften (Q1, Q2). Welche hat die lutherische Lehre wohl wirkungsvoller ausbreiten helfen? Beachte die Entstehungszeiten der Flugschriften und vergegenwärtige dir die jeweilige historische Situation. Kannst du erklären, warum die Flugschriften für ihre Entstehungszeit typisch sind?

Die Macht Ludwigs XIV.

Wieviel Macht darf oder soll ein einziger Politiker haben? Diese Frage ist für Gesellschaften von großer Wichtigkeit, weil sie über Krieg oder Frieden, Wohlstand oder Armut und den Zustand von Recht und Gesetzen entscheidet.

Ludwig XIV. hat mit seiner Politik eine Antwort auf diese Frage gegeben. Überprüfe, wie gut du die Machtpolitik Ludwigs XIV., seine Rechtfertigung und die Kennzeichen seines Herrschaftssystems verstanden hast und erklären kannst.

Ludwig als Apoll Q1
Die Abbildung zeigt Ludwig XIV. als griechischen Gott Apoll. Es handelt sich dabei um eine Gouache (Wasserfarbenmalerei) von Joseph Werner mit dem Titel „Der triumphierende Ludwig XIV." aus dem Jahr 1664. Sie befindet sich im Schloss von Versailles. Ludwig lenkt eine so genannte Quadriga, einen vierspännigen Streitwagen. In der Kunst ist es das Symbol für Götter und Helden. Es gibt aber noch mehr zu entdecken und zu entschlüsseln.

Q2 Das Leben am Hof zu Versailles

Der Herzog von Saint-Simon berichtet in seinen Memoiren über das Hofleben am Schloss zu Versailles:

In allem liebte er Glanz, Verschwendung, Fülle. Es war wohlberechnet, dass er die Sucht, ihm hierin nachzueifern, in jeder Weise begünstigte. Er impfte sie seinem ganzen Hof ein. Wer alles draufgehn ließ für Küche, Kleidung, Wagen, Haushalt und Spiel, der gewann sein Wohlwollen. Um solcher Dinge willen redete er die Leute an. Indem er so den Luxus gewissermaßen zur Ehrensache und für manche zur Notwendigkeit machte, richtete er nacheinander alle zugrunde, bis sie schließlich einzig und allein von seine Gnade abhingen. (...) Vom Hof aus hat die Verschwendungssucht Paris, die Provinzen, das Heer ergriffen. Man schätzt einen jeden, der eine gewisse Stellung einnimmt, nur noch nach seinem Aufwand in Küche und Haus ein. Wer Gelegenheit zum Stehlen hat, stiehlt infolgedessen, um die Ausgaben seines Hauses bestreiten zu können. Die Not zwingt ihn dazu. Es existiert im Grunde kein Rangunterschied mehr. Alle Stände sind in heillosem Durcheinander. Der Hochmut wächst ins Ungemessene. Die Folgen sind nicht abzusehen. Untergang und Umwälzung sind im Anzuge.

Zit. nach: F. Dickmann (Hg.), Geschichte in Quellen, Bd. III, München 1982, S. 432.

D1 Der französische Staatshaushalt 1678

Einnahmen:	99,5 Mio. Livres
Ausgaben:	98,0 Mio. Livres für das Heer
	29,0 Mio. Livres für den Hof
	2,5 Mio. Livres für Sonstiges

Zusammengestellt nach: G. Maier/H. G. Müller, Der Absolutismus, Leipzig, Stuttgart, Düsseldorf 2003, S. 13.

So kommst du zum Ziel

1. Du sollst als Schlossführerin oder -führer Besuchern das Bild erklären (Q1).
   - Betrachte es genau und überlege, welche Fragen die Besucher zu den Details stellen könnten.
   - Finde heraus, was das Bild über Ludwig XIV. und seine Herrschaft aussagen soll.
   - Verfasse den Text deiner Führung. Stelle dabei eine Beziehung zur Geschichte Ludwigs und seinem Herrschaftsanspruch her. Erläutere, warum Ludwig solche Bilder malen und sie in Versailles aufhängen ließ. Erkläre das Bild vor Publikum.
2. Heutzutage müsste Saint-Simon (Q2) seine Behauptungen über das Hofleben belegen. Saint-Simon heuert dich als Privatdetektiv an.
   - Du sollst konkrete Beispiele für seinen Bericht vom Hofleben finden.
   - Erkläre Saint-Simon mit Hilfe deines Vorwissens, die Ursachen und den Zweck der Verschwendungspolitik Ludwigs.
   - Saint-Simon ist selber Adeliger und klagt in seinem Bericht, alle Stände seien „in heillosem Durcheinander". Er befürchtet für die Zukunft „Untergang und Umwälzung". Verfasse ein Gespräch, in dem sich ein Bürger und ein Adeliger darüber unterhalten, ob die gesellschaftliche Stellung eines Menschen von der Geburt, der eigenen Leistung oder dem luxuriösen Lebensstil abhängig sein soll.
3. Vergleiche die Einnahmen und die Ausgaben im französischen Staatshaushalt des Jahres 1678 (D1).
   - Erkläre als Wirtschaftsminister Colbert Ludwig XIV. die Haushaltslage seines Reichs.
   - Fasse die Maßnahmen zusammen, die Colbert ergriffen hat, um die Wirtschaftslage Frankreichs zu verbessern.
   - Erkläre als Ludwig XIV. Colbert, warum du auf keinen Fall sparen kannst und willst.
4. Der absolutistische Staat wurde schon früh mit einer Maschine verglichen. Alles sollte präzise ineinander greifen und miteinander funktionieren.
   - Fertige ein Schaubild an, das diese Maschine „Absolutistischer Staat" darstellt.
   - Es gibt auch Probleme in der Konstruktion dieser Staatsmaschine. Finde und zeichne sie ein.
5. Der Absolutismus ist nicht die einzige Herrschafts- oder Staatsform. Vergleiche andere Herrschafts- und Staatsformen mit der des Absolutismus. Überlege, was verglichen werden kann. Fertige eine Tabelle mit den Vergleichspunkten an und fülle sie für jede Herrschaftsform aus.
6. Es gibt Diskussionen, ob der Absolutismus überhaupt noch im Geschichtsunterricht behandelt werden soll. Verfasse einen Diskussionsbeitrag, in dem du die Begriffe und Zusammenhänge nennst, die Schülerinnen und Schüler durch die Beschäftigung mit dem Absolutismus kennen lernen und auch für die heutige Zeit gebrauchen können.

In den einzelnen Kapiteln dieses Buches, aber auch schon in Band 1 von „Geschichte und Geschehen“ wurden dir Methoden vorgestellt, die dir helfen, in Geschichte selbstständig und erfolgreich zu arbeiten.

Alle methodischen Arbeitsschritte aus den Bänden 1 und 2 sind auf den nächsten Seiten noch einmal zusammengestellt, damit du sie übersichtlich und auf einen Blick jederzeit nachschlagen kannst. So ein Verzeichnis zum Nachschlagen nennt man Glossar.

Zunächst findest du die Methoden zur Untersuchung von Text-, Bild- und Sachquellen. Im hinteren Teil des Glossars sind die Methoden aufgeführt, mit denen du verschiedene Darstellungen von Geschichte (Schaubilder, Geschichtskarten u. a.) auswerten kannst. Ganz am Ende findest du eine Arbeitsweise, mit der du die Informationen aus Quellen und Darstellungen zusammenfassen und ordnen kannst: den historischen Vergleich.

Eine Textquelle auswerten

(Band 1, S. 80/81)

Texte, die die Menschen im Lauf der Geschichte hinterlassen haben, sind wichtige Quellen, aus denen du viel über die Geschichte „herausholen“ kannst.

1. Lies den Text sehr genau, am besten auch einmal laut, und stelle fest, worum es überhaupt geht. Beachte, welche Orte, Personen oder Gruppen genannt werden.
2. Kläre alle dir unbekannten oder nicht verständlichen Wörter und Wendungen. Benutze dafür ein Wörterbuch oder frage deine Lehrerin/deinen Lehrer.
3. Unterteile den Text in Sinnabschnitte, die jeweils einen einzelnen Gedanken ausdrücken. Schreibe für jeden Abschnitt eine kurze Überschrift.
4. Fasse mit deinen eigenen Worten zusammen, was in dem Text mitgeteilt wird.
5. Stelle fest, wer den Text verfasst hat (Autor) und an wen er sich damit wandte (Publikum). Ist erkennbar, warum er geschrieben hat?
6. Kläre, mit welchem zeitlichen Abstand vom Geschehen der Autor schrieb und woher er seine Kenntnisse darüber hatte.
7. Suche im Text selbst und in deinem Wissen über den Autor nach Hinweisen dafür, ob dieser sehr einseitig schrieb oder persönliche Wertungen deutlich zur Geltung brachte. Hilfreich ist es, den Text mit anderen Quellen zu vergleichen.
8. Abschließend muss die Quelle in den größeren Zusammenhang eingeordnet werden. Dafür solltest du dich im Verfassertext oder in anderen Darstellungen informieren.

Textquellen vergleichen

(Band 2, S. 22/23)

Beim Vergleich verschiedener Textquellen zu einem Thema lernst du verschiedene Sichtweisen (Perspektiven) auf ein historisches Ereignis kennen und kannst dir am Ende eine eigene Meinung bilden.

Bevor du die Quellen miteinander vergleichen kannst, musst du jede Quelle für sich untersuchen (eine Textquelle auswerten). Dann erst kommt der eigentliche Vergleich:

1. Finde Aspekte des Vergleichs. Liste alle Fragen auf, die du an die Quellen stellen kannst.
2. Lege eine Tabelle an. Trage in die mittlere Spalte deine Fragen des Quellenvergleichs ein.
3. Sammle Informationen. Finde heraus, welche Antworten die Quellen auf die Fragen geben und trage sie in die entsprechenden Spalten ein.
4. Ordne die Informationen. Halte fest, welche Gemeinsamkeiten, vor allem aber welche Unterschiede du zwischen den Informationen zu ein und demselben Gesichtspunkt erkennst. Markiere mit einem Fragezeichen, wenn eine Quelle einen Aspekt einer historischen Erscheinung übergeht.
5. Lies die Quellen gegeneinander. Berücksichtige die verschiedenen Positionen und Sichtweisen der Quellen bei deiner „Rekonstruktion von Geschichte“. Zu einer solchen „Multiperspektivität“ sind Geschichtswissenschaftler verpflichtet.

Textquellen hinterfragen

(Band 2, S. 138/139)

In manchen Texten vertreten die Verfasser sehr einseitige Ansichten. Darum solltest du alle Textquellen kritisch hinterfragen.

1. Mache dir klar, was im Text steht (Arbeitsschritte 1–4, eine Textquelle auswerten).
2. Zeige auf, inwiefern es sich bei dem Text um einen öffentlichen Aufruf handelt. Stelle dazu fest, wer der Autor ist, an wen er sich wendet und in welchem Rahmen und warum er das tut.
3. Gibt der Autor Tatsachen wieder, die jeder anerkennen kann, oder Meinungen, die mit seinen Überzeugungen zusammenhängen?
4. Welche Absichten verfolgt der Autor mit seinen Aussagen? Ordne jede Aussage einem oder mehreren der folgenden Begriffe zu: „etwas rechtfertigen“, „unerwünschte Ansichten/Verhaltensweisen tadeln“, „erwünschte Ansichten/Verhaltensweisen loben“, „Ängste/Hoffnungen/Wünsche wecken“.
5. Welche Gedanken und Gefühle könnten die Aussagen bei einem Anhänger ausgelöst haben?
6. An welchen Stellen würde ein Gegner wohl protestiert haben?
7. Welche Aussagen würdest du als zweifelhaft, übertrieben oder Schwarz-Weiß-Malerei bezeichnen? Wenn möglich, solltest du zur Lösung Vergleichsmaterialien heranziehen.

Eine Urkunde entschlüsseln

(Band 2, S. 36/37)

Aus Urkunden erfährst du viel über wichtige Handlungen, Rechte, Beschlüsse oder Besitzveränderungen, die wahrheitsgetreu überliefert werden sollten. Um Informationen aus Urkunden zu entnehmen, musst du ihre besondere Form untersuchen.

Aufbau einer Urkunde

Eine Urkunde ist in drei Teile gegliedert: In der Einleitung findet man meist die Anrufung Gottes, den Aussteller und den Adressaten. Eine allgemeine Begründung des Rechtsakts leitet über zum Hauptteil, der in der Regel aus der Vorgeschichte, dem Rechtsakt selber und Strafandrohungen bei Zuwiderhandlung besteht. Der Schlussteil umfasst die Ankündigung des Siegels, die Unterschriftszeile mit Monogramm, die Beglaubigung durch den Notar oder Zeugen, das Beglaubigungszeichen des Notars, das Datum und den Schlusswunsch.

Text und Schriftbild untersuchen

1. Markiere die einzelnen Bestandteile der Urkunde. Gliedere die Urkunde in die drei Hauptteile: Einleitung, Hauptteil, Schlussteil.
2. Untersuche, wie der Schreiber die Gliederung und die einzelnen Elemente gestaltet hat. Erläutere warum er das so gemacht hat.
3. Stelle die Informationen zusammen, die du der Quelle entnehmen kannst: über den Aussteller der Urkunde und den Schreiber, über den Adressaten und die ihm verliehenen Rechte und über die praktischen Umstände der Rechtshandlung.

Ein Bild zum Sprechen bringen

(Band 1, S. 66/67; Band 2, S. 78/79)

Bilder liefern wertvolle Informationen über historische Ereignisse oder Personen. Du kannst auch Hinweise erhalten, wie diejenigen, die die Bilder hergestellt haben, gedacht oder was sie mit ihrem Bild beabsichtigt haben.

Beschreiben

1. Welche Personen, Tiere und Gegenstände sind zu sehen? Wie sind die Figuren gekleidet, was halten sie in den Händen? Beschreibt ihre Körperhaltungen und Gesten.
2. Was wird dargestellt und wo spielt die Szene?

Untersuchen

3. Welche Verbindungen gibt es zwischen einzelnen Figuren?
4. Gibt es besonders wichtige Szenen; was steht im Mittelpunkt des Bildes? Stelle dar, woraus du das schließen kannst (Farben, Größe usw.).
5. Erkennst du einen Ablauf oder eine Aktion in der Darstellung?
6. Wie wurden die Bildmittel (Farben, Linien, Größenverhältnisse, Perspektive) eingesetzt? Was

lässt sich anhand der Bildgestaltung über die Bedeutung der Bildelemente ableiten?
7. Welche der Bildelemente könnten symbolisch zu verstehen sein?

Erklären, warum es so dargestellt ist
Wenn das Bild eine Legende hat, lies sie genau durch. Kläre dann folgende Fragen:
8. Für wen ist das Bild gemalt worden? Wann und zu welcher Gelegenheit ist es entstanden?
9. Wer hat es in Auftrag gegeben? Warum?
10. Wo wurde/wird es gezeigt?
11. Überlege, was mit dem Bild erreicht werden sollte.

Ein Spottbild interpretieren

(Band 2, S. 206/ 207)

Im Mittelpunkt von Spottbildern standen Personen oder Erscheinungen, die lächerlich gemacht werden sollten. Die verwendeten Übertreibungen und Anspielungen müssen wir heute entschlüsseln.

Bevor du ein Spottbild interpretieren kannst, beschreibe zunächst das Bild (Arbeitsschritte 1+2, ein Bild zum Sprechen bringen) und untersuche dann Einzelheiten sowie Zusammenhänge zwischen den Bildelementen (Arbeitsschritte 3–7, ein Bild zum Sprechen bringen). Beschäftige dich nun mit den Besonderheiten des Spottbildes:

1. Spottbilder auf Flugschriften wurden oft mit Begleittexten versehen. Welche Aussagen kannst du aus entsprechenden Beschriftungen ablesen? In welchem Zusammenhang stehen Bild und Text?
2. Um die Aussage des Spottbildes zu entschlüsseln, brauchst du weitere Informationen: Wann wurde es hergestellt? Wer ist der Künstler? Manches erfährst du aus der Bildlegende.
3. Kläre, auf welche Situation oder welches Ereignis sich das Spottbild bezieht.
4. Wie beurteilt der Künstler die Ereignisse? Wie urteilt er über Personen? Vergleiche dazu das Spottbild mit anderen zeitgenössischen Bildern oder Texten oder mit Darstellungen aus heutiger Zeit.
5. Erkläre, welche Übertreibungen in dem Bild verwendet werden.
6. Wen wollte der Künstler mit seiner Darstellung ansprechen? Was wollte er damit erreichen?

Herrscherbilder interpretieren

(Band 2, S. 238/239)

Eine besondere Form der Bildquellen stellen Herrscherbilder dar. In der Regel entstanden sie im Auftrag des Herrschers selbst und geben so einen Einblick in dessen Vorstellung von Herrschaftsausübung.

Bei der Beschreibung, Untersuchung und Deutung (vgl. Arbeitsschritten 1–11, ein Bild zum Sprechen bringen) eines Herrscherbildes solltest du folgendermaßen vorgehen:

Beschreiben
1. Notiere erste Eindrücke vom Bild.
2. Stelle Fragen an das Bild und notiere sie ebenfalls.

Untersuchen (Analysieren)
3. Stelle eine Liste mit Bilddetails (Einzelheiten) zusammen. Denke an
   - Mimik des Herrschers
   - Gesten des Herrschers
   - Körperhaltung und Position des Herrschers
   - Kleidung und Schmuck des Herrschers
   - das Gleiche für weitere Personen im Bild
   - Umgebung
   - Gegenstände
   - Farben
   - Perspektive (Blickwinkel)
   - Bildkomposition (Aufbau des Bildes)
4. Informiere dich über Maler, Entstehung, Größe, Format, Material und Verwendung des Bildes.

Deuten (Interpretieren)
5. Notiere, wie die Bilddetails auf den Betrachter wirken. Entschlüssele dann ihre Bedeutung. Dabei können das Geschichtsbuch, Lexika oder das Internet weiterhelfen.
6. Formuliere zusammenfassend die Aussagen, die das Bild des Herrschers für den Betrachter haben sollte.
7. Vergleiche deine Ergebnisse mit deinen ursprünglichen Eindrücken und Fragen.

Historische Karten untersuchen
(Band 2, S. 190/191)

Historische Karten geben Auskunft darüber, wie die Menschen in vergangenen Zeiten die Welt gesehen haben, was sie von ihr wussten und welche Vorstellungen sie von der Gestalt der Erde besaßen.

1. Welches Thema behandelt die Karte?
2. Welcher Raum und welche Zeit sind dargestellt?
3. Welche geografischen Kenntnisse enthält die Karte?
4. Was wird hervorgehoben bzw. weggelassen? Vergleiche mit einem heutigen Atlas.
5. Welche religiösen, kulturellen oder politischen Vorstellungen lassen sich aus der Karte ablesen?
6. In welcher Absicht, zu welchem Zweck ist die Karte angefertigt?
7. Welches Weltbild wird in der Karte deutlich?
8. Welche Bedeutung hat der Raum/die räumliche Darstellung für den Kartenhersteller besessen?

Sachquellen untersuchen
(Band 1, S. 34/35)

Überreste wie Münzen, Werkzeuge oder Kleidung verraten viel über den Alltag oder die technischen Fertigkeiten von Menschen in der Vergangenheit.

1. Schaue dir zuerst den Gegenstand genau an: Aus welchem Material ist er? Sind Gebrauchsspuren oder Zerstörungen zu erkennen? Notiere alles, was dir auffällt – auch Fragen!
2. Sachquellen sind unmittelbare Überreste aus der Vergangenheit. Sie müssen zeitlich eingeordnet werden. Mithilfe von Lexika, Sachbüchern und dem Internet kannst du zusätzliche Kenntnisse und Informationen erhalten.
3. Versuche herauszubekommen, wie die Menschen die Gegenstände damals benutzt haben, welche Bedeutung sie für das tägliche Leben der Menschen hatten. Waren sie im Alltag wichtig oder spielten sie bei einem konkreten Ereignis eine besondere Rolle? Welchen Wert wird der Gegenstand wohl für die Menschen besessen haben?
4. Überlege, welche heutigen Gegenstände die Funktionen dieser Funde übernommen haben könnten.

Ein Bauwerk untersuchen
(Band 2, S. 124/125)

Aus der Anlage und dem Baustil von Gebäuden wie Kirchen, Burgen oder Rathäusern kannst du mehr über das Leben und Arbeiten in früheren Zeiten erfahren.

Aussehen und Erscheinungsbild

1. Bestimme die Länge, Breite und Höhe des Gebäudes. Stelle fest, aus welchen Materialien es erbaut wurde.
2. Untersuche die Lage des Bauwerks in der Stadt und das Größenverhältnis zu anderen Gebäuden. Suche eine Erklärung für die Lage bzw. Platzwahl.
3. Beschreibe die einzelnen Teile des Bauwerks und stelle anhand einzelner Merkmale fest, in welchem Baustil es erbaut wurde.
4. Finde heraus, ob das Bauwerk in späteren Zeiten erweitert, umgebaut oder renoviert wurde.

Verwendung und Funktion

5. Stelle die Daten zur Bauzeit und -dauer zusammen.
6. Informiere dich, wer das Bauwerk errichten ließ und ob es einen bestimmten Anlass dazu gab.
7. Erkundige dich, wer die Bauarbeiten bezahlte und wie sie organisiert waren.
8. Bestimme die Funktion (Aufgabe, Zweck) des Bauwerkes, evtl. mithilfe eines Grundrisses.
9. Finde heraus, ob sich die Verwendung und Nutzung des Bauwerks geändert hat.
10. Diente das Bauwerk über die reine Nutzung hinaus anderen Absichten der Erbauer?

Zeitzeugen befragen
(Band 1, S. 14/15)

Um etwas über den Alltag in einem geschichtlichen Zeitraum zu erfahren, der noch nicht so lange zurückliegt, kann man Menschen befragen, die damals schon gelebt haben. Allerdings solltest du bei einem Zeitzeugeninterview einige Punkte beachten.

Vorbereitung

1. Überlege, welche Person etwas über ein von dir gewähltes Thema berichten kann.
2. Formuliere deine Fragen und überlege, in welcher Reihenfolge du sie stellen willst.
3. Sollen Tonband oder Kamera mitlaufen oder reichen Stichwortnotizen? Wer soll mitschreiben?

Tipps zur Gesprächsführung

4. Bleibe während des Interviews freundlich und ruhig. Ihr könnt das Gespräch auch zu zweit oder zu dritt führen; mit einer größeren Gruppe solltet ihr einen Zeitzeugen aber nicht „überfallen".
5. Auf viele Fragen kann man nur „Ja" oder „Nein" antworten. Formuliere darum lieber offene Fragen, z.B.: „Wie waren die Aufgaben in Ihrer Familie früher verteilt?"
6. Manchmal kommen Zeitzeugen „ins Erzählen". Oft sind „Abschweifungen" interessant. Versuche jedoch immer die Erzählenden durch deine Fragen zum Thema zurückzuführen.
7. Wenn du die Reihenfolge deiner Fragen ändern musst oder nicht alle Fragen stellen kannst: Überlege, welche Fragen am wichtigsten sind.

Das Gespräch auswerten

8. Ordne deine Aufzeichnungen und ergänze, was du nicht mitschreiben konntest und welche neuen Fragen sich aus dem Gespräch ergeben haben.
9. Vergleiche die Interviewaussagen mit Darstellungen in Geschichtsbüchern oder auf alten Fotos.
10. Nun solltest du die Ergebnisse deinen Mitschülern präsentieren. Finde dafür eine geeignete Form.

Jugendbücher kritisch lesen
(Band 1, S. 40/41)

Historische Romane vermitteln lebendige Vorstellungen über das Leben der Menschen früher. Beim Lesen ist aber wichtig, die ausgedachte Handlung und historische Informationen auseinanderzuhalten:

1. Wer sind die Hauptfiguren? Charakterisiere sie mit passenden Adjektiven. Lassen sie sich bestimmten gesellschaftlichen Gruppen zuordnen?
2. Aus wessen Sicht wird die Handlung geschildert? Warum hat der Autor diese Figur(en) gewählt?
3. Welche Konflikte stehen im Mittelpunkt der Handlung? Was scheinen die Ursachen dieser Konflikte zu sein? Liegen sie eher im Charakter der Figuren begründet oder in den unterschiedlichen Lebensweisen?
4. Wird die Geschichte zeitlich genau eingeordnet? Welche Informationen geben Hinweise auf die historische Zeit, in der sie spielt?
5. Woher hat der Autor seine Informationen über die Epoche? Belegt er seine historischen Kenntnisse? Dazu findest du häufig auch Informationen in den Texten auf dem Umschlag, im Vorwort, Nachwort oder der Einleitung.
6. Was sagt die Erzählung über die Zeit aus, in der sie spielt? Was für ein Bild will der Autor von dieser Zeit vermitteln?

Ein Schaubild erklären
(Band 1, S. 56/57)

Schaubilder stellen geschichtliche Informationen übersichtlich und auf einen Blick dar. Hier ein paar Tipps, wie du ein Schaubild auswerten kannst:

1. Stelle fest, welches Thema das Schaubild behandelt. Die Legende gibt dazu Informationen.
2. Untersuche, warum einzelne Teile des Schaubildes in verschiedenen Farben bzw. größer oder kleiner dargestellt werden.
3. Arbeite heraus, an welchen Stellen Pfeile/Linien verwendet werden. Was sagen sie über die Beziehungen zwischen Personen und Gruppen aus?
4. Welche Form wurde gewählt? Überlege welchen Zusammenhang es zwischen dem Thema und der Form des Schaubildes gibt.

Einen Grundriss auswerten

(Band 2, S. 56/57)

Grundrisse sind stark vereinfachte Pläne von Bauwerken oder Parks und Gärten. Aus einem Grundriss lässt sich ablesen, wie Gebäude und Anlagen ursprünglich aussahen und wie sie genutzt wurden.

1. Kläre, was auf dem Grundriss dargestellt ist. Handelt es sich um ein einzelnes Gebäude oder eine große Anlage mit verschiedenen Teilen?
2. Informiere dich, aus welcher Zeit der Grundriss stammt und evtl. wer ihn angefertigt hat. Handelt es sich um einen Entwurf oder wurde die Anlage tatsächlich nach diesem Plan erbaut? Oder handelt es sich um die Nachzeichnung eines bestehenden Gebäudes?
3. Um dich orientieren zu können, musst du die „Sprache" der Grundrisszeichnung entziffern: Wie sind Mauern dargestellt, woran erkennst du, wo sich Eingänge oder Türen befinden? Wie werden verschiedene Stockwerke markiert, wie Türme usw.?
4. Nun kommt die Auswertung: Welche Gebäude oder -teile kannst du auf Anhieb erkennen? Welche Teile erscheinen besonders wichtig? Unterscheide z.B. Haupt- und Nebengebäude, Wege.
5. Beschrifte auf einer Nachzeichnung des Grundrisses die verschiedenen Bestandteile.
6. Untersuche, ob der Grundriss Auskunft über die Größe der Anlage oder die Abmessungen einzelner Teile gibt.
7. Nun kannst du die Bedeutung der Anlage erschließen: Wie wurden die einzelnen Teile des Gebäudes genutzt? Welche Funktion erfüllte die Gesamtanlage? Erkläre, welche Bedeutung die Anlage für die Menschen in der damaligen Zeit hatte.

Geschichtskarten verstehen

Band 1, S. 96/97)

Aus einer Geschichtskarte kannst du schnell und anschaulich Informationen darüber bekommen, in welchem Raum der Welt, an welchem Ort und zu welcher Zeit sich Ereignisse, Entwicklungen und Beziehungen abspielten.

1. Über welches Thema informiert die Karte? Beachte dabei die Unterschrift und die Legende.
2. Welcher Raum wird dargestellt? Welche Orte werden hervorgehoben? Vergleiche mit dem Geografie-Atlas, um welches heutige Gebiet es sich handelt.
3. Stelle fest, wie die Karte zeitlich eingeordnet ist. Bezieht sie sich auf ein bestimmtes Jahr, auf einen kurzen oder langen Zeitabschnitt? Werden unterschiedliche Zeitstufen dargestellt?
4. Mache dich sorgfältig mit der Legende vertraut. Welche besonderen Bedeutungen haben die Farben und Zeichen der Karte?
5. Suche einige der Zeichen auf der Karte und stelle fest, welche Informationen ihr zur historischen Situation erhalten könnt.

Ein historischer Vergleich

Band 1, S. 162)

Du kannst einen Vergleich anstellen, wenn du Gemeinsamkeiten und Unterschiede historischer Ereignisse, Personen oder Prozesse (z. B. Revolutionen, Kaiser oder Wirtschaftsweisen) herausarbeiten willst.

1. Lege fest, welche historischen Ereignisse, Personen oder Prozesse du vergleichen willst.
2. Finde Aspekte des Vergleichs. Überlege, mit welchen Fragen sich Gemeinsamkeiten und Unterschiede der zu vergleichenden historischen Erscheinungen aufzeigen lassen.
3. Lege eine Tabelle an. Trage in die mittlere Spalte deine Fragen des Vergleichs ein.
4. Sammle Informationen. Finde die Antworten zu den einzelnen Fragen und trage sie in die entsprechenden Spalten ein.
5. Ordne die Informationen. Jetzt kannst du festhalten, welche Gemeinsamkeiten, vor allem aber welche Unterschiede du zwischen den jeweiligen Informationen zu einem Aspekt erkennst.
6. Schäle den Kern der Sache heraus. Um das Wesentliche einer historischen Erscheinung zu erfassen, ist es wichtig, aus dem Vergleich den wichtigsten Unterschied zu benennen. In dieser Gewichtung muss man nicht einig sein. Du besitzt aber damit die Grundlage, um darüber mit anderen zu diskutieren. Geschichtswissenschaftler machen das auch so.

Verzeichnis der Namen, Sachen und Begriffe

Verwendete Abkürzungen
Abb. – Abbildung, ägypt. –ägyptisch, alttest. – alttestamentarisch, arab. – arabisch, aztek. – aztekisch, bibl. –biblisch, burgund. – burgundisch, calvinist. – calvinistisch, christl. – christlich, dt. – deutsch, engl. – englisch, europ. – europäisch, evang. – evangelisch, fränk. – fränkisch, französ. – französisch, gegr. – gegründet, german. –germanisch, Gesellsch. – Gesellschaft, gest. – gestorben, griech. – griechisch, habsburg. – habsburgisch, heidn. – heidnisch, humanist. – humanistisch, ital. – italienisch, islam. – islamisch, Jh. – Jahrhundert, jüd. – jüdisch, kath. – katholisch, landwirtschaftl.. – landwirtschaftlich, lat. – lateinisch, literar. – literarisch, luther. – lutherisch, militär. – militärisch, mittelalterl. – mittelalterlich, mittelhochdt. – mittelhochdeutsch, muslim. – muslimisch, niederländ. – niederländisch, norddt. –norddeutsch, orthod. – orthodox, osman. – osmanisch, oström. – oströmisch, poln. – polnisch, portug. – portugiesisch, Prof. – Professor, protest. – protestantisch, reform. – reformiert, röm. – römisch, Schriftst. – Schriftsteller, span. – spanisch, theol. – theologisch, türk. – türkisch, Wiss. – Wissenschaftler

▷ Verweis auf ein Stichwort
Halbfett gesetzt sind historische Grundbegriffe, die im Buch in einem Kastentext erläutert werden

Aachen 24–25, 27 (Karte), 35
Aachener Pfalz 24 (Abb.), 25 (Abb.)
Abbasiden (Kalifendynastie von Bagdad) 133
Abendmahl 166 (Abb.), 167, 220, 222
Aberglauben, unchristlicher 179
Abgaben 47, 51, 63, 86, 93, 99, 110, 112, 121, 192, 208, 209
Ablass/handel 200, 202, 204 (Abb.), 225, 259, 264; -streit (zwischen ▷ Tetzel und ▷ Luther) 205
Abraham (bibl. Gestalt) 114, 132
Absolutismus 234–257, **242**, 265, 273–274
Abt (Klostervorsteher) 17, 24, 29, 53, 58, 75, 260; -ei 24, 36, 37; Äbtissin (Klostervorstehe-rin) 29, 53, 260
Abu ’Ubaida (General des Kalifen ▷ Omar) 135
Abu Talib (Onkel des ▷ Mohammed) 131
Ackerbau 50, 65
Adel 28, 52, 62, 63, **65**, 68, 72, 75, 80, 84–88, 101, 171, 208, 209, 222, 235 (Abb.), 236, 237, 242, 247, 249, 251, 258, 261; -saufstand 20; -srat 85; poln. – 149; protest. – 228; sächsischer – 152; Hoch- (französ.) 236; Entmachtung des – 237; Machtstreben des – 237
Adelheid (931-999, burgund. Prinzessin, Frau ▷ Otto I.) 32
Afrika 14, 128, 133, 145, 186, 191, 197
Akkon (Hafenstadt in Palästina) 142, 144; Eroberung von – (1191) 142, 143 (Abb.)
Al-Aschraf (ägypt. Sultan) 142, 143
Alberti, Leone Battista (1404–1472; Künstler und Architekt aus Florenz) 159, 165, 166
Alemannen (german. Stamm) 15
Alexandria (Stadt im ▷ Oström. Reich) 12
Algebra (Gleichungslehre) 145
Alhambra (Burg in Granada; Sitz des letzten muslim Herrschers in Spanien bis 1492) 146 (Abb.)
Ali (656–661, 4. Kalif, Schwiegersohn und Nachfolger ▷ Mohammeds) 133
Al-Kamil (ägypt. Sultan) 144 (Abb.)
Allah 131, 132, 133, 145
Allmende 208
Alltag 144, 202, 223
Almosen 121; -abgabe (gesetzliche) 132
Alpen 25, 108, 228
Altar 52, 102; -bilder 121
Altes Testament 114, 203
Amerika 109, 184, 191, 263; Latein- 196, 197 (Karte); Mittel- 193, 196, 259, 263; Nord- 196, 222, 246; Südamerika 193, 196, 197, 214, 259, 263
Amt 24, 31, 75, 87, 225, 236, 243, 244, 247, 261; -sadel 243, 265; -skirche 72, 73, 74, 259
Anglikaner (christl. Konfession) 201,264
Anna von Österreich (Mutter von ▷ Ludwig XIV.) 236
Annale (lat. „annus“, d. h. Jahr, Jahrbuch) 25
Antichrist 207, 213 (Abb.), 259
Antike 158, 160, 165, 263; Spät- 27
Antiochia (Stadt im Oström. Reich) 12
Apostel (Gesandter, Bote) 12. 13, 72
Apsis (im christl. Kirchenbau Altarnische oder Chorabschluss) 124
Araber 15, 16, 133, 135, 145, 146, 193, 259
Aralsee 134
Arbeit 45; -skräfte 246, 247; -steilung (Spezialisierung) 246, 247, 265; -swelt 247; ländliche – 46 (Abb.)
Archäologen 46, 47
Architektur 234, 253
Aristoteles (384 v.Chr. –322 v.Chr.; griech. Philosoph) 162
Arithmetik (Zahlenlehre) 145
Arles 20
Armut 72, 121, 179; Massen- 248
Asien 133, 145, 191, 197
Astrologen 212
Astronomie 163, 164
Atlantik 24
Aufschwung (wirtschaftlich) 247
Aufstand 90 (Abb.), 237
Augsburg 104, 170, 173, 216
Augsburger Bekenntnis (1530, Glaubensgrundsätze der ▷ Lutheraner) 215, 220
Augsburger Religionsfrieden (1555) 214, 220, 225, 227, 232, 259, 264
Augustus (63 v.Chr.–14 n.Chr.; ursprüngl. Name Gaius Iulius Octavian; Begründer des röm. Kaisertums; Kaiser ab 31 v.Chr.) 10
Aussaat 45 (Abb.), 46, 47, 49
Außenpolitik 242
auxilium (militär. Unterstützung des Königs durch Adlige) 28
Azteken 192–195, 263; -reich 184 (Karte), 192–195, 259

Baden-Baden 252
Bagdad 134, 148
Bankrott (eines Händlers) 113
Bankwesen 170
Bann (Ausschluss aus der Kirche) 75, 76
Barock (Baustil) 252, 253; -schloss 252
Bartholomäusnacht (23./24.8.1572, Höhepunkt des Bürgerkrieges in Frankreich) 222, 223 (Abb.)
Bauern 41 (Abb.), 42–49, 53, 63, 68, 90, 92, 93, 97, 101, 149, 150, 151, 192, 208–211, 213, 228, 229, 230, 234 (Abb.), 248, 249, 260, 263, 265, 268; -familien 62, 262; -heere 209; -hochzeit 48; -hof 150; -krieg (1524–1526) 208, 209 (Karte), 211, 214, 259; -krieger 30, 260; –, abhängige 260; –, unfreie 42;
Bauernaufstand 208–211, 264
Bauern- und Bürgeraufstände 86, 262
Beamte 237, 243, 244, 265
Beginen (fromme Gesellschaft von Frauen) 122 (Abb.)
Behaim, Martin (1459–1507; dt. Kaufmann und Geograf) 191
Beisitzer 25
Belagerung 62
Belgien 108, 222, 242
Bellarmin, Robert (1542–1621; Kardinal, theol. Berater des ▷ Inquisitionsgerichtes) 164
Benedikt von Nursia (um 480–nach 542; Klostergründer um 529) 52 (Abb.), 58, 258, 260
Benediktiner/innen 52, 58, 59; -abtei (Italien) 41 (Abb.); -orden (Klostergemeinschaft) 52, 72
Bergbau 171
Bergen (Stadt in Norwegen) 109
Bergfried (Wohnturm einer mittelalterl. Burg) 62
Bern 117
Besitzlose 249, 265
Bettler 97
Bevölkerung 50, 251, 263; -sverluste (im ▷ Dreißigjährigen Krieg) 229, 231 (Karte), 232; -szahl (unter Ludwigs XIV. Regierungszeit) 248
Bibel 164, 202, 208, 213, 217, 264; Gutenberg-177 (Abb.)
Bilanz 171
Bildersturm 217 (Abb.)
Bischof 12, 13, 14, 17, 24, 31, 74, 75, 76, 93, 99, 179, 243, 262, 264; -skirche 42; -ssitz 12, 31, 92
Bistümer 16, 24, 75, 76; Erz- 32, 75; Reichs- 32
Boden 46, 50, 51
Böhmen 222, 228
Böhmen und Mähren 82
Böhmische Brüder (christl. ▷ Konfession) 201
Böhmisch-Pfälzischer Krieg (1618–1623) 227
Boisguillebert (1646–1714; franz. Schriftsteller) 250
Bologna 123
Bonifatius „der Wohltäter“ (▷ Winfried) 18, 19
Bosporus 134, 136, 137
Botticelli, Sandro (ital. Künstler) 169
Brache 51
Brandenburg-Preußen 243
Brandkatastrophen 116, 117 (Abb.)
Brandschutz 50
Brasilien 196, 197
Braunschweig 80
Bremen 110, 179, 180
Bronze171; -statue 24 (Abb.)
Brotmaß 120 (Abb.)
Brügge 95
Brunelleschi, Filippo (1377–1446; ital. Architekt und Bildhauer) 165, 166
Buchdruck 176–178, 259, 263, 272
Bücher 176–178, 263
Buchführung, doppelte 171
Burchard von Worms (11. Jh.; Bischof) 68
Burg/en 29, 40, 62–67, 92, 124, 129 (Abb.); -belagerung 63 (Abb.); -herren 62, 64, 66; -leben 62; -vogt 64; Flucht- 62
Bürger 97, **98** (Abb.), 99, 151, 165, 228, 235 (Abb.), 247 (Abb.), 249, 259, 262; -häuser 119 (Abb.); -krieg 222, 228, 241; -meister 99, 262; -recht 98; -schaft 99, 121; -tum 87, 237, 251
Burgund 32, 58
Burgunder 13
Byzanz 18, 21, 260
Byzantinisches Reich 13, 134, 142, 143, 258; Untergang des – 134, 142, 143, 259

Caesar, Gaius Julius (100 v.Chr.–44 v.Chr.; ermordet; röm. Feldherr und Staatsmann) 10
Calixt II. (1119–1124; Papst) 76
Calvin, Johannes (1509–1564; Genfer Reformator) 221 (Abb.), 223, 224, 264
Calvinismus 221–223
Calvinisten (Anhänger der Lehre ▷ Calvins) 221, 222, 223, 232

Canossa (Burg) 76, 77
Childebert (511–558; Sohn Chlodwigs) 15
Childerich (gest. 754; Merowinger König) 15 (Abb.), 19
China 133, 186
Chlodwig I (481–511; Merowinger König) 15, 16 (Abb.), 17
Christen 10, 12, 13, 120, 130, 132, 140, 145, 146, 196, 220, 261; -gemeinden 12, 121; -heit 31, 260; -tum 16, 20, 72, 112, 135, 136, 159, 202, 215, 258; -verfolgung 12; evang.-luther. – 215; orthod. – 215; reformierte – 215, 221; röm.-kath. – 15, 215; syrische – 142; Christi Kreuzigung 113
Christianisierung 32, 263
Christian IV. (1588–1648; protest. König von Dänemark) 228
Christus 34, 74, 76, 132, 200 (Abb.), 203, 212, 226
Citeaux (▷ Zisterzienser)
Clermont (franz. Stadt) 136, 138
Cluny (▷ Benediktinerkloster in Burgund) 58 (Abb.), 59
Colbert, Jean-Baptiste (Finanzminister Ludwigs XIV.; Begründer des ▷ Merkantilismus) 246 (Abb.), 249, 250, 251, 265
common law (einheitliches Recht in England) 85
consilium (Beratung des Königs durch die Adligen in Friedenszeiten) 28
Córdoba 146, 147; Kalifenreich von – 133, 145
Cortés, Hernán (1485–1547; span. Eroberer des ▷ Aztekenreiches) 192, 193, 194, 196
Cranach der Ältere, Lucas (1472–1533; dt. Maler) 200, 203, 204, 218
Crécy (Schlacht bei –) 86, 87 (Abb.), 88

Dankwarderode (Burg in Braunschweig) 80
David (alttest. König) 10, 18, 34, 157 (Abb.), 260
Deutsch (lat. „theodisca“; Volkssprache) 32, 225
Deutscher Orden (▷ Kreuzritterorden, gegr. 1191) 142, 149, 150, 151; Ritter des – 149 (Abb.), 150, 151, 154
Deutsches Reich 32, 108
Deutschland 72, 84, 92, 171, 228, 230; Nord- 228; Süd- 109; Südwest- 252–256
Diakon (Gehilfe des Bischofs) 14
Díaz, Bartholomeo (um 1450–1500; portug. Seefahrer, umrundete als Erster die Südspitze Afrikas) 186
Diedenhofen 26
Diplomatischer Dienst 242
Dom (Florenz) 165 (Abb.), 168 (Abb.)
Dominikanerorden (sog. Bettelorden) 122
Dorf/Dörfer 96, 208; -brunnen 51; -gemeinschaft 51; -gründungen 50, 149 (Abb.), 151; -recht 50; mittelalterliches – 40, 45–49
Dreieckshandel 197 (Karte)
Dreifelderwirtschaft (landwirtschaftl. Ackerbaumethode 9. Jh.) 50, 51 (Abb.), 150
Dreißigjähriger Krieg 222, 227–232, 252, 259, 264
Drucker/ei 177; -presse 156 (Abb.); -werkstatt 177 (Abb.)
Druckverfahren 176, 178 (Abb.)
dschihad (Einsatz für die Sache Allahs) 134, 135
Düren 26
Dürer, Albrecht (1471-1528; dt. Maler) 167 (Abb.)
Durlach (Baden Württemberg) 252

Eberhard Ludwig von Württemberg (1693–1733; Herzog) 252 (Abb.)
Eck, Johannes /(1486–1543; Prof. aus Ingolstadt; Gegner ▷ Luthers) 207 (Karikatur)
Edikt von Nantes (1598) 222, 243
Eduard III. (1327–1377; engl. König) 71 (Abb.), 86
Eheerlaubnis 45
Einhard (um 770-840; Vertrauter und Berater ▷ Karls des Großen) 22
Elbe 24, 32, 149
Elfenbein/schnitzerei 14, 16, 33
El-Idrisi (Geograf aus ▷ Córdoba) 128
Elsass 208, 242
Emser, Hieronymus (1478–1527; Prof. aus Leipzig, Gegner ▷ Luthers) 207 (Karikatur)
England 84–87, 88 (Karte), 109, 177, 196, 222, 228, 264
Engländer 197
Entdeckungsreisen, europ. 186–189, 187 (Karte)
Erasmus von Rotterdam (1466–1536; Gelehrter) 156 (Abb.)
Erbschulzen (Gemeindevorsteher) 149
Endzeit 212
Ernte 46, 47, 49, 50, 92; -erträge 46, 50, 150: -überschuss 51; Miss- 86, 179, 248, 265
Eroberung, europ. 185 (Karte), 196–198, 242; span. – 192, 193
Erzbischof 83
Erzkanzlei (Verwaltung der Königsgüter) 25
Erzkaplan (Vorsteher der Hofkapelle) 25
Europa 10, 11, 117, 135, 136, 145–148, 184, 191, 196–198, 214, 224, 234, 258, 26190/91 (Abb.); Ost- 222; Ostmittel- 149, 258; Nord- 170, 170; West- 84, 117; mittelalterl. – 40–69, 70
Europäisierung 197
Evangelium („Frohe Botschaft“; heilige Schrift der ▷ Christen) 204, 211, 220
Export 246, 265

Fabrikant 251
Fachwerkhäuser 96, 119 (Abb.)
Familie (mittelalterl.) 45 (Abb.)
Fasten 58; -zeiten 120
Fatimiden (islam. Herrscherhaus in Nordafrika) 133
Fehde (im Mittelalter rechtmäßige Gewaltanwendung) 65, 87, 136; Ritter- 65
Felsendom (muslim. Heiligtum in Jerusalem) 140 (Abb.), 141 (Abb.); Zerstörung des – 141
Fénelon, Francois (Erzbischof von Cambrai und Prinzenerzieher 1694) 234
Ferdinand (1479–1516; König von Spanien; Unterstützer von Kolumbus`) 186
Ferdinand I. (1556–1564 Kaiser; Bruder Karl V.) 214
Ferdinand II. (1619–1637; habsburg. Kaiser) 227, 228, 229
Fern/handel 108–111, 151, 170, 171, 262; -händler 92, 93, 108–111, 112, 157, 170; -kaufleute 99, 108–111, 263; -rohr (▷ Galilei) 162 (Abb.)
Fest(e) 236; -kalender 47; bäuerliche – 47; jüdische – 114
Feuer/-gefahr 116; -sbrünste 116
Flandern 170
Florenz 118, 158, 165 (Abb.), 168 (Abb.), 169, 263
Flugmaschinen/-modelle 161 (Abb.)
Folter 73, 113, 179–182; -instrumente 180 (Abb.)
Forscher, humanistische 263; -geist 162, 263
Forschungszentrum („Haus der Weisheit“ in Bagdad) 145, 146
Franken 13, 15, 16, 18, 19, 20, 21, 26, 32, 138, 140, 142, 144, 208; -reich 15–21, 24, 25, 27 (Abb.), 260; –, Reichsteilungen 27 (Abb.)
Frankenhausen (Stadt in Thüringen) 208
Frankfurt/Main 95, 170
Frankreich 79, 84–87, 88 (Karte), 109, 177, 196, 222, 223, 228, 235–251, 252, 253, 265; Nord- 86; Süd- 72; Grenze zum Deutschen Reich 244 (Abb.)
Franziskaner/orden (sog. Bettelorden) 122; -mönch 122 (Abb.), 215
Franzosen 197, 227, 228, 252
Französische Revolution (1789–1799) 247
Frau(en) 72, 122, 132; -klöster 72, 122, 123; Alltag der – 46; Trachtenschmuck der – 47
frei 43
Freiburg im Breisgau 94, 106–107 (Abb./Karte)
Freie 68, 85
Freie Reichsstädte 81, 82
Fremdsprache 26
Fresko 78 (Abb.), 79, 166, 224; Decken- 159
Friedrich der Weise (1486–1525; Kurfürst von Sachsen) 204, 214
Friedrich I. Barbarossa (1152–1190; Kaiser) 71 (Abb.) 80 (Abb.), 114, 258
Friedrich II. (1220–1250; Kaiser und Enkel ▷ Barbarossas) 79, 80, 81, 82 (Abb.), 83, 144 (Abb.)
Friedrich V. (1610–1623; König von der Pfalz, ▷ Calvinist) 228
Friesen 31
Friesland 15, 16
Frömmigkeit 117, 179, 202, 226
Frondienst 42, 43, 208
Frühkapitalismus 172, 259
Fugger (Handelsgesellschaft) 171, 172, 259, 263
Fugger, Hans (Kaufmann; Großvater von ▷ Jakob Fugger) 171
Fugger, Jakob (1459–1525; Fernhändler) 157 (Abb.) 171 (Abb.), 172
Fürsten 44, 63, 65, 80–83, 109, 110, 136, 154, 165, 208, 209, 214, 219, 225, 227, 232, 253, 262, 264; Kur- (mittelhochdt. „küren“: wählen) 81, 83 (Abb.), 171, 215
Fürstliche Prachtentfaltung 253, 255
Fust, Johannes (um 1400–1466; Kaufmann und Geldgeber ▷ Gutenbergs) 176

Galeassen (Kreuzfahrerschiff) 142 (Abb.)
Galeeren (Kreuzfahrerschiff) 142 (Abb.)
Galilei, Galileo (1564–1642; ital. Mathematiker und Astronom) 162, 164
Gallien 15, 20
Gama, Vasco da (1469–1524; portug. Seefahrer, umrundete Afrika, erreichte als Erster auf diesem Weg Indien) 186, 259
Gebet 260; -buch (engl.) 190 (Abb.); tägliches – (▷ Islam) 132
Gegenreformation 225, 226, 228
Geistliche 70, 72, 75, 110, 121, 147, 214, 228
Geistlichkeit 68, 75
Geld 51, 93, 170–173, 244, 246; -verleiher, jüd. 113
Gelehrte 145, 160, 162, 215, 225, 263
Gemeinde/versammlung 50; jüd. – 258; mittelalterl., ländliche – 50
Genf 170, 221, 264
Genfer Kirchenordnung 221
Genua 108, 142, 186
Gerät (landwirtschaftl.) 46, 150
Gericht/sbarkeit 237; -slinde 50, 51
Germanen 15, 17, 260; -könige 10; -stämme 13, 17
Geschichtskarte 190
Gesellen 96, 98, 117
Gesetz(e) 24, 202, 237, 242, 265; -geber 26; islam. – 131
Getreide 46, 151; Sommer- (Hafer, Weizen, Gerste) 51; Winter- (Dinkel, Roggen) 51
Getto (jüd., räumlich begrenztes Wohnviertel) 113
Gewalt, geistliche – 13
Gewerbe 246
Gewürze 189 (Abb.)
Gilde 108, 121, 259
Giovanni Boccaccio (ital. Dichter) 118
Giustiniani, Marco Antonio (Botschafter der Republik Venedig in Frankreich von 1665–1668) 250
Glaube 225, 226, 243, 264; -sbewegung 72; -sgemeinschaften 72, 200, 259; -skämpfe 134, 141, 200, 227; -sspaltung 200, 201(Abb.), 264, 272; -swechsel 245; christl. – 63, 72–74, 84, 136, 202, 204; evang. – 203; jüd. – 112, 114; kathol. – 203, 245, 264
Globus („Erdapfel“, älteste Darstellung der Erde von Martin Behaim) 191 (Abb.)
Gold 193, 196, 246, 263
Goldene Bulle (1356; gibt den Kurfürsten die Macht der Königswahl) 80, 81, 82, 83, 259
Goslar (Stadt im Harz) 80
Goten (german. Volksstamm) 13; West- 15
Gotik (Baustil im Mittelalter) 125, 165, 259
Gott 18, 74, 114, 117, 132, 159 (Abb.), 202, 211, 212, 214, 225, 237

Götter 15, 193; german. – 15, 17
Gottes/dienst 25, 120, 218;-gnadentum (Herrschaftsbegründung) 18, 260; -dienstform 218; „-staat“ 221
Gottfried von Bouillon (um 1060–11000; Herzog von Niederlothringen)
Graf(en) 24, 65, 99
Grafschaften 24, 85
Granada (bis 1492 letztes muslim. Königreich) 145, 186, 259
Gregor VII. (1073–1085 Papst; als Mönch unter dem Namen Hildebrandt) 75, 76, 77
Gregor der Große (590–604 Papst) 14 (Abb.)
Grenzprovinz 24
Grund/herr 42, 43, 44 (Abb.), 47, 48, 50, 51, 96, 149, 208, 260, 264; -besitz 65, 98, 121; -besitzer 84; -buch („domesday book“) 85; -herrschaft 24, 42 (Abb.), 51, 63, 258, 260; -holden (Bauern, die außerhalb des ▷ Fronhofes auf eigenen Bauernhöfen lebten) 43, 44, 51, 96
Grundriss 34, 56
Gustav Adolf (1611–1632; König von Schweden) 227, 229
Gutenberg, Johannes (1397–1468; Erfinder des ▷ Buchdruckes mit beweglichen Lettern) 176–178, 259, 263

Habsburger (Fürstenfamilie) 82, 171, 172
Hadithe („Berichte“ über die Taten und Aussprüche ▷ Mohammeds) 131, 132
Häresie (Glaubensspaltung/Irrlehre) 74, 245
Handel 93, 99, 158, 170, 171, 186, 229, 246, 249, 263; -sboykott 109; -serlaubnis 108; -sflotte 246; -sgesellschaften 108, 173, 197, 246, 258; -sniederlassungen 171, 172, 246; -sorganisation (des ▷ Deutschen Ordens) 151; -srouten 109; -stützpunkte 184, 196, 259; -süberschüsse 246; -svorrechte 109; -sweg 62, 109, 171, 172, 187; -szentren 109, 170; -szonen (des Mittelmeeres) 91 (Abb.)
Händler 90, 192, 263; nordeurop. – 108
Handwerk/er 25, 44, 90, 92, 93, 97, 98, 99, 101, 102, 108, 117, 192, 208, 215, 220, 247, 262, 263, 268; -sbetriebe 53, 246, 251; smeister 101
Hanse (norddt. Städtebund) 108, 109, 110, 259, 262; -städte 109, 170; Deutsche – (seit 1358) 109; Niedergang der – 109
Harold (1066; engl. König) 84, 88
Haschim (Sippe des ▷ Mohammed) 130
Hastings, Schlacht bei 84, 88
Haus/-macht 81; -machtpolitik 82 (Karte); -wesen 64; -meier (Reichsverwalter der fränk. Könige) 16; Back- 42, 51; Bauern- (mittelalterl.) 45; Brau- 42
Hedschra (622; Jahr 1 der islam. Zeitrechnung) 131, 132
Heer 18, 24, 86, 228, 242, 246; -esdienst 43; -esversammlung 30; -führer 25, 228, 229; stehendes – 242, 265
Heer- und Sakralkönigtum (sakral d.h. heilig, Herrschaftsform ▷ Chlodwigs) 15
Heidelberg 252
Heiden (Ungläubige) 14, 20, 145, 150, 193
Heidentum 15
Heilige Lanze 34 (Abb.), 35
Heilige Schrift 147, 226
Heiligenverehrung 73
Heiliger Krieg 133, **134**, 135, 258
Heiliger Rochus (Beschützer gegen die ▷ Pest) 121
Heiliges Land 143, 144
Heiliges Römisches Reich Deutscher Nation (1648) 232 (Karte)
Heilkunst 64
Heinrich der Löwe (1142–1180; Doppelherzog von Sachsen und Bayern) 71 (Abb.), 80, 81 (Abb.), 83
Heinrich I. (13. Jh.; Herzog von Schlesien) 152
Heinrich II. (1547–1559; kath. König) 222
Heinrich II. (König von England) 81 (Abb.)
Heinrich IV. (1056–1106; König) 75, 76, 77 (Abb.)
Heinrich V. (1106–1125; König, Sohn Heinrich IV.) 76
Heinrich VII. (1485–1509; engl. König) 87
Heinrich von Sachsen (919–936; Herzog, König des ▷ Ostfränkischen Reiches) 31
Herrschaft 31, 34, 132, 142, 262; -sanspruch 32, 237;-sgewalt 244; islam. – 186; muslim. – 145, 258
Herrscher/bild 238–239; aztek. – 192; fränkische – 16, 28; geistliche – 70; muslim. – 146; poln. – 151; weltliche 70
Herzog Karl Eugen (1744–1793; Nachfolger ▷ Eberhard Ludwigs von Württemberg) 253, 254 (Abb.), 256
Herzog von Saint-Simon (1675–1755) 240
Herzöge 35, 65, 93, 99, 261
Hessen 15, 16
Heudorf (Baden-Württemberg) 50 (Abb.)
Hexen 179–182, 259; -bulle (1484; Beginn der systematischen Verfolgung von ▷ Ketzern) 179, 181, 182, 259; „-hammer“ 179; -jagd 179, 180; -verbrennung 156 (Abb.); -verfolgung 180 (Abb.)
Hexerei 179, 180
Hildegard von Bingen (1098–1179; Äbtissin) 53, 59
Hippokrates (antiker Arzt) 116
Hochmeister (Oberhaupt des ▷ Deutschen Ordens) 150, 151
Hof/Höfe 42, 43; -gesinde 42 (Abb.), 43; Fron- 42, 43, 44; Herren- 42, 62; französ. – 235
Holbein, Hans der Ältere (um 1465–1524; dt. Maler) 204
Holbein, Hans der Jüngere (1497–1543; dt. Maler) 123, 270
Holland 109, 252
Holzpalisaden 62 (Abb.)
Homer (8. Jh. v.Chr.; griech. Dichter)
Hufe (Land zur Bearbeitung) 42, 43; -nbauern 43
Hufeisen 50
Hugenotten 222, 243, 244, 245 (Abb.), 265
Humanismus 160, 179, 259, 263
Hundertjähriger Krieg (1339–1451) 84, 86, 88, 259
Hungersnot 47, 86, 248
Hunnen 14
Hus, Jan/Johannes (um 1368–1415; Reformator aus Prag) 70 (Abb.), 204
Husain (626-680; Sohn ▷ Alis und ▷ Fatimas) 133

Ignatius von Loyola (1491–1556; span. Adliger; Gründer des ▷ Jesuitenordens) 224
Ilias (griech. Sagengestalt von ▷ Homer) 158
Indianer (Bewohner Mittelamerikas, von ▷ Kolumbus so bezeichnet) 184 (Abb.), 187, 193, 196, 259; Versklavung der – 196, 197
Indien 184, 186, 187, 246, 259, 263; -rat (zentrale Behörde, die den staatlichen Aufbau des Kolonialreiches überwacht) 196
Infektionskrankheiten 193, 196
Inka 196, 263; -reich 184 (Karte), 193, 196, 259
Innozenz IV. (1243–1254; Papst) 79
Inquisition (lat. „inquisitio“: Untersuchung, Befragung) 73 (Abb.), 222, 225, 259; -gerichte 73, 164
Insignien (lat. „insigne“: Abzeichen, Symbole) 11 (Abb.), 34 (Abb.), 35, 79, 261
Investitur (formelle Übergabe der Machtbefugnisse an geistliche Würdenträger durch den König/Kaiser) 75 (Abb.), 76; -streit (Streit zwischen Papst und König) 75, 76, 77, 258
Irene (752–803; Kaiserin von Byzanz) 20
Isabella (1474–1504; Königin von Spanien, Unterstützerin ▷ Kolumbus´) 186
Islam („Hingabe an den einen Gott ▷ Allah) 131, 132, 133, 134 (Karte), 135, 148, 258
Israeliten (Namen, den sich die ▷ Juden selbst gaben) 114
Istanbul 143
Italien 14, 20, 26, 32, 72, 158, 160, 165, 170, 171, 177, 260; Nord- 108; Ober- 25, 80, 81; Süd- 81

Jahres/rhythmus 47, 120
Jeanne d´Arc/Johanna von Orléans (um 1414–1431; franz. Bauernmädchen und Heilige; als ▷ Ketzerin verbrannt) 86 (Abb.), 87 (Abb.), 88
Jerusalem 34, 129, 136, 137, 140 (Abb.), 141, 142, 143, 144, 148, 150, 258
Jesuitenorden (Gesellschaft Jesu, kath. Organisation) 222, 224, 225, 226; Innere Ordnung des – 226
Jesus von Nazareth 10, 72, 140
Johann (1199–1216; König „Ohneland“) 84, 85 (Abb.)
Johann Friedrich von Sachsen (1532–1547; Kurfürst) 218 (Abb.)
Johanniterorden (Kreuzritterorden, gegr. 1155) 142
Juden 112–115, 130, 132, 133, 137, 140, 145, 146, 258; -ermordung 113, 117; -isolierung 113; -verfolgung 112, 113, 115; -vertreibung 113, 259; -viertel 112, 113; **Judentum 114**, 115, 258
Jüngstes Gericht 212, 213, 259
Justiz 242

Kaaba (arab. „Würfel“; zentrales Heiligtum Mekkas) 131, 132 (Abb.)
Kaiser 10, 12, 17, 20, 25, 31, 32, 33, 34, 35, 71 (Abb.), 75–77, 80, 136, 137, 143, 151, 158, 219;-dom (Speyer) 124 (Abb.); -krone 31, 34, 35, 261; -krönung 20, 22, 23, 34; -tums 31, 38, 261; oström. – 13; röm. – 20, 27; salische – 124
Kalendersystem (aztek.) 192
Kalif („Stellvertreter/Nachfolger“ Mohammeds) 133, 134
Kämmerer (Gefolgsmann des Königs) 25
Kanalbau 234 (Abb.), 246
Kapetinger (französ. Königsgeschlecht) 86
Karavelle (hochseetüchtiges, schnelles Schiff der Spanier) 188 (Abb.)
Karawanen/führer 130; -wege 130
Kardinal (höchster geistlicher Würdenträger) 75; – Mazarin 236
Karl der Große I. (768–814 König des Frankenreiches; Kaiserkrönung im Jahr 800) 11, 18 (Abb.), 20 (Abb.), 21, 22 (Abb.), 23 (Abb.), 24 (Abb.), 25, 26 (Abb.), 27, 31, 32, 35, 38, 112, 239, 258, 260, 261
Karl der IV. (1346–1378; Kaiser) 83 (Abb.)
Karl der V. (1519–1556; dt. König und Kaiser) 171, 172, 202, 214, 215, 220, 224, 259
Karlsruhe (Residenz) 252, 256 (Abb.)
Karolinger (Fürstenfamilie) 16, 18, 30, 32; -reich 11 (Karte), 38; Karolingische Teilungen 27, 86
Karracke (hochseetüchtiges, schnelles Schiff der Spanier) 188 (Abb.)
Kaserne 242
Kasimir III. (1333–1370; König von Polen) 152
Katharer (griech.: katharós“, d. h. rein; reformorientierte Glaubensgemeinschaft; nach ihrem Gründungsort Albi auch Albigneser genannt) 72–74, 259
Katharina von Medici (1519–1589; französ. Königsmutter) 222
Kathedrale 126, 165
Katholiken (christl. Konfession) 12, 201, 203, 214, 221, 227, 230, 259
Katholizismus 222, 224, 226
Kauf/leute 93, 99, 101, 108, 109, 112, 123, 170, 171, 186, 262, 268; -frau 99; -mann 95 (Abb.), 98, 121; -mannszüge 64; -mannsausbildung 111; Groß- 173
Kelter 42
Kemenate (Wohnraum einer mittelalterl. Burg) 62, 65
Kerbela, Schlacht von – (Stadt im Irak; Oktober 680) 133

Ketzer (Menschen mit abweichender Glaubensauffassung, sog. Irrlehrer) 70 (Abb.) **72**, 73, 74 (Abb.), 225, 226, 258, 272; -prozess 73–74, 180, 204, 264; -verbrennung 73-74; -verfahren 73–74, 202
Khane (türk., d.h. Herrscher) 134
Kirche/n 12, 18, 43, 63, 97, 120–126, 162, 164, 179, 202, 204, 208, 214, 225, 226, 260, 264; -bauten 55, 124, 125; -besitz 76; -herr 214; -jahr 60; -ordnung 219; -provinzen; -zehnt 43, 51; „alte –" 224–226; calvinist. – 221; christl. – 72–74, 112, 258; fränk. 16; griech.-orthod. – 258; kath. – 12, 15, 21, 162, 224, 225, 264; röm. – 14, 21, 258; Missstände in der – 70, 202, 224; Spaltung der – 200, 224, 264, 272; Reformbewegung der – 72, 75, 76, 224
Klagemauer (Jerusalem) 140(Abb.)
Kleinasien 134, 136, 137
Klerus (Geistlichkeit) 35, **72**, 225, 236, 249, 258
Kloster 16, 18, 40, 44, 52–61, 69, 72, 75, 92, 214, 260; -besitz 52, 58, 260; -betrieb 53; -bibliothek 53, 158, 260; -gemeinschaft 58, 75, 260; -grundriss 57 (Abb.); -leben 54, 56 (Abb.), 58, 59 (Abb.), 60; -schule 54 (Abb.), 123, 260; -vogt (Adliger, der das Kloster beschützt) 53; Adels- 52; Frauen- 58; Tagesablauf in einem – 60 (Abb.)
Knappe (Junge ab dem 14. Lebensjahr, der dem Burgherrn dient) 64
Knechte 42, 44, 62, 68, 98; Schild- 66
Kogge (Handels- und Frachtschiff) 108 (Abb.), 109 (Abb.)
Köln 92, 101, 111
Kolonial/-besitz 185 (Karte); -herrschaft 196, 198
Kolonialismus 196, 197, 198, 259
Kolonien 184, 196, 259, 263
Kolumbus, Christoph (1451–1506; Seefahrer, Entdecker Amerikas) 184 (Abb.), 186, 187, 188, 189, 259
Konfession (lat. „confessio", d.h. Bekenntnis, Glaubensrichtung) 201 (Karte), 214, **215**, 232, 259, 264
König(e) 10, 15, 16, 18, 19, 28, 63, 64, 76, 83, 84–88, 93, 110, 143, 145, 146, 193, 196, 260, 262; poln. – 151; Merowinger- 16, 18; Reise- 24, 261; -tum 34, 75, 77, 81, 86, 87, 149, 222
Königs/bote (lat. „missi"; besuchte und überwachte den Grafen) 24, 25; -erhebung 19, 35; -geschlecht 18, 31; -güter 25; -halle 24 (Abb.); -heil 15, 18; -herrschaft 32; -hof 24, 27; -krönung 35; -land 24; -lehen 81; -urkunden 25, 36 (Abb.), 37; -wahl 80, 81, 83; -würde 31, 81
Konkordat (Vertrag zwischen Papst und einem weltlichen Herrscher) 76
Konquista/Konquistadoren 192, **193**, 259
Konrad von Masowien (poln. Fürst und Herzog) 149, 150
Konsistorium (Kirchenvorstand) 221
Konstantin I. (306–337; röm. Kaiser) 34, 78 (Abb.), 79
Konstantinopel 13, 129, 137, 142, 143, 186, 194, 259, 263
Kontore (Handelsniederlassungen) 109
Konzil (Bischofsversammlung) 74, 79, 136, 224, 225
Konzil von Trient (1547–1563; Konzil der katholischen Kirche) 224 (Abb.), 225, 226
Konzilium 204
Kopernikanisches Weltsystem 157 (Abb.), 162, 163 (Abb.), 263
Kopernikus, Nikolaus (1473–1543; Jurist, Arzt und Astronom) 162, 163, 164, 259, 263
Koran 130 (Abb.), 131, 132, 135, 148
Kosmos 157, 161, 162, 263, 270
Krankenpflege 150, 214, 260
Krankheiten 47, 116, 193, 196, 263
Kredit 172
Kreuz/fahrer, christl. 128, 136, 137 (Abb.), 140, 142-144, 258; -gang (im Kloster) 41 (Abb.), 55; -ritter 129 (Abb.), 136 (Abb.), 137, 141, 142, 144
Kreuzzug 73, 128, **136**, 143, 148, 150, 154, 170, 258; Erster – 112, 113, 136–141
Krieger, muslim. 139 (Abb.)
Krieg 42, 64, 65, 85, 136, 192, 242, 246, 248, 260, 265
Kriegs/abgaben 230; -rat (muslim. Anführer) 135 (Abb.); -zerstörungen 229, 230; -züge 42, 80, 81, 86, 192, 260
Kroatien 230
Kron/land 86; -rat 265
Krypta 124
Kuba 187, 193
Kultur, arab. 147; christl. – 128, 147; islam. – 128, 145-148
Kummet (landwirtschaftl. Ackerbaugerät ab dem 10. Jh.) 50
Kunst 53, 160, 168, 234
Kupfer 171

Laien (gläubige Menschen, die nicht dem geistlichen Stand angehören) 54, **72**, 75, 225, 258, 264
Land 192; -arbeit 46 (Abb.); -karten 155 (Abb.); -leben 45-51; -tag 253; -wirtschaft 44, 50, 51, 229, 248, 265
Landes/herren 81, 214, 222; -kinder 254
Langobarden (german. Stamm in Norditalien) 18
Las Casas, Bartolomé de(1474–1566 „Apostel der Indianer" und Bischof von Mexiko) 188, 197
Latein 32, 146, 158, 225, 264
Lateran (Pfalzgebäude, in dem der Papst bei seinen Besuchen wohnt) 24 (Abb.)
Lebensmittel 24, 27, 97
Lechfeld bei Augsburg; Schlacht auf dem (955) 10 (Abb.), 31
Lehen (geliehenes Land) 10 (Abb.) 28–30, 76, 80, 84, 86; -seid 29, 76, 151; -sketten 28, 30; -pflichten 28; -svergabe 29
Lehnsherr, oberster 28, 29, 30, 80, 84
Lehns/pyramide 28, 30, 261; -wesen 28, 29 (Abb.), 30, 258, 261
Lehrlinge 98, 102
Leibeigene 43, 261
Lemp, Johannes (Prof. aus Tübingen; Gegner ▷ Luthers) 207 (Karikatur)
Leo III. (795–816; Papst) 20 (Abb.), 21
Leo X. (1513–1520; Papst) 200 (Abb.), 207 (Karikatur)
Leo der Große (440–461; Papst) 14
Leonardo da Vinci (1452–1519; ital. Universalgelehrter) 156, 158, 160, 161, 164, 166, 167
Lever (höfische Zeremonien und Bräuche) 240–241
Lichtenberg, Georg Christoph (Göttinger Physiker und Philosoph) 178
Liga (Bündnis kath. Fürsten im ▷ Dreißigjährigen Krieg) 227, 228
Lilienthal, Otto (1848–1896; dt. Flugpionier) 161 (Abb.)
Lissabon 186
Loarre, Festung von – 40 (Abb.)
Lokatoren (Siedlungsunternehmer) 149, 154
London 84, 85, 242
Lothar III. (welfischer Kaiser) 81 (Abb.)
Lübeck 80, 91 (Abb.), 109
Ludwig XI. (1461–1483; französ. König) 87
Ludwig XIV. (1638–1715; franz. König, „Sonnenkönig") 234, 235 (Abb.), 236, 237, 238 (Abb.), 239–241, 242, 243, 244, 252, 256, 265, 274 (Abb.); Regierungsstil 241
Ludwigsburg (barocke Residenz) 252, 253 (Abb.), 254 (Abb.), 255 (Abb.)
Lüneburg 80
Luther, Martin (1483–1546; Pfarrer und Reformator) 171, 173, 177, 200 (Abb.), 202–207, 211, 214, 215, 218, 220, 221, 224, 226, 259, 264, 272
Lutheraner (seit 1530/1549; christl. Konfession) 201, 214, 259
Lützen 229
Luxemburger (Fürstenfamilie) 82
Lyon 79

Mägde 44, 62, 97, 98, 99
Magdeburg 32
Magellan, Fernando (um 1480–1521; portug. Seefahrer und erster Weltumsegler) 186
Magna Carta Libertatum (Großer Freiheitsbrief, 1. Herrschaftsvertrag zwischen dem engl. König, dem Hochadel und der Stadt London) 84, 85, 87, 259
Mailand 20, 75, 158, 263
Manesische Liederhandschrift (Sammlung mittelalterl. Minnelyrik des 14. Jh.) 40, 66, 149
Mannheim 252
Mantegna, Andrea (ca. 1431–1506; ital. Maler) 167
Manufaktur (lat. „manu factum", d.h. mit der Hand gemacht; Produktionsstätte) 228, 246, 247, 249, 254, 265; -arbeiter 250, 251; Spielkarten- 247 (Abb.), 251
Marienburg (poln. Ort; Hauptsitz des ▷ Deutschen Ordens und Residenz des ▷ Hochmeisters) 151, 153 (Abb.)
Mark (Grenzgrafschaft) 32 (Abb.)
Marksburg bei Braubach am Rhein (einzige unzerstörte Höhenburg am Mittelrhein) 65
Markt 51, 90 (Abb.), **93**, 98, 259; -halle 93 (Abb.); -kreuz (Symbol für Sicherheit und Ordnung im Mittelalter) 93; -ordnung 99; -platz 97, 194; Markt- und Gewerbeordnung 95; Markt- und Münzrecht (vom König verliehen) 93, 110
Marschall (ranghöchster Amtsträger des Königs) 25, 27
Martell, Karl (714–741; fränk. ▷ Hausmeier) 15, 16, 18, 258
Massaker 193
Massenumsiedlung 21
Mathilde (Gemahlin von ▷ Heinrich der Löwe) 81 (Abb.)
Maulbronn (Kloster in Baden Württemberg) 55 (Abb.)
Maximilian (1493–1519; Kaiser) 171
Maya 259
Medici (wohlhabende, einflussreiche Bürger in Florenz) 158, 168–169, 263
Medina 131
Medizin 145
Meier (mittelalterl. Verwalter) 42, 44
Meister 96, 117; -innen 99, 101; -stelle 98
Mekka (Handels- und Pilgerstadt) 130, 131
Melanchthon, Philipp (1497–1560; Reformator und Humanist, half ▷ Luther bei der Übersetzung der Bibel) 218 (Abb.)
Menschen/bild, humanist. 158–160, 166, 167, 169, 263; -opfer (bei den ▷ Azteken) 192, 195
Merkantilismus (absolutistische Wirtschaftspolitik) 246–251, 253, 265
Merowinger (fränk. Stamm) 15
Messe 114, 170
Mexiko 193, 194
Mexiko-City 192
Michelangelo Buonarroti (1475–1564; ital. Bildhauer und Maler) 157, 159, 160
Militär 242, 265
Miniatur 135, 139, 142–144 (alle Abb.)
Minister 240, 243; Premier- 243
Ministeriale (unfreie Dienstmannen) 63, 99
Ministerrat 240
Minne (mittelalterl. Bezeichnung für Liebe) 63; -dichter 63; -dienst (Streben um die Gunst einer adligen Dame) 63, 66(Abb.); -sänger 40 (Abb.)
Mission (lat. „missio") 16, 17, 193, 194, 196, 197; -ierung 14, 16, 19, 32; Missionare/-innen (Glaubenslehrer) 17, 196, 197
Mitkaiserin 32
Mittelalter 14, 21, 34, 40–69, 70, 79, 146, 158, **160**, 173, 202, 237, 259, 260, 261, 262, 266–271; Spät- 84
Mittelmeer 24, 158, 258, 263

Moderner Staat 244, 265
Mohammed (um 570–632; Stifter des ▷ Islam) 130, 131 (Abb.), 132, 133, 135, 145, 158, 258
Monarch 242
Mönch 16, 17, 40, 41 (Abb.), 52, 53, 58, 59, 60, 61, 85, 260
Monopol (marktbeherrschende Stellung eines Unternehmens) 171, 173
Montecassino (Berg in Süditalien) 52, 258
Montezuma (1502–1519; letzter ▷ Aztekenherrscher) 192, 193, 194 (Abb.), 195; Palast des – 192
Moschee 130 (Abb.)
Mose(s) (bibl. Gestalt) 114, 203
Motte (11./12. Jh.; Frühform einer Burg) 62 (Abb.)
Mühle 42, 149, 150
München 80, 229
Mundschenk (Gefolgsmann des Königs) 25, 27
Münster 126 (Abb.), 229
Müntzer, Thomas (ca. 1490–1525; Theologe und Bauernführer) 208, 211, 213
Münze 170; Gedenk- 242 (Abb.)
Murner, Thomas (1475–1537; Dichter, Prof. aus Straßburg; Gegner ▷ Luthers) 207 (Karikatur)
Muslime 129 (Abb.), 130 , 131, 136, 140, 141, 142, 143, 144, 145, 147, 201

Navarra, Heinrich von (▷ Hugenottenführer) 222
Neapel 81
Neubreisach im Elsass (Frankreich) 243 (Abb.)
Neues Testament 214
Neuzeit 160, 244
Nicäa (Stadt) 137
Niederlande 170, 177, 196, 222, 223, 228, 264
Niederländer 197
Niedersächsisch-dänischer Krieg (1625–1629) 227, 228
Nonnen 52, 53, 58, 61, 260
Nordsee 24, 108, 109
Normandie 86
Normannen 84, 88; -könige 88, 145
Nowgorod (Stadt) 151
Nuntiaturen (Vertretungen des Papstes bei den Staatsregierungen) 225
Nürnberg 91 (Abb.), 101, 268 (Abb.), 269 (Abb.)

Oberschicht 51
Oder (Fluss) 32
Omayaden (arab. Kalifendynastie) 133
Ora et labora („Bete und arbeite"; Prinzip der ▷ Benediktiner) 52, 58, 260
Ordens/leute 52, 53, 58, 72; -regeln 58; -staat (Missionsgebiet des ▷ Deutschen Ordens) 151; -versammlung 58
Orden vom goldenen Vlies 239
Orient 58, 170; -handel 108
Orléans 73, 86
Osnabrück 229
Ostern 120
Ostfränkisches Reich 31, 32, 258
Ostländer 189 (Abb.)
Oströmisches Reich 13, 260
Ostsee 108, 109, 152; -küste 151, 229
Ostsiedlung 151 (Abb.)
Otto I. der Große (936–973; König des ungeteilten ▷ Ostfränkischen Reiches) 10 (Abb.), 31 (Abb.), 32, 34, 35, 36, 37, 38, 83, 258, 261
Otto II. (973–983; Kaiser, Nachfolger Otto I.) 32 (Abb.), 33 (Abb.), 75 (Abb.)
Otto III. (983–1002; Kaiser) 32, 33 (Abb.), 38 (Abb.), 83, 266 (Abb.), 267 (Abb.)
Ottonen 32; Ottonisches Reich 31, 32 (Karte), 38; Ottonisches Reichskirchensystem (Herrschaftssystem im 10. Jh.) 31

Paderborn 20, 21
Page (Junge ab dem siebenten Lebensjahr zur Erziehung bei einem Ritter) 64
Palas (Rittersaal) 62 , 65
Palästina 136, 142
Pallium (Amtszeichen eines Bischofs) 20
Pantheon (Rom) 165
Panzerreiter (fränkische Elitetruppe) 16, 30 (Abb.), 261
Papst 12, 13, 14, 16, 18, 20, 21, 71, 73, 75–77, 122, 141, 151, 158, 165, 202, 204, 243, 260, 264
Papst Innozenz IV. 79
Papst Innozenz VIII. 181
Papsttum 12, 225, 258, 260
Parlament; engl. – 85; französ. – 237
Parlamentarische Mitregierung 237
Paris 84, 123, 170, 235, 236, 237
Patrizier (wohlhabende Kaufleute) 72, **96**, 99, 102, 104, 121, 158, 169, 215, 220, 262
Paul III. (1534–1549; Papst) 224, 226
Paulus (▷ Apostel; ca. ▷ Christi Geburt bis 64. n.Chr.) 12, 14, 260
Persien 134
Persische Miniatur 131 (Abb.), 135 (Abb.)
Pest (ansteckende, meist tödliche Krankheit) 86, 116–119, 231, 259; -epidemien 86, 116; Beulen- 116, 118
Petersdom (Rom) 12, 14
Petershof (▷ Kontor in Nowgorod) 109
Petrus (▷ Apostel; gest. ca. 64/67) 12 (Abb.), 19, 20 (Abb.), 33 (Abb.), 74, 77, 260
Pfälzischer Erbfolgekrieg (1688-1697) 252
Pfalz 24, 242; -kapelle 24 (Abb.), 25 (Abb.)
Pfarrer 43, 214
Pflüge 50; Haken- 46, 47 (Abb.), 150; Räder- 150; Schollenbrechende – 50
Philipp II. (1556–1598; span. König, Sohn Karl V.) 86, 222, 264
Philipp von Hessen 218, 219
Pilger 130, 132, 136, 140, 142, 260
Pippin (751–768; König, Sohn von ▷ Karl Martell)18 (Abb.), 19, 83
Pisa 108, 142
Pizarro, Francisco (um 1475–1541; span. Eroberer des ▷ Inkareiches) 193, 196
Plantagenwirtschaft 196
Plünderungen 113, 231
Poitiers, Schlacht von – (732) 16, 258
Polen 149, 152, 222, 230
Polo, Marco (1254–1324; Weltreisender, Kaufmann) 186, 187, 191
Portolankarte 191 (Abb.)
Portugal 109, 196, 197
Portugiesen 186, 191, 196, 197
Prädestination (Vorherbestimmung) 221
Prager Fenstersturz (1618) 227 (Abb.), 228, 259
Predigt 120, 122
Prediger 202, 213
Preußen 151
Priester 52, 72, 74, 179, 192, 204, 225
Privileg 110, 236
Prophet 131, 213
Protestanten 203, 214, 221, 222, 224, 226, 227, 228, 230, 264
Protestantismus 214, 225
Prussen (heidn. Stamm) 149, 150, 154
Ptolemäus (um 100–um 170; griech. Astronom und Geograf) 162 (Abb.), 186

Quierzy (Pfalz) 26
Quraisch (arab. „Haie"; Araberstamm) 130, 133 (Abb.)

Rastatt 252
Rathaus 106 (Abb.), 124, 165, 168 (Abb.)
Ratsverordnung 126
Räuberunwesen 47
Ravenna 20
Recht 242, 244
Rechtfertigungslehre 226
Reformation (lat., d.h. Umgestaltung, Verbesserung) 151, **203**, 200–232, 259, 264, 272–273
Reformierte (seit 1530/1549; christl. ▷ Konfession) 201, 221, 259
Regalien (königliche Rechte) 80
Reichs/acht 80, 214; -apfel (Kennzeichen der Macht und Würde des Königs) 11 (Abb.), 34 (Abb.); -gebiet 32; -grenze 32, 82 (Abb.); -krone 11 (Abb.), 34 (Abb.), 35; -lehen 80; -ordnung 38; -versammlung 76; Reichstag 81; 1.– in Speyer (1526); 2.– in Speyer (1529) 264; in Worms (1521) 214, 215 (Abb.), 264
Religion 13, 79, 133, 135; -sausübung, freie 228; -sgelehrte, jüd. 112, 115 (Abb.), 116; jüd. - 114
Renaissance 160, 161, 169, 173, 259, 263, 270–271
Rhein 15, 16, 137
Rheinland 108, 113, 243
Richard Löwenherz (1189–1199; König) 143
Rigaud, Hyacinthe (1659–1743; franz. Maler) 235, 239
Ritter 40, 62–67, 69, 70 (Abb.), 86, 141; -burg 62; -leben 64; -schlag 64; -spiele 63; -stand 64; -turniere 63, 64, 66; Raub- 64; christl. – 136, 193; gewalttätige – 63; muslim. – 136
Robert von Reims (12.Jh.; Mönch und Chronist) 138
Rodung 50, 51, 58, 92, 149, 150; -sgebiete 51
Rohstoffe 246, 265
Rohrbach, Jacob (radikaler Bauernführer) 210 (Abb.)
Rom 12, 13 (Abb.), 14, 19, 20, 24, 34, 76, 79, 129, 194, 260
Romanik (Baustil im Mittelalter) 124, 125, 258
Römer 158, 165; Funde der -zeit 158
Römisches Reich 12–14
Russland 108, 196

Saale 149
Sabbat (jüd. Feiertag) 114
Sachsen 15, 21, 108; -kriege 21; -spiegel (Rechtsbuch 13. Jh.) 10 (Abb.), 29 (Abb.), 149
Sächsische Weltchronik 10 (Abb.)
Sakramente 73, 264
Saladin (um 1138–1193, ägypt. Sultan) 142, 143
Salomon (alttest. König) 34
Salland (zum ▷ Herrenhof gehörendes Land) 42
Samogiten (heidn. Volk zwischen Memel und Dünaburg) 154
Santiago de Compostela (span. Wallfahrtsort) 202
Schatzamt 85
Schedel, Hartmann (1440–1514; Humanist und Geschichtsschreiber, Herausgeber der „Weltchronik") 91, 178
Schiiten (muslim. Anhänger ▷ Alis) 133, 135
Schisma (lat. –röm. Kirche) 258
Schlettstadt (Elsass) 26
Schmalkaldischer Krieg (1546/1547) 214
Schmiede 42, 96, 116; Huf- 105 (Abb.)
Schottland 230
Schreiber 26 (Abb.), 54 (Abb.), 128 (Abb.)
Schreibstube (scriptorum) 53, 260
Schule 123 (Abb.), 145, 177, 214
Schwaben 208
Schwäbischer Bund (Zusammenschluss von Adligen, Klöstern und Reichsstädten im ▷ Bauernkrieg) 209
Schwarz, Matthäus (Buchhalter von ▷ Fugger) 171
Schweden 227, 229
Schwedischer Krieg (1630–1635) 227, 229
Schweiz 223
Schwerin 80
Schwert 26, 64; -leite (Rittererhebung eines Knappen) 64 (Abb.), 66; -segen 64, 66
Schwetzingen 252
Seefahrt 186
Seelenheil 120, 121
Seelsorge 121
Seldschuk (türk. Herrschergeschlecht) 134
Seuchen 117, 119, 179, 248
Sibirien 196
Siedler 109, 128, 149, 150, 258; -dorf 149, 150 (Abb.)
Siedlungs 50, 92; -form 92; -gründung 51; -kolonien 196, 197; -namen 50
Silber 170, 171, 196; -bergwerk 185 (Abb.), 196
Silvester I. (314-355; Papst) 78 (Abb.), 79

Silvester II. (999-1003; Papst) 33 (Abb.)
Sippe (Großfamilie) 130
Sitte, höfische – 64
Sizilien 81, 145–148
Skandinavien 84, 109
Sklaven 192, 197, 198
Slawen 32, 128, 129, 149, 150; -stämme 32, 80
Soldaten 229, 230, 242; -lager 229 (Abb.)
Söldner 229, 230, 231, 242; -armee 230; -heere 228, 232
Soest 94 (Karte)
Sonne (Symbol für die allmächtige Herrschaft Ludwigs XIV.) 237, 265
Sonnen- oder Kalenderstein (Symbol der aztek. Weltordnung) 195
Sonntagsgesetz (789, von ▷ Karl dem Großen erlassen) 48, 49
Spanien 72, 109, 133, 136, 145–148, 186, 193, 196, 222, 242, 244, 259
Spanier 193, 194, 196,259
Spanischer Erbfolgekrieg 252
Spee, Friedrich von (Pater aus Trier; anonymer Autor „Cautio criminalis") 179, 180
Speyer 112, 124
Spital 121 (Abb.)
Spottbilder 206–207 (Abb.), 272 (Abb.)
St. Gallen, Kloster in – 57 (Abb.)
Staats/interesse 242; -kasse 246; -ordnung 244
Staatsreligion 13
Stadt 96, 97; -herren 99, 262; -herrschaft 99, 102, 104, 105; -kasse 104; -mauer 90, 102; -rat 99, 102, 105, 121, 122, 214; -recht 261; -regierung 98, 165; -tor 96, 106 (Abb.), 120; Frauen in der – 98, 99
Städte 24, 40, 51, 90–127, 174, 192, 208, 214, 258, 262, 269; -boom 82; -bünde 108; -gründung 68, 92 (Abb.), 151; Haupt- 24; aztek. – 194 (Abb.); mitteleurop. – 90 (Abb.), 262; oberitalienische – 80
Stalhof (▷ Kontor in London) 109
Stämme, german. – 15, 16; Stammesherzogtum 31, 81
Stände 68, 110, 222, 242, 247, 249, 251; -gesellschaft 68; -ordnung, mittelalterl. 68, 158; -versammlung (Provence 1671) 240General- 237; französ. – 249 (Abb.), 265
Staufer 80, 81
Stephan II. (752–757; Papst) 18
Steuer(n) 81, 85, 87, 93, 99, 110, 112, 121, 168, 196, 243, 246, 253, 254; -befreiung 236; Kopf- 86; Sonder- 85, 87, 146
Straßburg 100, 115, 242
Straßen 143, 246, 250 (Abb.)
Stratordienst 79
Streitschrift 58
Stuttgart 252, 253
Südostasien 184, 196
Sultan 143
Sunna (Sammlung überlieferter Aussprüche und Lebensgewohnheiten ▷ Mohammeds) 133
Sunniten (Anhänger der ▷ Sunna) 133, 135
Symbole (Kennzeichen, bildhafte Darstellung) 18, 34
Synagoge (Gemeindemittelpunkt der ▷ Juden) 113
Synode 226

Talmud (Auslegungen der ▷ Thora) 114
Tannenberg, Schlacht bei (1410) 151
Taube (Symbol des Heiligen Geistes) 14
Taufe 15, 16 (Abb.), 48, 72, 120, 215, 220; Zwangs- 21
Tempel (aztek.) 192; – (zentrales Heiligtum der ▷ Juden in Jerusalem) 140 (Abb.); -pyramide (aztek.) 192, 194
Templerorden (Kreuzritterorden, gegr. 1130) 142
Tenochtitlan (Hauptstadt des ▷ Aztekenreiches) 185 (Abb.), 192, 193 (Abb.), 194, 195
Tetzel, Johann (um 1465–1519; Dominikanermönch, ▷ Ablassprediger) 205
Textilwirtschaft 171, 174
Theophanu von Byzanz (983–991; Kaiserin) 32, 33 (Abb.), 38
Thesen (1517, Luthers 95 gegen den ▷ Ablasshandel) 204, 259, 264, 272
Thora (heilige Schrift der ▷ Juden) 114
Thron 32, 35, 241; -ansprüche 32; -folge 84
Thüringen 15, 16, 208
Tirol 208
Toledo 146, 148
Toleranz (lat. „tolerantia", d.h. geduldiges Ertragen) **146**, 258
Toscanelli, Paolo (ital. Gelehrter) 189
Totentanz 118 (Abb.)
Tours, Schlacht von (732) 16
Tributherrschaft („tribute", d.h. Abgabe; aztek. Herrschaftsform) 192, 193
Tridentinisches Glaubensbekenntnis (1564, Glaubensgrundsätze der ▷ Katholiken) 215
Trient 224, 226
Trier 20, 94 (Karte), 111
Trinkwasser 116
Troubadoure (franz. Sänger) 63
Truchsess (Gefolgsmann des Königs) 25, 27
Tunika 26
Türken 134, 136, 143, 148, 186, 263; osman. – 142, 259

Ulm 217
Unabhängigkeitskriege 196
unfrei und frei 43, 68, 258
Ungarn 31, 222, 261
Union (Bündnis protest. Fürsten im ▷ Dreißigjährigen Krieg) 227
Universität 123, 146, 158; – in der Frühen Neuzeit 225 (Abb.)
Unterleihe (▷ Lehen) 30
Urban II. (1088–1099; Papst) 136, 138 (Abb.), 139, 258
Urban IV. (Papst) 154
Urkunden 36, 37, 151
Utrechter Union (1581; Unabhängigkeitserklärung/Zusammenschluss der Nordprovinzen/heutige Niederlande) 222

Vandalen 13, 14
Vasallen 28, 29, 35, 76, 86, 242; -heer 28, 30; Kron- 28, 30, 77, 84, 85, 88, 261; Unter- 28, 30, 84, 85, 261
Venedig 108, 129, 142, 151, 158, 263
Verlagssystem 174–175
Verleger 174, 259, 263
Versailles (Residenz Ludwigs XIV.) 235 (Abb.), 236, 237 (Abb.), 239, 240, 246, 252, 256, 265, 275; Schlafzimmer im Schloss von – 240 (Abb.); Spiegelsaal im Schloss von – 235 (Abb.), 236
Vertrag von Tordesillas (1494) 197
Verwaltung, öffentliche 243, 244, 253
Vespucci, Amerigo (1451–1512; Seefahrer und Entdecker) 187
Vieh/sterben 49
Visitationen 218
VOC (Vereinigte Ostindische Compagnie, niederländische Handelsgesellschaft) 198 (Abb.)
Voltaire (1694 1788, franz. Schriftsteller und Philosoph der Aufklärung) 241
Vormachtstellung, franz. 242

Waffen 42, 242, 260; -ausrüstung 47; Feuer- 64
Wald/Wälder 50, 65; Verbreitung der – 49 (Karte)
Waldhufendorf 150 (Abb.)
Wallenstein, Albrecht Wenzel Eusebius von (1583-1634; Fürst und General) 228
Wallfahrt 202; – nach Mekka 132; christl. – 202
Walther von der Vogelweide (um 1170–1230; Dichter und Minnesänger) 65
Waren 90, 92, 95, 97, 142, 170, 174, 194, 246, 247; -lager
Wartburg (bei Eisenach) 214
Wasserleitungen 106, 116, 194
Weber 174–175; -herrschaft (1369/1370 in Köln) 104; -siedlung 145
Wechsel (schriftliche Verpflichtung zur Zahlung einer Summen an den Inhaber der Urkunde) 170
Wehrdienst 24
Wehrkirche 50, 51
Weihnachten 120
Weihwassergefäß 33 (Abb.)
Welfen 80, 252
Welt/karte, geograf. 128 (Abb.), 187; -gericht (▷ Jüngstes Gericht) 212; -umseglung 186; -untergang 192, 212
Weltbild (geozentrisches vs. heliozentrisches) 162, 163 (Abb.), 263
Werkzeug 42, 49
Werla (Pfalz) 37
Westfälischer Frieden (1648; Ende des ▷ Dreißigjährigen Krieges) 227, 229, 232, 264
Westminster Palast 85
Weströmisches Reich 10, 13, 15, 79, 260
Widukind (gest. zwischen 804 und 812; Sachsenherzog) 21
Widukind von Corvey (um 925–nach 973); Chronist) 31, 33, 34
Wilhelm der Eroberer (1035–1087; Normannenherzog) 84, 85
Wilhelm von Aquitanien (Herzog von Burgund) 58
Wilhelm von Sizilien (1166–1189; Normannenkönig) 147 (Abb.)
Wikinger 84
Winfried (um 670–754; Mönch und späterer Bischof von Mainz) 16 (Abb.)
Wirtschafts/imperium (der Fugger) 172 (Abb.); -politik Colberts (Frankreich im späten 17. Jh.) 248 (Karte), 249, 250, 251, 265
Wissenschaft 53; arab. – 145, 146
Wittelsbacher (Fürstenfamilie) 82
Wittenberg 203
Wodan (höchster Gott der Germanen) 17 (Abb.)
Worms 214
Wormser /Edikt 214; – Konkordat (1122; regelt das Machtverhältnis zwischen Kaiser und Papst) 75, 76, 258

Zahlungs/mittel 170; -verkehr 170, 173
Zeitalter Ludwigs XIV. 234
Zeittafel 258–259
Zentralmacht 265
Zentralperspektive (Malerei) 166
Zepter (Kennzeichen der Macht und Königswürde) 10 (Abb.), 11 (Abb.), 15, 76
Zins 112, 113, **172**
Zisterzienser/innenkloster 58, 59, 150, 153 (Abb.); -orden (Klostergemeinschaft) 58, 59, 150
Zölibat (Eheverbot für Priester) 75, 225
Zoll/Zölle 87, 93, 112, 265; -freiheit 109; -grenzen 246; -recht 111; -stätten am Rhein bis 1500 111(Karte); Ausfuhr- 87; Einfuhr- 87, 246
Zunft/Zünfte (Handwerkervereinigung) 101–105, 113, 121, 262; -haus 102; -kasse 102; -meister 101, 102, 105; -mitglieder 102; -ordnung 101, 103; -stube 102; -vertreter 169; -zeichen 101 (Abb.); Frauen- 103; Schmiede- 105; Tucher- 103, 105; Zunft**zwang 101**, 259
Zwingli, Ulrich (1484-1531; Züricher Pfarrer und Schweizer Reformator) 221, 224
Zwölf Artikel (1525; Forderungen der Bauern) 210, 211

Bildnachweis

AKG, Berlin: 3.1; 3.2; 4.1; 4.3; 5.6; 6.1; 6.2; 6.3; 10.1; 14.Q3; 16.Q2; 17.Q3(Werner Forman); 24.Q1 (Erich Lessing); 26.Q3; 34.Q6; 40.1; 40.3; 41.3 (British Library); 43.Q1; 44.Q2; 46.Q4 (Heidelberg, Universitätsbibliothek, Cod. Pal.); 48.Q9; 53.Q2; 57.Q11; 59.Q2; 66.Q9; 67.Q10; 67.Q11; 71.4; 71 (Hintergrundbild); 75.Q1; 77.Q5; 82.Q3; 91.1; 98.Q2; 102.Q2; 103.Q4; 105. Q8; 108.D1; 113.Q2; 114.Q3; 118.Q2; 118. Q4; 123.Q5; 259.6; 130.Q1; 149.Q1; 149. Q2; 154.Q11; 156.3; 157.1; 157.2; 157.3 (Erich Lessing); 158.Q1; 159.Q3 (Erich Lessing); 161.Q2; 162.Q3; 164.Q10; 165.Q2 (Pirozzi); 166.Q5; 167.Q7; 169.Q2 (Rabatti - Domingie); 170.Q2 (Erich Lessing); 171.Q2; 177.Q3; 177.Q4; 179.Q1; 179. Q2 (Erich Lessing); 184.1; 185.2; 190.Q1; 191.Q3; 193.Q2; 200.1; 200.2; 200.4; 202. Q1; 204.Q3; 205.Q5; 211.Q7; 213.Q2; 215. Q1; 216.Q3; 217.Q5; 221.Q1; 222.Q3; 223. Q4; 227.Q2; 235.4; 237.Q3; 246.Q1 (Erich Lessing); 250.Q5 (Erich Lessing); 254.Q3; 258.4; 259.1; 259.4; 259.5; 266.Q1; 270.Q1;
Archiv der Hansestadt Lübeck, Lübeck: 5.1; 90.1; 91.2;
Bayerische Staatsbibliothek, München: 38.Q13 rechts; 38.Q13 links;
Bednorz, Achim, Köln: 166.Q4;
Beyer, Constantin, Weimar: 31.Q1;
Biblioteca Apostolica Vaticana, Città del Vaticano: 52.Q1;
Biblioteca Medicea Laurenziana, Florenz: 194. Q3; 194.Q5;
Bibliothèque nationale de France, Paris: 19.Q5; 64.Q2; 76.Q2; 131.Q3; 137.Q2; 143. Q2; 176.Q2;
Bildarchiv Monheim GmbH, Meerbusch: 41.8 (Achim Bednorz); 41 (Hintergrundbild/ Achim Bednorz);
Bildarchiv Steffens, Mainz: 25.Q2;
Bilderberg, Hamburg: 61.4 (Wolfgang Kunz); 61.6;
Bodleian Library, Oxford: 115.Q5;
BPK, Berlin: 29.Q2; 68.Q1; 83.Q5; 104.Q6 (Bayerisches Nationalmuseum, München); 128.2; 129.1; 130.Q2; 185.1; 224.Q1; 227. Q1;
Bridgeman Art Library, London: 16.Q1; 16.Q1; 54.Q6 (Jean Loup Charmet); 58.D1 (Giraudon); 80.Q1; 93.Q1; 168.Q1; 191. Q2; 219.Q10;
British Museum, London: 21.Q3; 235.5 (The Trustees of The British Museum);
Burgerbibliothek, Bern: 117.Q1 (Burgerbibliothek Bern, Mss.h.h.I.2.,289); 147.Q3;
Corbis, Düsseldorf: 140.Q6 (Annie Griffiths Belt); 170.Q1 links (Ted Spiegel);
170.Q1 rechts (Ted Spiegel); 195.Q8; 234.2 (Francis G. Mayer); 235.3;
DAGLI ORTI, Giovanni et Muriel, Paris: 7.2; 234.1;
ddp Nachrichtenagentur GmbH, Berlin: 252. Q1 (Sabine Braun);
Det Kongelige Bibliothek, Kopenhagen: 122. Q4;
Deutsches Museum, München: 175.Q1; 175. Q2; 186.Q10;
Domkapitel Aachen, Aachen: 18.Q2 (Ann Münchow); 33.Q3 (Ann Münchow);
Dorling Kindersley Ltd., London: 62.D1; 173. Q6; 180.Q4; 180.Q4;
DPA, Hamburg: 132.Q4;
Dr. Ludwig Reichert Verlag, Wiesbaden:54.Q3;
DTV, München: 125.1; 125.2 Bildgeber); 125.3; 125.4; 125.5;
125.6 (alle Bilder: Werner Müller, Gunther Vogel: dtv-Atlas Baukunst, Band 2. (c) 1981, 2002);
Editons Gaud, Moisenay: 41.7; f1 online digitale Bildagentur, Frankfurt: 269.Q2;
FOCUS, Hamburg: 162.Q4;
Förderkreis Museumsdorf Düppel, Berlin: 47.Q5;
Foto Marburg, Marburg: 18.Q1;
Franziskaner Bibliothek St. Anna, München: 41.6; 259.2;
Germanisches Nationalmuseum, Nürnberg: 203.Q2; 221.Q2;
Gutenberg-Museum, Mainz: 156.4; 259.7;
Halliday, Sonja, Buckinghamshire: 40 (Hintergrundbild); 40.2;
Hansestadt Lübeck, Bereich Archäologie, Lübeck: 100.Q8;
Herder-Institut, Marburg: 153.Q9;
Herzog-August-Bibliothek, Wolfenbüttel: 10.2; 41.4;
Hessisches Landesmuseum, Darmstadt: 112. Q1;
Historisches Museum Rotterdam, Rotterdam: 156.1;
Institut für Realienkunde, Krems: 56.Q9 (Institut für Realienkunde/ÖAW);
Interfoto, München: 6.4; 20.Q1; 22.Q5; 73.Q1; 74.Q3; 81.Q2; 84.Q1; 87.Q4; 142.Q1; 152. Q4; 163.Q7; 205.Q4; 206.Q1; 207 (Hintergrundbild); 228.Q4; 230.Q9;
260.2;
Jürgens Photo, Berlin: 153.Q10;
Kestner-Museum, Hannover: 70.2; 70.3; 123. Q6 (M. Lindner);
Klett-Archiv, Stuttgart: 4.4; 57.1; 124.D1; 166. D1; 174.D1; 178.D1; 249.D2 (Lutz-Erich Müller, Leipzig); 51.D1; 127.1 (A-Z PUBLISHING); 150.Q3 (aus: Geschichtsstunden 6, Ernst Klett Verlag, Stuttgart 1987, S.33); 233.1; 268.D1; 269.D2; 271.D1;
Konrad, Anton H., Weißenhorn: 220.Q13;
Kunsthistorisches Museum, Wien: 34.Q6; 34.Q7; 34.Q8; 35.Q10;
laif, Köln: 61.1 (Raffaele Celentano); 61.2 (Jörg Modrow); 61.5 (Jörg Modrow); 106. Q2 (Bungert);
Landesmedienzentrum Baden-Württemberg, Stuttgart: 107.Q7; 254.Q4; 255.Q5; 256.Q8;
MairDumont, Ostfildern: 107.D1;
Mauritius, Mittenwald: 189.Q5 (Rosenfeld); 268.Q1 (W. Zimmermann);
Müller, Jörg, Biel: 96.D1;
Muuß, Uwe, Altenholz: 55.Q7;
Nordrhein-Westfälisches Staatsarchiv, Münster: 4.2; 36.Q11;
ÖNB, Wien: 28.Q1 (Österreichische Nationalbibliothek, Cod. 2262, fol. 174, Wien); 56.Q10; 99.Q3; 260.4;
Picture-Alliance, Frankfurt: 106.Q4 (dpa); 120.Q1 (dpa/Rolf Haid);
project photos, Augsburg: 146.Q2;
RIJKSMUSEUM Amsterdam, Amsterdam: 198.Q1;
RMN, Paris: 7.1; 33.Q4; 235.1; 236.Q1 (Bulloz); 238.Q4 (Gerard Blot); 243.D1 (Arnaudet); 274.Q1 (Gérard Blot);
ROPI Bild, Freiburg: 106.Q1 (Antonio Pisacreta); 106.Q3; 106.Q5 (Antonio Pisacreta); 106.Q6 (Antonio Pisacreta);
Scala, Antella (Firenze): 4.6; 12.Q1; 13.Q2; 78.1; 101.Q1; 161.Q1; 165.Q1; 165.Q3; 184.3; 200.3; 260.1;
Staatliche Museen, Kassel: 228.Q3;
Staats- und Universitätsbibliothek, Bremen: 46.1; 46.2; 46.3; 46.4; 71.1; 71.2;
Staats- und Universitätsbibliothek, Hamburg: 115.Q7 (Cod. hebr. 37, 27 rechts);
Staats- u. Stadtbibliothek Augsburg, Augsburg: 90.3;
Stadtbibliothek Nürnberg, Nürnberg: 95.Q4;
Städtisches Museum, Braunschweig: 205.Q6 (Museumsfoto);
Stadt Ulm - Stadtbibliothek, Ulm: 272.Q1;
Sturm, Klaus, Stadtbergen: 243.Q2;
Stuttgarter Luftbild Elsässer, Ennepetal: 253. Q2;
Thorbecke Verlag, Ostfildern: 41.1; 41.2 (alle Bilder aus: N. Wand: Das Dorf der Salierzeit. Thorbecke Verlag, Sigmaringen 1991, Illustration Fanny Hartmann);
ullstein bild, Berlin: 5.2; 124.Q7; 128.3; 129.2; 129.3; 156.5;
Universität Erfurt, Forschungsbibliothek, Gotha: 10.3; 10.4 (Memb. I-90, 88v, Universität Erfurt); 22.Q6; 23.Q9;
Württembergische Landesbibliothek, Stuttgart: 30.Q3 (Joachim Siener);
Zeitz F.G. KG, Königssee: 65.Q4;
Zentralbibliothek, Zürich: 180.Q3;

aus: Das europäische Geschichtsbuch, Klett-Cotta, Stuttgart 1998, S. 95: 20.Q2
aus: Das Mittelalter, Dieter Hägermann (Hg.), C. Bertelsmann, 2001, S. 2); 45.Q1 4.5; 70.1
aus: Geschichte Lernen, Großbritannien und Irland (Heft 73/2000), Friedrich Verlag, Seelze 2000: 71.6
aus: Befreite Seelen, H.-G. Deggau, Dumont, 1995, S. 214: 74.Q2
aus: Geschichte mit Pfiff. Hundert Jahre Krieg. Heft 9/1990, Sailer Verlag, Nürnberg 1990: 86.Q3; 87.Q5
aus: Die Hanse. Lebenswirklichkeit und Mythos. Museum für Hamburgische Geschichte: 109.Q1
aus: Kleine Kunstgeschichte des deutschen Bürgerhauses, H.-G. Griep, WBG: 119.D1
aus: Entdecken und Verstehen 2, Baden-Württemberg, Cornelsen, Frankfurt a. M. 1990, S.67: 121.Q2
aus: Dieter Hägermann (Hg.): Das Mittelalter. C. Bertelsmann, Gütersloh 2001, S.21: 122. Q3
aus: Renaissance. Gerstenberg-Verlag, Hildesheim 1999, Umschlag U1; 156.2
aus: Azteken (Katalog zur Ausstellung), Dumont, Ostfildern 2002, S. 248: 192.Q1
aus: H.-C. Huf: Mit Gottes Segen in die Hölle. Econ, Berlin 2003, S.326; 231.Q10
aus: Barock - Die Kunst des Barocks: Könemann Verlagsgesellschaft mbH, Köln 1997, S.138: 240.Q5
aus: Praxis Geschichte Heft Okt. 1987/Heft 0, Westermann, Braunschweig 1987, S. 9./Zeichnung: B. Askani: 267.D1

Nicht in allen Fällen war es uns möglich, den Rechteinhaber der Abbildungen ausfindig zu machen. Berechtigte Ansprüche werden selbstverständlich im Rahmen der üblichen Vereinbarungen abgegolten.